"十四五"时期国家重点出版物出版专项规划项目

有色金属理论与技术前沿丛书

高速列车制动粉末冶金摩擦材料设计、制备与应用

Powder Metallurgy Brake
Friction Materials for
High-Speed Trains:
Design, Fabrication and
Application

姚萍屏　周海滨　肖叶龙　著

Yao Pingping, Zhou Haibin, Xiao Yelong

中南大学出版社 · 长沙

www.csupress.com.cn

图书在版编目(CIP)数据

高速列车制动粉末冶金摩擦材料设计、制备与应用/
姚萍屏,周海滨,肖叶龙著. — 长沙:中南大学出版社,
2024.10

ISBN 978-7-5487-5709-2

Ⅰ. ①高… Ⅱ. ①姚… ②周… ③肖… Ⅲ. ①高速列
车－车辆制动－粉末冶金－摩擦材料 Ⅳ. ①U292.91
②U270.4

中国国家版本馆 CIP 数据核字(2024)第 035572 号

高速列车制动粉末冶金摩擦材料设计、制备与应用

GAOSU LIECHE ZHIDONG FENMO YEJIN MOCA CAILIAO SHEJI、ZHIBEI YU YINGYONG

姚萍屏　周海滨　肖叶龙　著

□ 出 版 人	林绵优	
□ 责任编辑	史海燕	
□ 责任印制	李月腾	
□ 出版发行	中南大学出版社	
	社址:长沙市麓山南路	邮编:410083
	发行科电话:0731-88876770	传真:0731-88710482
□ 印　　装	湖南省众鑫印务有限公司	

□ 开　　本	710 mm×1000 mm 1/16	□ 印张 17.25	□ 字数 343 千字
□ 版　　次	2024 年 10 月第 1 版	□ 印次 2024 年 10 月第 1 次印刷	
□ 书　　号	ISBN 978-7-5487-5709-2		
□ 定　　价	120.00 元		

内容简介

本书以高速列车制动粉末冶金摩擦材料的设计、制备和应用为研究对象，总结了作者及其团队 20 余年在铁道部引进消化吸收再创新九大关键技术攻关、国家 863 计划、国家自然科学基金、湖南省杰出青年基金等项目支持下的研究成果。

本书内容共分为 6 章。第 1 章介绍了世界高速铁路与高速列车的发展与趋势。第 2 章重点阐述了高速列车的制动系统组成和制动方式，提出了高速列车制动摩擦材料的性能和发展要求。第 3 章阐述了高速列车制动粉末冶金摩擦材料特征组元的界面特性，以及不同类型界面的微滑擦性能与失效机制。第 4 章介绍了高速列车制动粉末冶金摩擦材料组元选择与成分设计、组元匹配性研究方法、特征组元对制动性能的影响，以及摩擦学性能与机理等方面的研究成果。第 5 章介绍了高速列车制动粉末冶金闸片的生产工艺与检验，包括高速列车制动粉末冶金闸片材料的生产过程、工艺装备及检验等内容。第 6 章介绍了高速列车制动粉末冶金闸片的检测与应用。

本书可为高速列车制动粉末冶金摩擦材料的研究人员、生产人员、管理人员及市场开发人员提供参考，也可以作为本科生及研究生"摩擦学材料"课程的参考书籍。

作者简介 /
About the Author

姚萍屏，博士，中南大学粉末冶金研究院教授，博士生导师，中国机械工程学会摩擦学分会副主任委员，中国机械工程学会摩擦耐磨减摩材料和技术专业委员会主任委员，湖南省机械工程学会常务理事，湖南省摩擦学分会理事长等。长期从事高性能粉末冶金摩擦、耐磨和减摩自润滑材料的研究与技术开发工作。主持和承担了国家 863 计划、国家自然科学基金重点项目与面上项目、铁道部重大技术引进与吸收项目、中国民用航空局航空制动材料项目、国家攻关项目等 30 余项国家级科研任务，研究成果成功应用在天宫神舟系列飞船和各型飞机等航空航天领域以及高速列车和工程机械等国家重点工程中。2012 年获湖南省科技进步一等奖(排名第一)，2016 年获中国产学研合作创新奖，领衔的"先进交通装备用高性能粉末冶金摩擦材料制备和应用技术"荣登中国科协 2020 年"科创中国"先进材料领域首届先导技术榜单。发表学术论文 100 余篇，出版专著 1 部，参编专著 3 部。

周海滨，工学博士，讲师，中南林业科技大学硕士生导师；湖南省机械工程学会理事，湖南省机械工程学会摩擦学分会秘书长，中国有色金属学会会员，中国机械工程学会会员，主持国家自然科学基金"极端高能制动工况高速列车摩擦材料跨尺度损伤机制与材料可控设计研究（5220050628）"项目，在 *Tribology International*，*Wear*，*Friction*，《中国有色金属学报》等国内外期刊发表 SCI/EI 等检索论文 10 余篇，授权国家发明专利 1 项。博士论文《铜基摩擦材料的组元界面特征与摩擦学行为研究》入选2021年中国有色金属学会优秀博士论文。

肖叶龙，工学博士，华东交通大学副教授，硕士生导师，江西省引进培养创新创业高层次人才"千人计划"入选者，江西省杰出青年基金获得者，江西省机械工程学会摩擦学分会常务理事兼副秘书长，江西省机械工程学会表面工程分会理事，江西省机械工程学会增材制造分会理事，《摩擦学学报》《粉末冶金工业》第一届青年编委；主要从事高性能摩擦材料的材料设计、制备技术、服役行为与机理等基础研究与工程应用，先后主持国家自然科学基金、江西省自然科学基金、江西省军民融合重点建设项目等项目7项，主持参与国家自然科学基金面上项目、国家攻关项目、国铁集团重点课题、江西省重大科技研发专项等10余项；研制的制动闸片已实现产业化并成功应用于 CR400/CRH380 等型号高速列车；在 Tribology International、Wear、Friction、《摩擦学学报》等国内外期刊发表论文50余篇，其中SCI检索论文20余篇；申请国家专利9项，已授权8项；获中国国家铁路集团有限公司、中国铁道学会等联合颁发的"全国铁路青年科技创新奖"3项（排名第一2项）。

序 / Preface

 中国高铁已成为中国制造和中国创造的光辉典范，高铁的高速度、节能环保、安全可靠及舒适便捷等显著特征，使高速列车成为中国人民的首选交通工具之一。速度越高，制动所需的能量越大，给高速列车制动粉末冶金摩擦材料——高速列车九大关键技术制动系统的关键材料之一，也带来了重大挑战。

 本书结合世界高速铁路及高速列车的发展历程，系统阐述了高速列车制动系统进展与变化，并基于高速列车制动粉末冶金摩擦材料的复杂金属/非金属材料体系，系统展示了多组元材料的界面特性及其在材料设计方面的研究成果，同时也针对高速列车制动粉末冶金闸片的安全特性，对其生产、检验以及检测和应用方面的控制与规范作了深入探讨。

 本书作者团队长期从事高性能粉末冶金摩擦材料方面的教学和科研工作，本书是作者及其团队在高速列车制动粉末冶金摩擦材料设计、制备方面的研究成果及推广应用方面的经验积累，该书的出版对于从事高速列车制动系统及其摩擦材料的研究和产业化人员具有很好的参考价值，也可供相关专业本科生和研究生及工程技术人员与高校教师参考。

中国工程院院士 黄伯云

2024 年 5 月 8 日

前言 / Foreword

没有稳定可靠的制动，就没有高速列车的可靠安全运行。

高速列车的发展在国民经济、人民生活、国家安全等方面发挥着至关重要的作用，中国高速列车经过自主探索、引进消化和创新领先的发展阶段，已进入世界领先行列。基础制动系统是高速列车安全保障和应急的关键系统，中国高速列车制动粉末冶金摩擦材料设计、制备和应用也得到了长足的发展。

作者有幸赶上了中国高速列车发展的最佳时期：从20世纪90年代大学毕业开始从事粉末冶金摩擦材料研制工作，参与设计和制造了160 km/h准高速电力机车(提速列车)的粉末冶金闸瓦；赶上了蓝箭、中华之星等国产动车组制动盘和闸片的研制；赶上了2004年开始的引进消化吸收再创新中国"和谐号"高速列车制动摩擦材料的追赶阶段；赶上了中国自主高速列车"复兴号"的研制步伐；而如今，继续为更高速度高速列车的制动奉献自己的微薄力量。

本书的研究成果得益于国家自然科学基金、国家863计划、铁道部引进消化吸收再创新九大攻关计划、湖南省杰出青年基金以及中南大学粉末冶金国家重点实验室开放基金等相关项目的支持，作者对此表示感谢。本书主要内容来源于团队近二十年的研究工作，先后有20余位本科生、硕士生和博士生参与研究工作。本书的出版，得到了同事们和学生们的大力支持，对此表示衷心的感谢。

本书共分6章,第1、2章由姚萍屏执笔;第3、4章由周海滨执笔;第5章由张忠义执笔;第6章由肖叶龙执笔,全书由姚萍屏、王兴统筹。为了编写体例需要,没有在书中直接标注引用出版物和网络地址,且书中对所引用文字资料部分做了取舍、补充和修改,而对于部分没有说明之处,望原作者谅解,作者对直接或间接引用文献的原作者表示诚挚的感谢。

由于高速列车制动粉末冶金摩擦材料的设计、制备与应用涉及面广,技术路线和生产条件也有多样性,作者虽力求全面阐述,但限于研究的深度和广度,存在不妥之处和错误之处,恳请专家和读者批评指正。

姚萍屏

2024 年 5 月 8 日

于中南大学主校区

目录 / Contents

第 1 章　高速铁路和高速列车的发展

1.1　高速铁路与高速列车

　　说起"高速铁路",也许大多数人直接想到的是"高速列车"。在现实生活中,"高速铁路""高速铁路系统""高铁""高速列车"等词的使用是比较混乱的。总体而言,这几者的学术定义和生活定义存在一定的差异。

　　通常所讲的"高速铁路",某种意义上来讲,是"高速铁路系统"的简称,也称为"高铁"。由于发展历程短,对于高速铁路的定义也未能形成标准答案。日本政府 1970 年第 71 号法令《全国新干线整备法》规定:列车在主要区间能以 200 km 以上的时速运行的干线铁路称为高速铁路。世界铁路联盟(UIC)则认为,高速铁路是由铁路基础设施、高速列车和运营条件等共同构成的系统,其基础设施应满足新线设计时速 250 km 以上,既有线路改造后满足时速 200 km 的要求。而中国在 2013 年《铁路安全管理条例》中明确规定:本条例所称高速铁路,是指设计开行时速 250 km 以上(含预留),并且初期运营时速 200 km 以上的客运列车专线。

　　总体而言,无论是新建还是改造,运营时速达到 200 km 及以上的铁路系统,都可以称为高速铁路,目前这一规定也逐步为世界各国所接受。

　　高速铁路系统是一个庞大而复杂的现代化系统工程,涉及工务工程系统、列车运行控制系统、牵引供电系统、运营调度系统、客运服务系统和高速列车系统六大核心系统(图 1-1)。

　　(1)**工务工程系统**是一个庞大的系统,涉及路基、轨道、桥涵、隧道和站场等专业工程,还涉及路基与桥梁的过渡、路基与隧道的过渡、桥梁与隧道的过渡及路基和桥隧等线下基础与轨道结构的衔接等。与普速铁路相比,工务工程系统采用了很多新技术和新工艺,其设计和施工控制标准高。

　　(2)**列车运行控制系统**是集先进的计算机、通信及自动化控制技术于一体的综合控制与管理系统,以电子器件或微电子器件作为控制单元,并采用集中管理、分散控制的集散式控制方式。列车运行控制系统是保证列车运行安全和提高行车效率的关键系统。

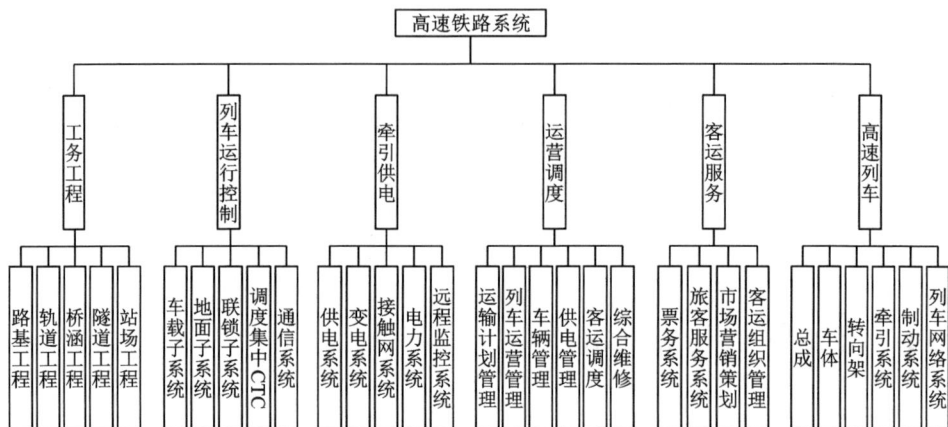

图 1-1 高速铁路核心系统及其主要子系统

(3)**牵引供电系统**是高速铁路系统的能力保障系统,其主要功能是为高速铁路列车运行控制系统提供稳定、高质量的电能。牵引供电系统一般由供电系统、变电系统、接触网系统、电力系统和远程监控系统等构成。总的来说,高速铁路电力牵引所需牵引功率更大、弓网作用关系更加复杂。

(4)**运营调度系统**是集计算机、通信、网络等现代化技术于一体的现代化综合系统,由运输计划管理、列车运营管理、车辆管理、供电管理、客运调度、综合维修组成。调度指挥工作就是围绕运输计划对资源进行动态调配,其反映了运输组织的具体执行过程,是铁路系统运转的中枢部位。

(5)**客运服务系统**是处理与旅客运输服务相关的事件,主要包括票务系统、旅客服务系统、市场营销策划和客运组织管理等。此外,还可提供统计分析功能,为管理层提供决策参考。

(6)**高速列车系统**是高速铁路系统的核心技术装备和实现载体,是当代高新技术的集成,其涵盖了信息通信、电子电力、材料化工、机械制造、自动控制等多学科、多专业,是世界各国科学技术和制造产业创新能力、综合国力及国家现代化程度的集中体现与重要标志之一。高速列车不仅包含传统轨道列车车辆的车体、转向架和制动系统,还包含复杂的牵引传动与控制、计算机网络控制、车载运行控制等关键子系统。

1.2　高速铁路的兴起和繁荣

作为现代工业文明的崭新成果，高速铁路发端于日本，发展于欧洲，兴盛于中国。

1.2.1　高速铁路发端于日本，经济起飞的脊梁

发展高速铁路的需求，是由于传统铁路已无法提供社会和经济高速发展需要的客货运服务。日本在 20 世纪 50 年代后半期，连接发达的京滨、东京、阪神地区的东海道铁路，仅占日本铁路总长度的 3%，却承担了全国客运总量的 24% 和货运总量的 23%，而且运输量的年增长率超过全国平均水平，运输能力已达到极限。利用东海道本线的窄轨不能提供快速的服务，加上东京成功争取到 1964 年的奥运会主办权，兴建一条新的快速铁路迫在眉睫。1964 年 10 月 1 日，世界上第一条成功运营的高速铁路系统，日本第一条新干线——日本东海道新干线开通，连通了日本东京、名古屋和大板三大都市圈，促进了日本太平洋沿岸城市群（东海道城市群）的发展。

高速铁路的开通，直接影响了日本的强盛和文明的进步。19 世纪 80 年代，未开通铁路前，从东京到大阪的时间是 2 周，旅费相当于当时日本人均年收入的 1/2；19 世纪 90 年代，铁路开通后，东京到大阪时间为 18 h，旅费相当于当时日本人均年收入的 1/12；19 世纪 50 年代，新干线开通前，东京到大阪传统铁路时间为 6.5 h；而新干线建成后的 20 世纪 60 年代，东京到大阪的时间缩短为 2 h，旅费相当于当时日本人均日收入。可以发现，高速铁路的发展，东京到大阪的"时间"缩短到传统铁路的 1/3，而"费用"缩短为传统铁路的 1/25。高速铁路缩短了城市之间的时空距离，激发了城市之间潜在的经济联系。

日本新干线由东海道新干线和后续修建的山阳新干线、九州线、东北线、上越线、山行线、秋田线及北陆新干线等组成（图 1-2），截至 2023 年 12 月，日本已投入运营的高速铁路里程为 3422 km。新干线的建设推动了沿线城市建设，在车站周围形成了新的城区，减少了沿线高速公路的堵车现象，增加了就业岗位。因此，高速铁路被誉为"日本经济起飞的脊梁"。

1.2.2　高速铁路发展于欧洲，助力欧洲一体化

欧洲是传统铁路的发源地，铁路网比较发达，铁路技术和车辆制造水平也一直居世界领先地位，可以认为，在传统铁路领域内，欧洲是日本的"老师"。但日本新干线的成功，让二战后一直致力于发展航空和公路运输的欧洲国家，如法国和德国，既震惊又受到了启发，并蓄力追赶。

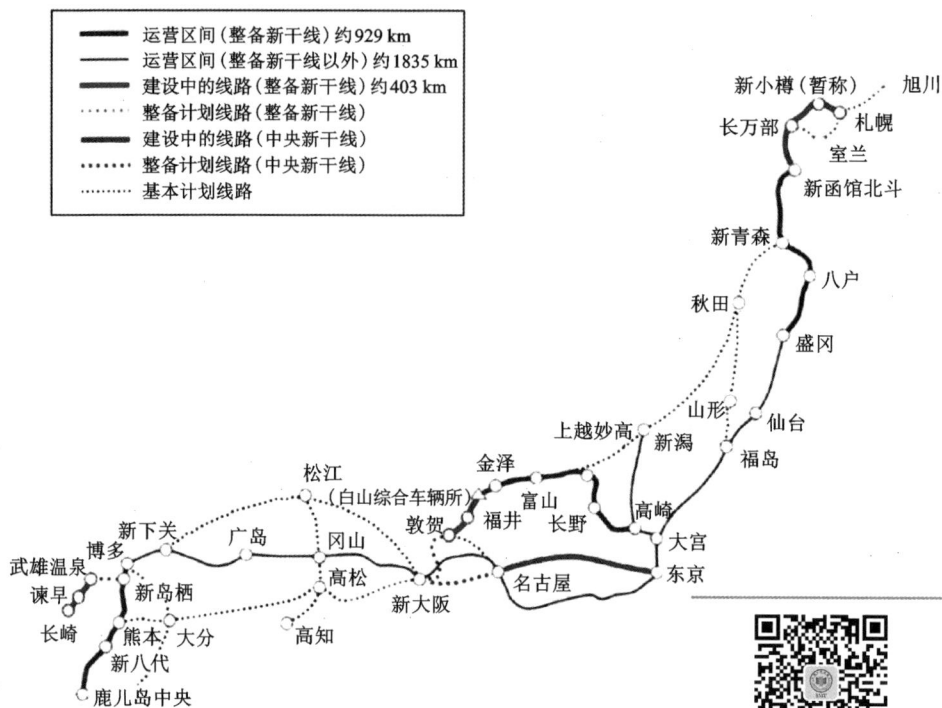

图 1-2 日本高速铁路路线图

彩图1-2

1971 年, 法国政府批准修建 TGV 东南线 (巴黎至里昂, 全长 417 km, 其中新建高速铁路线 389 km), 1976 年 10 月正式开工, 1983 年 9 月全线建成通车。TGV 高速列车最高运行时速 270 km, 巴黎至里昂运行时间由原来的 3 h 50 min 缩短到 2 h, 客运量迅速增长。1989 年和 1990 年, 法国又建成巴黎至勒芒、巴黎至图尔的大西洋线, 列车最高时速达到 300 km。北方线路先是由巴黎经里尔, 穿过英吉利海峡隧道通往伦敦, 并与欧洲北部比利时的布鲁塞尔、德国的科隆、荷兰的阿姆斯特丹相连, 是一条重要的国际通道。按照建造时间顺序, 法国 TGV 高速铁路网主要包括东南线、大西洋线、北方线、东南延伸线 (或称罗纳河—阿尔卑斯线)、巴黎地区联络线、地中海线和东部线等 7 个组成部分。截至 2023 年 12 月, 法国已投入运营的高速铁路里程为 4537 km[图 1-3 (a)]。

20 世纪 70 年代, 德国政府通过了《铁路重组法》, 吸取日本和法国高速铁路发展的经验, 结合本国的国情, 将新线建设与老线改造相结合, 充分利用原有铁路基础, 发展城际高速铁路。1982 年, 德国开始实施高速铁路计划, 在汉诺威至维尔茨堡线 (全长 327 km) 建成后, 还建设了曼海姆至斯图加特线 (全长 107 km, 新建 99 km) 和科隆至法兰克福的客运专线等高速铁路。截至 2023 年 12 月, 德国已投入运营的高速铁路里程为 6226 km,可通达德国大多数城市[图 1-3(b)]。与其他国家高速铁路的客货分线不同,由于德国的高速铁路兼顾了新建和原有铁路的共用性,德国高速铁路采用白天客运、夜间货运的运营模式。

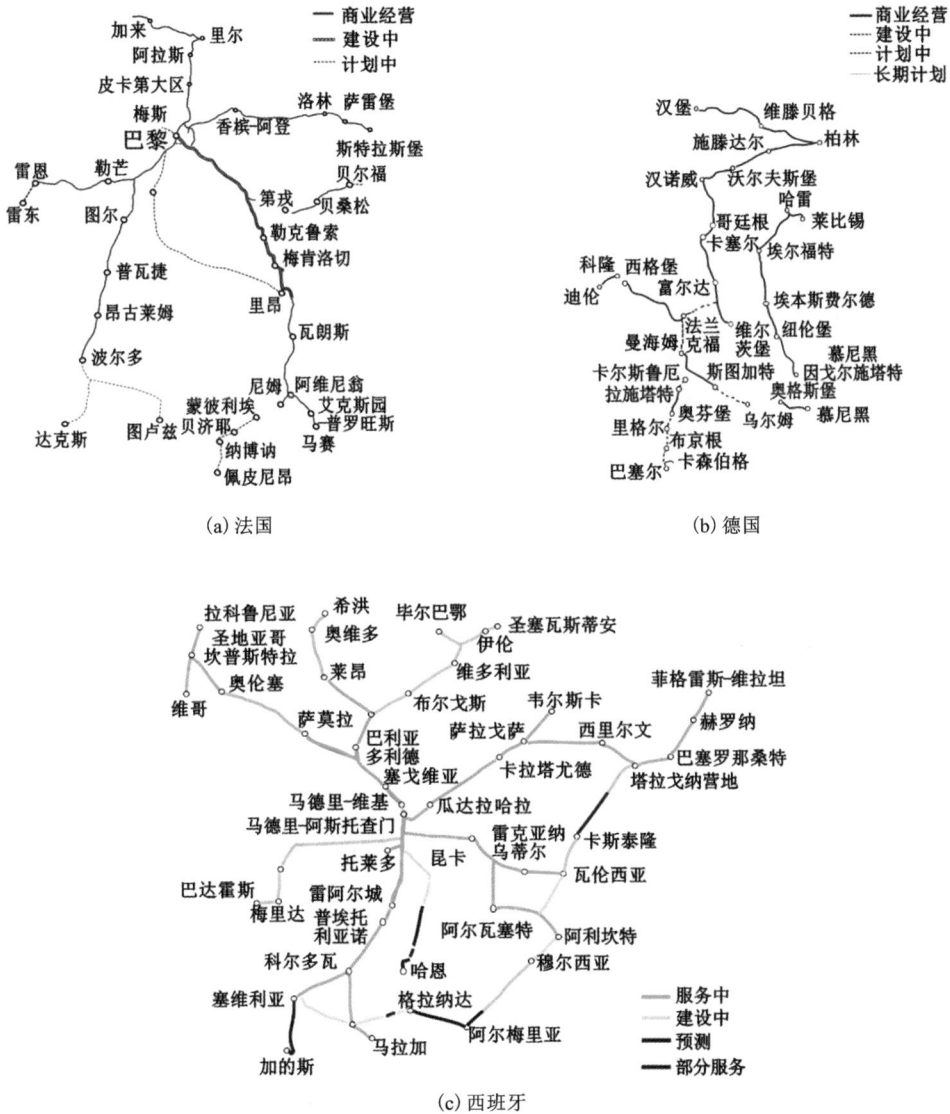

(a) 法国

(b) 德国

(c) 西班牙

图 1-3　欧洲各国高速铁路路线图

西班牙是欧洲高速铁路网最长的国家。西班牙在 1992 年 4 月巴塞罗那奥运会前夕开通了从马德里至塞维利亚的高速铁路，赶上了世界高速运输的发展步伐。西班牙高速铁路在营运中的线路共有 9 条：马德里—塞维利亚、马德里—巴塞罗那—法国西南部、萨拉戈萨—毕尔巴鄂、马德里—巴伦西亚、马德里—莱昂、瓦利阿多里德—洛格罗尼奥、塞维利亚—韦尔发、塞维利亚—加的斯等，形成了以马德里为中心的放射状铁路网［图 1-3(c)］。截至 2023 年 12 月，西班牙已投入运营的高速铁路里程为 5705 km。

在欧洲，法国技术和德国技术在 20 世纪末也迅速成为意大利、比利时、荷兰、瑞典等欧洲国家的优先选择，在欧洲兴起了高速铁路发展的热潮(图 1-4)。由于欧洲国家的分布特点和技术一致性，欧洲的高速铁路形成了自己的独有特征：一方面，欧洲的高速铁路和传统铁路实现了一体化连接，既具有高速铁路的优势，又具有与传统铁路的兼容性；另一方面，欧洲的高速铁路可以跨国运行，如法国的高速铁路在西北部、北部和东部连接英国、比利时、荷兰和德国北部，在西南部连接西班牙高速铁路网络，在东南部连接意大利高速铁路。高速铁路被认为是实现欧洲共同运输政策的核心内容，也促进了欧洲的一体化建设。

1.2.3　高速铁路兴盛于中国，青出于蓝而胜于蓝

(1)中国高速铁路的肇始和追赶

中国未能赶上在 20 世纪 50 年代末到 80 年代末以日本技术为代表的高速铁路发展起步阶段"第一次浪潮"，而起步于 20 世纪 90 年代以法国和德国技术为代表的高速铁路大发展阶段"第二次浪潮"中，先后经历了 1990 年广深(广州到深圳)线、1995 年沪宁(上海到南京)线，以及 1996 年大秦(大同到秦皇岛)线的提速试验，在试验成功的基础上，开始了六次大提速(表 1-1)，基本覆盖了中国全铁路网，特快列车的最高时速从 100 km 提至 140～160 km。值得一提的是，2007 年 4 月 18 日零时实施的第六次大提速，是在京哈、京沪等既有干线实施时速 200 km 的提速，部分有条件区段列车运行时速可达 250 km，时速 200 km 提速线路延展里程一次达到 6003 km，标志中国铁路既有线提速跻身世界先进铁路行列。

与日本发展东海道新干线的背景类似，当中国铁路开始进入快速发展的前夜，经济飞速发展和不相匹配的铁路网产生了极大的矛盾。20 世纪 90 年代，连接中国政治文化经济两大中心城市(北京、上海)的京沪线，长度仅占全国铁路长度的 2.8%，却负担了全国铁路运输 14.3% 的旅客和 8.8% 的货物周转量，客运的"一票难求"和货运的"一车难求"成为常态。1994 年 12 月国务院批准开展京沪高速铁路预可行性研究，开启中国高速铁路建设的前奏。1996 年 4 月，铁道部完

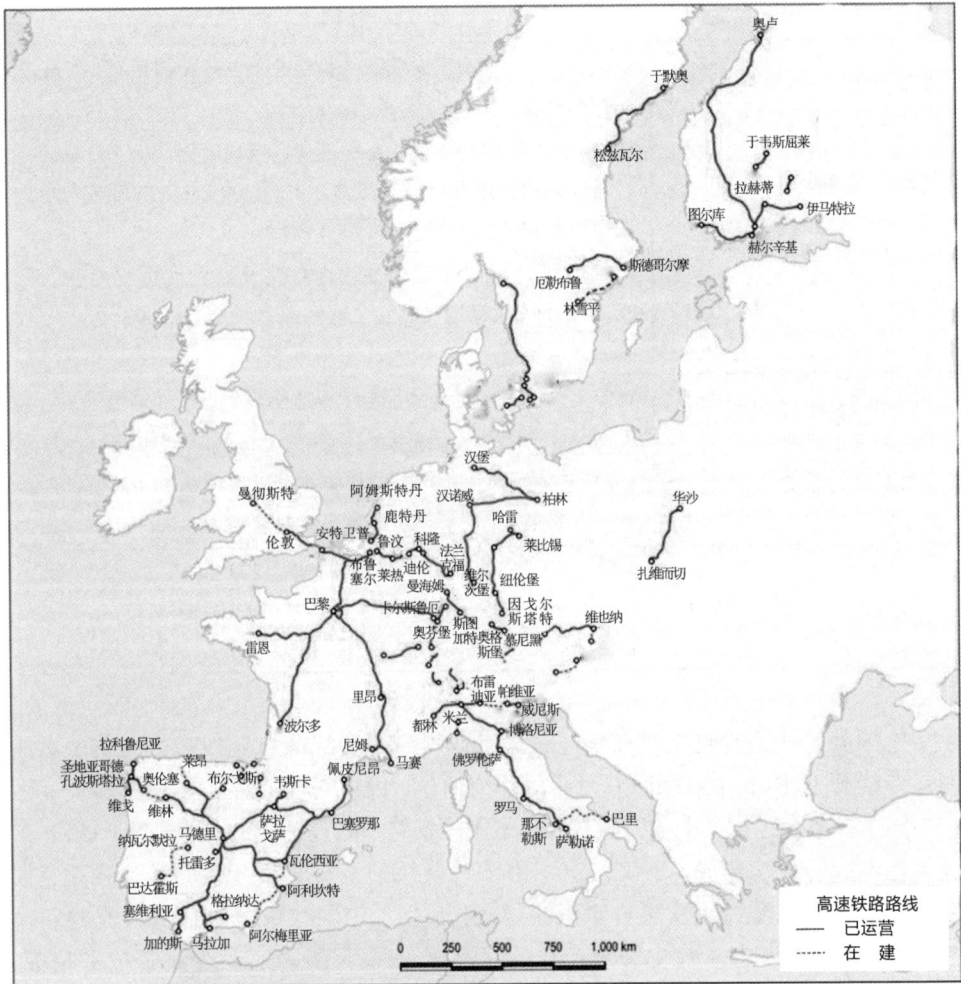

图 1-4　欧洲高速铁路网

成《京沪高速铁路预可行性研究报告(送审稿)》。在此后的几年里，中国开展了是否要建设高速铁路和怎样建设高速铁路的广泛研讨，尤其是对选择轮轨技术还是磁悬浮技术方面开展了有益的探索。

表 1-1　中国铁路六次大提速概况表

大提速	起始时间	主要内容
第一次	1997-04-01	京沪、京广、京哈三大铁路线批量上线"夕发朝至"列车及快速客运列车
第二次	1998-10-01	京沪、京广、京哈三大铁路线最高运营速度提高至 160 km/h；广深准高速铁路开通最高运营速度为 200 km/h 的旅客列车；大幅增开快速列车和"夕发朝至"列车
第三次	2000-10-21	针对陇海、兰新、浙赣等东西向铁路及京九线进行提速，形成"四纵两横"提速网络；全网铁路联网售票，400 个较大车站可异地售票
第四次	2001-10-21	对前三次进一步延伸和完善，提速线路延展至 1.3 万 km
第五次	2004-04-18	京沪、京广、京哈等铁路线增开"Z"字头直达特快列车；京沪、京广、京哈少部分路段最高运营速度达到 200 km/h；25T 铁路客车上线运营，最高运营速度为 160 km/h
第六次	2007-04-18	京哈、京广等既有干线实施的时速达 200 km；部分有条件区段列车运行速度可达 250 km/h；时速 200 km 提速线路延展达到 6003 km

中国高速铁路轮轨技术在秦沈客运专线得到了实战演习。1999 年 8 月，秦沈客运专线开工建设，2003 年 10 月全段建成通车，设计时速 250 km，秦沈客运专线是中国第一条真正意义上的高速铁路，是中国铁路步入高速化的起点(图 1-5)。秦沈客运专线的成功建成，不仅构筑了中国首条快速、安全和舒适的客运通道，彻底解决了进出山海关运输能力紧张的局面，开创了中国铁路运输客货分流的新模式，而且使中国掌握了自主知识产权的时速 200 km 等级客运专线成套技术装备，在设计理念、建设管理、新技术应用等方面突破了普速铁路的传统观念，培养了大批科研、设计和施工等技术人才。在设计方面，秦沈客运专线第一次引入了高速铁路选线概念、高速铁路桥梁的动力响应要求、路基工程的高标准沉降控制和不同结构物之间的刚度过渡要求，以及车站的大区间布点等新概念。在新技术、新结构、新设备的应用方面，首次采用了一次铺设的跨区间无缝线路、箱形简支梁、大号码道岔、无砟轨道、牵引供电监控综合自动化系统、高速牵引供电接触网，以及新型的列车运行控制系统等新技术。同时，秦沈客运专线的建成通车，推动了中国铁路行业的技术进步，提高了中国铁路的建设和制造水平，缩短了与世界高铁先进技术水平的差距，也为后来兴建高速铁路打下了坚实的技术基础。

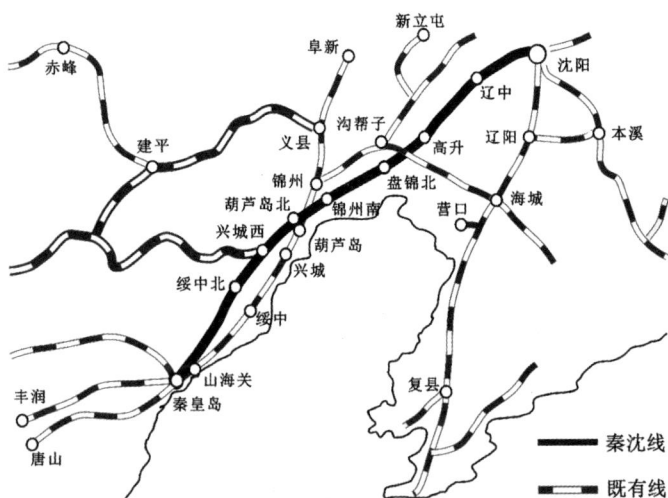

图 1-5　秦沈客运专线

随着秦沈客运专线的建设与运行，2004 年 1 月 7 日中国铁路史上第一个《中长期铁路网规划》发布，就在同一日，国务院还批准了京沪高速铁路采用轮轨技术方案的规划，标志着京沪高速铁路就此进入了实质性的项目设计和建设阶段，确立了中国高速铁路在较长时间内以"轮轨为主，继续开展高中低速磁悬浮列车研究"的总体思路[①]。

《中长期铁路网规划》(2004 版)提出了"扩大路网规模，完善路网结构，提高路网质量"的路网建设思路，明确提出了"快速扩充运输能力"和"迅速提升装备水平"两大任务，规划了"四纵四横"高速铁路网(图 1-6)，吹响了中国高铁大规模建设的号角，掀起了以中国为代表的世界高速铁路发展"第三次浪潮"。

在 2008 年 8 月 1 日北京奥运会前夕开通的京津城际 350 km/h 客运专线，正是响应这一号召的开山之作。与传统铁路线路不同，京津城际客运专线大量采用了"以桥代路"的建设方式，桥梁长度占到总长度 161 km 的 87%。一方面，"以桥代路"满足了高速铁路线路平顺性的苛刻要求；另一方面，"以桥代路"节省了宝贵的土地资源。此外，"以桥代路"还大幅度缩短了复杂地形线路稳定沉降所需的时间，对中国后续大规模快速化建设高速铁路具有示范意义。京津城际客运专线是中国第一条时速 300 km 以上的高速铁路，为服务北京奥运会、助力京津冀地区协同发展、助力区域经济社会建设发挥了重要作用。它的建设和运营为中国高速铁路网的建设发展提供了经验，标志着中国已经有能力自主设计、建造和运营一

---

① 注：本书中的高速铁路主要指基于轮轨技术的高速铁路，高速列车也是与轮轨技术配套的。

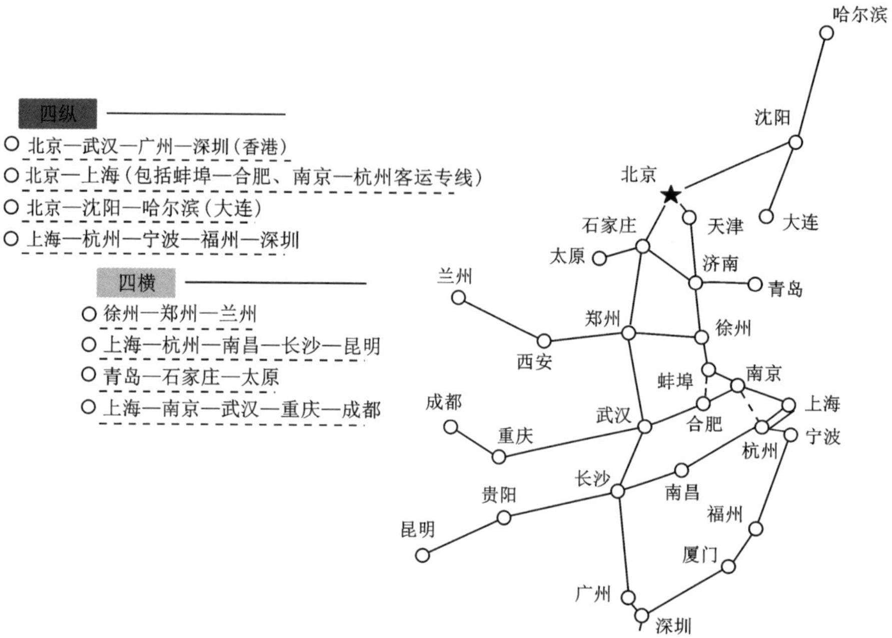

四纵
北京—武汉—广州—深圳(香港)
北京—上海(包括蚌埠—合肥、南京—杭州客运专线)
北京—沈阳—哈尔滨(大连)
上海—杭州—宁波—福州—深圳
四横
徐州—郑州—兰州
上海—杭州—南昌—长沙—昆明
青岛—石家庄—太原
上海—南京—武汉—重庆—成都
哈尔滨
沈阳
北京
大连
天津
石家庄
太原
济南
青岛
兰州
郑州
徐州
西安
蚌埠
南京
成都
上海
武汉
合肥
宁波
杭州
重庆
长沙
南昌
贵阳
福州
昆明
厦门
广州
深圳

图 1-6　中国高铁“四纵四横”路网

流水平的高速铁路，自此，中国登上了世界现代高速铁路主舞台。2010 年 7 月和 2010 年 10 月，中国相继开通了上海到南京的沪宁城际高速铁路和上海到杭州的沪杭客运专线，助力 2010 年上海世博会，再一次向全世界展示了中国高速铁路建设和运营的魅力。

(2)中国高速铁路引领世界潮流

由于“十一五”期间(2006—2011)中国铁路建设成效十分显著，进度明显超过了 2004 年的预期，同时为了应对 2007 年美国“次贷危机”引发的世界金融危机而加大基础建设的需求，2008 年 10 月 31 日，国家发展改革委员会发布了修订版的《中长期铁路网规划》(2008 版)，将 2020 年全国运营铁路里程目标由 10 万 km 调整为 12 万 km 以上，其中高速铁路专线由 1.2 万 km 调整为 1.6 万 km。

到 2015 年底，中国铁路运营里程达到 12.1 万 km，其中高速铁路达到 1.9 万 km，已提前实现 2020 年的目标。2016 年 7 月 13 日，《中长期铁路网规划》(2016 版)发布，规划指出至 2020 年中国铁路网规模将达到 15 万 km，其中高速铁路 3 万 km，覆盖 80%以上的大城市。至 2025 年，铁路网规模达到 17.5 万 km，其中高速铁路 3.8 万 km。远期展望到 2030 年，铁路网规模 20 万 km，其中高速铁路网 4.5 万 km(表 1-2)。

表 1-2　三版《中长期铁路网规划》主要里程数据表

版次	规划年度	铁路网规模/万 km	高速铁路/万 km	高速组网方式
2004	2020	10	1.2	四纵四横
2008	2020	12	1.6	四纵四横
2016	2020	15	3	八纵八横
	2025	17.5	3.8	八纵八横
	2030	20	4.5	八纵八横

尤其值得关注的是,《中长期铁路网规划》(2016 版)明确提出了"高速铁路网"的概念。高速铁路网是指在原有"四纵四横"客运专线骨干网基础上,形成"八纵八横"主通道为骨架、区域连接线衔接、城际铁路补充的高速铁路网(图 1-7)。《中长期铁路网规划》(2016 版)进一步描绘了 2030 年中国高速铁路的远景:中国将建成发达完善的现代化铁路网,基本实现内外互联互通、区际多路畅通、省会高铁连通、地市快速通达、县城基本覆盖,以经济板块和区域连接为指导的"八纵八横"通道构建完成。

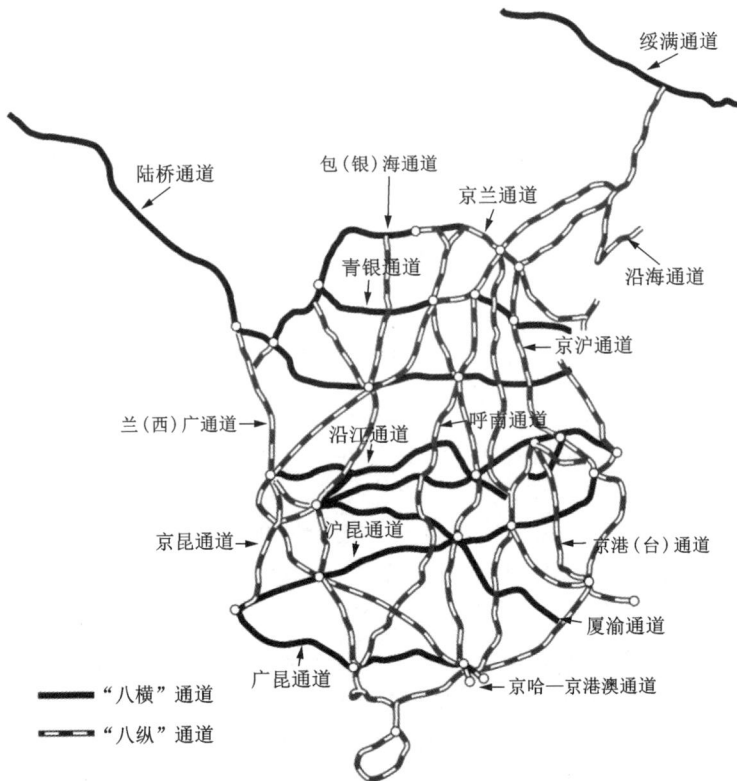

图 1-7　中国"八纵八横"高速铁路主通道

2005 年 6 月 23 日，京广高速铁路核心段武汉至广州的武广高速铁路开工建设，这是中国第一条大长干线高速铁路，也是"四纵四横"重要的"一纵"。2012 年 12 月 26 日，京广高速铁路京郑段开通，标志着京广高速铁路全线开通运营。京广高速铁路自北京西站至广州南站，全长 2298 km，截至 2023 年 12 月为世界上运营里程最长的高速铁路(图 1-8)。京广高速铁路串起环渤海经济圈、中原经济区、武汉城市圈、长株潭城市圈和珠三角经济圈五大经济圈，形成贯穿南北的高铁经济带，释放了原有京广铁路的货运能力，实现了京广大动脉的客货分离可能性。

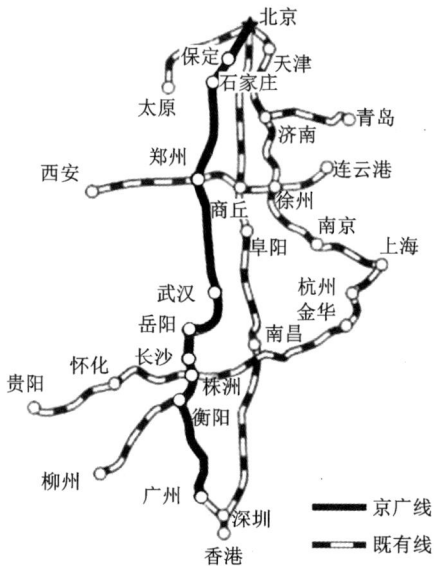

图 1-8　京广高速铁路路线图

京沪高速铁路由北京南站至上海虹桥站，全长 1318 km，途经中国的华北地区和华东地区，两端连接京津冀和长三角两个经济圈，所经区域是中国社会经济发展最活跃的地区之一，也是中国客货运输较繁忙、增长潜力较大的客运专线。2008 年 4 月 18 日，京沪高速铁路开工建设。2011 年 6 月 30 日，全线正式通车，同年 7 月 1 日，京沪高铁正式开通运营。2013 年 2 月 25 日，京沪高速铁路工程通过国家验收(图 1-9)，2014 年就实现了盈利。京沪高速铁路的开通，在中国的华北和华东经济发达地区开辟了"高速陆上大运河"，形成一个哑铃式的"高铁经济走廊带"，弥补了长期以来经济系统以河流水系为基础形成的"流域经济"模式的局限性。

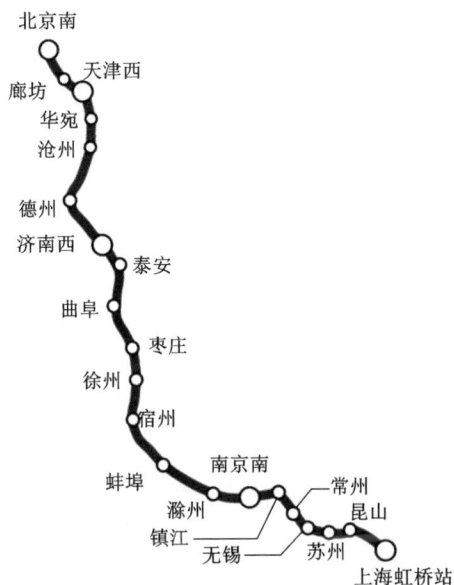

图 1-9　京沪高速铁路线路图

　　沪昆高速铁路是一条连接上海市与云南省昆明市的高速铁路，全长 2264 km，是"八纵八横"高速铁路主通道之一，也是中国东西向线路里程最长、速度等级最高、经过省份最多的高速铁路。2009 年 2 月，沪昆高速铁路沪杭段正式开工，标志着沪昆高速铁路建设启动。2016 年 12 月 28 日，沪昆高速铁路贵昆段正式开通运营，标志着沪昆高速铁路全线正式通车(图 1-10)。沪昆高铁的全线开通运营，实现了高速铁路在全国铁路局全覆盖的局面，大幅度缩短中国西南地区与华南、华东和中南地区的时空距离，而且使中国高速铁路的网络效应进一步显现，对改善区域交通条件，促进区域经济社会发展，具有重要意义。

图 1-10　沪昆高速铁路线路图

徐兰高速铁路由徐州东站至兰州西站，全长 1434 km，徐兰高速铁路是横贯中国西北地区与中、东部地区的铁路客运主通道，将中国西北地区全面融入全国高速铁路网。2005 年 9 月 25 日，徐兰高速铁路郑西段正式开工。2017 年 7 月 9 日，徐兰高速铁路宝兰段正式开通运营，标志着徐兰高速铁路全线正式通车（图 1-11）。它的建成通车，使中国高速铁路网更加发达完善，不仅大幅度缩短了西北地区与中东部地区的时空距离，还发展了密切区域人员交流和经贸往来，促进东、中、西部地区经济社会协调发展。徐兰高速铁路是国家中长期铁路网规划"八纵八横"高速铁路主通道中陆桥通道的重要组成部分，对于中亚国家的互联互通，推动丝绸之路经济带建设具有重要意义。

图 1-11　徐兰高速铁路线路图

到 2023 年 12 月，中国高速铁路运营里程超过 4.50 万 km，占全球高速铁路里程 2/3 以上，是其他国家累积值的 2 倍以上，超额完成《中长期铁路网规划》（2016 版）提出的目标，为完成"十三五规划任务"、实现全面建成小康社会目标提供了有力支撑（表 1-3）。

表 1-3　2016—2023 年中国铁路和高铁里程发展表　　单位: 万 km

年度	铁路总里程	高铁总里程
2016	12. 00	1. 90
2017	12. 70	2. 50
2018	13. 20	2. 90
2019	13. 90	3. 50
2020	14. 60	3. 91
2021	15. 00	4. 00
2022	15. 50	4. 20
2023	15. 90	4. 50

中国高速铁路发展以创新为驱动，不仅在冻土、软土、松软土、喀斯特、黄土、断裂、滑斜坡等各种不利地质条件下，而且在高原气候、风沙环境、高寒等各种运营环境下，创造性地提出了解决方案，形成了"核心技术体系、成套制造体系、产业制造体系、运维服务体系、人才支撑体系"等方面的优势，为世界高速铁路的发展和借鉴积累了经验，并逐步引领世界高速铁路的发展，成为世界高速铁路发展的一支重要力量。

短短 20 余年，中国高铁完成了从"跟跑""并跑"到"领跑"的跨越式发展，改变了世界高速铁路的格局。中国充分发挥后发优势，通过技术创新和国家支持，已经进入了高速铁路时代——"高速铁路轨道上的中国"。

1.3　高速列车的发展

由于运用技术和使用要求的差异，与高速铁路建设相类似，日本、欧洲及中国的高速列车发展也具有世界代表性。

1.3.1　日本高速列车的发展

日本高速列车分别有 0 系、100 系、200 系、300 系、400 系、500 系、700 系、800 系、N700 系，以及 E1 系、E2 系、E3 系、E4、E5 系、E6 系、E7 和 H5 等多种高速列车系列(图 1-12)。

1964 年，日本东海道新干线最高商业运营时速为 220 km 的 0 系列车的问世，开启了世界高速列车运营的新纪元。0 系列车属于动力分散型动车组列车，12 辆编组，全列都是动车(每辆车都带动力)。制动系统采用的是碟式制动系统，动碟外侧为铸钢，内层则为烧结合金，配合电阻制动，切换时速为 30 km。2008 年，0 系高速列车彻底退出了新干线的运输服务，功成身退。

发展到 300 系高速列车时，主要在高速列车的轻量化、传动牵引技术、制动系统技术和流线再设计等方面进行了较大的技术突破。相比 0 系列车，300 系高速列车采用了三相鼠笼型感应电动机实现交流传动，比 0 系的直流传动直接降低了列车重量、简化了结构，而且维修量也减少了。同时，由于采用铝合金车体，300 系列车在轴重方面由 16 t 降低到 11.4 t，转向架无摇枕。首次采用了交流再生制动，拖车采用了涡流制动等。因此，东京—大阪间的电力消耗量，若以 220 km/h 的速度运行计算，约为 0 系的 70%，100 系的 90%。300 系从 1992 年 3 月 14 日起在东京—新大阪间开始营业，最高运营时速达到 270 km，开启了日本高速列车速度的新纪元。

0系列	100系列	E1系列	E4系列
运营最高时速：**220 km** 0系的营运时速为220 km并曾在高速测试中创下256 km/h的纪录。2008年11月30日全面退出运营服务	运营最高时速：**230 km** 1985年投入服务，行走东海道、山阳新干线，设计最高时速为275 km，营运时速为230 km，2012年3月16日正式退役	运营最高时速：**240 km** 第一款全列车双层配置的新干线列车，行走于上越新干线路段。2012年9月正式退役并报废	运营最高时速：**240 km** 世界载客量最大的双层高速铁路列车，达1634人（两列E4重联情况下），行驶于上越新干线上
400系列	800系列	E7系列	W7系列
运营最高时速：**240 km** 设计最高时速为345 km，东京至福岛新干线路段最高运营时速为240 km。于2010年4月18日退出运营服务。为第二款退役的新干线列车	运营最高时速：**260 km** 是配合九州地区多山特性所设计的摆式列车，拥有新干线最高的过弯车速。九州新干线全线开通后，服务于每站必停的慢车班次	运营最高时速：**260 km** 设计时速为275 km，2014年3月15日开始在长野新干线上运行	运营最高时速：**260 km** 行驶于山形、秋田新干线的迷你新干线列车，2015年3月15日，W7系开始于北陆新干线上运行，执行北陆新干线延长段（长野—金泽段）的运行
300系列	200系列	E2系列	E3系列
运营最高时速：**270 km** 东海道—山阳新干线上等级最高的希望号首次登场时所使用的车种，最初以270 km/h最高车速投入运营，于2012年3月16日与100系一同退役	运营最高时速：**275 km** 200系运营时速为240 km，E编组仅有210 km，F编组却有275 km。2013年3月26日，200系新干线全部退役	运营最高时速：**275 km** 因北陆新干线轻井泽以西路段采用与东北新干线的50 Hz交流电不同的供电制式（25 kV，60 Hz），故E2系新干线系列里唯一的双电源制式车辆	运营最高时速：**275 km** 新干线的迷你新干线列车，东京至盛冈/福岛区间速度为275 km/h（常与E2系重联运行），盛冈至秋田、福岛至新庄区间速度为130 km/h。2014年3月退出运营
700系列	500系列	N700系列	N700A系列
运营最高时速：**285 km** 1999年投入运营，最高运营时速虽只有285 km，但平均运营时速较500系的车型高，昵称为"鸭嘴兽"。2017年春季时刻表改正后退出东海道新干线定期班次	运营最高时速：**300 km** 是1997年世界上运营时速最高的高速铁路列车，并曾在测试中达到320 km/h的速度。2010年2月28日已全部退出	运营最高时速：**300 km** 由700系改良而来的新型列车，是首度导入摆式列车技术的第五代新干线车辆，N700系列车于2007年7月1日正式投入使用，最高运营时速达到300 km	运营最高时速：**300 km** 新干线N700系电力动车组的改进型，于2013年2月正式投入运营

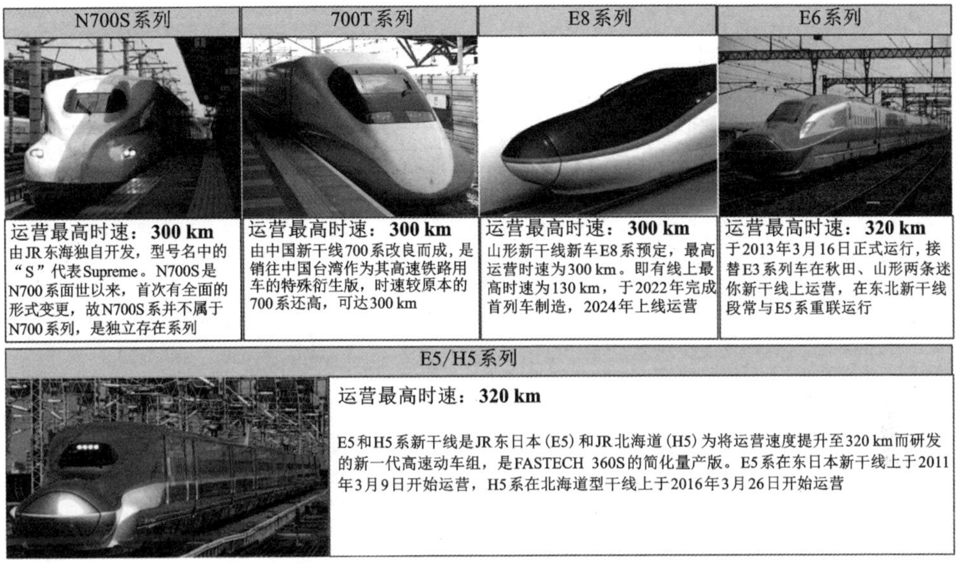

N700S系列	700T系列	E8系列	E6系列
运营最高时速: **300 km** 由JR东海独自开发，型号名中的"S"代表Supreme。N700S是N700系面世以来，首次有全面的形式变更，故N700S系并不属于N700系列，是独立存在系列	运营最高时速: **300 km** 由中国新干线700系改良而成，是销往中国台湾作为其高速铁路用车的特殊衍生版，时速较原本的700系还高，可达300 km	运营最高时速: **300 km** 山形新干线新车E8系预定，最高运营时速为300 km。即有线上最高时速为130 km，于2022年完成首列车制造，2024年上线运营	运营最高时速: **320 km** 于2013年3月16日正式运行，接替E3系列车在秋田、山形两条迷你新干线上运营，在东北新干线段与E5系重联运行

E5/H5系列	
	运营最高时速: **320 km** E5和H5新干线是JR东日本(E5)和JR北海道(H5)为将运营速度提升至320 km而研发的新一代高速动车组，是FASTECH 360S的简化量产版。E5系在东日本新干线上于2011年3月9日开始运营，H5系在北海道型干线上于2016年3月26日开始运营

图 1-12　日本高速列车运营时速谱系图

500 系是在 300 系新干线电动车组引进新技术的基础上发展而来的，为适应在人口稠密地带通过和克服进出隧道时的气动力作用，采取了减少噪声和振动等环境对策，包括采用流线型头车、翼形受电弓、缩小车体断面面积、受电弓盖的小型化、车体装配方式等技术改进。头车的流线型超过 300 系，"鼻"的长度约为 15 m，形状相似于翠鸟的嘴。翼形受电弓的载体像飞机的机翼，以便降低噪声。500 系从 1997 年 3 月 2 日起在新大阪—博多间以最高速度 300 km/h 开始运行。特别是广岛—小仓间的平均时速达到 261.8 km，从始发站到终点站(新大阪—博多间)的平均时速为 242.5 km，创造了当时世界铁路最高平均速度纪录，得到了吉尼斯的承认。

2002 年启动的新干线高速化(FASTECH)项目并不是将试验最高速度作为目标，而是把提高运营车辆的速达性、最高水准的可靠性、舒适性及环保性作为目标，利用 FASTECH360 型高速试验车辆进行开发和试验评价。E5 系和 H5 系分别为 JR 东日本与 JR 北海道共同使用的新干线列车的不同称呼，JR 东日本为 E5，JR 北海道为 H5，是日本新干线提速课题 FASTECH360S 型高速试验列车的简化量产版。为了降低高速行驶时集电系统产生的噪声，开发了新集电系统，将原来每列动车组搭载 2 台受电弓更改为搭载 1 台受电弓。还开发了一种新型低噪声受电弓，它装有分割成多段的"多段滑板"，由弹簧分别支撑多段滑板，从而使其柔和地跟随接触线。该研发成果与接触线轻量化、高张力化等相结合，即使在高速运行时也能非常稳定地受电。在转向架构架和轮对设计上，基于过去制造的试验车辆数据，开发了能够应对负荷增大的新型基础制动装置、车轴轴承及传动装置等。还开发了新型转向架监测系统，该系统高速走行时能检测转向架振动异常、车轴轴承及传动装置异常。E5 和 H5 系高速列车于 2011 年 3 月 9 日开始运营，运行时速达到 320 km，为日本国内新干线列车最快时速。

随着世界高速列车的蓬勃发展，日本新一代高速列车发展的关键词确定为"安全""稳定""舒适""效率""环保"及"智能"等（图 1-13）。在安全、稳定性方面，建设能实时监测机车车辆和地面沿线设备状态、可实现信息共享、不易受外部因素影响的有适应能力的铁路系统。在乘坐舒适性方面，除通过提速缩短到达目的地的时间从而提高便利性外，还计划提供满足乘客要求的功能性服务及高品质的客室空间。在提高效率方面，通过监测和状态维修（CBM）减少维修量，通过设备和机车车辆的匹配优化来降低成本并简化设备。在环保性能方面，除控制和改善沿线噪声和微压波噪声外，还要提高节能性。为了实现这些目标，利用物联网和人工智能实现高速列车的智能化是新趋势。

图 1-13　下一代新干线高速列车的主要特征

1.3.2　欧洲高速列车的发展

欧洲目前除德国、法国、西班牙、意大利外，还有荷兰、比利时、丹麦、奥地利、瑞典、土耳其等国家拥有高速铁路，但总体而言，其技术主要来源于法国和德国，具有突出特点的是西班牙和意大利。法国、德国、西班牙和意大利是欧洲高速列车发展的代表。

（1）法国高速列车的发展

法国是世界上从事提高列车速度研究较早的国家之一，1955 年即利用电力机车牵引创造了 331 km/h 的世界纪录。在日本建成东海道新干线之后，法国开始从更高起点研究开发高速铁路并确定了适合本国国情的高速列车速度目标值。

TGV（法文"高速列车"，即"train à grande vitesse"）最早于 1960 年提出。在最初的计划中，TGV 将由燃气涡轮-电力机车牵引，但最终燃气涡轮发动机因体积小、单位功率高且能长时间提供高功率牵引力而被采用。1966 年，法国将航空用的燃气轮机用于铁路动车组；1969 年，法国成功研制第一型 ETG 燃气轮动车组，最高试验时速为 148 km。第二型 RTG 燃气轮动车组，最高时速可达 260 km。第三型燃气轮动车组 TGV 001（图 1-14），5 辆编组，最高试验时速为 318 km，是非电力牵引火车的最高时速保持者。

TGV 001 采用铰接技术，即两辆车厢之间共用一个转向架，两辆车厢可以相对自由运动。为了实现"速度比新干线快，能源效率更高，更安静，技术更成熟，维护更容易"的最初目标，TGV 001 从前两型（ETG 燃气轮动车组、RTG 燃气轮动车组）采取的动力分散型改变为动力集中型（一台动力机车牵引数个无动力车辆），也成为后续 TGV 车型均采用动力集中型驱动方式的主要模板；列车编组始终保持两端为动力车，拖车之间铰接式连接，整个动车组不可分解独立运行。其优点如下：①动力学性能好，利于安全运行；②转向架数量少，空气阻力小；③振动小、噪声低；④转向架轴距大，高速稳定性好；⑤可增加双层客车的载客量。由于采用铰接式转向架，可以将双层客车的通道设在上层，从而减少了楼梯占用面积，增加了座席面积，为列车增加载客量提供了最佳结构。

第一列正式生产的 TGV 列车于 1980 年 4 月 25 日交货，1981 年 9 月 27 日，运行于巴黎与里昂之间的 TGV 系统正式向公众开放。这种涂成橘红色，外表流线型的火车一时之间成了家喻户晓的名流。TGV 001 是 TGV 中唯一采用以柴油作为动力，并以气体涡轮推动引擎的机车。但当 TGV 001 快要完成试验时，1973 年的能源危机爆发，燃料价格上涨，此设计便因成本过高而被弃用。TGV 转而使用电力机车，电力通过架空电缆从法国新建的核电站输送而来。1989 年，TGVA 型（TGV Atlantique）作为第二代 TGV 车型初次登台，在巴黎往西方向运营。1990 年 5 月 18 日，它创造出了令世界震惊的极高速度时速 515.3 km。1996 年，一种为了满足不断增长的交通需求而设计制造的双层高速列车 TGV Duplex 投入使用，使法国铁道的运输量比原有的单层 TGV 多出了 45%。2007 年 4 月 3 日，法国阿尔斯通公司制造的第三代 TGV 车型 TGV3 的特型车 V150[①] 列车在巴黎东南部的一段经特殊加固的铁路线上运行，最高时速达到 574.8 km，创下新的也是

① 注：V150，意思是实现行驶速度超 150 m/s，即时速可达 540 km 以上的目标。

目前为止有轨铁路行驶速度的世界纪录。

近年来，法国在 TGV 基础上发展出第四代高速列车 AGV（法语：Automotrice à grande vitesse）（图 1-15），2007 年 12 月完成了全速测试，2011 年开始正式运营。AGV 不仅仅是为单个客户而特殊定制，也是为整个高速铁路市场而开发。AGV 采用动力分散式牵引和铰接式转向架，设备分散于列车底部，以获得更多的室内空间，与传统的 TGV 相比，在同样列车长度的情况下，AGV 定员多 15%。AGV 的牵引系统首次采用创新的永磁体自通风牵引电动机，这种电动机的优点是内部损失很小，从而使其效率较高。由于牵引电动机重量轻，可以安装在转向架上，并且不会影响列车的动力性能。此外，AGV 的设计遵循空气动力学原理，流线型的车身及车头的形状有利于减少列车在运行过程中所受的阻力。为了减轻车身自重，AGV 列车采用了铝和一些密度较小的复合材料制造，395 t 的自重比传统的高速列车减轻了近 1/10 的重量，所需的动力也因此下降了 15%。AGV 的制动系统包括所有车轴上的空气盘型制动，动轴上的电阻和再生制动，以及转向架上的涡流制动。

图 1-14 TGV 001 高速列车

图 1-15 AGV 001 高速列车盘型制动

此外 AGV 可适应四种不同供电制式的先进牵引动力系统，完全满足欧洲不同供电系统的运营。AGV 的出现，已经体现了法国新一代高速列车的发展趋势和追求。

（2）德国高速列车的发展

1903 年，德国人发明了一种将带动力的动力车与非动力车组合在一起的，即动力分散的配置，这种列车就是动车组，亦称多动车组 MU（Multiple Units，电力动车组称为 EMU，内燃动车组称为 DMU）。动车组尽管是德国人发明的，但真正将其发扬光大的还是日本的新干线。在日本新干线取得成功的激励下，1970 年德国开始了轮轨关系的基础研究、试验台建设、试验线修建、试验机车研制。1981 年 9 月，法国 TGV 列车在巴黎—里昂高速铁路线上正式投入运行，这极大地推动了德国加快实施技术路线，在"速度快如飞机的一半，小汽车的两倍"口号指引下，德国 ICE(Inter City Express，城际特快)系高速列车逐渐成为世界上最成功的高速列车之一。

德国 ICE 系高速列车主要有 ICE V、ICE 1、ICE 2、ICE 3、ICE 3M、ICE 4 和 ICE T 等。

1985 年，ICE V 高速列车试验成功，该车由前后各 1 辆动车，中间 3 辆拖车组成，1988 年 5 月在汉诺威—维尔兹堡之间最高时速达到 406.9 km，在当时堪称世界第一。

ICE 1 是在试验列车 ICE V 的基础上开发和批量生产的动力集中型高速列车(图 1-16)，它的运营线路只考虑在德国境内新建的高速铁路，于 1991 年 6 月在汉诺威—维尔茨堡、曼海姆—斯图加特线上投入运行，开辟了德国高速铁路运输之路。ICE 1 动车采用再生制动和每轴 2 个制动盘的机械制动，拖车用了每轮对 4 个制动盘，同时装备了磁轨制动。

为了更有效地满足德国运输部门的要求，提高列车利用率，ICE 2 型列车总体设计思想的主要变更体现在列车编组上，即将 ICE 1 列车一分为二，由 1 台动力头车+6 台拖车+载客的控制头车组成"短编组"动车组(图 1-17)，并在动车和控制车前端装有便于摘挂的气动车钩和气动尖头盖板，以便两列车快速摘挂。拖车的制动由每个轮对 4 个空心制动盘完成，每台转向架设置 2 个磁轨制动器，每辆车的磁轨制动器比 ICE 1 减轻 580 kg，拖车平均轴重由 ICE 1 的 14 t 降低至 12 t，最高运营时速为 280 km。

ICE 3 是德国 1997 年开发、2000 年投入运行的动力分散型高速动车组。该车组是由 8 辆车组成的 4M4T[①] 的短编组列车(图 1-18)。ICE 3 列车不但能适应多电流制牵引供电系统，而且在前两代 ICE 列车经验的基础上，除了更多地采用现代科技成果，提高列车牵引功率，减轻车辆质量，增加载客量，改善乘车环境和提高运行速度外，还有一个重要的变革就是将列车的牵引动力配置由动力集中改为动力分散，把列车的比功率提高到 18.4~19.56 kW/t，而最大静轴重降至 17 t 以下，相应的技术条件满足了欧洲高速铁路网的要求。ICE 3M 在 ICE 3 列车的基础上，经过适当改进，开发了动力分散型高速电动车组，适合多国电压，其最高运营时速为 350 km。

ICE T 是德国 1997 年开发的动力分散型高速摆式电动车组(图 1-19)。ICE T 也生产了两代。在第一代 ICE T 中，具有由 7 辆车构成的 4M3T 和由 5 辆车构成的 3M2T 两种编组形式。在第二代 ICE T 中只有 4M3T 的编组形式，其最高运营时速均为 230 km。ICE T 只行走在已铺设线路上，特别是地理上多弯、斜度大的山林区域线路。ICE TD 是 ICE T 型车的孪生车型(图 1-20)，是动力分散型高速

---

① 注：M 表示动车；T 表示拖车。

摆式内燃动车组，其最高运营时速为 200 km，车组采取 4M 的编组形式，4 辆动车均有 1 台动力转向架和 1 台无动力转向架，每辆头车与相邻的 1 辆中间动车组成 1 个牵引动力单元，单元中每辆车下各悬挂 1 台功率为 560 kW 的柴油机，由其各自直接驱动 1 台三相同步发电机。

图 1-16　ICE 1 高速列车

图 1-17　ICE 2 高速列车

图 1-18　ICE 3 高速列车

图 1-19　ICE T 高速列车

　　第四代城际高速列车 ICE 4 由西门子和庞巴迪合作制造，转向架由庞巴迪供应，采用内部装配框架和轴承以减轻重量。ICE 4 被称为未来的 ICE 型列车（图 1-21），打破了许多"陈规"：全景车窗、乘客区的设施都可随意调整、安装在 C 型滑轨上可以灵活调整的座椅等。与 ICE 3 的由 3 节动车合并成的牵引单元不同，ICE 4 采用创新的"模块化"设计理念，动车集成了各类驱动技术，自带动力，使得每一节动车都自成一体，可灵活地连挂成列（每节动车中的驱动装置包括 4 台牵引电机、牵引冷却系统，以及内含变压器和功率转换器的供电系统），可以针对相应的线路实现优化配置，以适应不同的坡度、座位数量和行驶速度等，这种新的驱动系统可避免突发故障导致整列高速列车停车。ICE 4 可以编组成车厢数量为 5~14 节不等的列车。

图 1-20　ICE TD 高速列车

图 1-21　ICE 4 高速列车

目前，为了适应高速铁路和既有线路、客运和货运共行的实际状态，德国高速列车大量采用了新技术，以速度高、功能完备、技术等级高、性能稳定、车辆总体布置结构合理、内装档次高、运用维护性好等诸多优点而闻名于世。其中的多项技术被许多国家广为引用或借鉴，推动了世界高速列车技术的进步。

（3）西班牙高速列车的发展

西班牙高速列车包括 AVE（Alta Velocidad Española）和 Talgo（Tren Articulado Ligero Goicoechea Oriol）摆式两种。其中，AVE 高速列车（图 1-22）从法国引进技术，原型是法国的 TGV-A，但为了更好满足西班牙的运营要求，西班牙重新设计了列车的外部和内部形状。此外还对编组、牵引系统、接触网及车内设备等进行了修改，最高时速可达 300 km。1992 年 4 月，西班牙采用 AVE 在巴塞罗那奥运会前夕开通了从马德里至塞维利亚的高速铁路，赶上了世界高速铁路运输的发展步伐。

Talgo 是指长度小（每辆车长 1~13 m）、重量轻、低地板面的客车，用一单轴关节式转向架连接组成的编组。车轮可在各自位置上自由旋转，左右车轮之间没有车轴连接，即使在小弯道线路上车体也可顺利通过。Talgo XXI 型高速列车（图 1-23）是西班牙设计制造的可变轨距动力集中型摆式列车，车组采取 2M5T 的编组结构，列车牵引功率为 3000 kW，构造时速为 220 km。Talgo XXI 型高速列车有两种可变轨距的模式：一种为适应轨距由 1435 mm 变为 1520 mm（俄罗斯轨距）的可变轨距模式；另一种为适应轨距由 1435 mm 变为 1668 mm（西班牙轨距）的可变轨距模式。

Talgo 250 型高速列车（图 1-24）是西班牙的可变轨距动力集中型摆式列车，车组采取 2M11T 的编组结构，列车牵引功率为 4800 kW，构造时速为 250 km，定员 300 人，其轨距可由 1435 mm 变为 1668 mm（西班牙轨距）。Talgo 250 型高速列车的动力头车采用低合金钢车体，并设有列车被动安全防护的碰撞吸能装置，可吸收 2 MJ 的碰撞能量。拖车采用铝合金车体，大幅度降低了整车质量。

图 1-22　AVE 高速列车

图 1-23　Talgo XX I 型高速列车

1998 年 4 月，西班牙决定在引进法国 TGV 高速列车(300 km/h)技术的基础上，自主创新研发了新一代的 350 km/h 等级 Talgo 350 型高速列车(图 1-25)。动车采用再生制动和电阻制动，最大持续电制动功率为(4200×2)kW，每轴 2 套轮盘式盘型制动及 1 套轴盘式盘型制动，拖车每轴采用 4 套盘型制动(轮盘与轴盘)。车体采用 Talgo 被动式倾摆系统，动力头车采用低合金钢车体，同样设有列车被动安全防护的碰撞吸能装置。拖车采用铝合金挤压型材结构，车体具有压力密封特性。

Talgo 列车最大的特点是充分利用既有线，能大幅度降低强化轨道或建设新线的费用。这对于迫切要求提高速度的铁路来说，Talgo 颇具潜力。凭借这一优点，Taglo 逐渐与 TGV 和 ICE 成为欧洲高速列车发展的主要趋势之一。

图 1-24　Talgo 250 型高速列车

图 1-25　Talgo 350 型高速列车

(4)意大利高速列车的发展

ETR 系列摆式列车由意大利菲亚特公司开发，包括第一代 ETR 401、第二代 ETR 450、第三代 ETR 460、ETR 470、ETR 480、S220(SM3)、ETR 500(动力集中

型非摆式高速电动车组)和第四代 ETR 600 等车型。除 ETR 500 型高速列车之外,全部为摆式列车,因此又被称为 Pendolino 列车。Pendolino 即英语中的"Pemdulum""钟摆"之意,形象地刻画了 ETR 系列高速摆式列车最突出的特征。

第一代 ETR 401 摆式列车(图 1-26)于 1975 年开发,列车采取 4 辆编组,全部为动车(4M)的结构,牵引功率为 1800 kW,运行时速为 250 km,定员 120 人,目前该车组已经停用。

第二代摆式列车 ETR 450(图 1-27)为动力分散的电动车组,于 1988 年正式营业运行,这是主动控制的高速摆式列车在世界上首次批量营业运行。在车体与摇枕之间,设有斜吊杆,倾摆时,摇枕不倾斜,只是车体相对于摇枕倾斜。ETR 450 把倾摆装置装于二系弹簧以上,所以称为簧上摆,摇枕与车体倾斜装置的倾斜无关,在高速通过曲线时,与一般车辆一样,要承受未被平衡的离心力,因此,摇枕与横向止挡碰撞增加,导致乘坐舒适性变差。

图 1-26　ETR 401 高速列车　　　　　图 1-27　ETR 450 高速列车

第三代摆式列车 ETR 460(图 1-28)相比第二代作了较大的改进,于 1995 年投入运行。ETR 460 是在 ETR 450 的基础上改进而来的。最主要的改进有三个方面:①采用中空挤压型材的铝合金车体,而且车体宽度适当加宽,二等车可布置成 2+2 座席(ETR 450 的主要缺点之一是车体宽度小,只能布置"2+1"座席,车体虽然由铝合金制造,但采用板梁结构);②全部的倾摆装置集成到转向架上,增加了车内客室的空间;③改进车辆的密封性能,使列车高速会车或通过隧道时,提高旅客的舒适性。

1997 年投入运用的 ETR 470 首次将意大利与瑞士通过高速列车串联,摆式技术则大幅度压缩了山区铁路的运行时间。然而 ETR 470 由于技术原因常发生故障和晚点,在瑞士口碑不佳。同年 ETR 480 由菲亚特(现在的阿尔斯通)开始制造,基本性能与 ETR 460 和 ETR 470 相同,但 ETR 470 支持 3 kV 直流电和 15 kV 瑞士国内的电气化交流电,ETR 460 只支持 3 kV 直流电,而 ETR 480 是针对未来意大利国内高速新线(TAV)的电气化方式,支持直流 3 kV 和交流 25 kV、50 Hz 而设计的。

ETR 500(图 1-29)为动力集中型非摆式电动车组,牵引设备集中在两节端车内,采用装单独转向架的中间拖车,编组形式为 2M11T,最高时速为 300 km。其动力制动为再生制动,当电网的接受率较低时辅助以电阻制动,由一个单独的斩波器来给强迫通风的纵向排列变阻器馈电,以确保列车在接触网无电的情况下仍能进行电阻制动。全车广泛采用了轻合金材料。动车车体为全钢骨架结构,外表覆盖轻合金板材;拖车车体采用轻合金型材焊接而成,以适应流线型的空气动力学断面。

图 1-28   ETR 460 高速列车   图 1-29   ETR 500 高速列车

2000 年,此前生产 Pendolino 摆式动车组并拥有其专利技术的菲亚特铁路公司被法国阿尔斯通公司收购,新一代升级版的 Pendolino 摆式动车组也开始在阿尔斯通公司的主导下研制,其中面向意大利国内铁路市场的新一代 Pendolino 被命名为 ERT 600(图 1-30),是继 ETR 480 后新一代 Pendolino 摆式动车组的代表车型。由于改进了设计,车体采用大型铝合金挤压型材制成,它的设计既具有足够的刚度,并且提高了列车的可靠性,又能为乘客提供宽敞的内部空间,乘客进出车厢也更加容易。ETR 600 采用的是主动式摆动控制车体,从而提高了乘坐的舒适性。

2004 年在研发 ETR 600 的基础上,开发了新一代 Pendolino 动车组,用于提升瑞士与意大利间国际列车的服务水平度,并命名为 ETR 610(图 1-31)。ETR 610 在外观与技术上与 ETR 600 基本一致,相比之下,ETR 610 最大的特点便是在直流 3 kV 和交流 25 kV、50 Hz 的基础上,可同时适应瑞士与德国使用的交流 15 kV、16.7 Hz 接触网电压,并增配了瑞士与德国的列车信号系统,可同时在意大利、瑞士和德国运行。ETR 610 安装的 6 副受电弓,也可适应各国不同的接触网结构或网压。并且 ETR 610 采用与 ETR 600 相同的 250 km 最高运营时速,相比上一代 ETR 470 的 200 km 时速有所提升。

图 1-30　ETR 600 高速列车

图 1-31　ETR 610 高速列车

意大利高速列车的发展，起初并不依赖建设全新路线，而采用的是倾斜列车提速，因此摆式列车技术由意大利辐射到德国和法国等欧洲其他国家，形成了独特的风景线。目前意大利高速列车最高运营时速为 300 km，客货混运，利用原有线路和车站，根据不同线路选择不同车型的列车，曲线较多且曲线半径较小的线路选用摆式高速列车，反之选用非摆式高速列车。

1.3.3　中国高速列车的发展

中国高速列车的发展经历了自主探索、引进消化和创新领先三个阶段，通常第一阶段是指 2004 年"引进消化吸收再创新"之前的高速列车，第二阶段是2004 年至 2017 年以"和谐号"为代表的高速列车，第三阶段是指 2017 年中国标准动车组"复兴号"诞生以后的高速列车。

（1）中国高速列车的肇始——自主探索

毫无疑问，2004 年以后高速列车技术的引进，让中国高速列车汇聚百家，站在了巨人肩膀上。但是技术可以引进，能力却是引进不来的，没有此前几十年的技术积累，即便引进了技术，也只能"邯郸学步"，难有大的作为。

中国动车组的研制比较早，除了"东风型双层摩托列车"外，"先锋号""蓝箭""中原之星""中华之星"也都是鼎鼎大名的列车。

1958 年青岛四方机车车辆厂与铁道部大连机车车辆研究所、上海交通大学、集宁机务段等合作，于同年 9 月 22 日试制成功一列东风型双层摩托列车（图 1-32），代号"NMI"，由 2 节动车和 4 节双层客车编组而成，构造时速为 120 km，适用于近郊短距离快速客运。1959 年，东风型动车组交付北京铁路局北京内燃机车折返段（后改称北京内燃机务段）试验，开始在北京至天津间试运行。截至1961 年，该动车组停止使用。

图 1-32 东风型摩托动车组

1962 年中国从匈牙利的冈茨马瓦格厂进口 8 组 4 车编组动力分散 NC3 型内燃动车组（图 1-33），配置北京内燃段，运用于京津特快列车运输任务，1975 年 5 月，2 列动车组全部调转到兰州铁路局跑专列。1987 年，NC3 型动车组全部报废。

图 1-33 NC3 型动车组

中国第一列电力动车组于 1988 年 9 月完成组装，定型为 KDZ1 型（图 1-34），为 4 节编组（2M2T），设计最高时速为 140 km。1989 年 3 月，列车被送往北京环形铁道试验基地，先后进行了静态和动态调试、性能鉴定试验和试运行考核；同年 7 月 7 日，列车最高试验时速达到 141 km。KDZ1 型电力动车组完成试验后，原计划配属郑州铁路局宝鸡电力机务段，投入陇海铁路西安至宝鸡间运行，但由于整备条件、技术性能等原因并没有实现。该列车最终被送返长春客车厂封存至今。虽然 KDZ1 型电力动车组未能投入运营，但为 1999 年研制的春城号电力动车组（KDZ1A）积累了基础和经验（图 1-35）。

图 1-34　KDZ1 型电力动车组

图 1-35　春城号电力动车组（KDZ1A）

随着中国铁路 1990 年广深线开始探索提速，早期主要是开展新型大功率机车如"韶八"电力机车和"东风 11"内燃机车的研制，先后进行了六次大提速（表 1-1），前五次大提速完全依靠我国自主研发的机车车辆，我国机车车辆的技术水平上了一个新台阶。由于各个铁路局对提速要求的不一致，也导致了国内各大主机厂在提速技术的基础上陆续研发了一系列的动车组产品。如 1994 年研制的第一款动力分散型液力传动内燃动车组"天安号"，以及后来的 NZJ1"新曙光"号、NYJ1 柴油动车组、"天驰号"等。值得一提的是"大白鲨"与"蓝箭"，"大白鲨"于 1999 年研制，是我国第一代电动车组型号，设计时速 200 km；2000 年研制的"蓝箭"，是第一款批量化生产的时速 200 km 动车组，采用动力集中式，批量化生产了 8 列。后来的代表还有动力分散型"中原之星"及"先锋号"（图 1-36）。2002 年"先锋号"曾在秦沈客专创造了时速 292.8 km 的速度纪录。"先锋号"创造的这个速度纪录，后来由我国早期动车组型号的巅峰之作——大名鼎鼎的"中华之星"打破。"中华之星"设计时速 270 km，采用动力集中式，2M9T。2002 年 11 月 27 日，2M3T 的短编组"中华之星"在秦沈客专进行高速试验，其最高速度创造了当时的"中国铁路第一速"——321.5 km/h，轰动一时，这个速度纪录直到 2008 年 4 月 24 日，才由 CRH2C 型动车组在京津城际铁路打破。

1999 年以前，中国动车组研制尚不属于现代动车组概念，属于动车组技术萌芽状态。而 1999 年后的"大白鲨""蓝箭""先锋号"和"中华之星"等开启了国内动车组的大门，为后续引进高速动车组积蓄了技术准备和工程能力。

（2）中国高速列车的追赶——引进消化

这一阶段的中国高速列车大致可以分为两代：第一代以引进消化吸收技术为主；第二代又被称为"新一代"，也就是常说的 CRH380 系列。

第一代包括和谐号动车组 1 系、2 系、3 系、5 系（图 1-37），又分为 A、B、C、E 四个小类（如 CRH2A、CRH2B、CRH2C、CRH2E），A 代表时速 200 km 8 辆编组、B 代表时速 200 km 16 辆编组、C 代表时速 350 km 8 辆编组、E 代表时速 200 km 卧铺动车组。

(a) "大白鲨" 动车组

(b) "蓝箭" 动车组

(c) "先锋号" 动车组

(d) "中原之星" 动车组

图 1-36 "大白鲨""蓝箭""先锋号"和"中原之星"动车组

2004 年 6 月 17 日，为配合铁路第六次大提速，铁路主管部门组织进行时速 200 km 动车组公开招标。同年 8 月，南车四方与庞巴迪联合中标，以庞巴迪为瑞典提供的 Regina 为原型，引进中国后被命名为 CRH1A，并于 2007 年正式投入广深线运营服务，最高运营时速为 200 km。同属 CRH1 系列的还有 CRH1B 和 CRH1E 型动车组。

2004 年，中国铁道部向法国的阿尔斯通、加拿大的庞巴迪及日本的川崎重工共订购了 60 列时速 200 km 的高速动车组，其中，日本新干线的 E2 系 1000 型电车被命名为 CRH2A 型，是继台湾高铁的 700T 型电联车后，第二款出口日本国外的新干线列车，也是中国首款时速 200 km 的国产动车组。CRH2 型 "和谐号" 动车组于 2006 年 9 月 28 日在南车四方下线。2007 年 1 月 28 日，CRH2 正式投入沪杭线及沪宁线运营，4 月 18 日第六次大提速后，最高运行时速达 250 km，用于改造后的既有线运行。除 CRH2A 之外，四方又设计出 CRH2B、CRH2C、CRH2E。

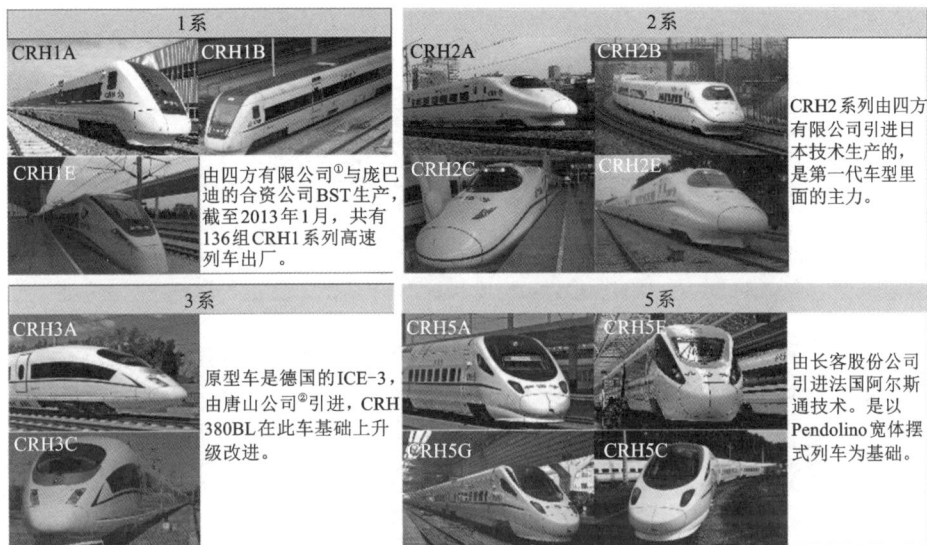

注：①全称为中车四方车辆有限公司；②全称为中车唐山机车辆有限公司。

图 1-37　和谐号动车组

CRH3 型动车组，是中国铁道部为营运新建的高速城际铁路及客运专线，而向德国西门子公司和中国北车集团唐山轨道客车有限责任公司订购的 CRH 系列高速动车组，分别对应 CRH3A 和 CRH3C 两种型号。CRH3 系动车组可根据不同运营线路的需求，分别以时速 160 km、时速 200 km、时速 250 km 三个等级运行，是国内唯一既适合时速 200~250 km 客运专线，又适合时速 160~250 km 城际铁路运行的动车组。中国北车自此拥有了高速动车组和城际动车组全系列、谱系化产品平台。CRH3A 型动车组是基于中国国情和运行条件下的"中国创造"，不仅核心部件和制造技术自主化，还充分考虑了中国复杂的地理气候条件和运营环境，根据各地区域特点量身打造。相对于此前国内运行的这一速度等级动车组，该型动车组还有较强的成本优势和售后维护优势。

CRH5 系列动车组是由长客股份公司引进法国阿尔斯通技术生产，主要为东北干线或区际铁路服务，因此整个系列都比较耐高寒，设计运营时速为 250 km。CRH5 系列动车组有 CRH5A、CRH5G(耐高寒防风沙型)、CRH5E、CRH5J(高速综合检测车)四种型号。其中，CRH5A 采用动力分布式，每列 8 节编组(5M3T)，可实现两列重联运行，其耐寒性方面可承受最低温度为-40 ℃。

追赶时期的第二代即所谓"新一代"，是指 CRH380 系列，主要分为CRH380A、CRH380B、CRH380C、CRH380D 这四种型号(图 1-38)。

(a) CRH380A　　　　　　　　　　　(b) CRH380B

(c) CRH380C　　　　　　　　　　　(d) CRH380D

图 1-38　新一代 CRH380A、CRH380B、CRH380C、CRH380D

　　CRH380A 是四方有限公司生产的，列车组采用动力分散式、交流传动的电力动车组，采用了铝合金空心型材车体。CRH380A 短编组列车采用 6M2T 的编组方式，长编组列车采用 14M2T 的编组方式。CRH380A 系列有 CRH380A/AL 非统型和 CRH380A/AL 统型，车内设有商务座、特等座、一等座、二等座等，可满足不同层次的旅客的个性化出行需求。它是中国高速动车组的一项里程碑，以此为基础，可以向上拓展更高时速列车，向下拓展城际列车。

　　CRH380BL 由长客股份公司、唐山公司共同生产，运营时速为 350 km、最高时速为 380 km。其中长客股份公司又研制了 CRH380B 短编高寒车及 CRH380CL，CL 还是有比较大的突破，牵引传动系统主要是弃用了西门子的改用日本日立公司的（日本日立与永济在西安成立合资公司）。

　　CRH380C 型电力动车组由长春轨道客车股份有限公司在 CRH3C、CRH380BL 型电力动车组基础上自主研发的 CRH 系列高速动车组，列车采用 8M8T 编组方式，运营最高时速为 380 km，设计最高时速为 420 km。

　　CRH380D 电力动车组是由青岛四方庞巴迪铁路运输设备有限公司（BST）基于庞巴迪 ZEFIRO 平台研发的，设计标称运行时速为 350 km。

（3）中国高速列车的跨越——创新领先

2015 年 6 月 30 日中国标准动车组在北京正式发布，它在中国高速动车组研发历史上具有非常重要的地位。标准动车组是按照正向研发的思路进行的，完全跳出了原来"引进消化吸收再创新"的路径，根据中国高速列车发展的需求，设计了一套中国技术标准，全面研发新型动车组，标志着我国高速列车的研发又迈上了新台阶。2017 年 6 月设计时速达 400 km 的"复兴号"中国标准高速列车在京沪高铁双向通车，运营时速达到 350 km，由此成为当时世界上商业运营速度最高的高速列车。

复兴号动车组目前有 CR400、CR300、CR200 三个系列（图 1-39）。CR400 系列高速动车组包括 CR400AF 和 CR400BF 两种型号。该系列动车组采用 8 编组，4M4T。车身材质采用铝合金，最高试验时速 385 km。在时速 350 km 中国标准动车组成功研制的基础上，为满足时速 250 km 的线路和客流需求，CR300 型复兴号动车组被研发并投入使用。CR200 型"复兴号"目前仅有 CR200J 型电力动车组，是中国铁路"复兴号"系列的一款动力集中式的动车组，最高运营时速为 160 km，可用于开行长途列车和中短途城际列车，能在中国约 $1×10^5$ km 的既有电气化铁路上开行。因其绿色的外形涂装特点，CR200J 被赋予官方外号"绿巨人"。CR400、CR300、CR200 三个系列动车组的成功应用，标志着我国高速列车步入时速 160~350 km 全时速系列时代，为我国高速列车走向世界创造了有利条件。

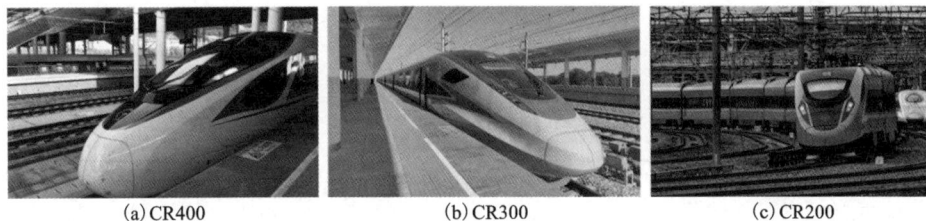

(a) CR400　　　　　　(b) CR300　　　　　　(c) CR200

图 1-39　"复兴号"动车组

目前，中国高速列车走向了多元化发展阶段，以高速高可靠性、绿色节能、智能化为目标，重点围绕提升临界速度、提高牵引能力、降低阻力与牵引能耗及智能化等方面，对高速列车各系统进行了创新研究。

"中国高铁模式"的深刻含义至少包括如下几个方面：第一，品牌是自主的；第二，市场是自己的，国内在手里，国外去开拓；第三，产业链是完整的，不但高铁产品突破，还带动产业链的发展与技术的变革，如工业变流、IGBT 半导体技术、高效能电机技术、机械传动技术、铝合金加工技术等；第四，形成中国的标准，不但国内形成标准还要对外输出，目前国内标准已形成，对外输出工作正在进行中；第五，改变人民生活，高铁让中国变成一个大城市，为统一大市场的建设提供了交通可行性。

1.3.4 高速列车的组成

高速列车的组成包括两个方面：一方面，主要是指宏观上的高速列车系统，是整个高速铁路系统中的重要组成部分，包括高速列车编组形式及其不同特性动车/拖车等；另一方面，从狭义的角度，高速列车是指动车/拖车的主要组成部分。本书中的高速列车，除非特别说明，主要是指狭义上的高速列车。

高速列车是材料、机械、电子、计算机和控制等现代技术的一个集中体现。对应我国高速列车发展初期需要攻克的九大关键技术：动车组总成（系统集成）、车体、转向架、牵引变压器、牵引与辅助变流器、牵引电机、牵引传动控制系统、列车网络控制系统和制动系统（图1-40）。还有十项配套技术：空调系统、集便装置、车门、车窗、风挡、钩缓装置、受流装置、辅助供电系统、车内装饰材料和座椅。因此，高速列车一般由车体、转向架、车辆连接装置、牵引传动系统、辅助供电系统、自动控制系统和制动系统组成（图1-41）。高速列车的设计与开发实际上就是这些组成部分及组成部分之间接口的设计与开发。

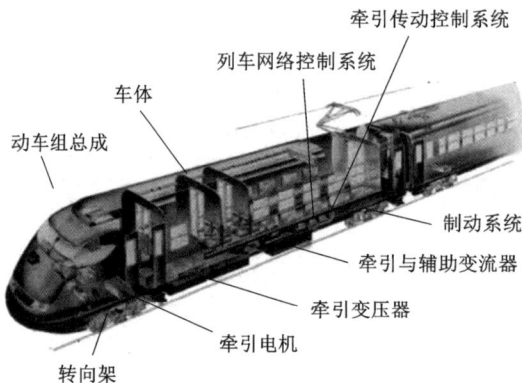

图1-40 高速列车九大关键技术

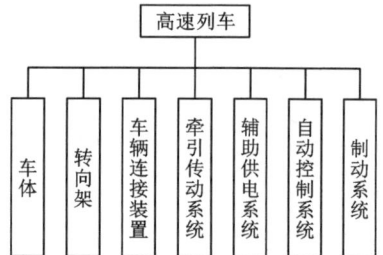

图1-41 高速列车的基本组成

（1）车体

狭义上的车体一般指金属或非金属车体结构组成，广义上的车体还包括车内装饰、车内外相关服务和辅助设施，如车辆内部设备，即服务于旅客的车内固定附属装置，如车内装饰、电气、供水、通风、取暖、空调、座席、车窗、车门、行李架、旅客信息服务系统等。一般而言，车体采用的是广义的定义。高速列车的车体分为带司机室的头车车体和中间车体两种，它既是容纳旅客和司机驾驶的地方，又是安装与连接其他设备和部件的基础。

列车运行速度的提高，使得空气的动力作用对列车结构与列车运行性能产生影响；列车高速运行引起的气动现象也会对周围环境产生影响。对于高速列车而言，列车头型设计非常重要，好的头型设计可以有效地减小列车表面压力、列车空气阻力、会车压力波、隧道内列车表面压力和列车风等（图 1-42）。

| (a) 中华之星 | (b) 和谐 3 型 | (c) 复兴号 |

图 1-42 中国高速列车典型头型设计

为了降低列车运行能耗，节约材料，减小高速运行时轮轨间的相互作用力所引起的对线路和车辆结构的振动、噪声，以及磨耗或损伤，在满足高速列车安全性、稳定性和舒适性等各项运行性能的前提下，应最大限度地降低列车的质量，对车体进行轻量化设计，降低轴重。一方面，可以降低对车辆和线路的维护量；另一方面，能够降低运行能耗。目前，国内外高速列车的车体材料主要为不锈钢和铝合金，从轻量化设计来看，随着铝合金和复合材料制造工艺的成熟，铝合金和复合材料相对不锈钢材料具有更大的优势。

（2）转向架

转向架是高速列车的走行机构，行业叫法为"走行部"。设置于车体和轨道之间，用来牵引和引导车辆沿轨道行驶，承受和传递来自车体及线路的各种载荷。转向架是保证列车运行品质和安全的关键部件，一般由轮对轴箱装置、构架、弹簧悬挂装置、车体支承装置和制动装置等组成（图 1-43）。高速列车转向架分动力转向架和非动力转向架，动力转向架包括牵引电动机和传动装置，具有驱动的作用；而非动力转向架则不设置有牵引电机装置，不具备驱动作用。

转向架是高速列车走行装置，是高速列车的核心部件，具有承载、导向、缓冲减振、牵引和制动等功能。为了抑制蛇形运动，转向架必须具有良好的稳定性（安全性）和运行平稳性等动力学性能，必须满足转向架运行的结构强度和服役可靠性要求；另外，转向架还必须具有良好的曲线通过能力。

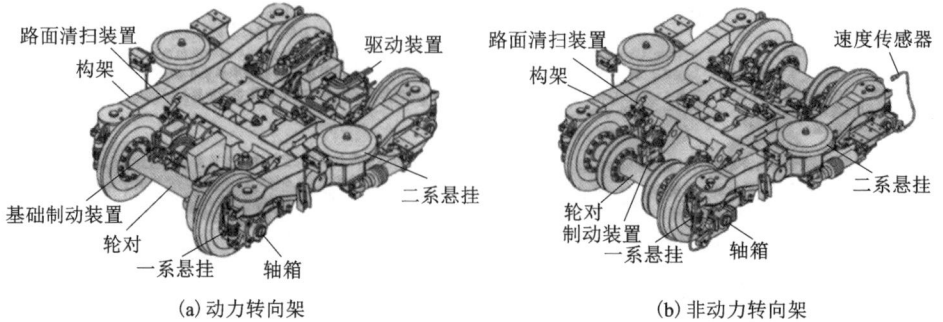

图 1-43　高速列车转向架

（3）车辆连接装置

车辆编组成列车组运行必须借助于连接装置，其机械连接包括车钩（图 1-44）、缓冲装置和风挡等，同时还有车辆之间的电气和空气管路的连接、高压电器连接、辅助系统和列车供电连接及控制系统连接等。车辆间的牵引缓冲装置是关系到缓和列车冲击，提高旅客舒适性和列车安全的重要部件，随着高速列车的运营时速不断提高，对牵引缓冲装置也提出了更高的要求。目前，世界各国高速列车普遍采用密接式车钩连接装置，该装置两车钩连接面的纵向间隙一般都小于2 mm，上下、左右偏移也很小，为提高列车的运行平稳性和电气线路、风管的自动对接提供了保证。

图 1-44　高速列车连接车钩

（4）牵引传动系统

牵引传动系统主要包括受电弓、主断路器、主变压器、牵引变流器、牵引电机及电传动系统的保护等（图 1-45）。早期的电力牵引传动系统均采用直流电动机驱动。高速列车要求减轻车辆轴重，尤其是簧下质量，而直流电动机的单位功率质量较大，无法满足高速铁路的要求。在交流传动系统中，交流牵引电动机较传统的直流牵引电动机具有额定输出功率大、结构简单、体积小、质量轻、易维修、速度控制方便、效率高等一系列优点。除此之外，高速受流技术也是牵引传动系统必须重点考虑的。世界上大多数高速列车的受流方式采用的是接触网-受电弓的受流技术，其受流过程是受电弓在接触网下，以列车速度相对运动中完成的，是一个动态过程，包含多种机械运动形式和电气状态变化，如滑动摩擦、振动、摆动等。受电弓具有如下的特点：小的静态抬升力；较小的当量归算质量；良好的跟随特性；大的横向刚度；具有良好的启动力模型和气流调整装置，以改善受电弓的气动力稳定性，保证弓头位置稳定；与接触导线摩擦性能相匹配的滑板材料；具有紧急降弓控制系统。

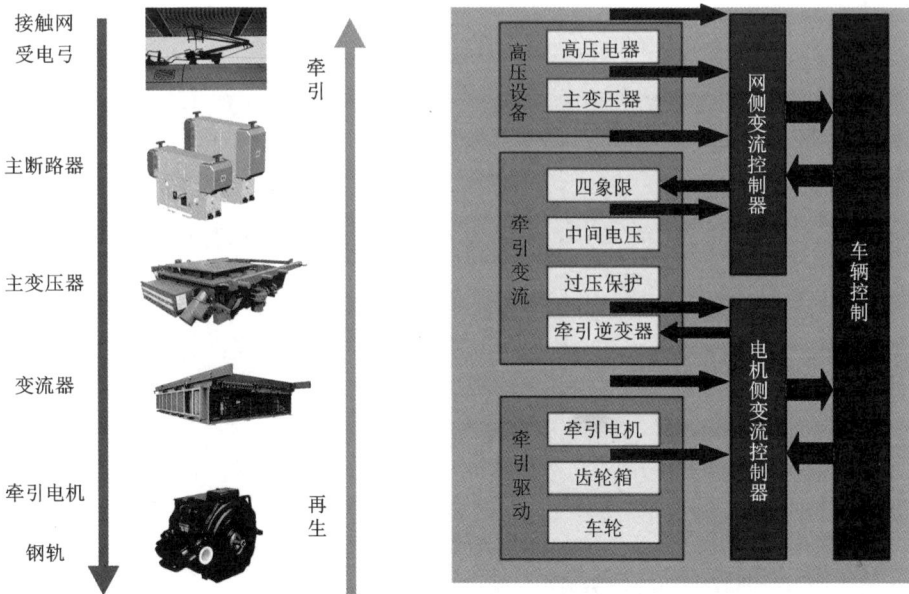

图 1-45　高速列车牵引传动系统

(5)辅助供电系统

列车辅助供电系统主要由辅助变流器、辅助整流器及相关的组件构成。辅助变流器用来提供三相 AC 400 V 的电源。辅助整流器用来提供直流电源(由整流装置来实现)。为了保证列车正常运行,列车上设有三相交流辅助电路和辅助机械装置。主变压器、牵引变流装置、牵引电动机等在运行中都会散发大量的热量,这些热量需要利用通风机进行强迫风冷或通过冷却油泵驱动冷却油进行循环冷却。这些辅助机械装置一般都需要用鼠笼式三相异步电动机来驱动,为此,需要在列车上设置三相交流电源。列车的控制系统和照明系统所需要的直流电源由辅助整流装置提供;在升弓前或高压设备、主变压器出现故障时,相关系统还需要蓄电池供电。因此,列车辅助供电系统的直流部分包括辅助整流装置和蓄电池。另外,辅助供电系统还具备应急供电功能。应急用电的用途包括客室应急通风、应急照明、应急显示、维修用电、通信及其控制等。

(6)自动控制系统

目前,在世界高速列车上使用的自动控制方式主要分为以下两类:①设备为主、人控为辅的控制方式,这种方式以日本为代表。列车自动控制(automatic train control,ATC)系统的限制速度为 220 km/h 时的闭塞分区长度为 3000 m(两个闭塞分区的长度),减速到 170 km/h 时的闭塞分区长度也为 3000 m,最后减速至 30 km/h,直至在前方一定距离处停车。②人机共用、人控为主的方式。以法国为代表,法国北部线的列车速度和运行密度较高,需要更先进的列车控制技术。法国的列车控制技术可将速度最高为 300 km/h 的列车沿一条限制速度曲线来模拟司机制动曲线,由 ATC 系统设备自动控制列车到给定地点停车。每一闭塞分区的长度为 1500 m,限制速度分为 300 km/h、270 km/h、230 km/h 及 170 km/h 等。

(7)制动系统

制动系统是保证列车安全运行所必需的装置,使列车能实施制动和缓解。制止列车运动,使其减速或致其停车称为制动;对已实施制动的列车解除或减弱其制动作用,称为缓解。高速列车常采用动力制动与摩擦制动的复合制动方式。制动控制系统包括动力制动控制系统(再生制动)和空气制动控制系统,此外,还有电子防滑器、基础制动装置等。

1.3.5 高速列车的主要分类

高速列车主要按动力配置方式、车体倾摆形式、转向架形式、走行方式等进行归类(表 1-4)。

表 1-4　高速列车的主要分类

形式	分类	特点	标志性车型
动力配置方式	动力集中型	动力集中于列车两端的动力车上，中间车辆均为无动力车辆的高速列车，动力车轮对上有电机驱动	德国 ICE1、法国 TGV 及中国 CR200J
	动力分散型	动力分布于列车的多节车辆上的高速列车	日本 300X、法国 ZGV、意大利 ETR450、德国 ICE3 和中国 CR400
车体倾摆形式	摆式高速列车	车体转弯时可以左右倾斜摆动的高速列车，摆式列车能够在普通路轨上的弯曲路段高速驶过而无须减速	西班牙 Talgo 系列及意大利 ETR401、ETR405、ETR460、ETR470 等
	非摆式高速列车	普通高速列车，利用车身倾斜减速过弯	意大利 ETR500 及中国 CRH 与 CR 系列
转向架形式	独立转向架	独立式高速列车的每节车辆的车体都置于两台转向架上，车辆和车辆之间用密接式车钩相连接，每节车辆从列车上解挂后，可以独立行走	德国 ICE3、ICE4 等
	铰接转向架	铰接式高速列车是将车辆的车体间以弹性铰相连接，在相邻车体的连接处放置一个共用转向架，因此每节车辆不能从列车中解开成为一个独立可行的车辆	西班牙 Talgo、法国的 TGV/AGV 等
走行方式	高速轮轨式	采用轮轨接触方式进行前进运动	常见高速列车
	高速磁悬浮	由无接触的磁力支承、磁力导向和线性驱动系统组成的新型交通工具	德国 Transrapid、日本 MLU

1.3.6　世界高速列车的发展趋势

根据各国高速列车的发展情况和运营经验，世界高速列车的主要发展趋势如下：

（1）高速化。速度不断提高，表现在以提高试验速度为基础，不断提高运营速度，中国高速列车的运营时速达 380 km，目前位居世界第一，400 km 时速高速列车下线，更高时速的高速列车也在研制中。

（2）轻量化。车体结构和动力设备不断轻量化。车体结构和部分机械零部件大连管采用铝合金、大型挤压型材、蜂窝结构和高分析复合材料等新材料、新工艺，在保证强度的前提下大幅度减轻重量。减轻车体及设备重量，一方面可以增加载客量，另一方面减轻轴重可降低线路维修费用。中国 400 km 时速的高速列车已经采用碳基复合材料。

（3）智能化。智能列车是集成了现代科技与传统列车于一体的新型高科技产品，利用具备事务识别功能、分析判断功能、自动控制功能、警戒功能的计算机系统实现自动运行，驾驶人员仅需监视列车自动运行的效果。

（4）绿色环保。随着列车运行速度的提高、运量的增加、运行距离的延长，节能环保方面也成为世界高速列车发展的一大趋势，体现在降低能耗和噪声，采用环保材料，提高能效，再生能源利用及降低制动过程的颗粒排放物等方面。

参考文献

[1] 梁建英.高速列车[M].上海：上海科学技术文献出版社，2019.

[2] 姚诗煌.高铁经济[M].上海：上海科学技术文献出版社，2019.

[3] 郑健.高铁车站[M].上海：上海科学技术文献出版社，2019.

[4] 刘涟清.中国高铁发展战略[M].上海：上海科学技术文献出版社，2019.

[5] 钱桂枫.走近中国高铁[M].上海：上海科学技术文献出版社，2019.

[6] 铁道之旅[EB/OL].http：//www.360doc.com/userhome/5299136

[7] 金三友.中国高铁对我国及世界的深刻影响[J].理论学习与探索，2011(2)：74-76.

[8] 王缪莹，温宏宇.铁路新技术发展趋势研究及对我国的建议[J].中国铁路，2020(1)：59-64.

[9] Yoshihiro Akiyama，宋文伟.全球高速铁路50年发展回顾与展望[J].国外铁道车辆，2015，52(6)：1-7.

[10] 黄玲.轨道交通行业发展综述[J].中国基础科学，2018，20(6)：61-64.

[11] 卢春房.中国高速铁路的技术特点[J].科技导报，2015，33(18)：13-19.

[12] 谢毅，寇峻瑜，姜梅，等.中国铁路发展概况与技术展望[J].高速铁路技术，2020，11(1)：11-16.

[13] 梁晓红，刘倩，谭克虎，等.法国高速铁路快运发展研究及启示[J].铁道货运，2017，35(4)：45-49.

[14] 田睿.世界高速列车的发展[J].国外铁道机车与动车，2020(4)：1-6.

[15] 马大炜.日本高速列车的特点和发展动向概述[J].中国铁路，2003(12)：66-67.

[16] 伍文祥，周敏，李岩峰.世界高速列车的发展[J].企业技术开发，2010，29(9)：53-54.

[17] 王渤洪.TGV高速列车的发展过程[J].电力牵引快报，1998(1)：39-40.

[18] 浅野浩二，李烨.东日本铁路公司高速列车的发展[J].国外铁道机车与动车，2018(2)：14-19.

[19] 黄楠，刘世楷.我国高速列车制动摩擦材料的发展方向[J].铁道车辆，1993(9)：29-32.

[20] 动车组闸片暂行技术条件TJ/CL 307—2019[S].

[21] 虞笑晨.盘点欧洲高速铁路[J].交通与运输，2017，33(6)：44-47.

[22] 俞展猷.日本与欧洲高速列车技术的发展和现状[J].铁道机车车辆，2003(1)：16-27.

[23] 倪逢春.欧洲高速列车的发展趋势[J].电气化铁道，2001(4)：49-52.

[24] 熊嘉阳，沈志云.中国高速铁路的崛起和今后的发展[J].交通运输学报，2021，21(5)：6-29.

第 2 章　高速列车制动系统

"没有制动，就没有高速"，作为中国高速列车九大核心技术之一，高速列车制动技术关系着列车运营的安全性、平稳性和舒适性。高速列车的制动就是制止列车的运动，使其不加速、减速或不滑行。从能量的观点来看，制动的实质就是将高速列车动能转变成其他能量并转移走；从作用力的观点来看，制动就是让制动装置产生与高速列车运行方向相反的外力，使高速列车产生较大的减速度，尽快减速或停车。其中紧急制动距离是反映列车制动能力与运行安全的直观可测量的重要指标之一。中国《铁路技术管理规程》明确规定了高速列车在干态平直轨道上（坡度在±4 mm/m 内，曲线半径不小于 3000 m），不同制动速度下的紧急制动距离限值见表 2-1。

表 2-1　不同制动速度下的紧急制动距离限值

初始制动速度/(km·h⁻¹)	最大制动距离/m
200	2000
250	3200
300	3800
350	6500

2.1　高速列车制动的分类

高速列车制动系统可按动能转移形式、制动动力形成方式、制动用途及制动原动力形式等进行分类（图 2-1）。

2.1.1　按动能转移形式分类

根据高速列车动能转移方式的不同，高速列车制动可分为如下几种方式：电制动（电阻制动、再生制动）、涡流制动（轨道涡流制动、旋转涡流制动）、磁轨制动、风阻制动、基础制动等。

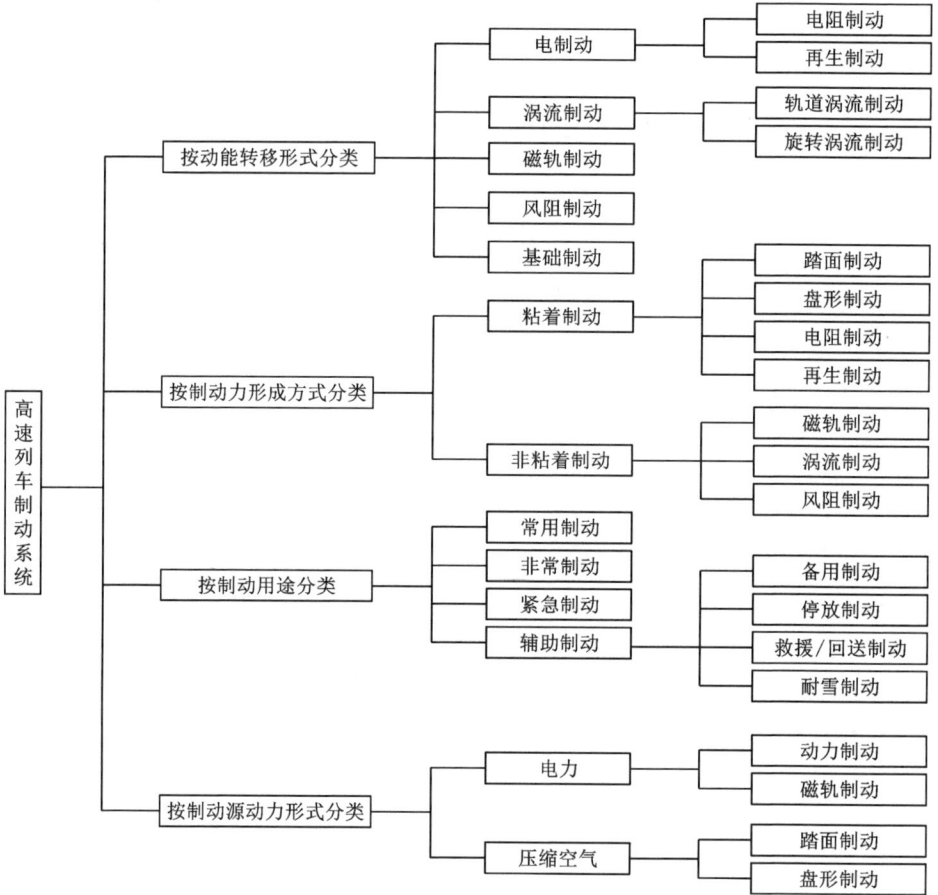

图 2-1 高速列车制动系统

（1）电制动

电制动包括电阻制动与再生制动。电阻制动是制动时将牵引电动机转变成发电机，从而使高速列车的动能转换为电能，并将电能消耗在专门的电阻器上而达到制动效果，此制动方式主要应用于法国 TGV-B 等早期的高速列车；与电阻制动不同，再生制动是将高速列车动能转换成电能，并通过变流器逆向反馈回接触电网的一种经济环保型制动方式，20 世纪 90 年代后广泛应用于各国的高速列车。

（2）涡流制动

涡流制动包括轨道涡流制动和旋转涡流制动（图 2-2）。轨道涡流制动是制动时悬挂在高速列车转向架上的电磁铁放下至离钢轨面上方几毫米处，利用电磁铁和钢轨的相对运动使钢轨表面感应出涡流，产生洛伦兹力而形成制动力，德国 ICE 3 型高速列车使用了该种制动技术。旋转涡流制动时涡流盘在电磁铁形成的磁场中旋转，盘的表面感应出涡流而产生洛伦兹力，从而产生制动力，此种制动技术已应用于日本新干线 700 系、300 系和 100 系高速列车。

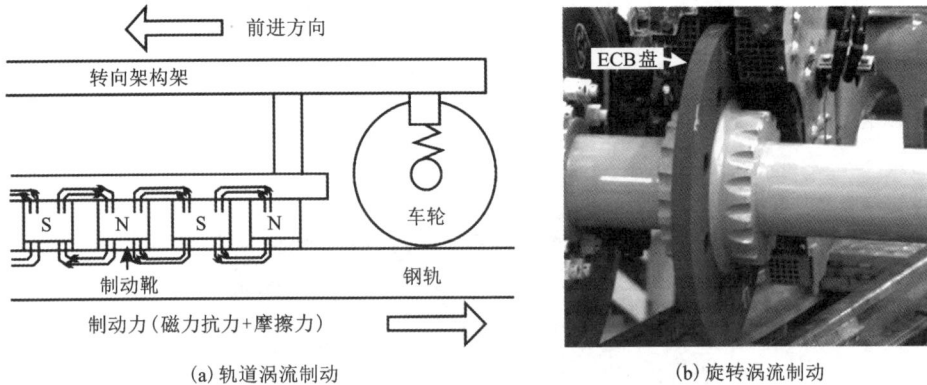

(a) 轨道涡流制动　　　　　　(b) 旋转涡流制动

图 2-2　涡流制动

电制动、涡流制动等也可称为动力制动，都是利用某种能量转换装置将运行中列车的动能转换为其他形式的能量，并予以消耗的制动方式。其特点是制动力与列车速度有很大关系，列车速度越高，制动力越大，随着列车速度的降低，制动力也随之下降。

(3) 磁轨制动

磁轨制动是采用高速列车转向架上电磁铁的电磁吸力压紧钢轨，利用电磁铁上的磨耗板与钢轨面之间摩擦而产生制动力，将列车动能转为热能消散于大气 (图 2-3)，其最大优点是制动力不受轮轨间的粘着力条件限制，故受气候影响也小。但磁轨制动对钢轨损伤较大，因此也不作为常用制动方式，仅作为紧急制动的辅助制动方式。磁轨制动技术已应用于德国 ICE 2 和 ICE 1 型高速列车。

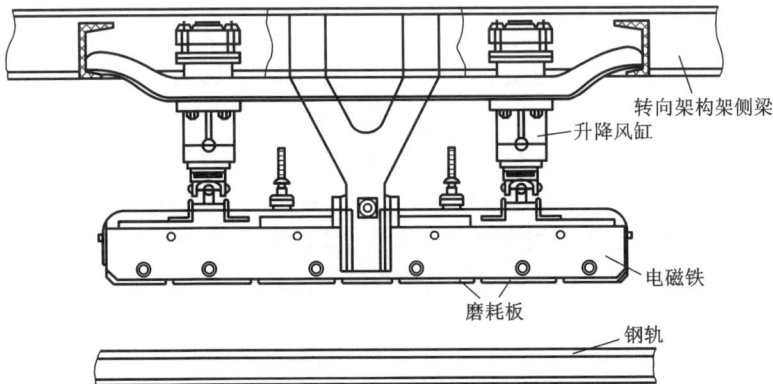

图 2-3　磁轨制动

（4）风阻制动

风阻制动是一种制动时高速列车车体上伸出翼板来增加空气阻力的制动方式，日本新干线 Fastech 360 高速列车采用过这种全新的制动形式（图 2-4）。列车车顶上安装的类似"天窗"的装置，在列车刹车时"天窗"会翻起，一块宽 1.5 m，高 0.8 m 的风阻板为列车减速，如同飞机降落时两侧机翼上打开的扰流板。这一名为"高速列车风阻制动系统"的装置也安装在我国时速超过 500 km 的速度试验列车上。

图 2-4　风阻制动

（5）基础制动

基础制动也叫摩擦制动、机械制动。基础制动是通过机械摩擦来消耗高速列车动能的制动方式，无论列车是高速运行还是低速运行，都能形成制动能力，特别是在低速运行时能对列车施行制动直至停车。基础制动始终是高速列车最基本的制动方式，是不可缺少的。国际铁路联盟 UIC 标准规定：在其他制动方式失效的情况下，基础制动即机械制动或空气制动必须保证高速列车能在规定的距离内停车，以确保高速列车运行的安全。基础制动的缺点是制动力有限，因受散热限制而使制动效率降低。

基础制动包括踏面制动和盘形制动。踏面制动是将压缩空气的压力加载在制动闸瓦上，制动时闸瓦抱紧车轮踏面，利用闸瓦与车轮踏面的摩擦而产生制动力。盘形制动是在车轴或车轮幅板侧面安装制动盘，制动时夹钳使两副闸片紧压制动盘侧面，通过摩擦产生制动力，将列车动能转变成热能耗散于大气。与踏面制动相比较，由于盘形制动避免了车轮踏面参与制动，可大幅度减轻车轮踏面的热负荷和机械磨耗，因此，高速列车均采用盘形制动。盘形制动又根据制动盘安装位置不同划分为轮盘制动和轴盘制动两类盘形制动形式（图 2-5）。轮盘制动的制动盘装在车轮幅板两侧，制动时由制动钳将闸片压紧轮盘产生制动力。这种制动方式常用于动轴安装牵引电机传动装置的机车和动车组动力车厢。轴盘制动盘安装在车轴上，制动原理与轮盘制动大致相同。轴盘制动常用于动车组拖车和准高速车厢。

本书后续中如不特殊说明，制动均指高速列车的盘形制动。

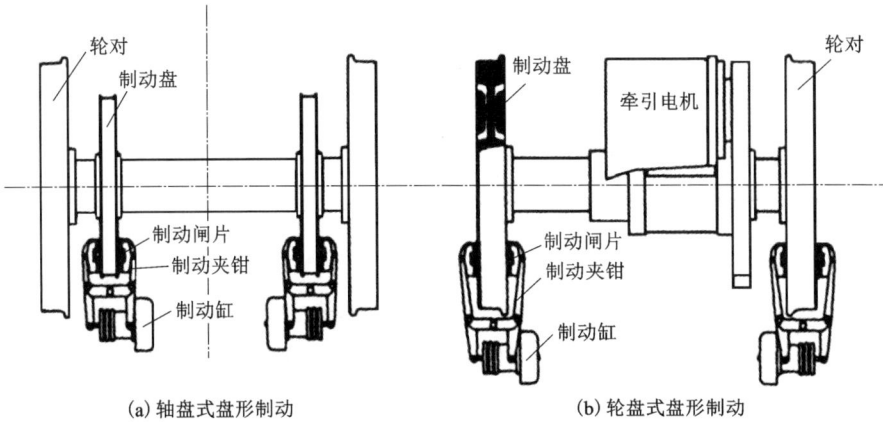

(a) 轴盘式盘形制动　　　　　　　　　　(b) 轮盘式盘形制动

图 2-5　盘形制动

2.1.2　按制动动力形成方式分类

从作用力的观点来看,"制动"就是让制动装置产生与动车组运动方向相反的制动力,使动车组减速或停止。根据制动力的形成方式不同,制动方式可分为粘着制动和非粘着制动,这是按照制动力形成是否依赖于轮轨之间的粘着关系而划分的。

列车制动时,车轮在钢轨上滚动,由于车辆重力的作用,车辆与钢轨的接触处为一小椭圆形,此时,轮轨接触处既非静止,又非滑动,在铁路术语中用"粘着"来说明这种状态,是指由于正压力而保持动轮与钢轨接触处相对静止的现象,粘着状态下的静摩擦力称为粘着力。粘着力以车轮与轨道之间的粘着系数和轴重的积来表示。粘着系数主要受车辆的行驶速度,雨、霜、雪等气候条件及轨道上面和车轮踏面的状态(生锈、黏附的油脂或尘埃所造成的污垢和踏面的粗糙度等)的影响,会发生很大变化。另外,轴重在运行中也会因轨道的状态而不断变动,再加上车辆的加速、减速时而产生的轴重移动产生变化,也就是说粘着力在运行中会因各种各样的条件而发生很大的变化。

(1)粘着制动

粘着制动是指依靠粘着滚动的车轮与钢轨粘着点之间的粘着力来实现列车制动的方式。粘着制动包括踏面制动、盘形制动、电阻制动、再生制动及电磁涡流转子制动等。以轮盘制动为例,车轮、闸片和钢轨三者之间有三种可供分析的状态:第一种是难以实现的理想纯滚动状态;第二种是应极力避免的"滑行"状态;第三种是实际运用中的粘着状态。在上述三种情况中,纯滚动状态为最理想的轮轨接触状态，但实际上是不可能实现的；为避免车轮踏面擦伤、制动距离延长，需要防止"滑行"；粘着状态介于两者之间，它可以随气候与速度等条件的不同有相当大的变化。由于高速列车的动能大，对制动技术提出了更高的要求，需要足够大的制动功率和更灵敏的制动操纵系统。而传统的空气制动装置要受制动热容量和机械制动部件磨耗寿命的限制，以及摩擦材料性能对粘着利用的局限性，因此高速列车要采用能提供强大制动能力并更好利用粘着的复合制动系统。

（2）非粘着制动

非粘着制动也叫粘着外制动。非粘着制动时，钢轨给出的制动力并不通过轮轨粘着点作用于车辆，制动的大小不受轮轨间粘着力的限制，主要包括磁轨制动、涡流制动和风阻制动等。

目前，非粘着制动主要用于粘着制动力不够的高速列车上，作为一种辅助的制动方式，降低对车轮和钢轨的磨损，但随着高速列车运行速度的不断提高，非粘着制动将发挥更大的作用。

2.1.3 按制动用途分类

高速列车的制动按用途主要分为常用制动、非常制动、紧急制动、辅助制动（包括备用制动、停放制动、救援/回送制动及耐雪制动）。常用制动指正常情况下为调节或控制列车速度，包括进站停车所施行的制动，其特点是作用比较缓和而且制动力可以调节，通常只用列车制动能力的 20%～80%，多数情况下只用50%左右。非常制动是动车组在非正常情况下，为使动车组迅速停车而实施的一种制动作用。紧急制动是指动车组在紧急情况下，为了让动车组迅速减速而实施的一种制动作用，其特点是作用比较迅猛，而且要把列车制动能力全部用上。辅助制动包括备用制动、停放制动、救援/回送制动及耐雪制动四种。备用制动是当高速列车常用制动装置发生故障不能实施常用制动时，利用备用制动作用能维持高速列车低速运行，避免救援；停放制动是为了防止高速列车在长时间停放时发生溜逸事故而设置的，高速列车大多常用弹簧蓄能制动装置来实施；救援/回送制动是指通过救援机车的制动管来控制高速列车的制动作用；耐雪制动为了防止降雪时制动盘和闸片之间进雪，轻轻压紧闸片，以封闭闸片和制动盘之间的间隙为目的而装备的。

2.1.4 按制动原动力分类

制动原动力主要有电力和压缩空气两种。

以电力为源动力的制动方式称为电气制动方式，如动力制动、磁轨制动等。

电气制动系统主要包括反馈电机系统、逆变器、吸收或储存装置等。以压缩空气为源动力的制动方式称为空气制动，如踏面制动、盘形制动等。空气制动系统可以粗略地分为供风系统、制动控制系统及制动装置等。

2.2　高速列车制动系统组成

高速列车制动系统是一个能提供强大制动力并能综合利用粘着力的复合制动系统，该复合制动系统通常由电气制动系统、防滑装置、空气制动系统等组成（图 2-6）。

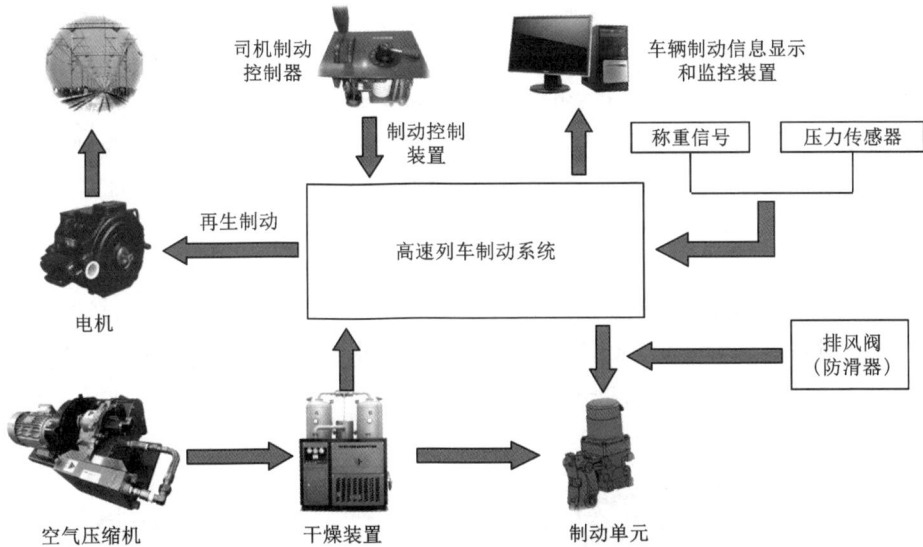

图 2-6　高速列车制动系统组成

复合制动力的产生分别来自电气制动力、机械制动制动力和非粘着力（磁轨制动或涡流制动）。高速列车的复合制动模式包括不同车辆在不同制动作用工况和各种速度下的制动能量分配关系，目前最常用的有"盘形制动+电气动力制动（再生制动）"，按速度控制制动力的大小（以充分利用粘着力）和高性能的防滑装置及微机控制等，应根据列车的动力方式和编组条件设计复合制动方式并通过微机进行控制。

2.2.1 电制动系统

电气制动简称电制动，是动力制动的一种，在高速列车上主要以再生制动方式存在。电气制动时，牵引控制系统接受电制动指令，将牵引电机转变为发电机，列车惯性力通过车轴驱动牵引电动机过程称为发电机工作过程。将列车动能转化为电能，电能通过电阻转变成热能散发出去时称为电阻制动；电能通过牵引传动系统的变流器逆向变换，把三相交流电变成单向工频交流电，再返回电网或储存在电容和飞轮等储能机构中的制动过程称为再生制动。高速列车主要采用返回电网的再生制动。

2.2.2 防滑装置

高速列车滑行指车轮的转动速度急剧减少而发生滑动的现象，造成滑行的原因是制动力超过粘着力，制动时车轮和钢轨发生滑行使车轮踏面损伤，损伤的车轮产生偏心，导致车轴受到交变的弯矩，进而导致车轴断裂，影响行车安全。因此，高速列车上会设计防滑装置。高速列车的防滑装置包括增黏装置和制动控制系统中的防滑器。常用增黏装置主要是在轮轨间撒砂(图 2-7)和增加踏面清扫器(图 2-8)，从而增加或不减少轮轨间的粘着系数。设置踏面清扫器和撒砂装置的目的是改善轮轨接触面粘着条件，清除表面附着的油污等杂质，同时改善车轮踏面的圆度，对车轮踏面上的微小表面损伤起到修复作用。而防滑器通常由速度传感器、滑行检测器和防滑电磁阀组成，通过检测轮轨速度，采用防滑电磁阀控制制动力的大小来预防滑行的发生。

图 2-7 撒砂装置

图 2-8 踏面清扫器

2.2.3 空气制动系统

空气制动由于采用电气指令及微机控制，通常也称为电空制动，其由制动指令及其传输装置、制动控制装置、基础制动装置及制动供风系统组成。制动控制装置由制动指令系统和控制单元组成，控制单元由制动控制器、空气制动所需的各种阀门及风缸组成，进行常用制动、紧急制动、耐雪制动等制动动作的控制。基础制动装置主要是充分利用轮轨粘着，用于传递、放大制动力的整套机构。

在高速列车基础制动装置中，制动闸片和制动盘组成摩擦副，摩擦副和制动夹钳组成摩擦制动系统。图 2-9 为高速列车盘形摩擦制动系统示意图，依照制动控制系统的指令，制动缸通过制动夹钳使闸片夹紧制动盘，依靠闸片与制动盘间的摩擦，将高速列车的动能转变为热能，热能通过制动盘与闸片散于大气，从而达到制动目的。

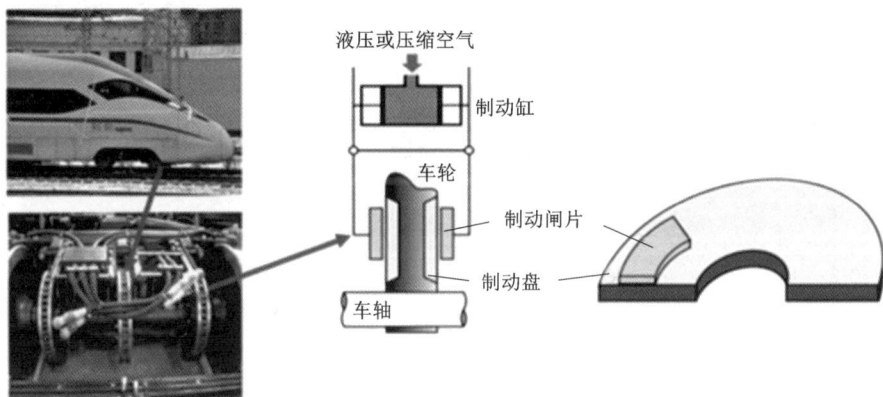

图 2-9　高速列车盘形摩擦制动系统

2.3　高速列车制动摩擦副材料

摩擦副由制动盘和制动闸片组成，是高速列车制动系统中耗能的关键部件，其摩擦学性能对制动的稳定性与安全性起着至关重要的作用。可以认为，没有可靠的制动摩擦副材料，就不可能实现高速列车的安全可靠运行。

2.3.1　高速列车摩擦副面临的挑战

（1）高速制动对摩擦副的严峻挑战

更高的运行速度给高速列车制动系统摩擦副带来更大的挑战：更高的制动能量如何通过制动摩擦副来承受和消化。以轴重为 14 t 的四轴高速动车组为例，其在时速 400 km 的紧急制动过程中需消耗的制动能量高达 346 MJ，摩擦副材料单位面积承受的制动能量密度高达 500 J/mm²，是波音 737 飞机紧急制动能量密度的 2.5 倍，相比时速 300 km 高速列车的紧急制动能量提升 78%，比时速 350 km

高速列车增加36%(图2-10)。摩擦副材料表面将承受冲击频率大于40 Hz、闪点温度达950 ℃以上更为苛刻的反复高温、高压热冲击,具有极端高能制动的典型特点。

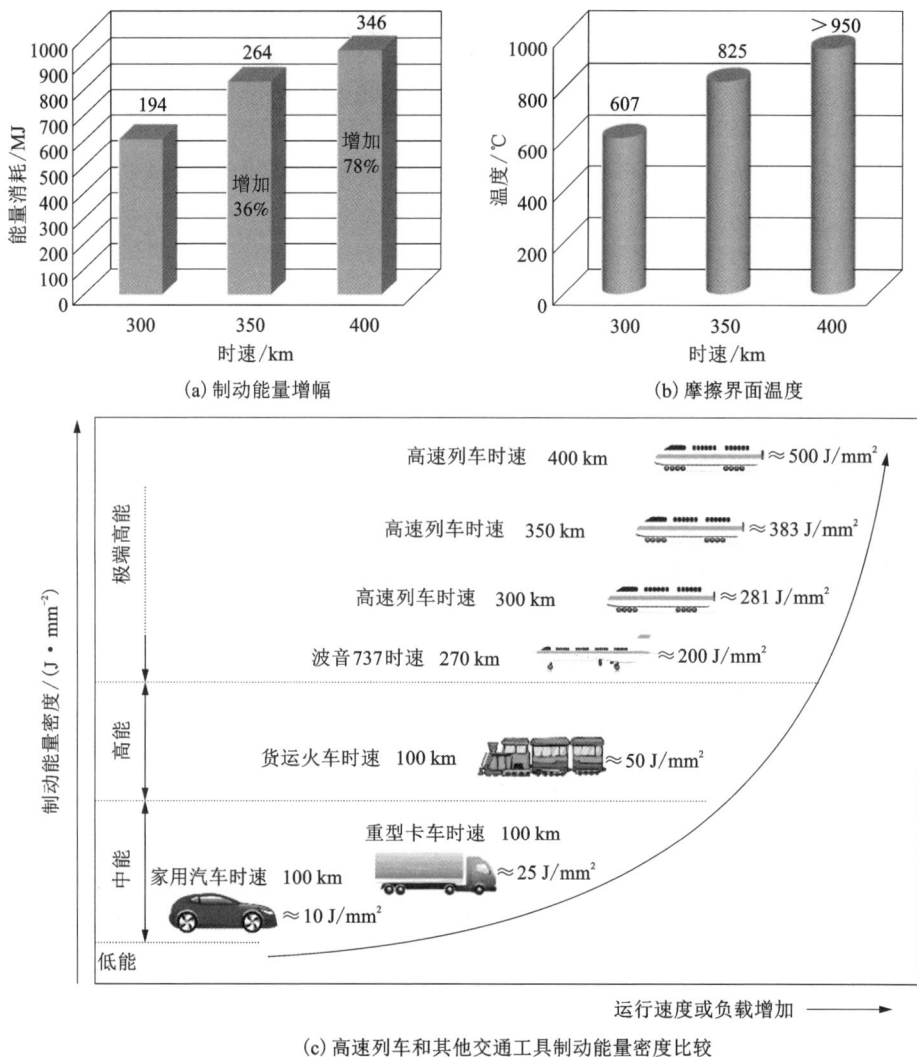

(a)制动能量增幅

(b)摩擦界面温度

(c)高速列车和其他交通工具制动能量密度比较

图2-10 极端高能制动高速列车制动能量密度及温度场比较示意图

在高速制动过程中,由于制动盘和闸片处于非连续接触状态,制动盘将经历400~500 ℃的高低温差交变过程,制动盘面非制动区将形成较大的温度梯度和热应力应变,容易使制动盘产生裂纹,导致失效。此外,高速列车为开放式制动装置，制动摩擦副需经受雨雪风沙等复杂恶劣的环境，将产生非常复杂的物理效应和化学效应。高速列车制动摩擦副面临更苛刻的服役条件(图 2-11)。

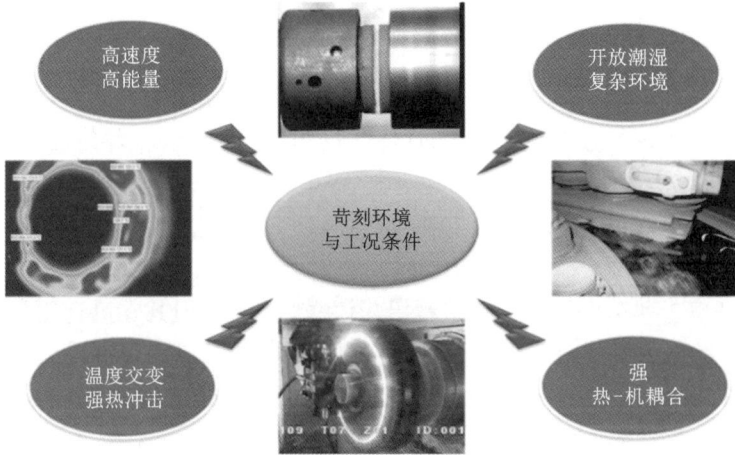

图 2-11　制动摩擦副苛刻环境和制动工况示意图

(2)苛刻工况下摩擦副复杂界面状态

制动盘/闸片摩擦副之间的界面是摩擦制动系统工作的"纽带"。在高速制动过程中，摩擦副界面处于极端苛刻的状态，工作界面会发生极其复杂的物理/化学过程，界面行为发生了不同于常规的显著变化，图 2-12 示出了摩擦界面可发生的各种行为。剧烈温升和热冲击将使摩擦界面的组织结构发生显著的变化，直接导致界面的特性和本体材料截然不同，并显著影响摩擦系统材料的摩擦磨损特性。高速制动的摩擦热带来的高温可以造成接触界面的氧化，同时周期性的热冲

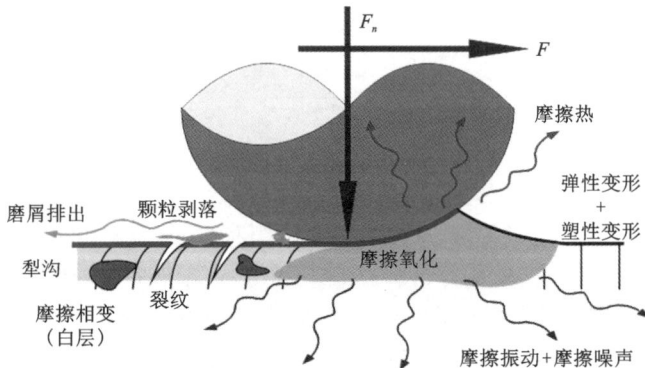

图 2-12　摩擦界面产生的各种行为示意图

击作用势必加速制动材料表面的缺陷萌生和损伤发展。界面氧化层还将降低制动盘的散热能力和改变摩擦界面材料性质，使得摩擦性能难以控制。揭示摩擦副界面影响的内在机理，是高速列车制动系统发展过程中必须解决的基础理论问题。

2.3.2 制动盘材料

列车制动盘材料主要有铸铁、铸钢和锻钢等钢铁系材料，以及还处于初步应用阶段的铝基和碳基复合材料，其中高速列车主要采用铸钢或锻钢制动盘。

(1)钢铁系材料

铸造制动盘材料主要有铸铁和铸钢。铸铁制动盘具有铸造工艺简单、导热性好、耐磨性好、价格便宜等优点，广泛应用于时速 160 km 以下的低速列车，法国巴黎东南号高速列车也使用过片状石墨灰铸铁制动盘，但其在高速下制动时易产生火花、承受热负荷能力差而易形成裂纹及易磨损，难以满足高速列车的制动要求。目前在线运营的高速列车普遍采用铸钢制动盘，如德国 ICE 高速列车、中国 CRH2 和 CRH3 型等高速列车。铸钢的主要优势有抗热裂性好、环境适应性强、耐磨性较好、摩擦因数较高(铸钢制动盘的摩擦因数比铸铁高 25%~28%)、高温下可保证稳定的摩擦性能及生产成本低等，但存在热容量小和导热性不高等问题。锻钢制动盘具有良好的组织均匀性，较高的强度、韧性和抗热龟裂性，良好的耐热疲劳性与耐磨性，已成功应用于日本新干线、法国 TGV 及韩国 KTX 型等高速列车，但锻造成形工艺较难实现制动盘的复杂散热结构，制动盘在制动过程中快速升温，用于 300 km/h 以上的高速列车易出现热裂纹。

(2)复合材料

随着高速列车速度的进一步提高，制动盘承载的制动能量不断升高，钢铁系制动盘因温升过高而易产生热裂纹，逐渐难以适应高速列车高速化、轻量化的发展要求。铝基复合材料具有质量轻、导热性好、耐磨损、摩擦因数高而稳定等特点，是一种较理想的制动盘材料。铝基复合材料制动盘已在日本新干线和德国 ICE 1 型高速列车上实现装车考核，比重仅为钢铁系材料的 40%，使用寿命也有所提高。但当使用温度超过 400 ℃时，铝基复合材料的损伤较严重，强度降低，线膨胀系数增加，限制其应用于较高运行速度的列车。炭/炭复合材料具有优异的综合性能，多年来一直是用于飞机刹车盘的理想材料，而在高速铁路领域，日本和法国分别在新干线和 TGV 高速列车上试用炭/炭复合材料制动盘，显著减轻了列车簧下质量。但炭/炭复合材料存在着潮湿环境中摩擦因数低而不稳、高温下易氧化及制造成本昂贵等问题，致使其应用于高速列车依旧有大量工作要做。炭/陶复合材料在炭/炭复合材料基础上引入碳化硅、氮化硼等陶瓷相，有效解决了炭/炭复合材料高温易氧化及环境适应性差等难题。英国 SAB Wabco 公司开发的炭/陶制动盘，成功试用于法国 TGV 高速列车；日本 Covalent Materials 公司开发的炭/陶制动盘也进入可靠性验证中；国内中南大学、西安航空制动科技有限公司等单位也展开了高速列车炭/陶制动盘的研制工作。然而，炭/陶复合材料的制备成本高，以及制动过程易产生"高频震动"现象，影响制动平稳性及舒适性，还需不断加强其制备工艺与材料改性的研究，以符合高速列车制动盘的使用要求。

2.3.3　粉末冶金制动摩擦材料

制动闸片材料主要有合成材料、炭基复合材料和粉末冶金材料等，其中合成材料多用于时速 250 km 以下的动车组中；炭基复合材料包括炭/炭复合材料和炭/陶复合材料，均具有密度低、耐高温性能好的特点，炭/炭复合材料由于不适应潮湿制动环境而迅速被炭/陶复合材料所替代，但炭/陶复合材料由于含有高硬度的陶瓷组元，易损伤制动盘，也仍未能获得应用。因此，目前国内外时速 300 km 以上的高速列车均采用铜基粉末冶金制动闸片材料。粉末冶金摩擦材料是指采用粉末冶金技术制备的以一种金属或合金为基体，添加摩擦组元和

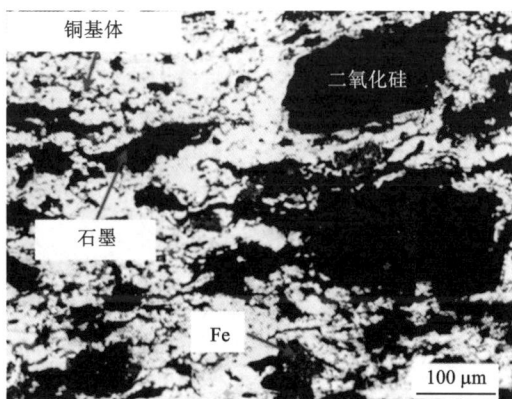

图 2-13　典型粉末冶金摩擦材料微观组织形貌图

彩图2-13

润滑组元的复合材料，其典型微观组织形貌见图 2-13。20 世纪 20 年代末期被开发出来并应用于伦敦地铁，发展至今，广泛应用于高速铁路车辆、飞机、风力发电机和空间对接机构等高能重载交通工具和关键装备的制动器中。粉末冶金摩擦材料长久和广泛的应用与其优异的综合性能是分不开的，如其灵活的材料成分设计，该材料可根据不同工况条件下的制动要求，大幅度调整其组元种类及其含量，具有摩擦因数稳定和耐磨损性能良好等优点。

粉末冶金摩擦材料通常由基体组元、润滑组元和摩擦组元三部分构成（图 2-14），其中，基体组元决定了粉末冶金闸片材料整体的强度、硬度、导热耐热等物理机械性能，起到保持闸片材料的基本力学性能和物理化学性能的作用；润滑组元的作用是减弱闸片材料与对偶材料的卡滞性，保证闸片制动的平稳性，提升闸片的耐磨性；摩擦组元的添加，主要是保证摩擦材料与对偶材料的良好啮合，提高闸片的摩擦因数、抗粘着性能及耐磨性，使制动摩擦系统具有良好的匹

配性。因此，粉末冶金材料的成分设计也主要围绕这三类组元开展(图2-15)，闸片设计中，也常把基体之外的组元称为增强组元，而把强化基体的组元单列称为强化组元。图2-14为粉末冶金闸片材料的构成与功能，图2-15为三类组元的协调匹配。

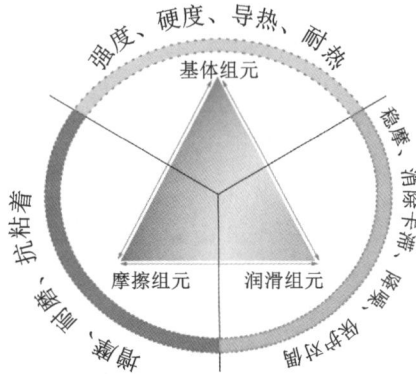

图 2-14　粉末冶金闸片材料的构成与功能

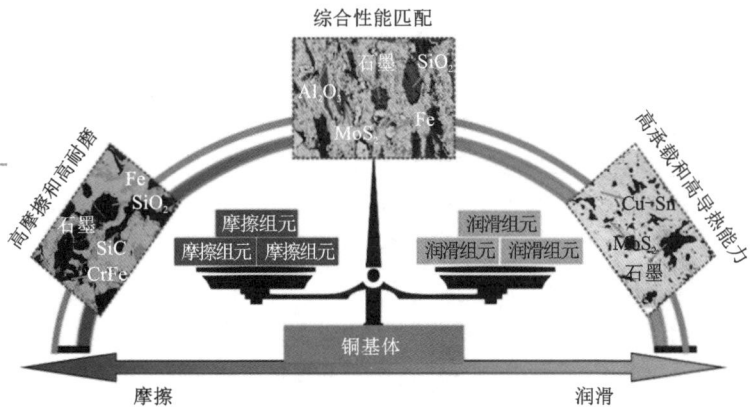

图 2-15　三类组元的协调匹配

(1)基体及强化组元

高速列车制动闸片普遍采用 Cu 及 Cu 合金作为基体金属。Cu 具有优良的导热性能，有利于摩擦热量的散发，确保闸片内温度分布更加均匀，有效降低摩擦界面的最高温度。因此采用 Cu 作为粉末冶金闸片基体组元有效提升了闸片的制动能量承载能力、耐磨损性能与摩擦稳定性。

针对不同的制动工况，往往还需在 Cu 基体中添加不同类型的强化组元。Sn 是铜基材料中最常见的固溶性合金元素。在 700~800 ℃的烧结温度下，Sn 在 Cu 基体中的最高固溶度超过 10%，且由于含 Sn 的 Cu 固溶体分解缓慢，在烧结冷却过程中，固溶在 Cu 基体中的 Sn 析出较少，形成过饱和的 α-Cu 固溶体，大幅度提高了铜基闸片材料的强度与硬度。此外，Sn 熔点低（231.89 ℃），在烧结过程中易形成液相，促进摩擦材料致密化，在提高烧结效率的同时降低了烧结所需的温度。铜基摩擦材料中，提高 Sn 含量虽能适当提升材料的摩擦因数，但过高的 Sn 含量又会造成材料烧结变形，Sn 熔珠大量析出。因此铜基摩擦材料中 Sn 的添加量主要在 4%~12%，通常认为含 6%~8% Sn 的铜基摩擦材料具有最佳的摩擦磨损性能。

Zn 在 Cu 中的固溶度远高于 Sn，在 700~800 ℃ 的烧结温度下，Zn 在 Cu 中的最高固溶度超过 30%。Zn 的作用与 Sn 类似，而成本相对较低，常用于替代 Sn。此外，在 Cu-Sn 体系中添加 Zn 还能提高材料的摩擦因数和中高转速条件下的耐磨性。

在常用的烧结温度下，Al 在 Cu 中的固溶度低于 10%。但与 Sn、Zn 相比，Al 对铜基体的强化效果更加显著，Cu-Al 合金的综合物理机械性能优于 Cu-Sn/Zn 合金。除此之外，含 Al 铜基闸片材料的耐热、耐蚀性能也较强。

Ni 能与 Cu 基体发生相互扩散，形成无限固溶的 Cu-Ni 置换固溶体。由于原子半径的差异，Ni 的扩散导致 Cu 基体晶格畸变，有效阻碍了基体中的位错运动，提高了基体的强度。此外，Ni 具有一定细化晶粒作用，进一步强化基体。

（2）润滑组元

依据摩擦润滑机制，润滑组元可划分为通过镶嵌于基体依靠自身特性实现润滑性能的单质无反应润滑组元，以及通过制备过程中与其他组元发生化学反应，原位形成具有润滑性能一种或几种相的化合或分解润滑组元。

①单质无反应型润滑组元

低熔点软金属是常见的金属型润滑组元，其典型代表主要有 Pb、Bi、Ag、Au 等，其主要物理性能见表 2-2。金属型润滑组元往往具有硬度低、抗剪切强度小、成膜性能佳等优点。在摩擦过程中，这些润滑组元易在摩擦热与基体变形挤压下向摩擦表面聚集，并最终在表面上形成润滑膜，达到降低制动摩擦因数的功能。

表 2-2　典型金属润滑组元的机械及物理性能

软金属	密度 /(g·cm^{-3})	抗切强度 /MPa	硬度 （莫氏）	熔点 /℃	导热系数 /(W·m^{-1}·K^{-1})
Pb	11.34	26.5	1.50	327.5	35.30
Bi	9.78	—	2.25	271.5	7.97
Au	19.30	60.0	2.50	1064.4	318.00
Ag	10.49	37.8	2.50	961.8	429.00

　　Pb 为铜基摩擦材料常用的金属固体润滑组元，其难溶于 Cu，以第二相形式分布于基体之中，有利于润滑膜的形成，显著地降低摩擦过程中的振动与卡滞，提高基体的耐磨性。然而，Pb 具有毒性，对人体健康危害大，目前已被具有相似性能的 Bi 替代。Au、Ag 等属贵金属，此类润滑组元除具有良好的润滑性能外，其熔点高、化学活性相对较低，因而被广泛应用于高温或使用工况恶劣且对成本不敏感的摩擦材料应用中。某些情况下 Cu 合金基体存在游离态 Sn、Zn 相也能起到良好的润滑效果。

　　层片状非金属组元也常作为非金属无反应润滑组元。石墨是重要的润滑组元，其属六方晶系，碳原子按正六角形规律排布于一系列相距较远的平行平面中 [图 2-16(a)]。同一平面内，碳原子相互之间以较强的共价键相连接，而层与层之间则结合较弱。在大气环境下，空气中的氧分子及水蒸气易吸附到层状结构之中，导致石墨片层之间的键合减弱，大幅度降低了石墨沿片层方向的剪切强度，从而起到有效的润滑作用。

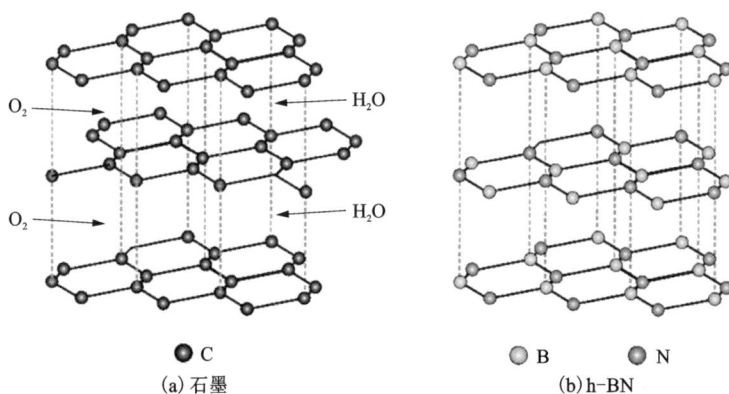

(a) 石墨　　(b) h-BN

图 2-16　典型非金属润滑组元的晶体结构

彩图2-16

　　某些具有润滑功能的矿物也是常用的单质无反应型润滑组元，这些矿物主要包括滑石、云母、蛭石等，此类矿物润滑组元大多也具有层状结构，普遍具有良好的减磨、耐热、吸声功能，因此亦被广泛应用于铜基粉末冶金摩擦材料中。

　　②反应-形成型润滑组元

　　除了依靠自身特性实现润滑功能的润滑组元外，部分润滑组元还可通过自身分解或与其他组元发生化学反应等方式形成新的润滑相，并通过新的润滑相实现润滑功能。

　　在铜基粉末冶金闸片材料中，h-BN 的结构及润滑机制均与石墨相似[图 2-

16(b)]。但与石墨不同的是，h-BN 的单层主要由 B 与 N 原子构成。h-BN 的摩擦性能随温度的提升呈现先降低后升高的趋势，当摩擦界面温度为 500~900 ℃时，h-BN 润滑性能最佳。这一现象的产生主要归功于高温下生成了具有更强润滑效果的 B_2O_3。值得一提的是，与石墨类似，BN 的润滑性能也依赖于气体吸附。

MoS_2 就是一种典型的反应-形成型润滑组元。MoS_2 的晶型同样属于六方晶系，具有各向异性，其晶体结构由硫-钼-硫多层结构组成。Mo 原子层与 S 原子层之间因强化学键合而结合较强，但相邻的 S 原子层间因分子作用力较弱，而导致其层与层之间的抗剪切力很低。MoS_2 本身的层状结构就赋予了这种组元较强的润滑性能，但值得指出的是，在铜基粉末冶金闸片材料的制备过程中，MoS_2 易在氢气保护烧结中发生分解，与铜基体及石墨形成 $Cu_{5.40}Mo_{18}S_{24}$、CuS_2、MoC 等具有润滑作用的新物相。因此 MoS_2 在铜基闸片材料的润滑性能还取决于其反应产物尤其是形成的金属硫化物性能。

WS_2 是一种与 MoS_2 结构类似的硫化物，相比于 MoS_2，其具有更低的理论摩擦因数。此外，WS_2 的热稳定性相对 MoS_2 更佳，其在空气中的分解温度约在 594 ℃，可确保在高温制动过程中存在的 WS_2 不发生大量的分解。此外，WS_2 是一种具有半导体性质的混合物，其在高温下具有一定的导电性能，除在制动闸片中应用外，此润滑组元还适用于具有导电需求的摩擦润滑系统中。需要注意的是，在铜基粉末冶金摩擦材料制备过程中，WS_2 润滑组元易在 700~800 ℃条件下发生分解，部分形成单质 W 与 CuS_2。在这种条件下，WS_2 的引入可视为在铜基粉末冶金摩擦材料中同时添加摩擦组元与润滑组元。

硫酸亚铁在高于 300 ℃的条件下发生分解，形成铁的氧化物与 SO_2，形成的 SO_2 又易与铜基体发生反应形成一系列的硫化物。此条件下，起润滑作用的主要是新形成的金属硫化物。由于金属硫化物夹杂易在制动过程中发生熔化形成润滑薄膜，致使硫酸亚铁在铜基粉末冶金制动闸片材料中具有良好的润滑性能。

（3）摩擦组元

摩擦组元主要用于调节摩擦材料的摩擦因数，消除对偶材料表面的黏附金属，保证闸片材料与对偶材料具有适当的啮合状态。对于铜基粉末冶金摩擦材料，摩擦组元往往需要具备增摩性能好、固溶度低、镶嵌性强、独立性好、耐磨性强、抗氧化性佳、改善基体等一种或多种性能。

①改善基体性能、提高镶嵌性为主导的摩擦组元

铜基粉末冶金闸片材料往往工作于极高的制动能量密度之下，要求闸片材料具有良好的强韧性与抗氧化性能。在这种条件下，铜基粉末冶金闸片材料中常引入高硬度、高熔点且不与基体固溶的金属型摩擦组元如 Cr、Fe、W、Mo 等，以同时提高闸片材料基体的强度及耐磨性。

Cr 硬度高、导电性好、抗氧化性强，且与 Cu 基体固溶度较低，常用于提升摩

擦材料的强度、耐腐蚀、耐热、导电性能等,故广泛用于干摩擦及载流摩擦相关的铜基摩擦材料中。除上述功能外,Cr 摩擦组元还可改善 Cu 与石墨之间的结合性能,进一步提升铜基摩擦材料的致密度与强度。关于 Cr 对铜基摩擦材料的影响,高晓亮研究了 Cr 质量分数对铜基摩擦材料摩擦性能的影响,结果表明,当 Cr 质量分数在 3%~5% 变化时,摩擦材料的摩擦因数随 Cr 质量分数的提升而逐渐增加。而房顺利则得到了相反的研究结论,其认为提高 Cr 质量分数虽降低了摩擦材料的磨损,但同样降低了摩擦材料的摩擦因数,尤其当 Cr 质量分数为 15%~20% 时,摩擦材料的摩擦因数降低程度最显著。符蓉等对 Cr 摩擦组元的作用效果提出了与上述两者都不同的结论,其实验结果表明 Cr 质量分数的提升并不能有效提高摩擦材料的摩擦因数,但有助于摩擦材料耐磨性的提升。

Fe 与 Cu 基体间的润湿性较好且在 Cu 基体中的固溶度较低。因此,Fe 几乎全部以第二相的形式牢固镶嵌于基体之中,可有效阻碍基体内部应变区的快速扩展,并提高摩擦材料的抗塑性变形能力。在现有的高速列车铜基粉末冶金闸片材料中,大量添加 Fe 摩擦组元以保证制动平稳顺利进行。国内外学者针对 Fe 摩擦组元对摩擦材料的影响开展了大量研究。如 Peng Tao 等发现摩擦材料中较高的 Fe 含量有助于氧化性摩擦膜形成,可提升摩擦材料的耐磨性能与制动过程中摩擦因数稳定性。钟志刚等研究了 Fe 含量对铜基摩擦材料的影响,结果表明,提高 Fe 摩擦组元含量有助于提升摩擦材料的摩擦因数,稳定摩擦力矩,降低对偶磨损;但添加过高含量的 Fe(>20%)易造成摩擦材料磨损性能急剧下降。Fe 粉的类型也对闸片材料的摩擦性能有影响。如 Zhang Peng 等探索了多种类型 Fe 粉颗粒在铜基摩擦材料中的作用机制,结果表明,添加镀铜 Fe 粉的铜基摩擦材料在高能紧急制动条件下仍能保持高且稳定的摩擦因数,其性能相比于不同形状的纯 Fe 粉更优。

相比纯金属摩擦组元,合金摩擦组元硬度更高且往往兼具两种金属的优点,增摩性能更佳。目前,常用的合金摩擦组元主要以铁合金为主,包括铬铁、硼铁、锰铁、硅铁等。除此之外,还有如 TiAl 和 Ti_2Al 的钛铝合金,某些原位形成的 Cu_2Mg、Ca_2Cu_4、Mg_2Pb 等金属间化合物也起着摩擦组元的作用。

目前,合金摩擦组元中研究较多的主要有硼铁合金与铬铁合金两种,其中硼铁合金多用于铁基摩擦材料中,其可与 Fe 基体原位形成 Fe_2B,既具有良好的强化作用,又能有效提升摩擦性能。在铜基闸片材料中,添加 9%~12% FeB 质量分数的摩擦材料在高速制动下具有高且稳定的摩擦因数及较低的磨损率。铬铁合金是目前广泛采用的合金摩擦组元之一,常添加于面向高速重载需求的摩擦材料中。一般来说,根据铬铁合金中 C 含量的高低,可分为微碳铬铁(ELCF)、中碳铬铁及高碳铬铁(HCF)。不同碳含量铬铁合金的相组成存在差别,其中微碳铬铁主要由 CrFe 相构成,中碳铬铁中则出现少量低 C 含量的间隙化合物如

$(Cr,Fe)_{23}C_6$。高碳铬铁组成相最复杂，其主要由含 Cr 或 Fe 的含 C 间隙化合物如 $(Cr,Fe)_7C_3$、$(Cr,Fe)_{23}C_6$ 及 CrFe 合金相构成，根据高碳铬铁中 Si 元素含量，还可能形成少量含 Si 的间隙化合物。由于相组成差异较大，各种铬铁合金摩擦组元的物理力学性能、与基体形成的界面性能及摩擦磨损性能都均有所不同。Fan Jianglei 等研究了高碳铬铁对铜基摩擦材料摩擦性能的影响，发现采用高碳铬铁替代 SiO_2 能提高 6%~18% 的摩擦因数，并降低 40%~65% 的磨损量。Zhang Peng 等探索了铬铁合金在高速铁路用铜基摩擦材料中的作用效果，认为铬铁合金可有效承载摩擦压力，并提高亚表面强度，有益于摩擦膜的形成。赵翔等则对比了铬铁合金摩擦组元与 Al_2O_3 摩擦组元的性能差异，发现添加铬铁合金摩擦组元的摩擦材料相比于添加 Al_2O_3 的摩擦材料，具有更高且稳定的摩擦因数及更低的磨损率。

②提高摩擦因数、增加耐磨性为主导的摩擦组元

为了保持铜基粉末冶金闸片材料优良的制动性能，往往还会在摩擦材料中添加高硬度、抗磨损能力较强的摩擦组元用于优化摩擦学特性与抗热衰退性能。此类摩擦组元主要以 SiO_2、SiC、Al_2O_3、B_4C 等陶瓷摩擦组元为主，这些摩擦组元普遍硬度较高、化学稳定性强，且具有优异的增摩性能，因而大量应用于需在高速重载制动条件下保持较高摩擦因数的应用中。

SiC 具有高硬度、稳定的化学性能和优异的高温力学性能，是一种重要的陶瓷摩擦组元。SiC 为多型结构化合物，其多型体高达 160 余种，其中应用于摩擦材料的 SiC 主要以立方结构的 α-SiC 和六方结构的 β-SiC 为主。S. C Tjong 等的研究表明，在低速低载条件下，加入 α-SiC 虽会降低铜基复合材料的屈服强度，但可有效提高铜基体的耐磨性，尤其当 α-SiC 的体积分数达到 20% 时，复合材料具有最佳的性能。目前的研究结果还表明，与 α-SiC 相比，β-SiC 能显著提高铜基摩擦材料硬度，其质量分数在 2%~6% 时，摩擦材料具有最佳的摩擦磨损性能。除晶型外，SiC 摩擦组元尺寸亦影响着铜基摩擦材料的摩擦磨损性能，张洁等的研究表明，微米尺度(14 μm)的 SiC 虽显著提高铜基复合材料的耐磨性能，但其易造成对偶磨损加剧，因此，采用纳米尺度的 SiC 更为适宜。Kennedy 等的研究获得了相似的研究结果，发现 SiC 加入有助于复合材料耐磨性能的综合提升，但大粒度的 SiC 易在摩擦过程中发生破碎，降低了它对耐磨性能的改善功能。SiC 虽不与铜基体发生反应，但当基体中存在 Fe 组元且烧结温度超过 800 ℃时，SiC 摩擦组元将同与之接触的 Fe 组元发生反应而形成 Fe_3Si 与石墨混合交替的界面反应层，弱化了 SiC 与基体之间的结合性能。因此，在铜基摩擦材料烧结工艺设计中，应针对 SiC 与 Fe 摩擦组元共存情况适当调整烧结温度。

SiO_2 摩擦组元是最常见的硅质矿物原料之一，其价格便宜，增摩效果较好，

且与铜基体具有一定的润湿性，因而被广泛添加于铜基摩擦材料中。如 Xiong 等的研究表明，SiO_2 在高速制动过程中具有良好的提升摩擦因数，改善磨损性能效果。因此，美国 Bendix 及 Goodrich 等公司开发的各类型摩擦材料均采用高含量 SiO_2 的组分设计。在铜基摩擦材料中，SiO_2 含量增加虽有利于提高摩擦材料的摩擦因数和耐磨性，但过高含量的 SiO_2 又将造成制动噪声及对偶剧烈磨损。因此，摩擦材料中 SiO_2 的含量需针对使用条件进行限制。SiO_2 的粒度同样影响了摩擦材料的摩擦磨损性能。卢宏及吴忠亮等的研究结果表明，SiO_2 粒度增大，虽降低了摩擦材料的摩擦因数，但有利于减少摩擦力矩波动并提高摩擦材料的耐磨性。杜建华及许成法等还研究了纳米 SiO_2 及镀 Cu/Ni-纳米 SiO_2 对摩擦材料摩擦性能的影响，发现纳米 SiO_2 质量分数为 0.75% 时，铜基摩擦材料具有最优异的综合性能。

值得指出的是，SiC 与 SiO_2 均表现出明显的硬脆特性，且此类含 Si 元素的摩擦组元往往与基体结合较差，而具有加剧对偶磨损、造成明显振动与噪声、易从基体剥落而丧失功能等明显缺点。因此，《动车组闸片暂行技术条件》(TJ/CL 307—2019) 在铜基粉末冶金闸片材料中，严格限制了 Si 元素在铜基粉末冶金闸片材料中的质量分数 (<1%)。

ZrO_2 为近年兴起的新型陶瓷摩擦组元，此摩擦组元由于具备机械性能优异、高熔点、高化学稳定性及对环境友好等特点，因而被逐渐应用于从汽车到高速列车的制动材料中。越来越多的学者开始研究 ZrO_2 在各种类型摩擦材料摩擦中的作用效果。如 Lv 等的研究表明，ZrO_2 可有效提高聚酰亚胺纳米复合材料于原子氧环境中的摩擦学性能。P. C. Verma 等发现 ZrO_2 促进耐磨保护层形成，提高有机摩擦材料在低温下的摩擦性能。Pandiyarajan R. 等及 Prasad 等探索了 ZrO_2 对 Al 基复合材料摩擦磨损性能的影响，发现 ZrO_2 具有良好的强化与减磨功能。Zhou Haibin 等则在铜基摩擦材料中采用 ZrO_2 以提升制动材料在高制动能量下的摩擦性能。总体而言针对 ZrO_2 的研究仍处于起步阶段，尚未能系统地建立 ZrO_2 颗粒特征、晶体结构、粒度大小与铜基摩擦材料摩擦学性能之间的关系。相比于 Si 系陶瓷，ZrO_2 的硬度相对较低，韧性较优，因此在《动车组闸片暂行技术条件》(TJ/CL 307—2019) 中的限制范围较宽 (Zr、W、Cr 的质量分数<10%)

2.3.4 摩擦副材料匹配性

高速列车摩擦制动系统的制动性能不仅取决于闸片及制动盘材料本身的基本性质，还取决于闸片与制动盘两者材料结构和性能之间的匹配性。若匹配不当，将导致制动盘温度场/应力场分布不均、摩擦振动/噪声加剧和闸片/制动盘材料过度磨损等问题，直接影响摩擦副的制动性能及制动系统的可靠性、平稳性、舒适性和使用寿命。国内外在粉末冶金闸片-钢铁系制动盘方面开展了大量的研究工作。日本、欧洲 Becorit Flertex 公司针对日本新干线及德国的 ICE 3 型高速列车分别开发了铜基粉末冶金摩擦材料与铸钢匹配的制动材料体系，保障了高速列车的制动需求；德国 Knoor 公司的铜基粉末冶金闸片产品在世界高速列车闸片市场中占据重要地位；Jayashree 等选用三种马氏体钢与铜基制动材料进行摩擦配对试验，结果发现不同材质的摩擦副表现出较大差异的摩擦磨损性能，说明了选择合适的制动盘材质对于摩擦副的重要性。随着高速列车国产化和自主创新发展，国内对于粉末冶金闸片-钢铁系制动盘配副材料方面的研究也取得了长足进步。Zhangpeng、Zhanglin 等从 Fe、Cr、CrFe 等摩擦组元对闸片制动性能的影响机制出发，分析了关键摩擦组元摩擦因数、摩擦稳定因数、摩擦表面、磨损机制的相关性，取得了摩擦组元对摩擦学性能的定性影响机制，获得了满足 350 km/h 高速列车制动需求的闸片材料。Xiang Z Y 等研究了高能制动过程中闸片-制动盘配副的摩擦学特性与制动系统振动响应的关联关系，提出了通过改进制动系统结构和夹持方式改善摩擦性能的有效方法。Han Xiaoming 等则详细阐述了各类型第三体对粉末冶金摩擦材料/H13 配副的摩擦性能影响趋势；王飞等采用 3 种已批量运用的铜基粉末冶金闸片（闸片 A、闸片 B 及闸片 C）分别与同一铸钢制动盘进行摩擦试验对比，结果表明闸片 A 与铸钢制动盘形成的摩擦副具有最稳定的摩擦因数，选用该闸片完成了 60×105 km 的载客运用考核，铸钢制动盘表面无划痕、热斑、划伤等现象，闸片状态良好；王东星等采用 1：1 制动动力试验台比较了同一铜基粉末冶金闸片与两种不同钢质制动盘匹配摩擦性能，利用统计学方法对摩擦因数进行了分析，指出了两种摩擦副的匹配性优劣，并判断了摩擦副的可换性。

采用炭/陶材料替换钢铁系制动盘与粉末冶金闸片配副会造成接触特性、摩擦振动、界面温升规律的彻底改变，在现有粉末冶金/钢系材料配副基础上获得的高能制动摩擦磨损机制与规律已不再适用，需要重新进行探索与研究。因此，Xu Ma 等开展了粉末冶金-炭/陶材料体系的摩擦学行为的探索，根据摩擦性能、磨损表面与摩擦层结构，分析了闸片材料的摩擦性能表现，推测了它们的磨损机制差异。Zhao Shanqing 等则系统分析了干湿两种制动状态下粉末冶金-C/C-SiC 配副的制动行为。Li Zhuan 及 Chen Fu 等在炭/陶制动盘材料制备技术、铜基粉末冶金材料改性及粉末冶金-炭/陶配副方面开展了初步的材料研究。Stadler Z 等开展了 C/C-SiC 复合材料与铜基制动材料的匹配性研究，以适应高速列车向高速化、轻量化方向发展。

2.3.5　高速列车制动摩擦材料的应用要求

高速列车制动摩擦材料通过制造成闸片应用在高速列车上。根据《动车组闸片暂行技术条件》（TJ/CL 307—2019），对高速列车制动闸片提出以下基本要求。

（1）外观要求

高速列车制动闸片摩擦体不应有裂纹、起泡、分层、疏松等缺陷；摩擦材料与钢背或背板应紧密结合且无缝隙；每个闸片上应有永久性标识，标识字体清晰，标识具有可追溯性；钢背不应有裂纹和影响组装或使用的碰伤、凹陷等缺陷。

（2）冲击和振动试验要求

粉末冶金闸片应能承受来自夹钳单元吊架吊销上的铁路应用车辆设备冲击和振动试验 IEC 61373—2010 中 2 类部件的冲击和振动要求。冲击和振动试验后，检查闸片外观，闸片摩擦体与背板不应出现脱落，摩擦块与钢背板连接结构不应出现失效，摩擦体不应出现明显开裂。

（3）摩擦磨损要求

①不同闸片及应用需要不同的摩擦因数

不同高速列车的设计运营时速具有差别，所以对于不同高速列车的制动系统也有不同的要求，其设计与应用的闸片类型也有区别。目前高速列车粉末冶金制动闸片的类型有燕尾Ⅰ-A 型、燕尾Ⅰ-B 型、燕尾Ⅰ-C 型、燕尾Ⅰ-D 型、燕尾Ⅱ型及非燕尾型。不同类型的闸片有不同的摩擦因数要求，如运用在时速 200～250 km 级别的 CRH5 系列燕尾Ⅰ-A 型与时速 300～350 km 级别的 CR400 系列燕尾Ⅰ-C 型对不同制动初速下瞬时摩擦因数与平均摩擦因数的上下限值存在一定的差异。如图 2-17 所示。

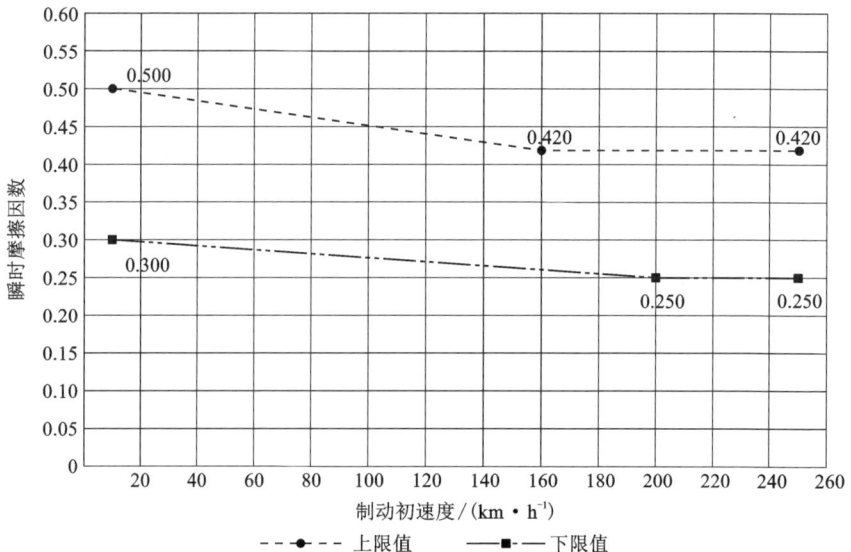

(a) 燕尾Ⅰ-A型瞬时摩擦因数要求

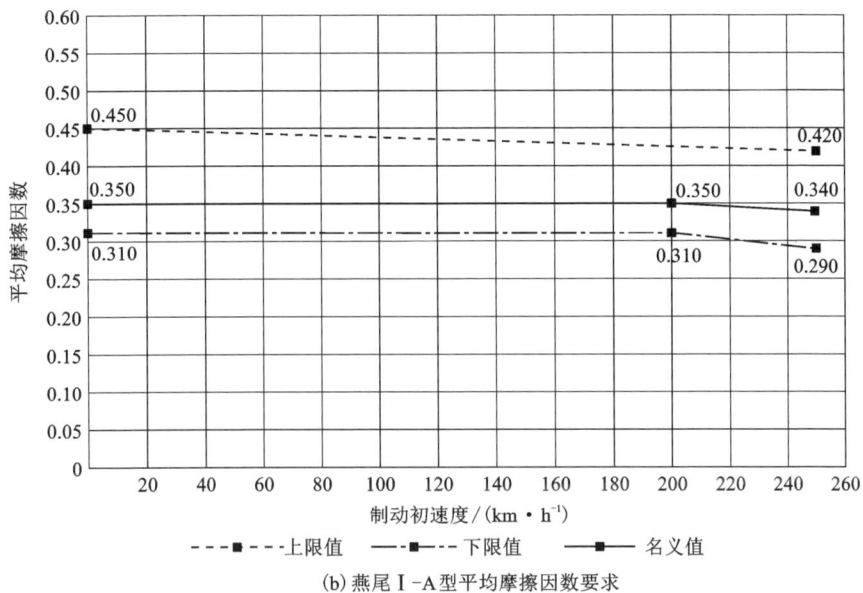

(b) 燕尾 I -A 型平均摩擦因数要求

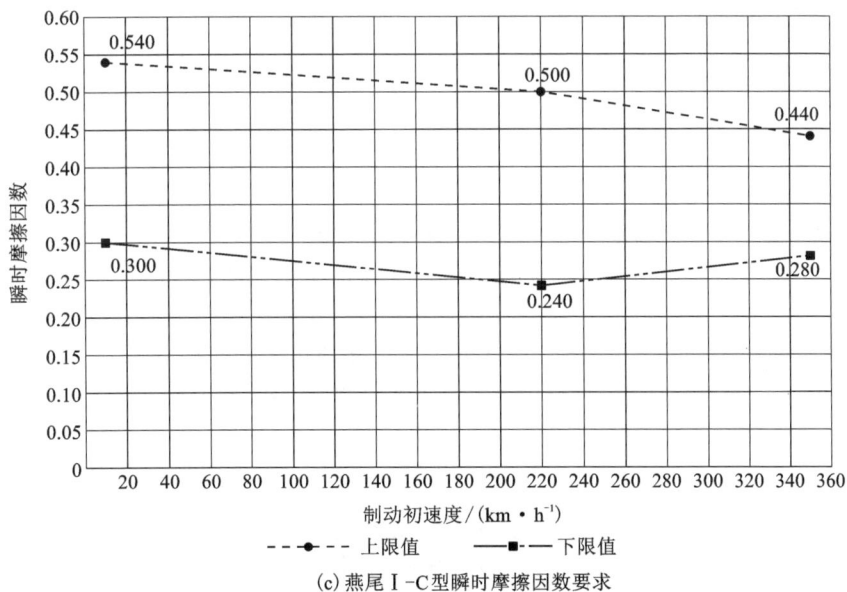

(c) 燕尾 I -C 型瞬时摩擦因数要求

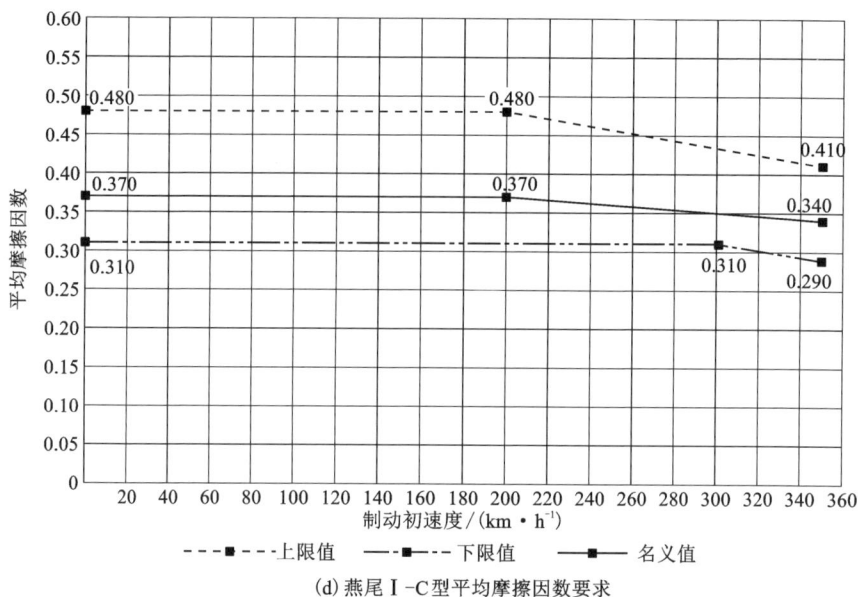

(d) 燕尾Ⅰ-C型平均摩擦因数要求

图 2-17 燕尾Ⅰ-A 型与燕尾Ⅰ-C 型瞬时摩擦因数与平均摩擦因数要求

不同运用环境下对粉末冶金制动闸片的摩擦因数要求也具有差异。如在干燥工况、最大闸片压力下，所有型号的燕尾Ⅰ型在不同制动初速度的平均摩擦因数要求最小为 0.30；而在潮湿工况、最大闸片压力下所有粉末冶金闸片的平均摩擦因数不宜低于 0.25。

②合适而稳定可靠的摩擦因数

要保证制动的安全性，制动时就必须产生合适而稳定的摩擦力，因而要求闸片材料具有合适而稳定可靠的摩擦因数。在保证制动性能的前提下，闸片的摩擦因数存在一个合适区间，具有上、下限度值。如在燕尾Ⅰ-C 型、非燕尾型粉末冶金干燥条件下摩擦因数要求中（图 2-17），在制动初速度为 200 km/h 时，其要求的最大瞬时摩擦因数不能超过 0.500，最小瞬时摩擦因数不能低于 0.240；在制动初速度为 350 km/h 时，其要求的最大瞬时摩擦因数不能超过 0.440，最小瞬时摩擦因数不能低于 0.280，要求的摩擦因数波动空间更小，摩擦因数稳定性更强。而在实际运行状况下，闸片材料可能处于复杂多变的工作环境中，如不同的运行速度、制动温度和雨雪环境中，这就要求闸片材料在不同的工作环境下具有稳定性和可靠性。

③磨耗量要求

摩擦副材料表面层受周期性的切应力、压应力、热积累及环境因素等交互影响而发生显著的组织、成分、结构变化，产生在构成和性能上都与基体存在明显差异的材料区域，这种区域在研究中常被称为摩擦副材料的摩擦层（图 2-18）。在复杂应力的作用下，摩擦层区域会发生部分剥离，造成闸片材料磨损，而闸片材料的磨耗量直接影响闸片的使用寿命，因此对于闸片材料的磨耗量要求尽可能低。对于粉末冶金闸片的磨耗量而言，其要求磨耗量不超过 0.35 cm³/MJ。

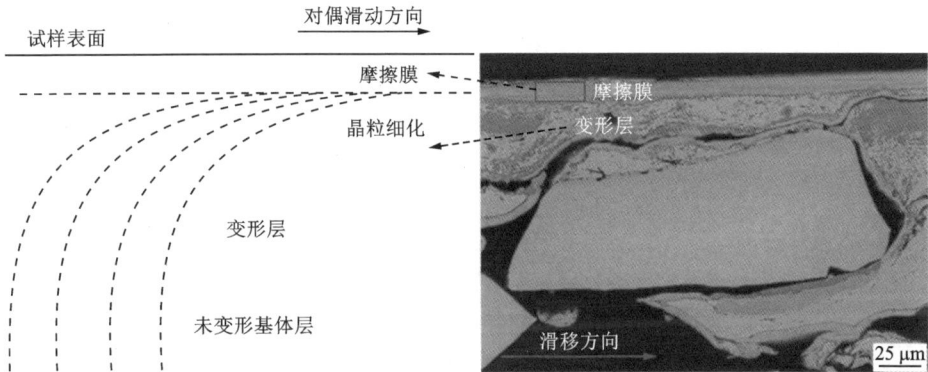

图 2-18　高能制动摩擦材料摩擦层的典型结构

在实际路线运行情况下跟踪研究闸片材料磨耗量需要长周期、高成本与人力资源，但研究实际服役过程中闸片材料的摩擦磨损性能，摩擦副材料的匹配性与长期运行条件下的稳定性具有重要意义。因此，需要开展闸片材料在实际运行工况下的磨损行为及使用寿命预测方法研究。针对时速 350 km 中国标准动车组，目前已开展了制动盘和摩擦副的服役性能跟踪试验，对制动闸片在实际服役条件下的磨损行为进行了研究，根据拆卸测量，绘制了动车组上不同位置的闸片磨耗曲线，并建立了磨损拟合公式，对其使用寿命进行了预测。

（4）绿色环保

随着全球的能源、空气和气候等问题日益冲突，绿色交通体系成为许多城市交通发展的重要目标。粉末冶金闸片材料系磨损件，其工作过程中会产生部分物质影响环境。因此，对于粉末冶金闸片材料也提出了相应的绿色环保要求，主要体现在噪声的控制、颗粒物的排放及化学成分的控制。

高速列车制动闸片在制动过程中产生的噪声主要是由于摩擦振动产生。制动过程中摩擦副表面相互作用，摩擦力快速增大，摩擦表面温度快速上升，两表面间反复粘着和分离造成摩擦面特征发生变化，导致摩擦副间的相对位置发生变化而产生振动，引发噪声。制动噪声问题对沿线环境产生严重的污染，也会影响乘车的舒适性。因此，应尽量减少闸片材料因摩擦振动而产生的噪声。

对于粉末冶金摩擦材料而言，受配对材料表面硬质点或外来颗粒的犁削，材料形成条状或絮状磨屑，高摩擦热作用下材料形成球形磨屑，反复制动时因接触表面疲劳，材料形成片状或块状磨屑。此外，制动过程中形成的磨屑以颗粒物形式飞离摩擦表面，即制动粉尘。制动粉尘的产生增加了大气中 PM_{10} 含量，严重影响了大气环境，因此要减少闸片制动时颗粒物的产生。

对于粉末冶金闸片材料的化学成分要求而言，闸片摩擦体中铅、镉成分含量，以及闸片钢背镀层中镉及六价铬成分含量应符合《汽车禁用物质要求》(GB/T 30512—2014)中禁用物质含量限值的要求。粉末冶金闸片摩擦材料中铝、硅元素质量百分数总和不应超过 1%；铬、锆、钨元素质量百分数总和不应超过 10%。

(5)高可靠低成本

作为高速列车安全高速行驶的重要保障，制动闸片的可靠性必须得到保证，对于其在工作过程中的失效情况必须保持零容忍的态度。制动闸片的可靠性体现在三个方面：一是在连续制动过程中，其摩擦因数与制动能力不会因为制动过程产生的高热量而出现热衰退现象；二是闸片结构归一化，尽可能简化闸片结构，将闸片结构进行归一化处理，以避免因结构复杂而导致失效偶然因素过多，从而降低闸片可靠性；三是系统的协调性，加强闸片与控制系统和制动结构之间的协同性，保证制动能力最大限度地发挥。而高速列车制动闸片属于磨损件，具有一定的使用寿命，需要定期更换，所以在保证性能的前提下，其制造成本应得到控制。

(6)创新材料发展

随着高速列车行驶速度的不断提高，对制动系统，尤其是制动闸片性能的要求也日益严格，要求创新材料设计，优化组元选择、组元界面控制，改进制备工艺，开发新型粉末冶金制动摩擦材料，以满足苛刻工况下粉末冶金制动摩擦材料的使用要求。

参考文献

[1] 姚萍屏，肖叶龙，张忠义，等.高速列车粉末冶金制动材料的研究进展[J].中国材料进展，2019，38(2)：10.

[2] 曹文明，姚萍屏，周海滨，等.铜基粉末冶金刹车材料支撑背板表面镀层对防渗碳性能的影响[J].粉末冶金材料科学与工程，2020，25(6)：7.

[3] 于小彬.高速列车制动闸片散热有限元分析[J].铁道车辆，2020，58(5)：6-9.

[4] 李和平，李芾.高速列车制动系统[M].成都：西南交通大学出版社，2019：637.

[5] 汤忖江，陈蕴博，左玲立，等.高速列车制动盘材质应用现状和研究进展[J].材料导报，2018，32(S1)：443-448.

[6] 李勇，祝汉燕，朱颖超.高速列车制动盘瞬态温度场分析[J].制造业自动化，2018，40

（3）：134-137.

[7] 王梦洁.粉末冶金摩擦材料在高速列车上的应用[J].河南科技，2018（4）：109-110.

[8] 赵翔.高速列车粉末冶金制动闸片的制备与摩擦磨损性能研究[D].北京：北京科技大学，2016.

[9] 盛欢，王泽华，邵佳，等.高速列车制动盘材料的研究现状与展望[J].机械工程材料，2016，40（1）：1-5.

[10] 马大炜.铁道列车制动装置50年的回顾与展望[J].铁道车辆，2013，51（12）：49-54.

[11] 高家伟.高速列车制动与控制技术研究综述[J].科协论坛，2012（7）：74-75.

[12] 余志壮，王勇，汤天殷，等.高速列车制动盘摩擦副的优化[J].机车电传动，2010（5）：22-24.

[13] 霍吉芹，安笑飞.高速列车制动技术发展方向初探[J].长沙铁道学院学报（社会科学版），2008（3）：242.

[14] 钱坤才，阙红波.高速列车制动盘材料研究[J].机车车辆工艺，2008（4）：12-13.

[15] 王广达，方玉诚，罗锡裕.粉末冶金摩擦材料在高速列车制动中的应用[J].粉末冶金工业，2007（4）：38-42.

[16] 王红英，李志军，莫守形，等.高速列车制动盘失效分析及材料研究的进展[J].焊接，2007（3）：14-17.

[17] 宋宝韫，高飞，陈吉光，等.高速列车制动盘材料的研究进展[J].中国铁道科学，69（4）：12-18.

[18] 齐海波，樊云昌，籍凤秋.高速列车制动盘材料的研究现状与发展趋势[J].石家庄铁道学院学报，2001（1）：52-57.

[19] 石宗利，杜心康，丁旺才，等.高速列车制动闸片材料的现状与发展[J].兰州铁道学院学报，1997（4）：48-52.

[20] 王东星，秦佳颖，张冬冬，等.高速动车组制动摩擦副匹配性试验研究[J].铁道机车车辆，2017，37（5）：34-38.

[21] W Wiebelhaus，纪孟谦.铁道车辆制动技术的新发展[J].国外铁道车辆，1996（2）：8-14.

[22] 曲选辉，章林，吴佩芳，等.现代轨道交通刹车材料的发展与应用[J].材料科学与工艺，2017，25（2）：1-9.

[23] ZHANG P, ZHANG L, FU K, et al. The effect of Al_2O_3 fiber additive on braking performance of copper-based brake pads utilized in high-speed railway train[J]. Tribology International, 2019, 135：444-456.

[24] 肖叶龙.高速列车粉末冶金闸片材料的摩擦学行为与机理研究[D].长沙：中南大学，2020.

[25] 李金伟.短碳纤维增强 C/C-SiC 制动材料的结构及性能研究[D].长沙：中南大学，2014.

[26] MA X, FAN S, SUN H, et al. Investigation on braking performance and wear mechanism of full-carbon/ceramic braking pairs[J]. Tribology International, 2020, 142：105981.

[27] FAN S, MA X, NING Y, et al. Tribological performance of B₄C modified C/C‒SiC brake materials under dry air and wet conditions[J]. Ceramics International, 2019, 45(10): 12870‒12879.

[28] 孙国帅. 多工艺联用制备 C/C‒SiC 复合材料及其摩擦磨损性能研究[D]. 长沙: 国防科学技术大学, 2016.

[29] MA X, LUAN C, FAN S, et al. Comparison of braking behaviors between iron and copper based powder metallurgy brake pads that used for C/C‒SiC disc[J]. Tribology International, 2021, 154: 106686.

[30] ZHAO S, ZHANG X, ZHONG W, et al. The wet braking and recovery behaviors of the P/M pad mated with C/C‒SiC disc for high-speed trains[J]. Wear, 2021, 468‒469: 203609.

[31] ZHAO S, YAN Q, PENG T, et al. The braking behaviors of Cu-based powder metallurgy brake pads mated with C/C‒SiC disk for high-speed train[J]. Wear, 2020, 448‒449: 203237.

[32] LI Z, XIAO P, ZHANG B G, et al. Preparation and dynamometer tests of 3D needle-punched C/C‒SiC composites for high-speed and heavy-duty brake systems[J]. International Journal of Applied Ceramic Technology, 2016, 13(3): 423‒433.

[33] CHEN F, LI Z, ZOU L, et al. Tribological behavior and mechanism of h‒BN modified copper metal matrix composites paired with C/C‒SiC[J]. Tribology International, 2021, 153: 106561.

[34] FAN J, ZHANG C, WU S, et al. Effect of Cr-Fe on friction and wear properties of Cu-based friction material[J]. Materials Science and Technology, 2018, 34(7): 869‒875.

[35] ZHANG P, ZHANG L, WEI D, et al. The synergistic effect of Cr and CRFE particles on the braking behavior of Cu-based powder metallurgy brake pads[J]. Tribology Transactions, 2019, 62(6): 1072‒1085.

[36] 赵翔, 郝俊杰, 彭坤, 等. Cr-Fe 为摩擦组元的铜基粉末冶金摩擦材料的摩擦磨损性能[J]. 粉末冶金材料科学与工程, 2014, 19(6): 935‒939.

[37] KENNEDY F E, BALBAHADUR A C, LASHMORE D S. The friction and wear of Cu-based silicon carbide particulate metal matrix composites for brake applications[J]. Wear, 1997, 203‒204: 715‒721.

[38] 符蓉, 高飞, 宋宝韫, 等. SiO₂ 对铜基摩擦材料摩擦磨损性能的影响[J]. 材料科学与工艺, 2008, 16(6): 790‒793.

[39] 卢宏, 张婧琳, 刘联军, 等. SiO₂ 粒度对铜基粉末冶金摩擦材料性能影响[J]. 粉末冶金技术, 2014, 32(3): 195‒199.

[40] 吴忠亮, 韩晓明, 符蓉, 等. SiO₂ 粒度对铜基摩擦材料摩擦性能的影响[J]. 热加工工艺, 2010, 39(22): 81‒83.

[41] 杜建华, 冯建林, 计德林, 等. 纳米 SiO₂ 含量对铜基摩擦材料摩擦学性能的影响[J]. 粉末冶金技术, 2008(1): 11‒14.

[42] LV M, WANG Q, WANG T, et al. Effects of atomic oxygen exposure on the tribological performance of ZrO₂-reinforced polyimide nanocomposites for low earth orbit space applications

［J］. Composites Part B：Engineering, 2015, 77：215-222.

［43］ VERMA P C, CIUDIN R, BONFANTI A, et al. Role of the friction layer in the hightemperature pin-on-disc study of a brake material［J］. Wear, 2016, 346-347：56-65.

［44］ VERMA P C, MENAPACE L, BONFANTI A, et al. Braking pad-disc system：Wear mechanisms and formation of wear fragments［J］. Wear, 2015, 322-323：251-258.

［45］ PANDIYARAJAN R, MARAN P, MARIMUTHU S, et al. Mechanical and tribological behavior of the metal matrix composite AA6061/ZrO_2/C ［J］. Journal of Mechanical Science and Technology, 2017, 31(10)：4711-4717.

［46］ PRASAD C V M, RAO K M. Improvement of tribological properties of aluminium alloy reinforced with B_4C and ZrO_2［J］. Materials Today：Proceedings, 2018, 5：26843-26849.

［47］ 李宏伟, 赵杨坤. 350 km/h 复兴号动车组制动闸片在服役过程中的磨损行为及其使用寿命预测［J］. 铁道机车车辆, 2021, 41(2)：22-27.

［48］ 高晓亮. 深孔钻机用铜基粉末冶金刹车片材料的研究［D］. 北京：中国地质大学(北京), 2011.

［49］ 房顺利. 铬对铜基粉末冶金材料摩擦磨损性能的影响［D］. 大连：大连交通大学, 2013.

［50］ 钟志刚, 邓海金, 李明, 等. Fe 含量对 Cu 基金属陶瓷摩擦材料摩擦磨损性能的影响［J］. 材料工程, 2002(8)：17-19.

［51］ PENG T, YAN Q, LI G, et al. The influence of Cu/Fe ratio on the tribological behavior of brake friction materials［J］. Tribology Letters, 2018, 66(1)：18.

［52］ ZHANG P, ZHANG L, FU K, et al. Effects of different forms of Fe powder additives on the simulated braking performance of Cu-based friction materials for highspeed railway trains ［J］. Wear, 2018, 414-415：317-326.

［53］ KENNEDY F E, BALBAHADUR A C, LASHMORE D S. The friction and wear of Cu-based silicon carbide particulate metal matrix composites for brake applications ［J］. Wear, 1997, 203204：715-721.

［54］ XIONG X, CHEN J, YAO P P, et al. Friction and wear behaviors and mechanisms of Fe and SiO_2 in Cu-based P/M friction materials［J］. Wear, 2007, 262(9-10)：1182-1186.

［55］ 李建熹, 莫继良, 王东伟, 等. 制动力对制动尖叫噪声及磨损特性的影响［J］. 润滑与密封, 2017, 42(3)：49-53.

［56］ JAYASHREE P, FEDERICI M, BRESCIANI L, et al. Effect of steel counterface on the dry sliding behaviour of a Cu-based metal matrix composite［J］. Tribology Letters, 2018, 66(123)：1-14.

［57］ 王飞, 王风洲. 动车组粉末冶金闸片摩擦性能试验研究［J］. 机车电传动, 2018(2)：103-107.

［58］ 王东星, 秦佳颖, 张冬冬, 等. 高速动车组制动摩擦副匹配性试验研究［J］. 铁道机车车辆, 2017, 37(5)：34-38.

［59］ STADLER Z, KRNEL K, KOSMAC T. Friction and wear of sintered metallic brake linings on a C/C SiC composite brake disc［J］. Wear, 2007, 27：1411-1417.

第 3 章　高速列车制动粉末冶金 摩擦材料界面特性

3.1　粉末冶金摩擦材料的组元界面

高速列车粉末冶金摩擦材料是一种颗粒增强型的 Cu 基复合材料,通常包含 Cu 基体组元与增强组元。组元之间的结合性能深入影响闸片材料的物理、力学和摩擦学性能,而界面特性是衡量组元之间结合状态的重要指标。对于粉末冶金摩擦材料,界面主要指材料中 Cu 基体与增强组元之间化学成分有显著变化、构成彼此结合且能起载荷传递作用的微小区域。界面是实现各组元连接的桥梁,其特性是实现组元之间结合性能评价及优化复合材料设计的基础。根据增强组元与 Cu 基体之间的结合状态,粉末冶金摩擦材料的界面类型主要包含以下几种:

(1)Cu 基体与增强组元的原始接触界面(机械结合界面)

增强组元与基体在制备过程中既不发生反应又不相互溶解,实现结合主要依靠组元粗糙表面间的互锁作用及基体的收缩应力。在此类界面形成的过程中,组元表面的形状复杂程度和粗糙度越高,形成界面的表面积越大,增强组元与基体之间的润湿性越强,越有利于原始接触界面的界面结合强度提高。这种界面类型又可简称为机械结合界面。

(2)Cu 基体与增强组元/基体反应产物的接触界面(反应结合界面)

该类界面主要指添加组元与基体在界面处发生化学反应并产生新的物质,这种新物质与基体形成的界面。此类型的界面又可简称为反应结合界面。通常情况下,材料界面处发生的化学反应及生成的物质,除与组元的种类相关外,还受制备工艺的影响,如:当烧结温度低于 1173 K 时,Cu 和 SiC 通常不发生化学反应,当烧结温度高于 1373 K 时,Cu 和 SiC 发生反应,生成 Cu_7Si 化合物,且当温度进一步增加到 1420 K 时,则生成 Cu_5Si 化合物。在含有 Fe 组元的情况下,SiC 还将与 Fe 组元发生反应,优先形成 Fe_3Si。粉末冶金摩擦材料的界面反应物和反应程度决定了界面的结构和性能,可将此类型界面继续划分为如下三类:

第一类:在增强组元和基体间形成最佳界面结合的有益界面反应,该类界面反应轻微,无大量界面反应物生成,不损伤增强组元的完整性,组元间的界面结合强度适中,可有效传递载荷,抑制裂纹扩展,并调节复合材料内部应力的分布。

第二类：产生界面反应产物，少量损伤增强组元，界面结合能力明显增加，可形成强界面结合，在应力作用下，不会发生界面脱粘的现象，但裂纹易向增强组元内部扩展，进而发生脆性断裂。

第三类：界面处发生严重的界面反应，并生成大量的界面反应物，形成一定厚度的脆性相和脆性层，既严重损失添加组元，又使材料性能急剧下降，因而，在复合材料制备过程中，应避免此类现象的发生。

在进行粉末冶金摩擦材料的设计和制备时，若组元间可能发生一定程度的界面反应，则应充分考虑界面反应物及反应程度，合理控制界面反应，以获得合适的界面结合强度。

(3) Cu 基体与增强组元之间发生相互扩散形成的扩散层界面(扩散结合界面)

在粉末冶金与闸片材料的制备过程中，增强体与基体之间发生元素的相互溶解与扩散，并形成具有一定厚度的扩散层，此时形成的界面以扩散层为主要特征。此类型界面往往形成于与基体具有一定固溶度的金属或合金增强组元中，由于基体中的杂质原子易于在材料的界面处富集，造成界面处两相相互溶解扩散的不均匀性，易形成犬牙交错的溶解扩散界面。

(4) Cu 基体与增强组元上镀层形成的界面(镀层结合)

为了增强材料组元之间的相互连接，某些增强体与基体之间往往采用电镀或化学镀的方法形成表面镀层，以增加增强体与基体之间的结合性能。此时增强体与基体之间的界面主要为镀层与基体形成的界面。

(5) 混合界面

增强组元因特性复杂而与基体形成两种及两种以上前述类型界面，此时增强组元与基体形成的界面可称为混合结合界面。

3.2　特征组元与基体界面结合特性

特征组元是指在铜基粉末冶金摩擦材料增强组元中对摩擦学性能起关键作用的摩擦或润滑组元，这些组元的本身性质及其与基体的界面结合特性显著影响着铜基粉末冶金闸片材料的制动性能。

3.2.1　特征金属与合金摩擦组元

(1) 金属摩擦组元 W 与合金摩擦组元 WC

存在高速高能制动需求的高速列车制动摩擦材料中常使用硬度高、高温强度高、热膨胀系数小及耐蚀性优良的 W 作为金属摩擦组元，以及 W 和 C 组成的六方晶体 WC 作为合金摩擦组元。这两种组元具备的高熔点和高强度能提高材料的高温强度及热传导能力，并起到强化基体的作用，可显著地提高材料的耐磨性能。

W 金属摩擦组元颗粒表现出典型的表面较光滑多角形貌。W 的本身特性及制备工艺是 W 颗粒形貌形成的主要原因。摩擦材料中常用的 W 采用还原法制备，W_2O_3 经还原后形成了由多晶相组成的大颗粒。在随后的破碎过程中，体心立方的 W 易沿着[110]方向发生穿晶解理断裂，因此形成了如图 3-1(a)所示的表面较光滑的多角形颗粒形貌。

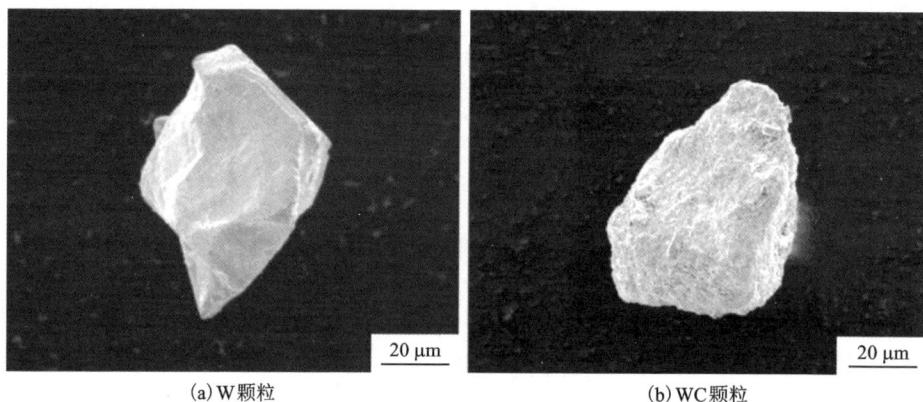

(a) W 颗粒   (b) WC 颗粒

图 3-1　W 和 WC 颗粒典型的 SEM 形貌

WC 颗粒则表现出粗糙的类球形颗粒形貌[图 3-1(b)]。其颗粒表面黏附较多小的二次颗粒是造成颗粒表面粗糙且存在微孔隙的主要原因(如图 3-2 所示)，这些二次颗粒仍主要由小颗粒的 WC 构成(如图 3-3 所示)。WC 的颗粒特征同样与制备工艺息息相关。WC 的制备过程是以 W 和 C 为原料，经过球磨机混合后再进行碳化，最后经球磨制得。碳化工艺促使小颗粒黏附在大颗粒表面，在此后的球磨过程中，大颗粒表面的尖角还发生破碎并钝化，最终形成了粗糙的黏附型WC 颗粒形貌。

因颗粒特性的差异，W 与 WC 具有不同的截面形貌。W 颗粒内部致密未发现明显的孔隙和裂纹，且 W 与 Cu 基体间形成了连续且致密的界面结合[图 3-4(a)]。相比于 W，WC 与 Cu 基体形成的界面孔隙相对较多，其内部还存在少量的孔隙，如图 3-4(b)所示。

W 和 WC 颗粒与 Cu 基体形成的界面形貌与其制备工艺有直接关系，W 由还原法制备，W 与 WO_x 的体积比接近 1，还原过程中不发生明显的收缩现象，使得 W 相中基本不存在因体积收缩而产生的孔隙，W 颗粒表面光滑且缺陷较少。而WC 属于金属型碳化物，是由大量取向不同的小颗粒团聚组成，WC 颗粒中存在少量的孔隙。WC 大颗粒表面还存在黏附的 WC 小颗粒，这些小颗粒提高了 WC 表面的粗糙度，有利于界面处增强组元与基体的啮合，但疏松多孔的结构也会导

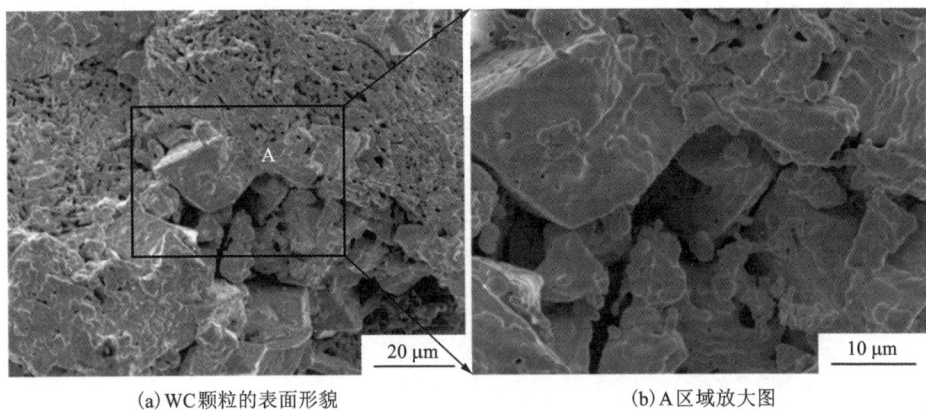

(a) WC 颗粒的表面形貌　　　　　　　　(b) A 区域放大图

图 3-2　WC 颗粒高倍 SEM 形貌

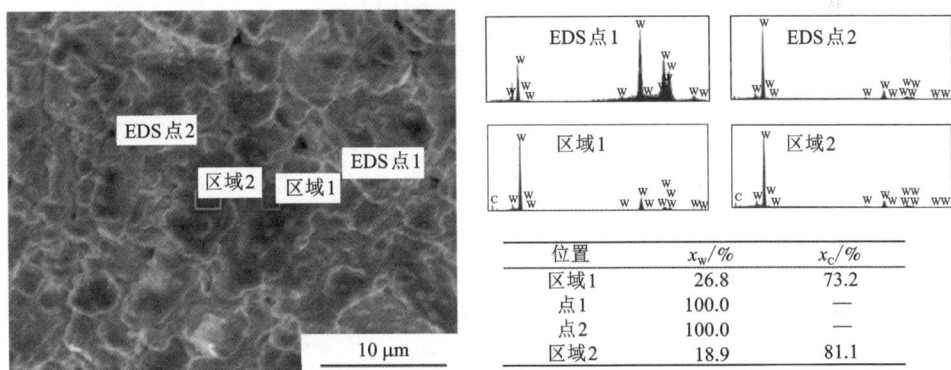

位置	x_W/%	x_C/%
区域 1	26.8	73.2
点 1	100.0	—
点 2	100.0	—
区域 2	18.9	81.1

图 3-3　WC 颗粒标记点和区域的 EDS 能谱分析

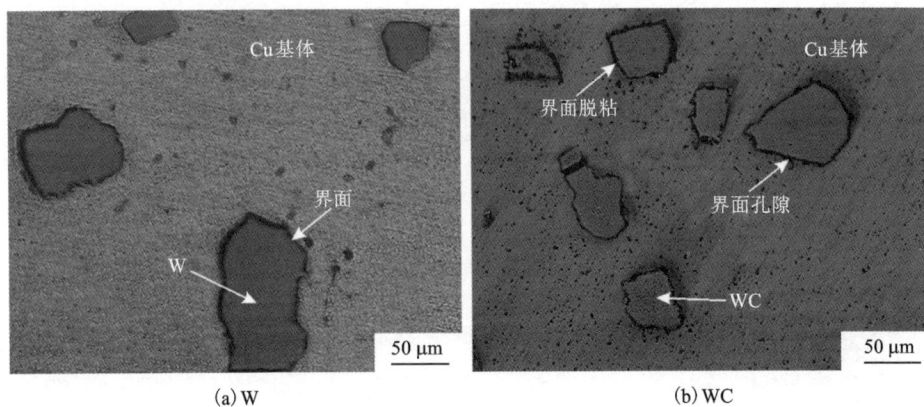

(a) W　　　　　　　　　　　　　　(b) WC

图 3-4　Cu 基体中金属摩擦组元 W 与 WC

致在界面处难以形成紧密结合，使得 Cu—WC 界面处有少量的孔隙残留。

W 与 Cu 基体形成较为紧密的界面结合，如图 3-5(a)所示。图中深色相为 Cu，浅色相为 W，除局部区域存在少量孔隙外，Cu 基体与 W 相结合较为良好。而 WC 与 Cu 基体形成的界面结合处存在一定的孔隙缺陷，如图 3-5(c)所示。

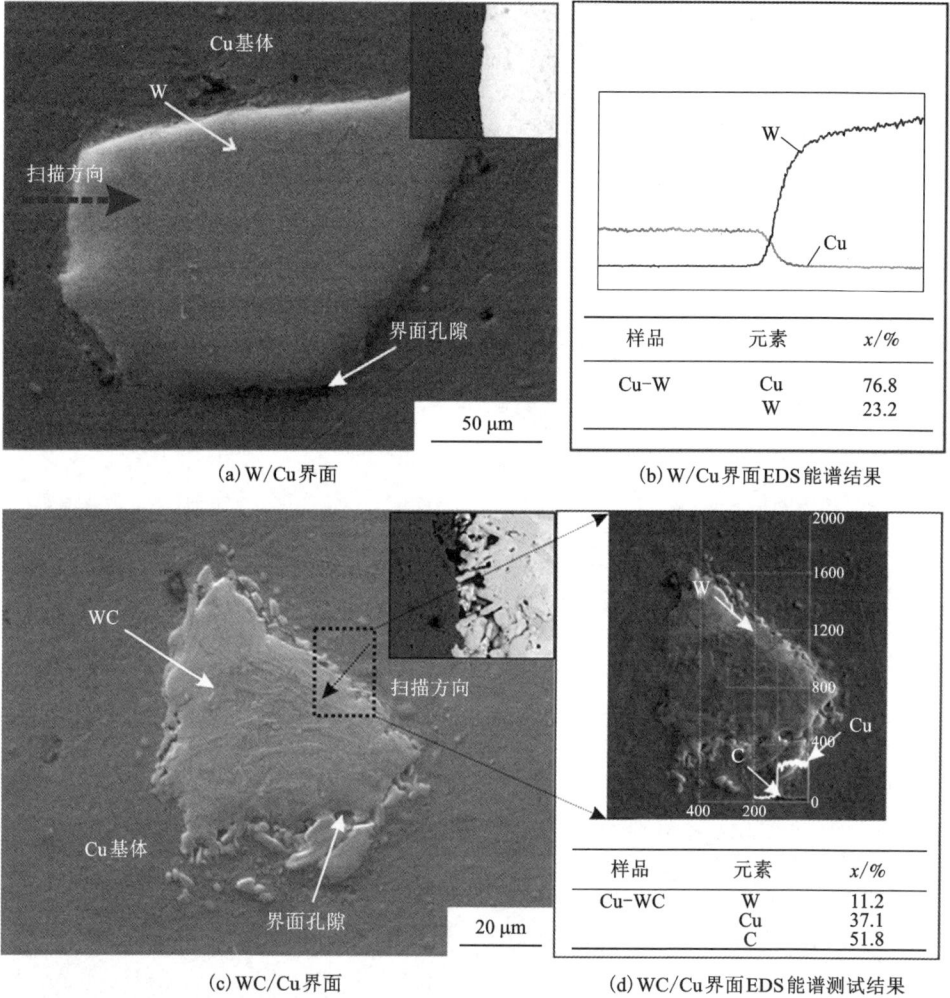

(a)W/Cu界面

样品	元素	$x/\%$
Cu-W	Cu	76.8
	W	23.2

(b)W/Cu界面EDS能谱结果

(c)WC/Cu界面

样品	元素	$x/\%$
Cu-WC	W	11.2
	Cu	37.1
	C	51.8

(d)WC/Cu界面EDS能谱测试结果

图 3-5　W/Cu 与 WC/Cu 界面显微组织与界面处的 EDS 能谱分析

彩图3-5

W/Cu 机械结合界面的产生与铜基粉末冶金摩擦材料烧结温度远低于 W 熔点相关。当烧结温度低于 1000 ℃ (1273 K)时，Cu 原子和 W 原子基本不发生固溶，但 Cu 及 W 的原子仍会自发进行扩散，考虑到 Cu(fcc)基体与 W(bcc)的结构差异，界面处两种元素的扩散量极其微小。Cu 基体与 W 之间的结构差异还导致两者之间难以形成大量有序的金属键合，致使最终 Cu 基体与 W 之间形成的界面主要以机械结合界面为主。在 WC/Cu 形成的界面中，由于 WC 晶体结构中处于四面体间隙的 C 对 W 扩散具有阻碍作用，导致 W 原子向界面扩散的阻力更大。此外，WC 颗粒为小颗粒黏附型的粗糙表面，这些小颗粒之间存在较多的孔隙，导致黏性流动过程中两相无法形成完全接触，而致使界面结合处存在一定数量的孔隙。因此，WC 与 Cu 基体之间也仅能形成以机械结合为主的界面类型。

（2）金属摩擦组元 Fe 与 Cr

Fe 在 Cu 基体中的固溶度较低但润湿性较好，可起到颗粒强化作用，能够有效阻碍基体内部应变区的快速扩展，并提高摩擦材料的抗塑性变形能力。Cr 硬度高、导电性好、抗氧化性强，且与 Cu 基体固溶度较低，常用于提升摩擦材料的强度、耐腐蚀、耐热、摩擦、导电性能等，故广泛用于干摩擦及载流摩擦相关的铜基摩擦材料中。除上述功能外，Cr 摩擦组元还可改善 Cu 与石墨之间的结合性能，进一步提升铜基摩擦材料的致密度与强度。因此，Fe 和 Cr 成为高速列车制动闸片用铜基摩擦材料常用的金属摩擦组元。

Fe 粉的颗粒特征主要以类球形颗粒为主。图 3-6 展示了金属摩擦组元 Fe 粉末形貌及 Cu/Fe 界面的显微结构。Fe 粉主要来源于破碎的海绵状还原铁粉，在破碎过程中 Fe 粉发生破碎与相互碰撞，其表面棱角被逐渐磨平，最终形成如图 3-6(a)所示表面粗糙的类球形颗粒形貌。Fe 与 Cu 基体有一定的润湿性，能够发生相互扩散，故 Fe 与基体之间形成了紧密的界面结合。Fe 在 Cu 基体中的显微形貌与界面特征如图 3-6 所示。图中，深灰色的类球形 Fe 均匀地分布于铜基体中，其表面黑色点状区域为 Fe 中存在的孔隙。图 3-6(c)和 3-6(d)进一步展示了 Fe 摩擦组元在 Cu-Fe 材料中的分布及其与基体形成的界面特征。值得提到的是，Fe 边界部分区域中及曲率变化较大的位置上，仍残留了少量微米级的闭孔隙，此现象主要是由于 Fe 颗粒中曲率较大位置难以与 Cu 基体形成烧结颈所致。

图 3-6(d)中 SEM 图显示了其 A 区域的界面形貌及能谱分析。通过 B 区域的元素变化扫描，可知在 Cu/Fe 界面处，Fe 与 Cu 元素含量发生快速变化，说明 Fe/Cu 界面形成的扩散层较窄。对 A 区域中界面两侧 Fe 摩擦组元内部的浅色相及 Cu 基体中的深色相进行 EDS 能谱分析，发现经过互扩散过程，少量 Cu 及 Fe 分别在 Fe 及 Cu 基体中析出（表 3-1）。在高温高压烧结过程中，Cu 与 Fe 分别扩散到 Fe 与 Cu 基体中，形成富 Cu 的 Fe 基置换固溶体与富 Fe 的 Cu 基固溶体。在烧结完成后的冷却过程中，随着烧结温度的降低，两种元素之间的固溶度下降最

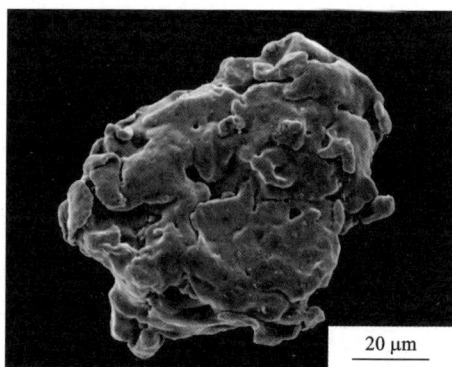

(a)Fe颗粒形貌

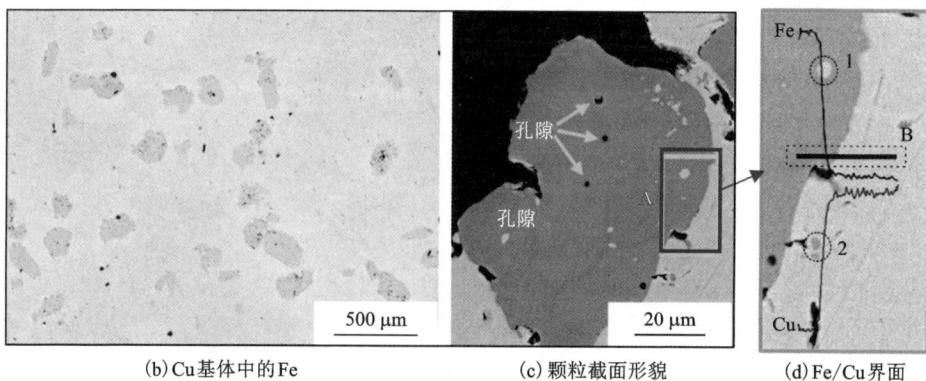

(b)Cu基体中的Fe   (c)颗粒截面形貌   (d)Fe/Cu界面

图3-6   Fe颗粒形貌与Fe/Cu界面显微结构

终导致过饱和Cu(Fe中的浅色相)及过饱和Fe(Cu中的深色相)的析出。观察图3-6(c)还可发现，Fe组元中析出的Cu比Cu基体中析出的Fe相对更多。因此，在闸片材料中金属组元Fe与Cu基体主要形成的是具有窄扩散层特征的扩散结合界面。

表3-1   图3-6(d)中标记各点的EDS能谱分析(原子分数)   单位：%

位置标号	Cu	Fe
1	60.34	39.66
2	18.71	81.29

特征金属摩擦组元Cr主要采用氧化焙烧、还原、煅烧、再还原、破碎等(铝热法+粉末破碎)工艺制备而成。在生产过程中，原料铬铁矿首先转换为氧化铬，随后经过Al颗粒还原，形成块状纯Cr，最后按需求破碎得到具有一定粒度的纯

Cr 粉末。图 3-7(a)为典型的纯 Cr 摩擦组元颗粒，经历破碎过程，Cr 粉末也发展出相似的类球形特征，但由于还原过程中 Cr_2O_3 的体积收缩较小，相比于 Fe 粉，其颗粒表面未形成大量收缩孔隙。

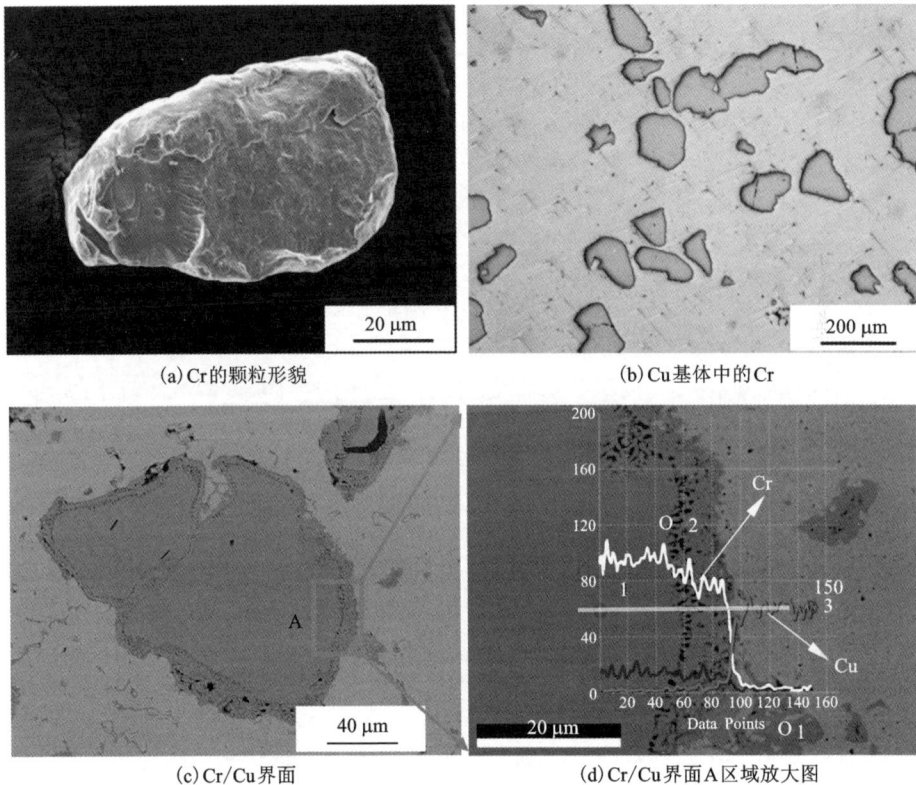

(a) Cr 的颗粒形貌

(b) Cu 基体中的 Cr

(c) Cr/Cu 界面

(d) Cr/Cu 界面 A 区域放大图

图 3-7　Cr 颗粒形貌与 Cr/Cu 界面显微结构

彩图3-7

Cr 与 Cu 基体之间易形成明显的扩散结合界面。图 3-7(b)展示了 Cr 在铜基体中的典型显微截面形貌，图中深色 Cr 颗粒均匀分布于浅色 Cu 基体内部，其边缘与基体接触区域呈现出明显的轮廓。图 3-7(c)则进一步显示了显微组织中的 Cr 相结构及其与基体形成的界面特征。由图可知，Cr 与基体接触位置处形成了较厚的富孔隙界面层。对界面层区域 A 进行能谱分析，如图 3-7(d)所示，在靠近 Cr 的 Cu 基体中产生了少量 Cr 析出(如点 1 所示)，同时在界面层中形成了少量浅色富 Cu 相(如点 2 所示)，分析中出现的 O 元素与 Cr 易与 O 反应形成氧化膜有关。图 3-7(d)中区域 3 进行 EDS 线扫分析表明，沿 Cr

向 Cu 基体方向，Cr 含量呈慢速下降趋势，当到达基体位置时，Cr 含量发生突变。同样，在界面层中，Cu 含量亦呈现出慢速上升趋势。因此能谱分析结果证明了 Cu 与 Cr 之间发生相互扩散，并形成扩散层厚度为 7~10 μm 的扩散结合界面。

表 3-2　图 3-7(d) 中标记各点的 EDS 能谱分析(原子分数)　　单位：%

位置标号	Cu	Cr	O
1	24.39	70.51	5.10
2	39.04	54.71	6.25

金属摩擦组元 Fe 和 Cr 与 Cu 基体之间的结合主要依靠原子扩散作用。在烧结过程中，Fe/Cu 及 Cr/Cu 接触界面具有较高的空位浓度，其界面处的空位浓度差引起金属原子向界面处扩散迁移，致使接触界面产生连接并长大，形成大面积的结合。在烧结初期，当金属摩擦组元与基体之间的界面未完全形成时，金属原子的扩散主要依赖体积扩散与表面扩散。随着加压烧结的进行，高温高压引起摩擦组元与基体结合处产生错配应力，诱导缺陷界面形成，这些缺陷主要由大量空位与位错构成，可作为原子扩散通道，为界面扩散提供基础。因此，在烧结过程中，金属摩擦组元与基体界面通过体积扩散、界面扩散与表面扩散三种扩散作用形成，其中表面扩散和晶界扩散速度较快，体积扩散速度较慢。Fe 与 Cu 基体形成的扩散结合界面为非共格界面。相比于 Fe/Cu 界面，Cr/Cu 界面的特征更为复杂。图 3-8 展示了 Cr/Cu 界面的典型显微组织形貌，可以发现 Cr/Cu 界面中存在大量不规则孔隙，且在紧密接触界面位置的错配度高达 29.3%[根据图 3-8(c)计算]，说明 Cr 与基体形成的界面为具有孔隙缺陷的非共格扩散结合界面。

扩散速度的差异是导致两种金属与基体形成界面产生差别的主要原因。对于 Cr/Cu 界面而言，在 970 ℃ 的烧结条件下，Cr 向 Cu 的体扩散系数(D_{Cr-Cu} 为 2.32× 10^{-13}) 高出 Cu 向 Cr 的体扩散系数(D_{Cu-Cr} 为 6.93×10^{-15})两个数量级，加之 Cu/Cr 界面存在的局部界面剥离及由非共格结合带来的大量点、线缺陷，进一步降低了原子扩散的能垒，导致 Cu 与 Cr 之间扩散通量差异较大，引起柯肯达尔效应，最终造成缺陷多孔界面扩散层的生成。

可以认为，金属摩擦组元 Fe 及 Cr 均与 Cu 基体形成扩散结合界面。但 Cu 与 Cr 之间的扩散系数差异大，引起烧结过程中不等量扩散产生，造成 Cr/Cu 界面处微孔缺陷扩散层的形成，其界面紧密结合处仍存在少量剥离等现象的发生，降低了此类界面的强度。因此，虽然 Fe/Cu 界面扩散层相对较窄，但相比具有扩散层界面缺陷的 Cr/Cu 界面强度更高。

(a) Cr/Cu 界面的截面图

(b) A 区域的 TEM 图

(c) B 区域的 HRTEM

图 3-8　Cr/Cu 界面的显微结构

（3）合金摩擦组元铬铁

铬铁合金摩擦组元兼具 Fe 与 Cr 金属摩擦组元的优点，且随合金中 C 含量的增加，铬铁合金组元中还可能产生多种含 C 的金属间隙化合物相，能够有效起到第二相强化作用，大大增强摩擦材料的摩擦与耐磨性能。因此铬铁合金也成为目前广泛采用的合金摩擦组元之一，常添加于面向高速重载需求的高速列车制动粉末冶金摩擦材料中。摩擦材料中常用的铬铁合金为低碳铬铁（ELCF）与高碳铬铁（HCF）两种。低碳铬铁主要由 CrFe 合金相构成，而高碳铬铁组成复杂，其主要由含 Cr 或 Fe 的含 C 间隙化合物及 CrFe 合金相构成，根据高碳铬铁中 Si 元素含量，还可能形成少量含 Si 的间隙化合物。由于相组成差异较大，两种铬铁合金摩擦组元的物理力学性能、与基体形成的界面性能以及摩擦磨损性能都均有所不同。

低碳铬铁摩擦组元常由电硅热法生产，其生产过程经历引弧和加料、熔化、精炼、出铁、破碎等过程。在生产过程中，含 Cr 及含 Fe 氧化物被 Si 还原，形成 CrFe 合金。破碎后的低碳铬铁粉末形状呈类球形，如图 3-9（a）所示。

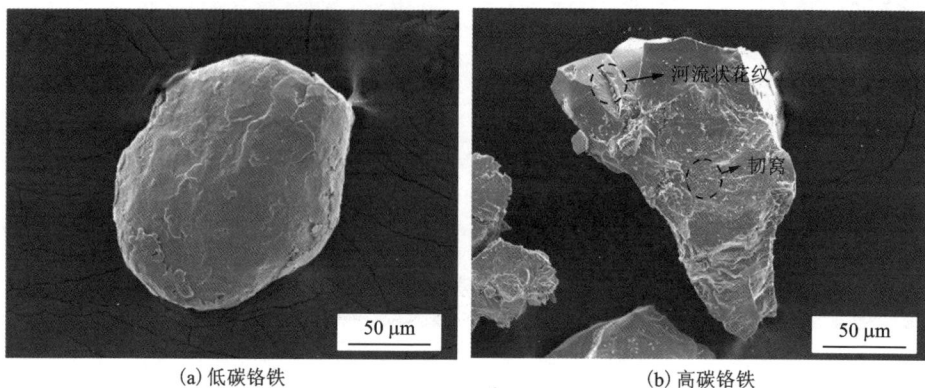

(a) 低碳铬铁   (b) 高碳铬铁

图 3-9　低碳铬铁及高碳铬铁的粉末形貌

高碳铬铁则采用熔剂法利用矿热炉冶炼。在生产过程中，由于采用 C 还原铬铁矿中 Cr 与 Fe 的氧化物，导致高碳铬铁中 C 含量较高，促进了大量金属碳化物的形成。典型的高碳铬铁颗粒由 Cr 与 Fe 的合金相与硬而脆的碳化物相构成。其中一种相金属性较强，经过破碎后，表面部分区域残存着由韧性断裂产生的韧窝；而另一种相则表现出较强的脆性，经破碎后，其表面形成具有河流花纹的典型解理断口，如图 3-9(b) 所示。由于碳化物硬度极高，HCF 在破碎过程中难以形成类球形颗粒，其颗粒主要呈复杂多面体结构。

低碳铬铁与高碳铬铁具有明显不同的相组成。低碳铬铁的构成单一，主要为立方 CrFe(c-CrFe) 合金相，而高碳铬铁的相组成相对复杂，由立方 CrFe(c-CrFe) 合金相、四方 CrFe(σ-CrFe) 合金相、$(Cr,Fe)_7C_3$ 及 $(Cr,Fe)_{23}C_6$ 两种碳化物组成(图 3-10)。表 3-3 详细展示了上述合金相及碳化物相的结构特征。其中 $(Cr,Fe)_7C_3$ 与 $(Cr,Fe)_{23}C_6$ 均为间隙化合物，具备热力学和力学稳定结构，且其原子间结合同时依靠共价键与金属键，使这两种碳化物在保持一定金属特性的同时具备极高的硬度。两种碳化物中，由于 $(Cr,Fe)_7C_3$ 中 Cr-C 键的强度及密度均高于 $(Cr,Fe)_{23}C_6$，其硬度相对较高。c-CrFe 又称为铬铁素体，为晶体结构相同的 Fe 和 Cr 相互固溶而产生，其硬度相对较低，具有明显的金属特性。高碳铬铁的凝固过程中液相中存在成分起伏，当局部区域中 Cr 与 Fe 的摩尔分数之比接近 1:1 时，易形成少量四方 σ-CrFe 金属中间相，此相硬而脆，降低合金整体的耐蚀性、冲击韧性和蠕变强度，造成材料在受力条件下易开裂。

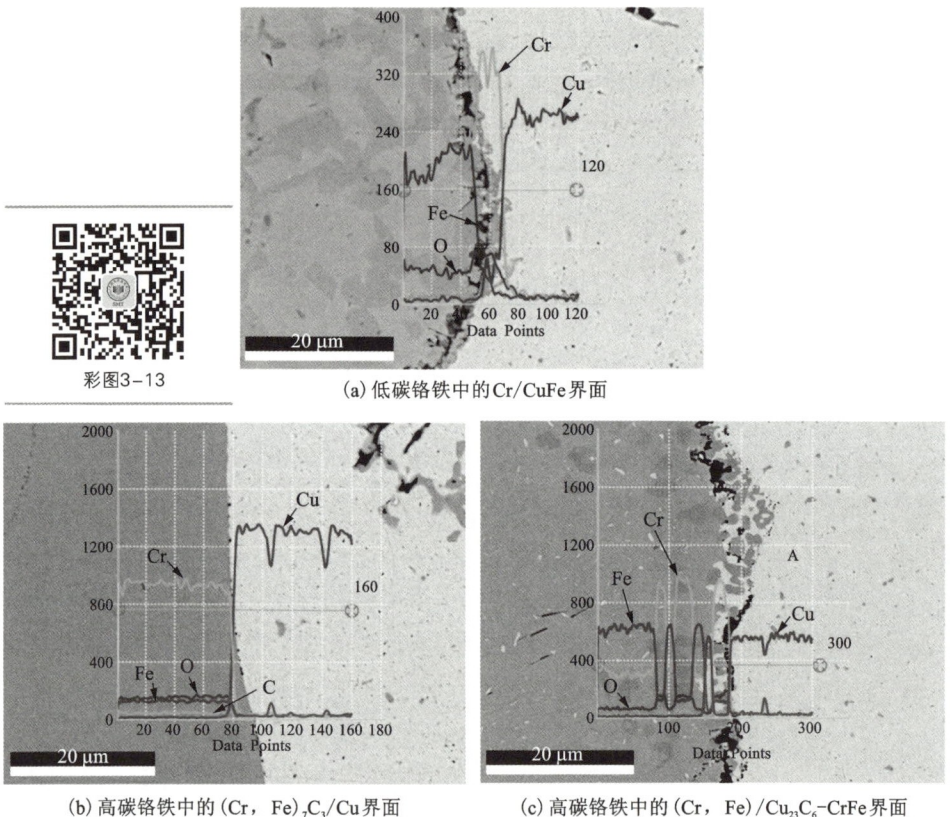

彩图3-13

(a) 低碳铬铁中的Cr/CuFe界面

(b) 高碳铬铁中的(Cr，Fe)₇C₃/Cu界面

(c) 高碳铬铁中的(Cr，Fe)/Cu₂₃C₆-CrFe界面

图 3-13　低碳铬铁和高碳铬铁与 Cu 基体形成的界面特征

$(Cr,Fe)_7C_3$ 与 $(Cr,Fe)_{23}C_6$ 为金属间化合物，其相中 Cr 元素活性高，能与过渡金属置换形成以化合物为基的固溶体。但对于基体中的 Cu 而言，Cu 原子半径与 Cr 及 Fe 原子半径相当，难以通过间隙机制向 $(Cr,Fe)_7C_3$ 相中发生扩散；又因为 Cu 原子 d 层电子数量多，与 C 元素亲和性差，其亦难以通过原子交换向 $(Cr,Fe)_7C_3$ 及 $(Cr,Fe)_{23}C_6$ 扩散。因此 $(Cr,Fe)_7C_3$ 及 $(Cr,Fe)_{23}C_6$ 与 Cu 基体界面的形成不能依靠原子的扩散，只能通过 Cu 基体的黏性流动或塑性流动完成。故此二相仅与 Cu 基体形成机械结合。综上可知，共晶相 $(Cr,Fe)_{23}C_6$-CrFe 与 Cu 基体结合为扩散-机械混合结合。高碳铬铁中 $(Cr,Fe)_{23}C_6$-CrFe 共晶相与 Cu 界面特征则和机械结合界面及扩散结合界面的性质相关。高碳铬铁中富 Cr 的 CrFe 相与 Cu 基体发生互扩散，导致界面处无法发生扩散的 $(Cr,Fe)_{23}C_6$ 相周围 Cu 含量快速升高，形成过固溶体，造成烧结冷却过程中 Cu 在 $(Cr,Fe)_{23}C_6$ 相附近析出。此外，由于富 Cr 的 CrFe 与 Cu 发生相互扩散，同样导致了具有微孔扩散层的

形成，这些产生的扩散层与 $(Cr,Fe)_{23}C_6/Cu$ 界面均具有较低的界面强度，在烧结冷却过程中易因各界面性能及热膨胀性能差异，而产生如图 3-13(c)所示的大量不连续界面裂纹。

总体而言，低碳铬铁与 Cu 基体形成了具有微孔扩散层的扩散结合界面，高碳铬铁与 Cu 基体则形成由扩散结合与机械结合构成的混合结合界面。

3.2.2　特征陶瓷摩擦组元

（1）陶瓷摩擦组元 SiO_2

SiO_2 属高硬度摩擦组元，由于其良好的增摩耐磨性能，高速列车制动粉末冶金摩擦材料中常添加 SiO_2 用于摩擦学性能的调控。

SiO_2 在基体中的分布情况及其与基体形成的界面特征如图 3-14 所示。黑色棱角状 SiO_2 颗粒分布于 Cu 基体中并与基体形成了以机械啮合为主的机械啮合界

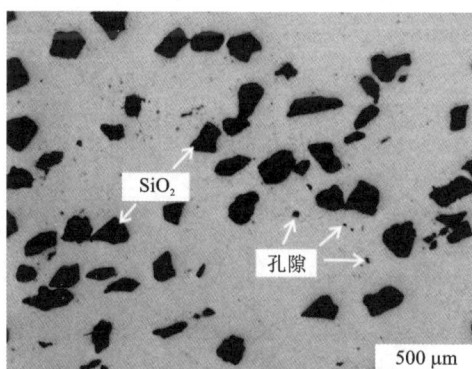

(a) Cu 基体中的 SiO_2

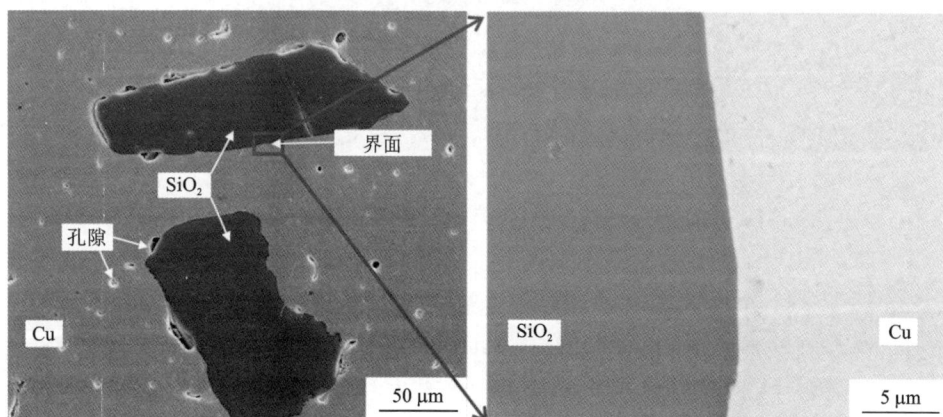

(b) SiO_2 颗粒截面

(c) Cu/SiO_2 界面

图 3-14　Cu 基体中的 SiO_2 及 SiO_2/Cu 界面的显微形貌特征

面。如图 3-14(b) 所示，小尺寸的孔隙不仅存在于铜基体中，还存在于部分 SiO₂/Cu 界面处，界面其他区域则表现为 SiO₂ 颗粒与铜基体结合紧密，对结合紧密的区域进一步放大，见图 3-14(c)，该区域的 SiO₂/Cu 界面清晰，未见明显的界面反应物，界面结合良好，证明 Cu 基体与 SiO₂ 在烧结过程中几乎不发生化学反应，无界面反应物，界面处部分存有孔隙，部分结合良好，形成机械结合界面。

SiO₂/Cu 界面还具有大量的显微界面特征。图 3-15 为 SiO₂/Cu 界面的 TEM 明场像及相关区域选区电子衍射图谱，对图 3-15(a)下部的 C 区进行选区电子衍射分析，见图 3-15(c)，通过与 PDF 标准卡片进行比对和标定，平行于 [022] 晶带轴方向，且与中心面最近的两个晶面分别为 $(1\bar{1}\bar{1})$ 面和 (111) 面，由此可判断图 3-15(a)下部材料为具有面心立方晶体结构的 Cu 相 (fcc-Cu)。进一步观察发现 Cu 中存有平直的孪晶晶界和大量黑色呈波浪状的位错带，其中孪晶晶界作为二维面缺陷，在一定程度上具有分割和阻碍位错扩展的作用，Cu 中所存有的一定量的孪晶和大量位错，主要是由于铜基摩擦材料在加压烧结过程中受压力作用而发生剧烈塑性变形所致，也可称为"形变孪晶"。

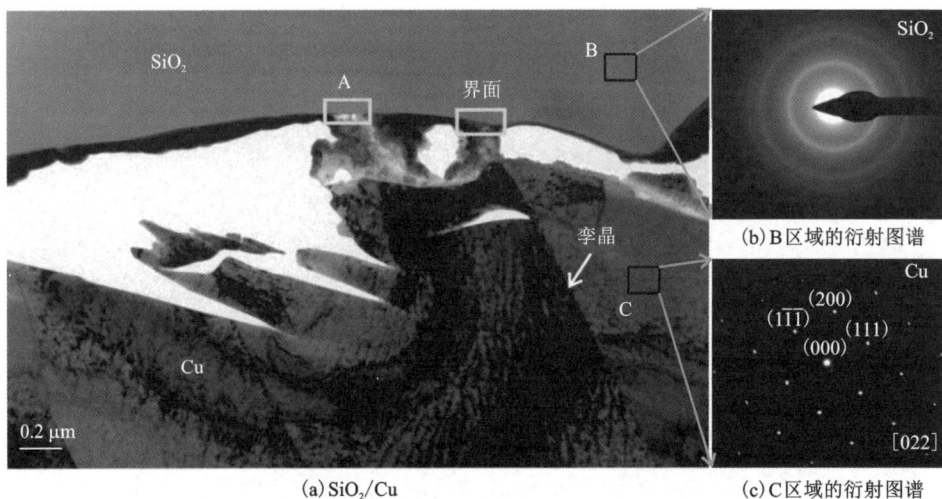

(a) SiO₂/Cu

(b) B 区域的衍射图谱

(c) C 区域的衍射图谱

图 3-15 SiO₂/Cu 界面 TEM 明场像及相关区域选区电子衍射图谱

对图 3-15(a)上部的 B 区进行选区电子衍射分析，见图 3-15(b)，其衍射图像呈现非晶光晕特征，故图 3-15(a)上部呈灰色均一的材料为非晶 SiO₂，说明摩擦材料虽经历高温烧结过程，SiO₂ 内部晶型仍保持非晶态。对图 3-15(a)进一步观察发现，SiO₂/Cu 界面处的大量孔隙(白色区域)主要存在靠近界面处的 Cu 基体中，但界面处仍有少部分 Cu 与 SiO₂ 结合在一起。

　　对靠近界面 A 区域中的 SiO$_2$ 做进一步分析，其 HRTEM 图见图 3-16，由图可见，发现在靠近界面的 SiO$_2$ 非晶内部有若干纳米尺度团簇状的晶格条纹出现，对晶格条纹进行反傅里叶变换，变换图见图 3-16 右上角，通过 Digital Micrograph 软件的测量和对比标准卡片，发现其 SiO$_2$ 晶体的（220）原子晶面间距为 0.25 nm，可证明此处 SiO$_2$ 非晶结构已转变为方石英晶体结构。这是因为当温度超过 725 ℃时，界面处的非晶结构 SiO$_2$ 优先向方石英晶体结构转变，发生明显的界面晶化现象。

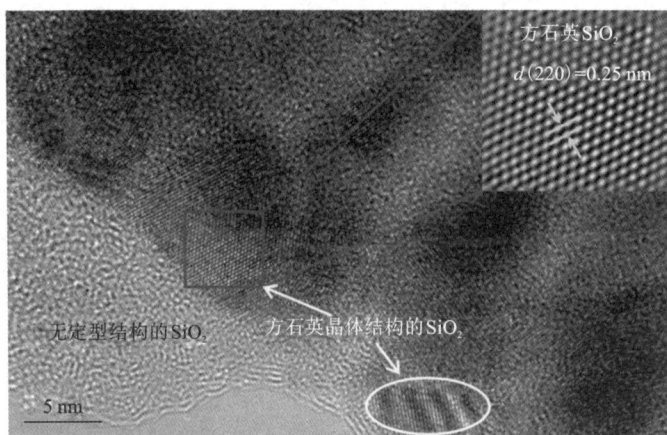

图 3-16　图 3-15 中 A 区的 HRTEM 图及右上角的反傅里叶变换后的晶格图

　　图 3-17 显示了图 3-15 中 SiO$_2$/Cu 界面区的高分辨 TEM 图及相应区域反傅里叶变换后的晶格图，由图 3-17(a) 可见，图中右上非晶 SiO$_2$ 除内部存有少量团簇状纳米晶粒外，靠近界面处的非晶 SiO$_2$ 形成一道 1.0~2.5 nm 的晶化带，经反傅里叶变换后，见图 3-17(c)，标定为方石英晶体结构，该结构纳米晶化带的出现主要是因为在高烧结温度下非晶 SiO$_2$ 吉布斯自由能的降低以及 SiO$_2$/Cu 较高的界面能与大量的界面缺陷促使非晶 SiO$_2$ 晶化，但非晶 SiO$_2$ 界面处的晶化行为并不降低界面结构性能。

　　图 3-17(a) 左下 A 区域经反傅里叶变换后，见图 3-17(b)，对其进行标定，发现（111）晶面的晶面间距为 0.21 nm，可判断为面心立方晶体结构的 Cu，且 Cu 晶格中存有刃性位错，晶格曲线微量弯曲，这表明靠近界面的 Cu 晶格发生了一定程度的变形。对图 3-17(a) 界面处的 B 区进行反傅里叶变换，放大观察 [图 3-17(c)]，并对界面两旁邻近区域的晶格进行标定，右上居中为晶化的 SiO$_2$，左下为面心立方晶体结构的 Cu。SiO$_2$/Cu 界面宽度约为 1.0 nm，未在界面处观察到新的界面反应物，界面处原子排列较为混乱，面心立方晶体结构的 Cu 与方石英晶

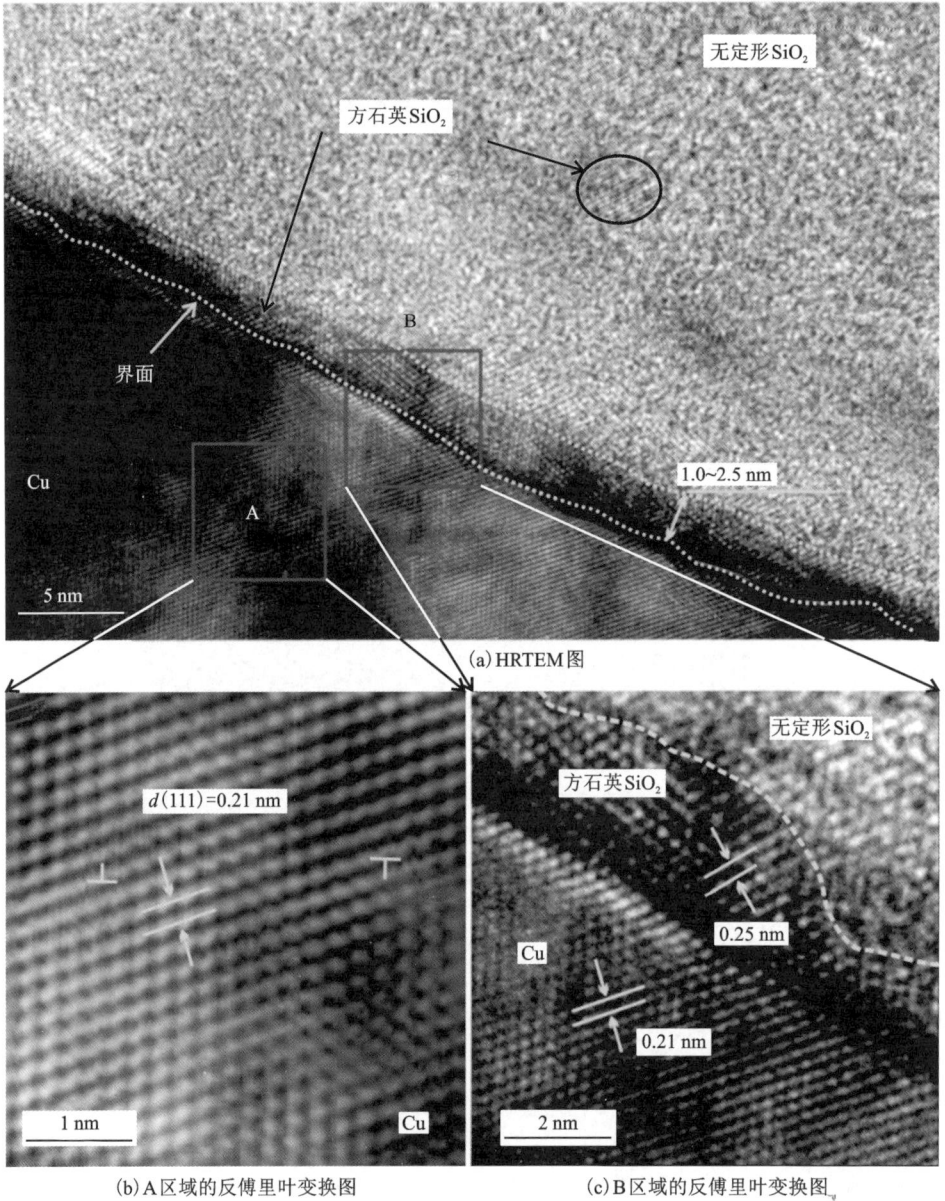

(a) HRTEM 图

(b) A 区域的反傅里叶变换图　　　　　(c) B 区域的反傅里叶变换图

图 3-17　图 3-15 中 SiO_2/Cu 界面区的 HRTEM 图及相应区域反傅里叶变换后的晶格图

体结构 SiO_2 的结合界面为非共格界面。界面处 Cu 基体(111)晶面的晶面间距为 0.21 nm，SiO_2 晶体(220)晶面间距为 0.25 nm，相界处两相匹配晶面的错配度 (δ)经计算为 0.16，两相位错间距(D)为 1.31 nm，说明 SiO_2/Cu 两相界面存有一定数值的错配度和位错间距，相界能较高，表明两者间的原子结合力相对较弱。

　　SiO_2/Cu 界面的晶化行为与界面处 SiO_2 在烧结过程中发生的多晶型晶化反应相关。SiO_2/Cu 界面处原子排列较为混乱，有畸变，界面能较高，利于 SiO_2 方石英晶体形核，促使界面处非晶 SiO_2 晶化，研究表明当烧结温度超过 725 ℃时，可达到非晶 SiO_2 的形核激活能，自由能较高的非晶结构 SiO_2 易向能量较低的方石英晶体结构转变，导致界面结合处存在明显的 SiO_2 晶化带形成现象，如图 3-18 所示。

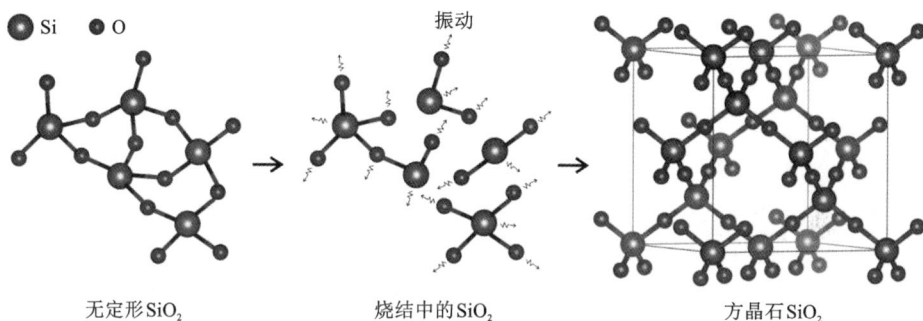

图 3-18　非晶 SiO_2 晶化行为示意图（由非晶向方石英晶体结构转变）

　　较高的界面能和大量的界面缺陷促成了 SiO_2/Cu 界面附近纳米级方石英晶体结构 SiO_2 晶粒和晶化带的形成，但非晶 SiO_2 界面处的晶化行为并不降低界面结构性能。另外，SiO_2/Cu 界面结合良好处的界面类型为非共格结合界面，界面能较高，界面化学结合力弱，相较于 SiO_2 颗粒与 Cu 基体间的机械啮合力来讲，可忽略不计。由此，SiO_2/Cu 的界面类型仍为机械结合界面。

　　（2）陶瓷摩擦组元单斜与立方 ZrO_2

　　ZrO_2 是一种具有多晶型的陶瓷摩擦组元，随烧结温度提高，纯 ZrO_2 的晶体结构将先由单斜（Monoclinic）向四方（Tetragonal）结构转变，再由四方向立方（Cubic）结构转变，如图 3-19 所示。通过在 ZrO_2 中添加稳定物（如 CaO、Y_2O_3 等），也可在室温状态下得到四方或立方晶型的 ZrO_2。在三种 ZrO_2 晶型中，单斜 ZrO_2（$m-ZrO_2$）及立方 ZrO_2（$c-ZrO_2$）在常温下更稳定，且此两种晶型 ZrO_2 的机械性能优异，具备高熔点、高化学稳定性及对环境友好等特点，因而被逐渐应用于高速列车制动闸片用铜基摩擦材料中。

　　摩擦材料中常用的单斜及立方 ZrO_2 均采用电熔法制备，其制备过程主要包含电熔、冷却及破碎三个过程。$m-ZrO_2$ 在电熔及冷却过程中的晶体结构先后发生立方结构向四方结构转换（约 2370 ℃），及四方结构向单斜结构转换（约 680 ℃）。在晶型转化过程中，尤其是 ZrO_2 的马氏体转变过程中（四方向单斜转化过程）将产生剧烈的各向异性体积变化，如图 3-20 所示，这些体积变化易引起内

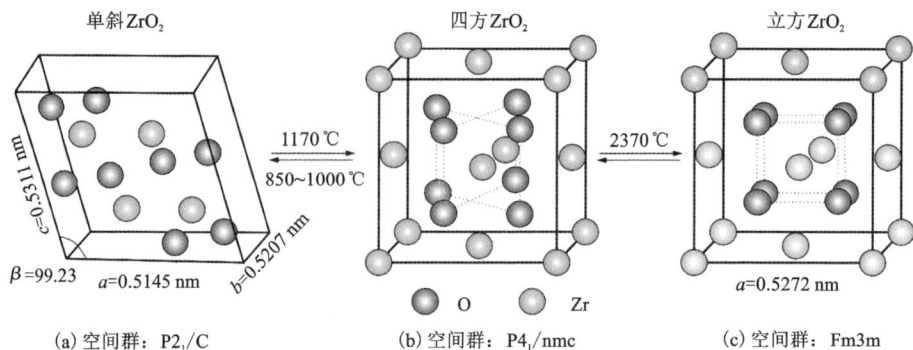

单斜ZrO₂   四方ZrO₂   立方ZrO₂

(a) 空间群：P2₁/C   (b) 空间群：P4₁/nmc   (c) 空间群：Fm3m

图 3-19   ZrO₂ 的晶体结构

彩图3-19

应力的快速提升，最终造成大量微裂纹在晶界与晶内形成。在随后的破碎过程中，随着微裂纹的相互连接、穿晶与沿晶断裂的发生，块状 ZrO₂ 破碎形成具有一定粒度的粉末。因此，经历电熔与破碎过程，m-ZrO₂ 粉末形成了曲率较小的粗糙颗粒形貌，其表面既出现了对应解理断裂的扇形花样，又出现了对应沿晶断裂的晶粒轮廓面，如图 3-21(a) 所示。而 c-ZrO₂ 晶型在整个电熔法制备过程中未发生改变。c-ZrO₂ 作为一种典型的离子晶体，其晶界对裂纹扩展的阻碍作用导致 c-ZrO₂ 在破碎过程中主要发生穿晶断裂。因此，经历破碎过程后，c-ZrO₂ 主要形成了表面较光滑的多边形形貌，其表面出现了对应解理断裂的河流状花样，如图 3-21(b) 所示。

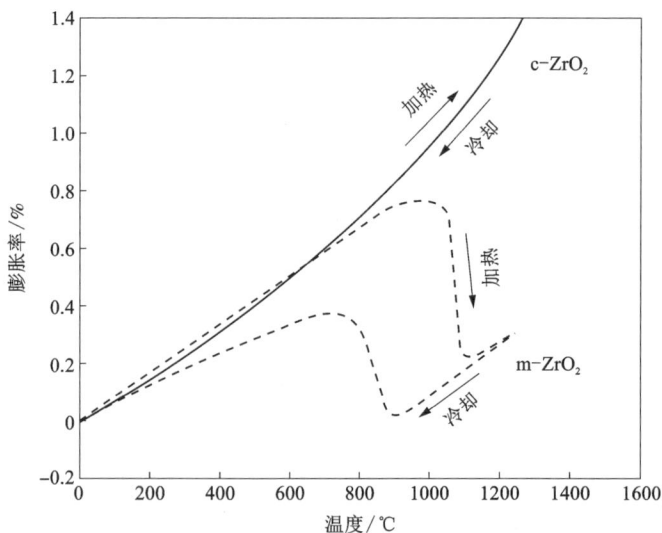

图 3-20   两种晶型 ZrO₂ 的热膨胀曲线

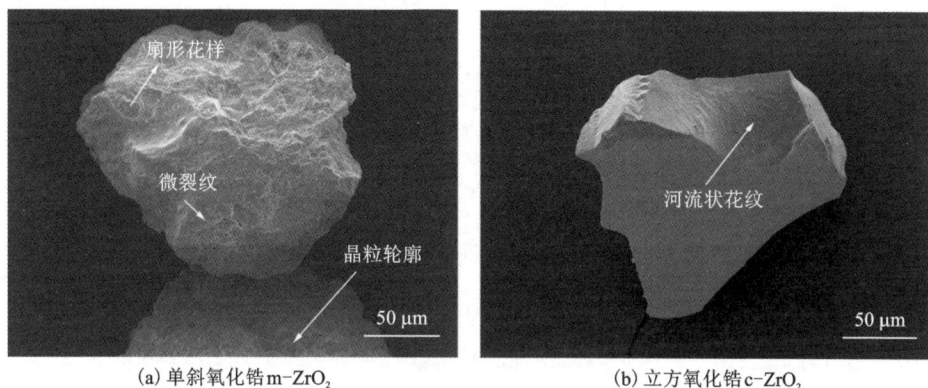

(a) 单斜氧化锆 m-ZrO₂   (b) 立方氧化锆 c-ZrO₂

图 3-21　两种晶型 ZrO₂ 的颗粒形貌

两种 ZrO₂ 与 Cu 基体形成的界面类型相似，如图 3-22 所示。m-ZrO₂ 摩擦组元中虽保存了大量未扩展裂纹，降低了 m-ZrO₂ 摩擦组元的强度，但其与 Cu 基体结合较为紧密，在结合界面处孔隙数量较少，界面剥离程度较低。c-ZrO₂ 摩擦组元虽内部并未形成明显的裂纹缺陷，但其与 Cu 基体结合较差，界面中存在大面积的界面剥离，如图 3-22(b) 所示。

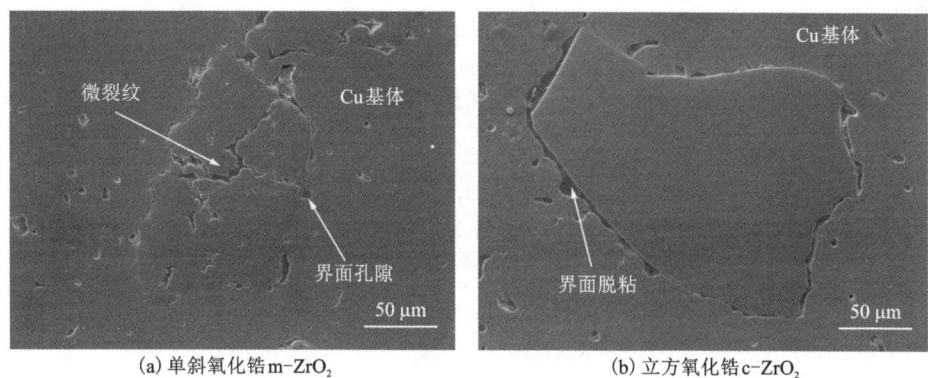

(a) 单斜氧化锆 m-ZrO₂   (b) 立方氧化锆 c-ZrO₂

图 3-22　两种晶型 ZrO₂ 摩擦组元的截面图

两种晶型 ZrO₂ 均为离子晶体，由于离子键的强度远高于金属键，且为保持局部的电中性，阴阳粒子的扩散需通过同样的电荷位置并成对进行，使得离子扩散所需克服的能垒远高于金属原子，造成离子扩散的效率低于金属原子。因此，两种晶型 ZrO₂ 与 Cu 基体界面的形成归因于金属 Cu 在两种晶型 ZrO₂ 摩擦组元表面的黏性与塑性流动，故 m-ZrO_2 和 c-ZrO_2 均与 Cu 基体形成机械结合界面。机械结合界面的界面强度取决于 Cu 与 ZrO_2 之间机械啮合力的大小。m-ZrO_2 相比 c-ZrO_2 颗粒表面更加粗糙，具有更高的比表面积，有利于紧密的机械啮合的形成。因此，m-ZrO_2 与 Cu 基体结合相对 c-ZrO_2 更好，其机械结合界面强度相对较高。

3.2.3 特征润滑组元

MoS_2 是一种重要的润滑组元，其在 349 ℃ 以下可稳定工作，但当摩擦界面温度高于 423 ℃ 时，MoS_2 易分解形成 MoO_3 提高摩擦因数，可补偿摩擦材料热衰退造成的摩擦因数损失。因此，处于高速高能工况的高速列车摩擦材料中常添加 MoS_2 作为重要的摩擦调节组元。

对于铜基粉末冶金摩擦材料中添加的 MoS_2 而言，在制备过程中 MoS_2 在高温下发生分解反应，分解后的 S 一部分与基体中其他元素形成新相，另一部分则直接以 S 蒸气的形式排出。MoS_2 在 800 ℃ 以上发生的反应主要有

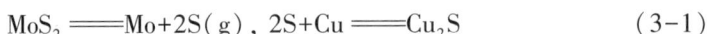

$$MoS_2 \Longrightarrow Mo+2S(g) , 2S+Cu \Longrightarrow Cu_2S \tag{3-1}$$

需要说明的是，MoS_2 与 Cu 反应可能形成多种类型的硫化物，因此，反应式 (3-1) 可以写为

$$yMoS_2+2xCu \Longrightarrow 2Cu_xS_y+yMo \tag{3-2}$$

或

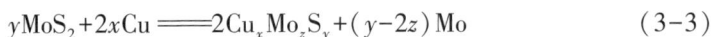

$$yMoS_2+2xCu \Longrightarrow 2Cu_xMo_zS_y+(y-2z)Mo \tag{3-3}$$

形成的新相包括但不限于 Cu_2S、$Cu_{10.98}Mo_{18}S_{24}$、Cu_7S_4、$CaMoO_4$ 等，在这些新的形成相中，Cu 的硫化物因与 MoS_2 具有类似结构而表现出一定的润滑性，其为脆性相，润滑效果比 MoS_2 差。因此，考虑到 MoS_2 与 Cu 基体发生的反应，未经处理的 MoS_2 主要通过形成的反应产物与铜基体接触，为典型的反应结合界面。

为了降低 MoS_2 的分解，并强化 MoS_2 与铜基体的结合性能，采用镀层包裹 MoS_2 粉末是非常有效的保护手段。常用的镀层元素主要有 Cu（对应 MoS_2@Cu）和 Ni（对应 MoS_2@Ni）两种，Cu 镀层虽无法阻碍 MoS_2 与 Cu 之间的化学反应，但其可有效改善 MoS_2 与基体的结合性能。对于 Ni 镀层而言，由于其与 S 形成硫化物的驱动力相对较高，因此 Ni 具有保护 MoS_2 的作用，可有效地抑制 MoS_2 与 Cu 基体的反应。还需说明的是，从扩散动力学看，Cu 与 Ni 的扩散机制主要以空位扩散为主，根据扩散常数与扩散激活能相关数据，在典型烧结温度下（700~1000 ℃），Ni 向 Cu 的体扩散系数 D_{Ni-Cu} 远高于 Cu 向 Cu 的体积扩散系数 D_{Cu-Cu}，根据扩散的 Arrhenius 公式，Ni 镀层向 Cu 中的扩散速度比 Cu 镀层向 Cu 基体扩散得更快。当烧结时间足够长时，Ni 镀层会固溶于 Cu 基体而消失，导致 Ni 镀层对 MoS_2 与 Cu 基体隔离不完全，MoS_2 会参与反应而分解，因此应该对烧

结时间进行控制。图 3-23 展示了不同镀层 MoS_2 润滑组元的典型 SEM 显微形貌。由图可知，两种 MoS_2 颗粒均呈现比较复杂的异形形状，两种镀层金属在 MoS_2 颗粒表面形成了均匀覆盖，且镀层相对致密。

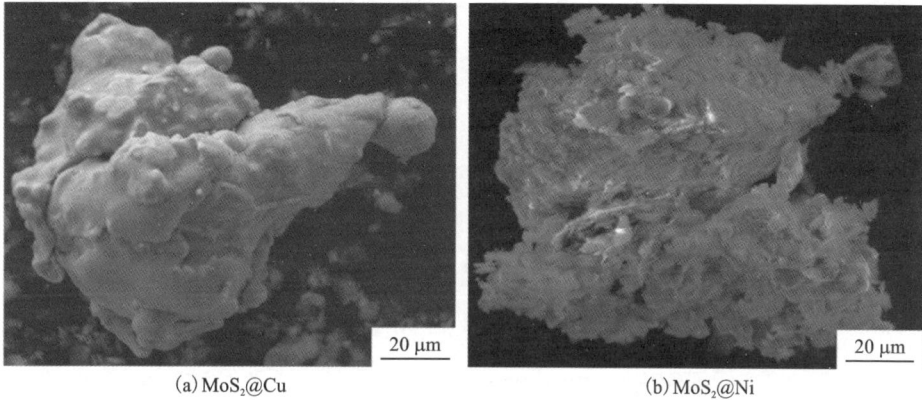

(a) MoS_2@Cu　　　　　　　　　　(b) MoS_2@Ni

图 3-23　镀 Cu 和镀 Ni 的 MoS_2 颗粒典型形貌

MoS_2@Cu 和 MoS_2@Ni 的颗粒形貌与制备工艺有关。MoS_2 多采用化学法制备，具有无定形态及团聚的特点。因此，MoS_2 颗粒往往具有复杂的颗粒形状。一般来说，MoS_2 颗粒均具有比表面积高的粗糙颗粒表面，有利于后续镀层工艺中镀层金属在颗粒表面沉积，促进较为平滑和完整的金属镀层在 MoS_2 颗粒表面形成，有利于改善和提高 MoS_2 与基体的结合强度。

图 3-24 显示了 MoS_2@Cu 和 MoS_2@Ni 润滑组元在基体中的分布情况。由图可知，经过化学镀处理，具有不同镀层的 MoS_2 均与基体形成了紧密的界面结合，界面结合位置未形成明显的界面缺陷。MoS_2 自身与 Cu 基体的润湿性较差，但通过化学镀的方法，在 MoS_2 颗粒表面沉积 Cu 和 Ni 等金属，在烧结过程中 MoS_2 表面的 Cu 或 Ni 与基体发生相互扩散，促进扩散界面的形成，有利于提高 MoS_2@Cu 和 MoS_2@Ni 与基体形成的界面强度，抑制 MoS_2 在摩擦过程中的脱粘特性与快速损耗。

图 3-25 展示了仅添加 MoS_2@Cu 及 MoS_2@Ni 润滑组元试样的 XRD 相组织分析。可以发现，经过烧结含 MoS_2@Cu 的试样中形成了少量如 $Cu_{1.96}S$ 和 $Cu_{5.40}Mo_{18}S_{24}$ 等新相的衍射峰；而对于含 MoS_2@Ni 的样品，材料组成与设计组分与初始保持一致。此现象的出现主要与 Ni 对 MoS_2 的保护作用有关，其存在可有效降低 MoS_2 与基体的反应强度。但随着烧结时间的增加，当 Ni 向 Cu 基体中发生完全扩散后，MoS_2 仍会与基体发生反应并分解，造成 MoS_2 润滑组元的损失。

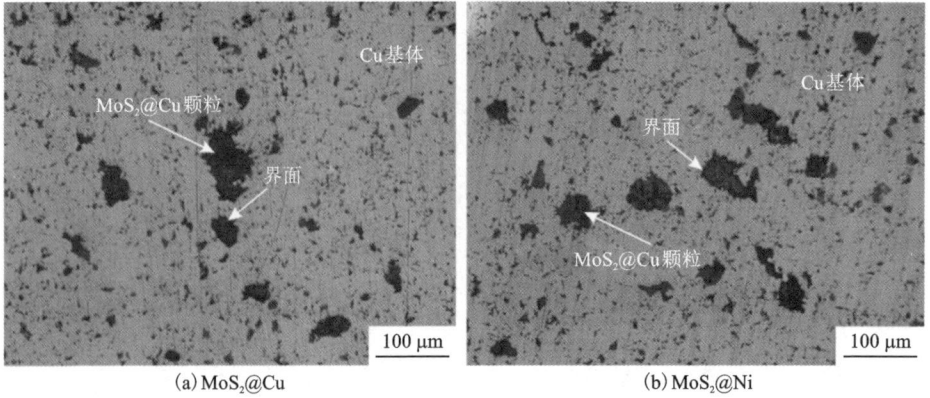

(a) MoS₂@Cu   (b) MoS₂@Ni

图 3-24 $MoS_2@Cu$ 和 $MoS_2@Ni$ 在 Cu 基体中的分布

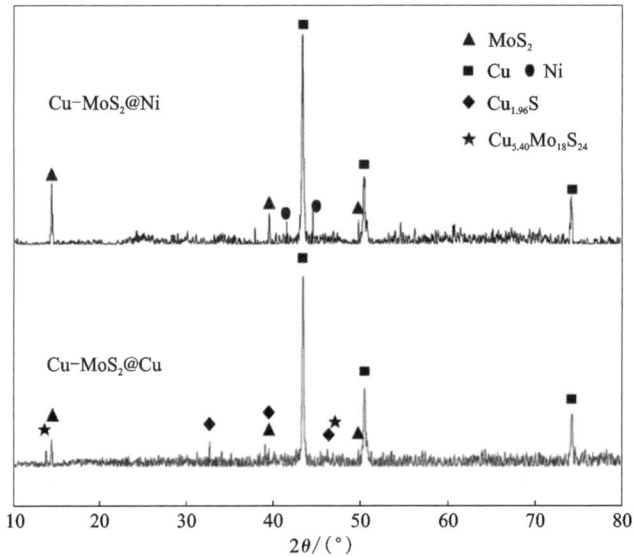

图 3-25 $Cu-MoS_2@Cu$ 和 $Cu-MoS_2@Ni$ 烧结后试样的 XRD 衍射图

    图 3-26 展示了两种 MoS_2 与 Cu 基体形成的界面特征。对于含 $MoS_2@Cu$ 材料而言，界面处的 Cu、Mo 元素在发生中幅跳动后，随扫描距离开始呈振荡变化，说明界面处形成了多种元素的化合物，由于 EDS 扫描相的成分差异，导致 EDS 数据在短距离内发生了快速跳动。在这种情况下，$MoS_2@Cu$ 与 Cu 基体形成的界面应为扩散结合与反应结合的混合界面。

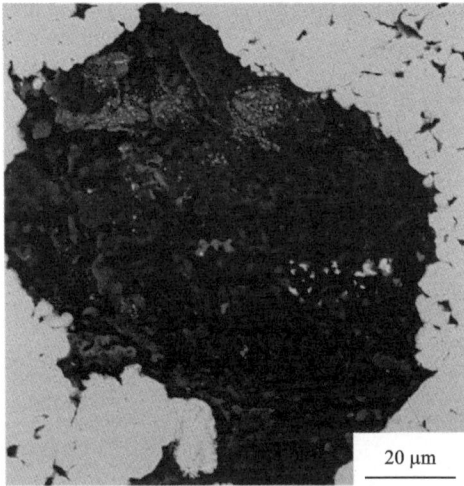

(a) MoS₂@Cu形貌

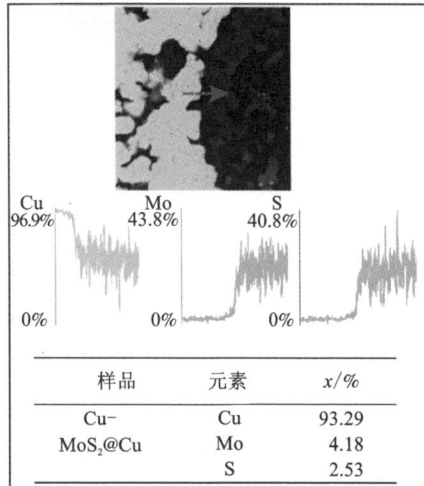

(b) MoS₂@Cu/Cu界面元素EDS变化分析

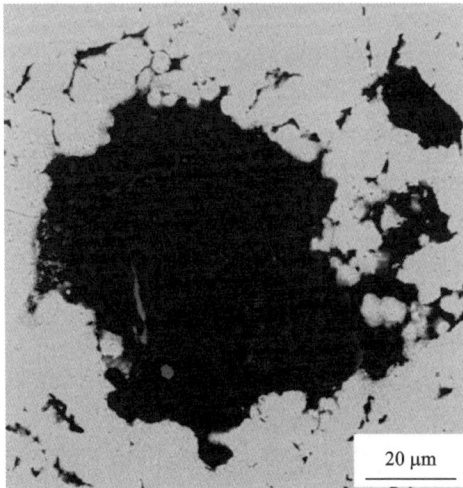

(c) MoS₂@Ni形貌

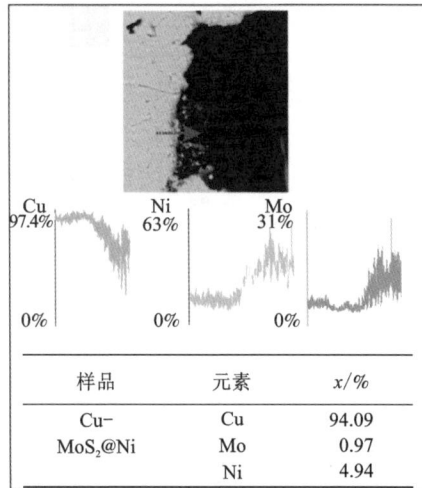

(d) MoS₂@Ni/Cu界面元素EDS变化分析

图 3-26　MoS₂@Cu 和 MoS₂@Ni 与 Cu 基体形成的界面及界面线扫描 EDS 分析

　　对于 MoS₂@Ni 界面，界面处的 Cu、Mo 元素随扫描距离的振荡变化趋势弱于 MoS₂@Cu/Cu 界面，说明其界面处的反应相对较弱，这主要与 Ni 阻碍了 MoS₂ 与 Cu 基体直接接触有关，但元素震荡的存在，说明界面处可能仍有少量的反应发生。此与 Ni 向 Cu 基体的快速扩散有关，由于 Ni 与 Cu 之间可形成无限固溶，且高温下具有较高的互扩散系数，Cu 先与 Ni 发生互扩散，再与 MoS₂ 发生反应，在有限的保温时间内，镀 Ni 层延缓了 Cu 与 MoS_2 的反应速度，部分 MoS_2 仍会与 Cu 发生化学反应，进而形成扩散-反应结合界面。

两种 MoS_2 均与基体形成镀层-反应结合界面，但 MoS_2@Ni 与基体的反应较弱，反应产物难以在 XRD 中检测，形成界面的结合强度更高。

3.2.4 特征组元不同界面类型

通过对特征组元与基体界面显微结构、形成机制、结合性能的综合分析，可获悉各类型界面的界面特征与性能特点。表 3-5 展示了不同特征组元与基体形成的典型界面结合类型。

表 3-5 粉末冶金材料界面结合类型

界面类型	扩散结合界面	镀层-反应结合界面	扩散-机械结合界面	机械结合界面
详细种类	Cr/Cu、Fe/Cu	MoS_2@Cu/Cu、MoS_2@Ni/Cu	HCF/Cu	W/Cu、WC/Cu、ZrO_2/Cu、SiO_2/Cu

图 3-27 则进一步展示了不同类型界面的界面特征及其性能。由图可知，随着组元由金属向合金转变，再由合金向非金属转变，组元与 Cu 基体的结合界面由 Fe/Cu 扩散结合界面向形成扩散层的 CrFe/Cu 扩散结合界面及 Cr/Cu 扩散结合界面转变，再随着金属组元向非金属组元转变，界面又由扩散结合界面过渡到扩散-机械混合结合界面（$(Cr,Fe)_{23}C_6$-CrFe/Cu 界面）再向 m-ZrO_2/Cu、c-ZrO_2/Cu、SiO_2/Cu 的机械结合界面转变。

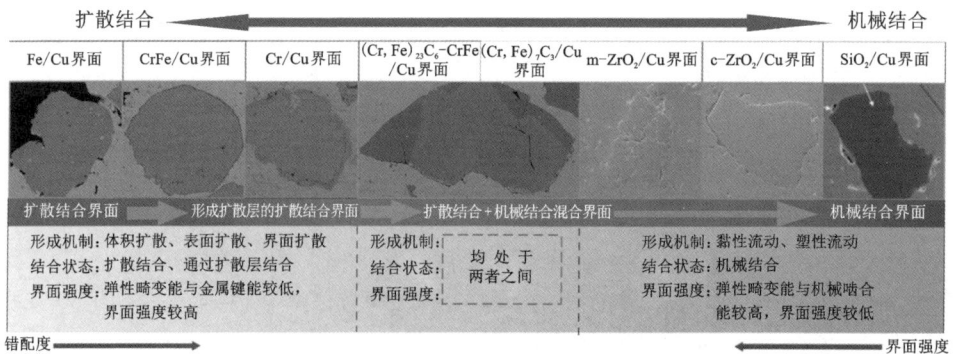

图 3-27 特征摩擦组元的界面特征与强度关系图

扩散结合界面的形成机制为金属原子通过体积扩散、表面扩散及界面扩散向界面处转移，机械结合界面形成的机制则为 Cu 基体通过黏性流动及塑性流动与组元发生相互啮合。对于各类型的界面，可通过界面结合的形式以定性分析界面的结合强度。扩散结合界面 Fe/Cu、CrFe/Cu、Cr/Cu 中，摩擦组元均与 Cu 基体形成非共格界面，但由于 Fe、CrFe、Cr 摩擦组元与基体错配度均相对较低，金属原子与基体能够形成一定数量的金属键，导致扩散结合界面具有相对较高的强度。高碳铬铁与 Cu 基体形成混合结合界面，其中 $(CrFe)_7C_3$ 与 Cu 基体错配度较高，形成的机械结合界面，强度相对较低，而高碳铬铁中存在的 $CrFe-(CrFe)_{23}C_6$ 共晶相与 Cu 基体形成扩散-机械混合结合界面强度在扩散结合界面与机械结合界面之间，导致高碳铬铁与 Cu 基体的界面强度适中。两种晶型 ZrO_2 与 Cu 基体均形成机械结合界面，其界面强度依赖于机械啮合力的大小，界面结合强度最低，其中 $m-ZrO_2$ 表面粗糙而与基体结合更紧密，因此相比 $c-ZrO_2$ 界面强度更高。SiO_2 与基体也形成机械结合界面，由于 SiO_2 颗粒表面相对光滑，且 SiO_2/Cu 界面存在孔隙，其与基体形成的机械结合界面强度较低。

　　特征润滑组元与基体形成的界面对比如图 3-28 所示。随 MoS_2 涂层由 Cu 向 Ni 转换，由于烧结过程中 Ni 不与 MoS_2 发生反应，导致 Ni 对 MoS_2 具有良好的保持作用，MoS_2 与 Cu 基体之间形成的界面由弱反应结合界面向较强的镀层结合界面转换，此类界面的强度与镀层和 Cu 基体形成的扩散层强度相关，强度相比反应结合界面更高。

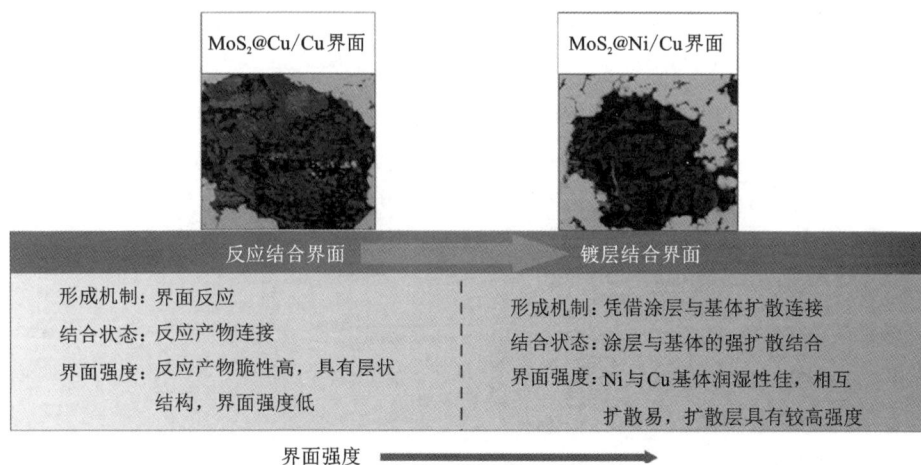

图 3-28　不同镀层 MoS_2 润滑组元的界面特征与强度关系

3.3 不同类型界面的微滑擦性能与失效机制

高速列车制动过程中，摩擦材料与对偶材料间的摩擦属于滑动摩擦的范畴。依据摩擦学理论可知，滑动摩擦可理解为两相互接触表面微凸体的滑擦变形过程。然而，对偶材料如铸铁、铸钢、锻钢等的硬度远高于铜基摩擦材料，在微观维度上可认为制动过程的摩擦是大量对偶材料表面微凸体对摩擦材料接触表面的滑擦过程。为建立摩擦材料宏微观摩擦学性能间的关联关系，基于微观维度研究组元基体界面的微滑擦性能可以更加直观地获得摩擦过程中界面的功能与失效机制，为高性能摩擦材料的可控设计提供宏微观理论基础。

3.3.1 微滑擦理论

在微滑擦过程中，圆形金刚石压头在材料表面的滑擦过程可视为硬质刚体在半无限弹塑性平面上滑擦。由 Bowden 和 Tabor 的粘着摩擦理论可知，滑擦过程中的摩擦因数可视为犁削摩擦因数与粘着摩擦因数之和：

$$\mu = \mu_a + \mu_p \tag{3-4}$$

式中：μ_p 为摩擦因数的犁削分量；μ_a 为摩擦因数的粘着分量。

两种分量主要受摩擦副材料的力学性能、粘着倾向及接触轮廓影响。当材料发生弹塑性变形时，压头与材料的主要接触轮廓见图 3-29。

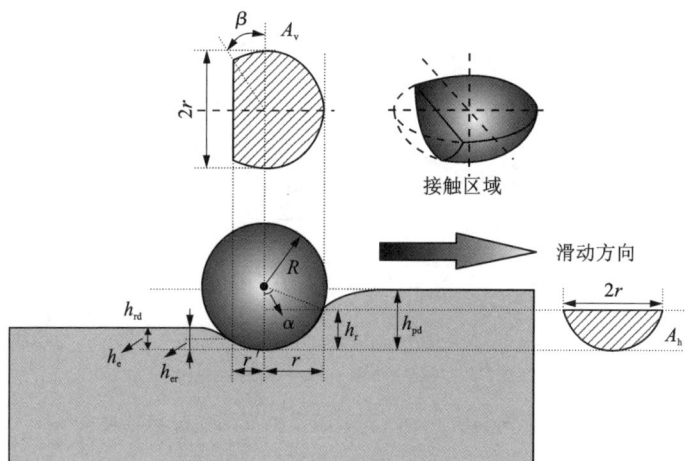

图 3-29　材料表面微滑擦示意图

如图所示，球形压头形成的摩擦力在数值上相当于材料在水平方向形成的变形阻力。根据 Williams 等的研究，定义犁削硬度 H_p 表征材料单位面积的犁削阻力，犁削摩擦力可表示为

$$f_p = A_h H_p \tag{3-5}$$

式中：f_p 为犁削摩擦力；A_h 为接触面沿水平方向的投影面积。

根据文献，定义滑擦硬度 H_s 表征垂直方向的材料抗变形能力，滑擦过程中实际的支撑力可表示为

$$N = A_v H_s \tag{3-6}$$

式中：A_v 为接触面沿垂直方向的投影面积。

摩擦因数的犁削分量可表示为

$$\mu_p = \frac{f_p}{N} = \frac{A_h H_p}{A_v H_s} \tag{3-7}$$

对于各向同性的材料，犁削硬度与滑擦硬度的数值接近，因此，摩擦因数犁削分量近似于 A_h 与 A_v 的比值。考虑到滑擦过程中主要发生弹塑性变形，实际压入深度往往低于测量值，易造成接触面积的计算误差，因此，在实际计算摩擦因数犁削分量时，先需要对压入深度进行校正。在弹塑性变形条件下，定义残余压入深度（h_{pd}）与测量压入深度（h_{rd}）之比为形变参数 t。对于发生弹性变形的材料而言，滑擦过程中 t 的取值范围为 $0 \sim 0.33$，对于发生弹塑性变形的材料而言，t 的取值范围为 $0.33 \sim 0.67$，对于发生塑性变形或其他不可逆变形的材料而言，t 大于 0.67。真实压入深度 h_r 可表示为

$$h_r = \frac{h_{pd} + h_{rd}}{2} = \frac{1+t}{2} h_{pd} \tag{3-8}$$

A_v 则可采用后半接触角 β 表示：

$$A_v = \frac{r^2}{2} \left[\pi + 2\beta + \sin(2\beta) \right] \tag{3-9}$$

式中：r 为滑擦接触半球垂直方向投影的半径，其大小为 $r = \sin(\alpha)R$。对于后半接触角 β 而言，根据 Futami 的研究，其大小近似为

$$\beta \approx \arcsin\sqrt{\frac{1-t}{1+t}} \tag{3-10}$$

将 r 的代表式和式（3-10）带入式（3-9）得

$$A_v = \frac{\left[\sin(\alpha)R\right]^2}{2} \left[\pi + 2\arcsin\sqrt{\frac{1-t}{1+t}} + 2\sqrt{\frac{(1-t)}{(1+t)} \cdot \frac{2t}{(1+t)}} \right] \tag{3-11}$$

则摩擦因数犁削分量可由下式计算：

$$\mu_{p} = \frac{R^2 \arccos\left(\dfrac{R-h_{pd}}{R}\right) - (R-h_{pd})\sqrt{2Rh_{pd}-h_{pd}^2}}{\dfrac{1}{2}\left[2Rh_{pd}-h_{pd}^2\right]\left[\pi + 2\arcsin\sqrt{\dfrac{1-t}{1+t}} + 2\sqrt{\left(\dfrac{1-t}{1+t}\right)\left(\dfrac{2t}{1+t}\right)}\right]} \tag{3-12}$$

由式(3-12)可知，摩擦因数犁削分量本质上受压入深度与表面轮廓参数控制，且摩擦因数与压入深度呈正相关关系，而与表面轮廓参数呈负相关关系。这意味着高的压入深度及较低的压入轮廓参数有利于摩擦因数犁削分量的提高。

通过维氏硬度与滑擦硬度之间的关系，还可以获得压入深度与负载及硬度之间的关系，由于维氏硬度定义为压力与压入四方棱锥体的表面积之比，假设单位投影面积上能承受的压应力相同，犁削硬度与维氏硬度满足如下关系：

$$H_s = \frac{F_n}{A_v} = \frac{H_v}{\sin\dfrac{\theta}{2}} = 1.08H_v \tag{3-13}$$

式中：θ 为维氏硬度压头的夹角。

根据式(3-14)与式(3-12)可以推出：

$$h_{pd} = \frac{R}{1+t}\left[1 - \sqrt{1 - \frac{1.852}{R^2\left(\pi + \arcsin\sqrt{\dfrac{1-t}{1+t}} + \sqrt{\dfrac{(1-t)2t}{(1+t)}}\right)} \cdot \frac{F_n}{H_v}}\right] \tag{3-14}$$

根据式(3-14)，摩擦因数与 F_n/H_v 呈正相关，而与形变参数 t 呈负相关。

滑擦过程中粘着分量表达式如下：

$$\mu_a = \frac{f_a}{N} = \frac{k\tau A_v}{H_s A_v} = \frac{k\tau}{H_s} \tag{3-15}$$

式中：k 为粘着修正因数，用于计算粘着点的实际面积；τ 为材料的抗切强度。

由式(3-15)可知，滑擦过程中的摩擦因数粘着分量是恒定的，主要与粉末冶金材料的力学性能和粘着倾向有关。

根据式(3-14)与式(3-15)可知，材料的摩擦因数主要由犁削分量和粘着分量组成。由于材料与对偶之间材料体系差异导致粘着倾向较小，在此实验条件下，犁削分量是决定摩擦系统摩擦因数的主要因素。

3.3.2 金属摩擦组元与基体界面区的微滑擦性能与失效机制

界面处的摩擦学性能与界面在滑擦过程中的失效机制主要采用微球形金刚石压头对组元和基体之间界面进行微滑擦实验进行评估。

(1)Fe/Cu 和 Cr/Cu 与基体界面区的微滑擦性能

金属摩擦组元 Fe、Cr 与基体的硬度差异相对较低，采用较小的压力即可在组元或基体表面形成明显的滑痕，因此选用 0.3~0.5 N 压力即可同时测试 Fe、Cr

摩擦组元及其与组元基体界面处的摩擦学性能、微滑擦过程中的变形特征。

Fe/Cu 界面区以及界面处的划痕显微形貌如图 3-30 所示。Fe 摩擦组元颗粒、Fe/Cu 界面及 Cu 基体在三种压力作用下均形成了明显的滑痕，当滑擦压力超过 0.4 N 时，Fe/Cu 界面沿滑擦方向开始形成明显的塑性变形。虽然在 0.4 ~ 0.5 N 压力滑擦后的 Fe/Cu 界面处发生了明显的塑性变形，但 Fe 与 Cu 之间仍保持了良好的结合。

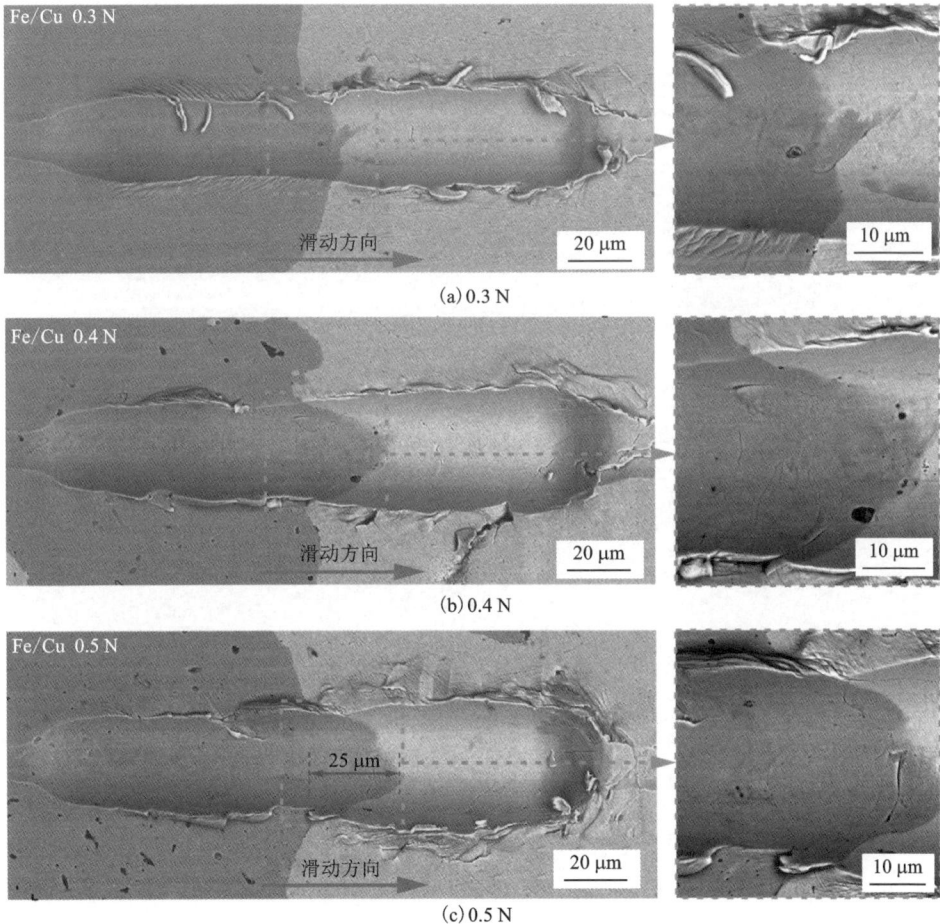

图 3-30　Fe/Cu 界面区的滑痕显微形貌

Cr/Cu 界面区的滑痕 SEM 图及界面处滑痕显微形貌如图 3-31 所示。在各滑擦压力下，Cr 摩擦组元上的滑痕宽度相比 Fe 较窄，Cr/Cu 界面的形变程度较小。细致观察 Cr/Cu 界面，可观察到当滑擦压力达到 0.5 N 时，Cr/Cu 界面发生部分破坏，开始形成局部的界面剥离。

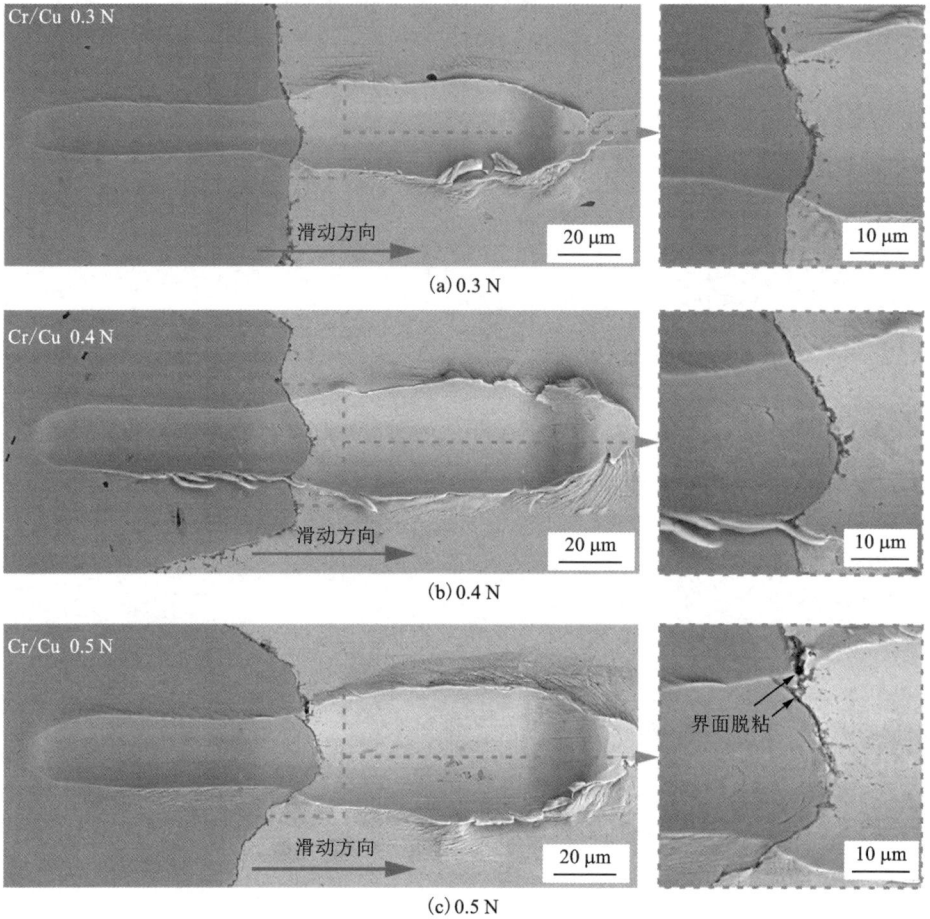

图 3-31 Cr/Cu 界面区的滑痕形貌

根据压头滑擦对象的差异，可将界面区域细分为摩擦组元分区（Ⅰ）、界面影响分区（Ⅱ）及 Cu 基体分区（Ⅲ）。图 3-32 展示了滑擦两种试样过程中形变参数的变化曲线如图所示。在相同的分区中，t 值随压力提升而增加；而在相同的压力条件下，无论在何种试样中，变形参量 t 均随着压头向基体滑动而逐渐增大，此现象主要由硬度降低造成的塑性变形比例增加所导致。但需指出的是，在 Cr/Cu 界面中，当压力达到 0.5 N 时，因界面的局部剥离，引起弹性变形量降低，最终造成界面影响分区的 t 值相对基体更高。由于滑擦过程中产生的形变参数 t 均高于 0.67，材料发生的变形均以塑性变形为主。

微滑擦过程中摩擦因数随滑动距离的变化曲线如图 3-33 所示。摩擦因数总

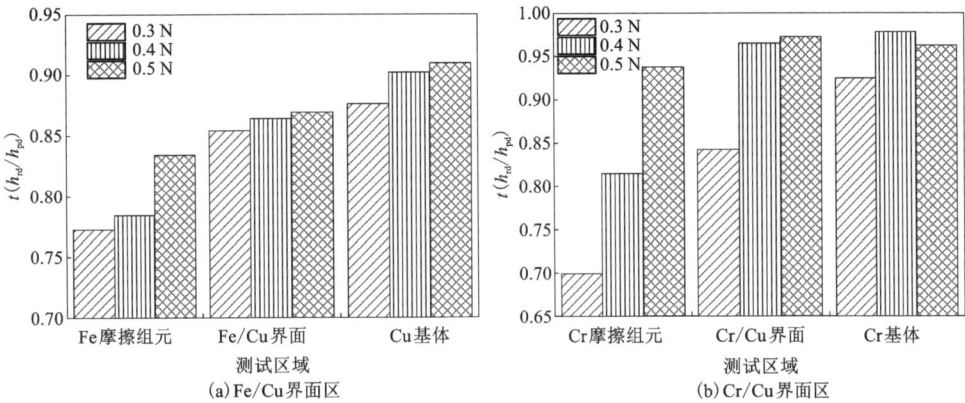

图 3-32　三种压力下 Fe/Cu 和 Cr/Cu 界面区中各分区的形变参数

体随压力的升高而增加，且随滑动距离增长呈阶梯状提升，其中由于硬度的差异，Cu 基体上表现出总体较高的摩擦因数，Fe 摩擦组元次之，而 Cr 摩擦组元最低。此外，两种试样在界面处具有完全相异的摩擦因数变化趋势。具体而言，Fe/Cu 界面影响分区中的摩擦因数呈缓慢增长状态，而 Cr/Cu 界面影响分区的摩擦因数则呈现出典型的先降低后快速升高趋势。

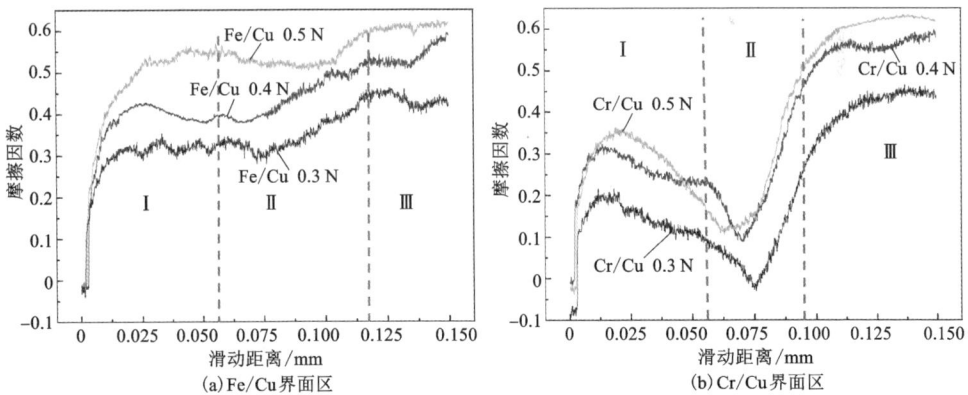

图 3-33　三种压力下 Fe/Cu 及 Fe/Cr 界面区摩擦因数随滑动距离的变化曲线

在塑性变形主导的微滑擦过程中，公式(3-12)计算摩擦因数犁削分量具有准确性。根据金属与金刚石压头(非金属)间较小的粘着倾向，摩擦因数的粘着分量远低于摩擦因数的犁削分量。因此该滑擦实验过程中的摩擦因数取决于摩擦因数的犁削分量。通过公式发现，当压下深度小于压头半径时，摩擦因数与压入深度呈正相关关系，故较高的滑擦压力及较低的材料硬度有助于摩擦因数的提升，是摩擦因数随压力增加而增加，以及 Cu 基体的摩擦因数相比摩擦组元 Fe 及 Cr 更高的主要原因。

界面处的摩擦因数变化则与界面两侧材料的硬度差异及界面变形特性相关。对于 Fe/Cu 界面而言，由于其界面两侧材料硬度差异相对较小，且 Fe/Cu 非共格扩散结合界面强度较高，致使界面随压头发生大幅度塑性变形。在此过程中，由于界面具有良好的过渡支撑能力，且其沿滑擦方向的塑性变形致使压头在界面影响分区中滑动时始终未与 Fe 完全分离，故 h_{pd} 提升较慢，造成摩擦因数呈低斜率缓慢增加状态。而 Cr/Cu 界面中存在具有微孔的扩散层，当压头滑至界面处时，界面层中存在的孔隙必将造成犁削阻力下降，引起摩擦因数首先呈降低状态，尤其当压力为 0.5 N 时，滑擦过程中还产生了局部界面剥离，进一步降低犁削阻力，使此条件下界面处摩擦因数的下降最显著。随后，由于 Cr/Cu 界面沿滑擦方向塑性变形较小，引起压头压入基体时产生较高的 h_{pd} 变化，造成高斜率的摩擦因数快速提升。

（2）W/Cu 和 WC/Cu 界面区的微滑擦性能

金属组元硬度增加，与 Cu 基体形成界面特征、性能的差异，导致不同类型的高硬度金属摩擦组元与 Cu 基体界面区表现出完全不同的微滑擦性能。不同压力下 W/Cu 界面滑擦痕的 SEM 形貌见图 3-34。随着压力的逐步提高，W/Cu 界面形貌开始发生变化。在较低的压力下（0.3 N），滑擦过后并未发生明显的界面破坏，这是因为 W/Cu 虽然形成了机械结合界面，但界面仍具有一定的强度；而提高压力至 0.4 N 时，在滑痕中线位置达到最大的压入深度，W/Cu 界面开始产生少量的界面脱粘现象，脱粘处的基体部分还发生了少量的破坏，如图 3-34(b)所示；继续提高压力，界面的脱粘范围进一步扩大，当压力达到 0.6 N 时，界面脱粘甚至扩展到了界面处压痕的边缘，且 W 颗粒内部也开始产生裂纹，如图 3-34(d)所示。

图 3-35 为不同压力条件下 WC/Cu 界面滑痕的 SEM 形貌如图 3-35 所示。WC/Cu 形成的机械结合界面也能够在较低的压力下保持紧密的结合，但当压力高于 0.4 N 时，WC/Cu 界面开始产生大面积剥落，当压力达到 0.6 N 时，除界面剥落外，界面处的 W 颗粒还发生了破碎现象，如图 3-35(d)所示。

在微滑擦过程中，W/Cu 和 WC/Cu 界面的演变规律与 W、WC 及 Cu 颗粒的力学性能及形成的界面特征有关。对于 W/Cu 界面而言，W 具有较高的硬度（$HV_{0.05}352.6$）和一定的韧性，硬度远高于基体 Cu，其抗塑性变形能力远高于 Cu。因此，在微滑擦过程中，Cu 基体上滑痕的宽度和深度远大于 W 颗粒，随着压力的提高，Cu 基体上的滑擦痕两侧及尾部的材料堆积越严重。另外，Cu 和 W 在烧结过程中形成了具有一定强度的机械结合界面，当压头经由 W 颗粒滑向 Cu 基体时，虽然在 W 颗粒边缘存在应力集中，由于 W 具有一定的塑性，界面只产生了少

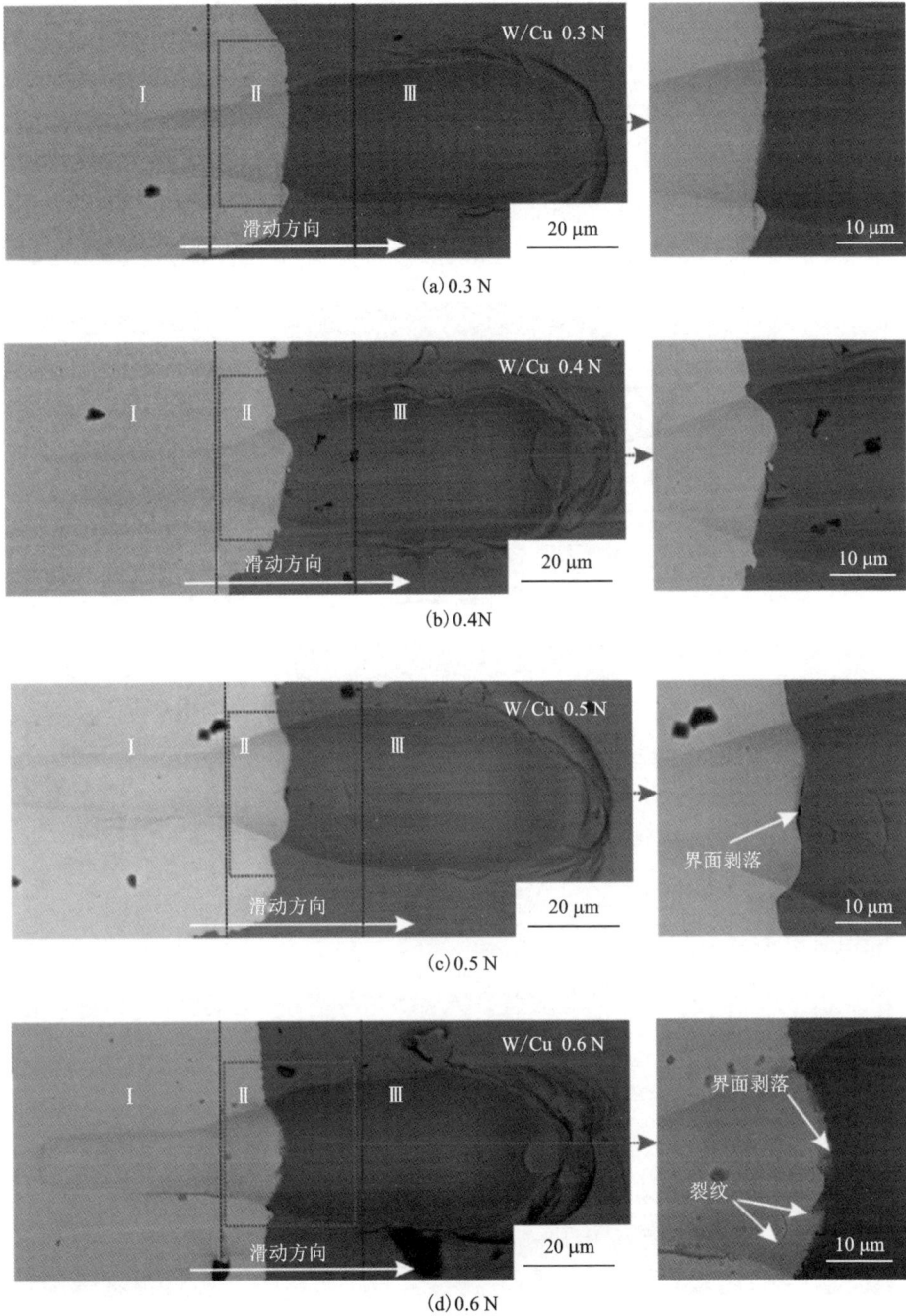

(a) 0.3 N

(b) 0.4N

(c) 0.5 N

(d) 0.6 N

图 3-34　不同压力下 W/Cu 界面区滑擦痕的 SEM 形貌

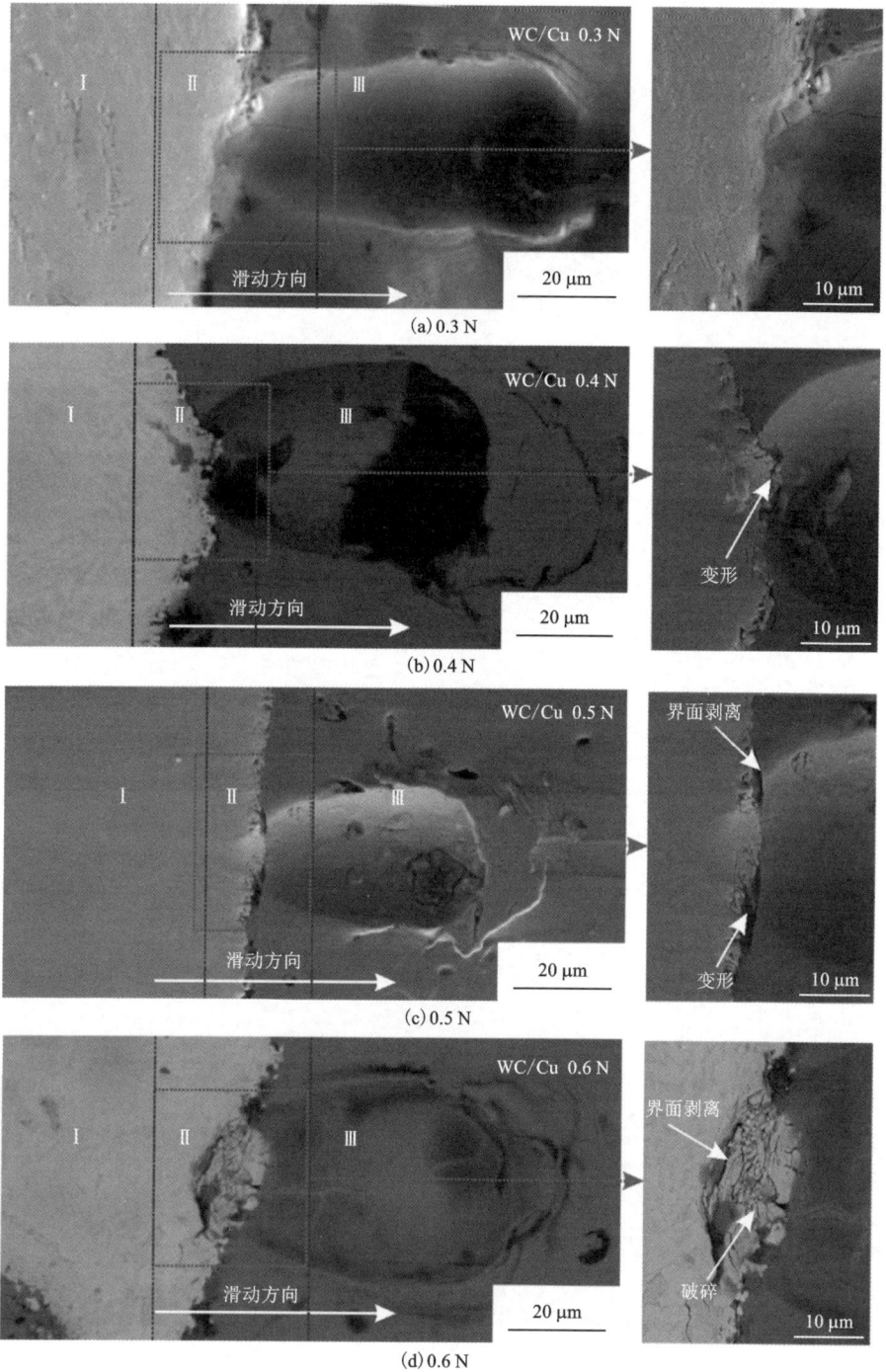

图 3-35 不同压力下 WC/Cu 界面区滑擦痕的 SEM 形貌

量的塑性变形,即便在高压力(0.6 N)下,也未发生严重破碎和界面整体脱粘现象。

对于 WC/Cu 形成的界面而言,WC 的硬度($HV_{0.05}$ 760.1)极高,抗变形能力相比 W 更强。因此,在滑擦过程中,WC 颗粒上未出现明显的滑痕和形变,仅界面处的 WC 颗粒上形成了微小的滑痕。当压力低于 0.5 N 时,随着压力的提高,界面处的 WC 颗粒上压力未达到 WC 的破碎强度,因而仅产生较浅的滑痕。由于 WC 具有一定的脆性,在高压力(0.6 N)条件下,界面处 WC 颗粒边缘承受载荷的有效面积较小而产生较大的应力集中,导致压力超过其破碎强度,界面处 WC 发生严重破碎,进一步加速了界面的破坏。此外,Cu 和 WC 形成的界面区域为许多细小的 WC 颗粒黏附聚集而成,所形成的机械结合界面中富含较多的孔隙和缺陷,也同样降低了有效的承载面积,产生应力集中,最终导致 WC/Cu 界面抗滑擦性能较低。

图 3-36 示出了不同压力下 W/Cu 和 WC/Cu 界面的 h_{pd}(压入深度)和 h_{rd}(残余深度)随滑动距离的变化曲线。图中,Ⅰ、Ⅱ、Ⅲ 三个分区分别代表摩擦组元分区、界面影响分区、Cu 基体分区。由图 3-36 可知,随着压力的提高,W 颗粒上的 h_{pd} 和 h_{rd} 均有所增加,但增幅不显著,相比之下,WC 颗粒上的 h_{pd} 和 h_{rd} 增幅更小且更平稳。当压头经过界面时,W/Cu 界面处的 h_{pd} 和 h_{rd} 增加的幅度小于 WC/Cu,由于 W 的硬度低于 WC,W 颗粒的塑性变形程度高于 WC,而 WC 在高压力下已发生严重的破碎,因此,W/Cu 界面的承载和传递载荷能力更好。当压头经过界面并在 Cu 基体上滑动时,由于 Cu-W 复合材料中 Cu 的硬度($HV_{0.05}$ 62.4)高于 Cu-WC 复合材料中 Cu 的硬度($HV_{0.05}$ 46.2),因此,Cu-WC 复合材料中 Cu 颗粒上的滑痕深度更深。根据压入深度与残余深度的相关数据,在 W/Cu 和 WC/Cu 界面区,压入深度与残余深度数值相近,滑擦过程中发生的变形仍以塑性变形为主。

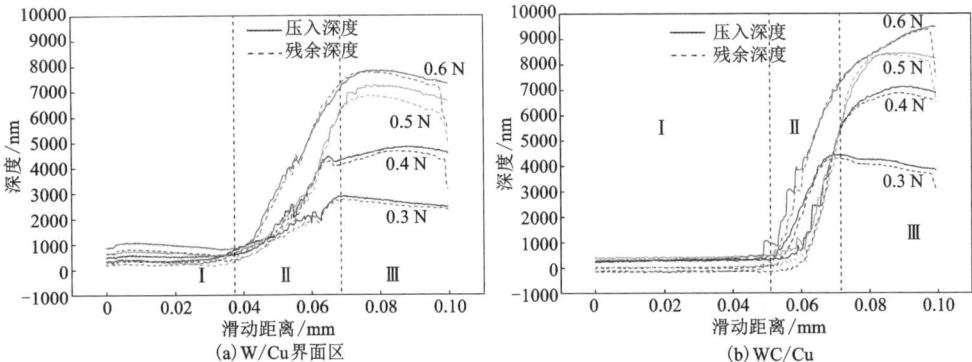

图 3-36　不同压力下 W/Cu 和 WC/Cu 界面区的残余深度与压入深度随滑动距离的变化曲线

图 3-37 示出了不同压力条件下 W/Cu 均较为稳定，界面处的摩擦因数和 WC/Cu 界面的摩擦因数随滑动距离的变化曲线。W 与 WC 颗粒上的摩擦因数表现出先稳定，后在界面处发生下降，再于 Cu 基体上发生快速提升的变化趋势。其中，Cu/WC 界面处的摩擦因数下降特征更加明显。

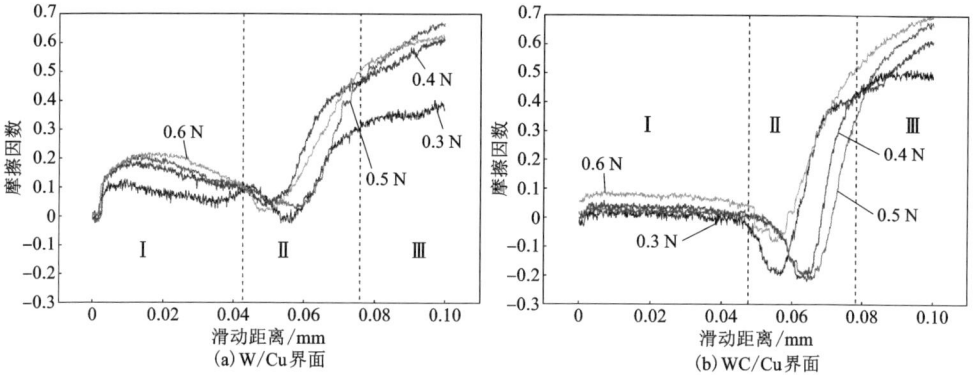

图 3-37 不同压力下 W/Cu 和 WC/Cu 界面的摩擦因数随滑动距离的变化曲线

在滑擦过程中，压头在硬质摩擦组元 W、WC 上的滑擦过程较为稳定，因此界面 I 区域的摩擦因数变化相对稳定，其中，由于 WC 在滑擦过程中主要发生弹性变形，不存在材料积累现象，因此，形成的摩擦因数更为稳定。而在界面 II 区域，由于 W/Cu 界面在滑擦过程中未发生大面积破坏，界面能够有效支撑压头，不会导致突然脱粘而引起摩擦因数下降。而对于 WC/Cu 界面，其强度相比 W/Cu 界面低，滑擦过程中产生的界面脱粘现象会引起界面处摩擦因数的突降，仅当压力超过 0.6 N 时，界面处 WC 的破碎致使压头划过界面时材料的硬度变化减缓，且界面脱粘程度降低，阻止了界面处摩擦因数的突降。还需指出的是，随着压力的提高，界面处摩擦因数的增长斜率呈上升趋势，此现象与两相之间的压入深度差有关，随着压力提高，增强组元与基体组元上的压入深度差增大，导致界面区内压头需要下降的距离增加，从而加速了压头在界面的沉降速度，也增加了界面处的摩擦因数，当压力为 0.6 N 时，WC 的破碎减小了压头在两相上的压入深度差异，导致此压力下摩擦因数的提升速度开始降低。

（3）铬铁与基体界面区的微滑擦性能

铬铁是一种构成相复杂的金属摩擦组元，由于这种组元构成相复杂且与基体的界面结合存在缺陷，界面强度相对较低。研究界面在滑擦过程中摩擦性能，往往选取较小的滑擦压力。低碳铬铁（ELCF）由 CrFe 相构成，而高碳铬铁（HCF）中存在 $(Cr,Fe)_{23}C_6$-CrFe 共晶相及 $(Cr,Fe)_7C_3$ 硬质相。由于三种界面类型及结合强度均不相同，选取 0.4 N、0.5 N、0.6 N 三种滑擦压力可充分观察各类型界面在滑擦过程中的变形行为。

　　ELCF 中 CrFe/Cu 界面区的 SEM 显微滑痕形貌如图 3-38 所示。由图可知，随滑擦压力增加，滑痕宽度逐渐增加，且 CrFe/Cu 界面处开始沿滑擦方向产生愈发明显的变形。由于 CrFe/Cu 界面结合强度相对较高，故三种压力下均未产生完全的界面剥离。但需要注意的是，当压力超过 0.5 N 时，此界面开始形成局部剥离现象，尤其在滑擦压力为 0.6 N 时，除发生局部剥离外，界面处的 CrFe 相中还产生了较宽的塑性变形裂纹。

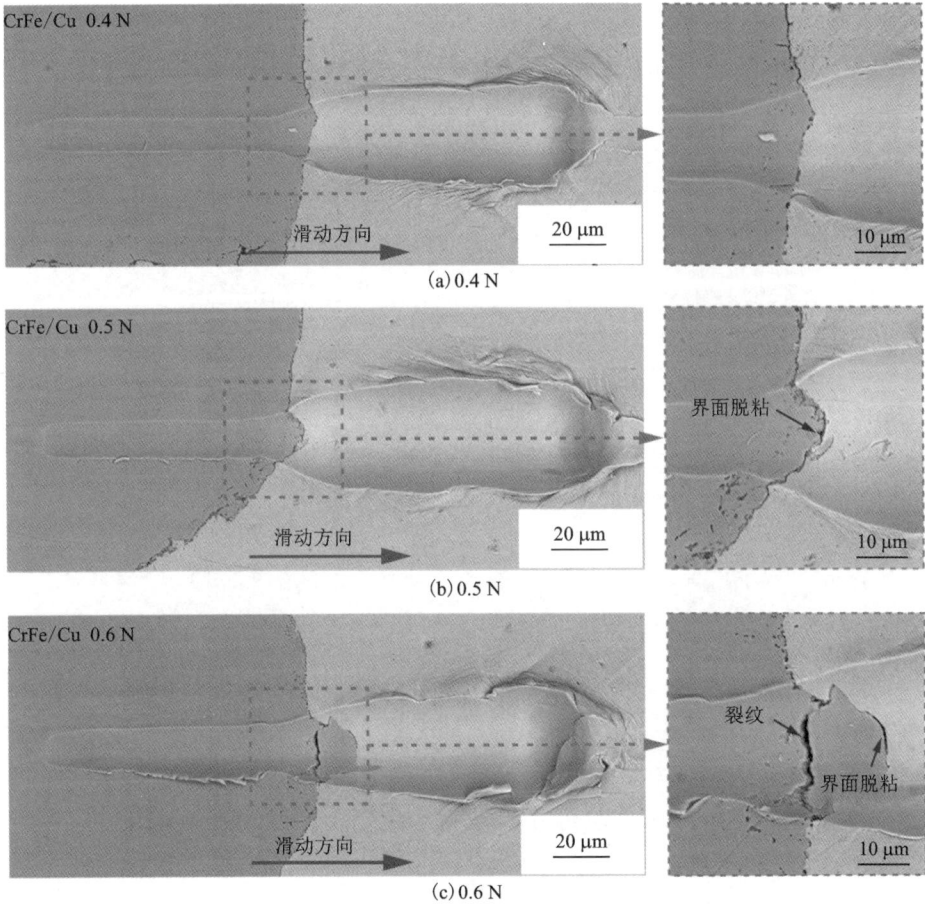

图 3-38　低碳铬铁中铬铁相/基体界面区的滑痕形貌

　　HCF 摩擦组元中 $(Cr, Fe)_{23}C_6$-CrFe 共晶相/Cu 界面区和 $(Cr, Fe)_7C_3$/Cu 界面区的 SEM 显微滑痕形貌如图 3-39 所示。由于 HCF 中各相硬度均较高，导致这些相在较低的滑擦压力下形成的滑痕深度均相对较浅。故对于 $(Cr, Fe)_{23}C_6$-CrFe 共晶相，仅当滑擦压力达到 0.6 N 时，才能在共晶相表面观察到较窄的滑痕。对硬度最高的 $(Cr, Fe)_7C_3$ 相，无论在何种压力下，其表面均未形成明显的滑擦痕迹。

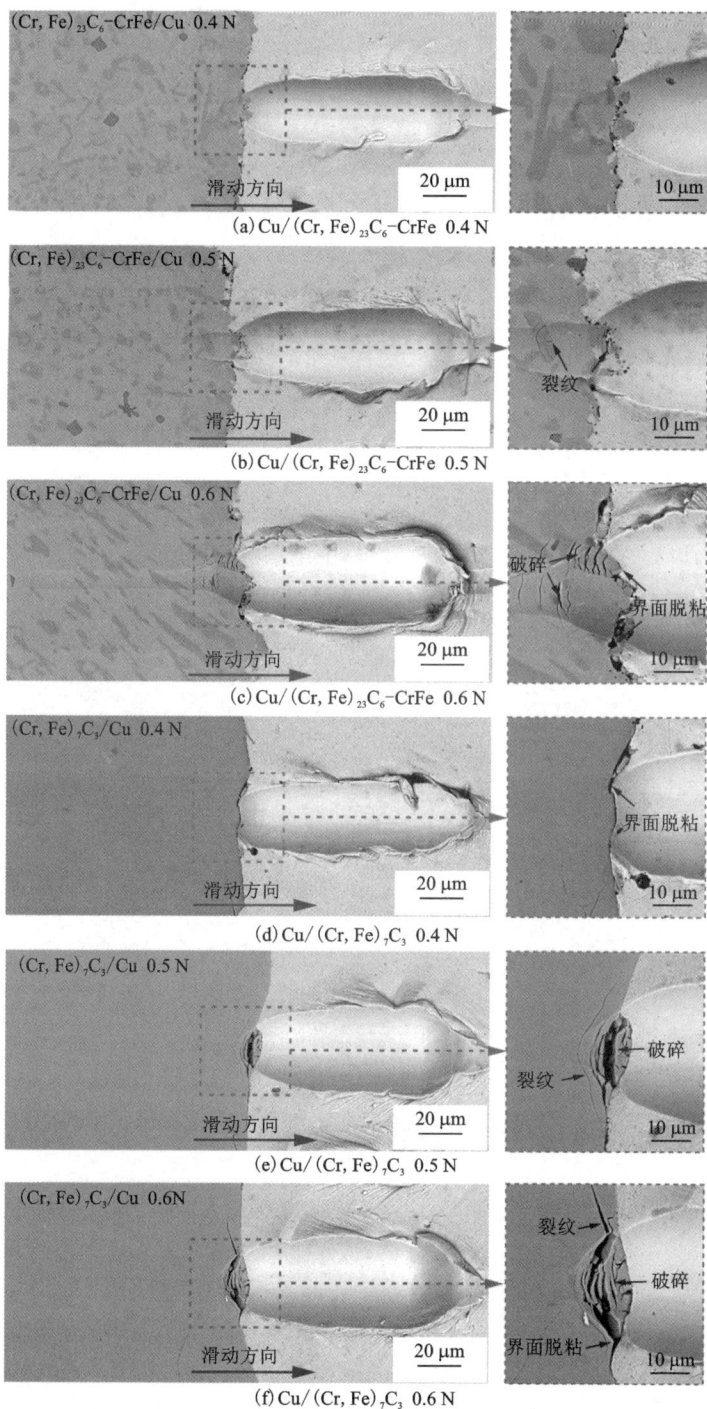

(a) Cu/(Cr, Fe)$_{23}$C$_6$-CrFe 0.4 N

(b) Cu/(Cr, Fe)$_{23}$C$_6$-CrFe 0.5 N

(c) Cu/(Cr, Fe)$_{23}$C$_6$-CrFe 0.6 N

(d) Cu/(Cr, Fe)$_7$C$_3$ 0.4 N

(e) Cu/(Cr, Fe)$_7$C$_3$ 0.5 N

(f) Cu/(Cr, Fe)$_7$C$_3$ 0.6 N

图 3-39　高碳铬铁中(Cr,Fe)$_{23}$C$_6$-CrFe/Cu 界面区和(Cr,Fe)$_7$C$_3$/Cu 界面区的滑痕形貌

两种相与基体形成的界面在滑擦过程中表现出相似又具有明显区别的变形及失效机制。HCF 中 $(Cr,Fe)_{23}C_6$-$CrFe$ 共晶相与基体形成的界面在各压力条件下沿滑擦方向的变形均较小，在三种滑擦压力作用下同样未发生大范围的界面剥离现象。但当压力超过 0.5 N 时，界面处 $(Cr,Fe)_{23}C_6$ 相颗粒开始发生破碎，且此相与基体形成的界面处产生了少量的界面剥离现象。继续提升滑擦压力至 0.6 N，除 $(Cr,Fe)_{23}C_6$ 相发生破坏外，界面附近的 $CrFe$ 相中亦开始形成少量裂纹，如图 3-39(c) 所示。HCF 中 $(Cr,Fe)_7C_3$ 相与 Cu 基体形成的机械结合界面在 0.4 N 滑擦压力下就已经形成了较为严重的界面剥离现象，如图 3-39(d) 所示。而随压力的进一步升高，界面处 $(Cr,Fe)_7C_3$ 相开始发生破碎，导致 $(Cr,Fe)_7C_3/Cu$ 界面发生破坏失效。

在 ELCF 与 HCF 的滑擦实验中，同样可根据压头划过的位置，将滑擦区域划分为摩擦组元分区（Ⅰ区）、界面影响分区（Ⅱ区）及 Cu 基体分区（Ⅲ区）。图 3-40 显示了形变参数在三分区中的变化趋势。

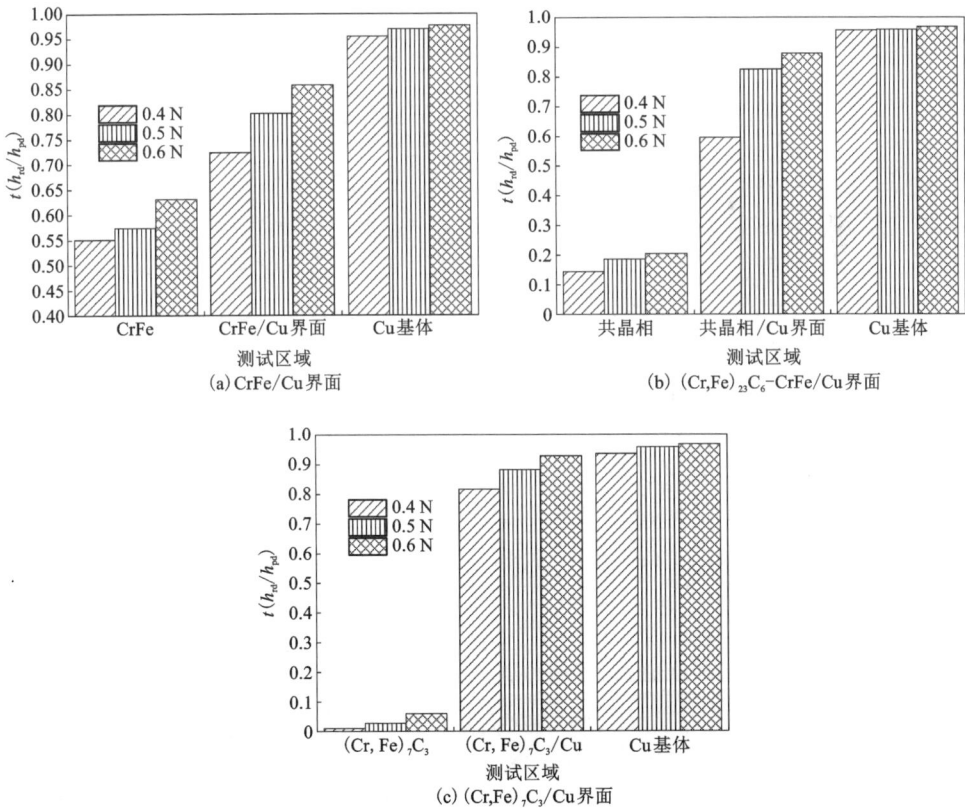

图 3-40　三种压力下铬铁/Cu 三种界面区中各分区的形变参数

此参量的大小总体与压力呈正相关而与材料硬度呈负相关关系，故随滑动过程的进行，t 值逐渐增大。但需要指出的是，在 $(Cr,Fe)_{23}C_6$-$CrFe/Cu$ 界面及 $(Cr,Fe)_7C_3/Cu$ 界面，t 值的增加更为迅速，此现象与这两种界面在滑擦压力下发生破坏形成不可逆变形有关。根据变形参数 t 结合形貌分析，在滑擦 CrFe 相时发生的变形以弹塑性变形为主，而在滑擦 $(Cr,Fe)_{23}C_6$-$CrFe$ 共晶相及 $(Cr,Fe)_7C_3$ 相时以弹性变形为主。对界面而言，$CrFe/Cu$ 界面处发生的变形主要为塑性变形，$(Cr,Fe)_{23}C_6$-$CrFe/Cu$ 界面发生的变形主要为塑性变形伴随颗粒破碎，而 $(Cr,Fe)_7C_3/Cu$ 界面发生的变形则主要为不可逆的破碎。

滑擦后各界面的显微形貌特征及变形机制与各相本身性质及其与基体之间形成界面类型相关。ELCF 主要由合金 CrFe 相构成，与 Cu 基体形成具有较窄缺陷扩散层的扩散结合界面。由于此界面强度相对较高，导致 $CrFe/Cu$ 界面在滑擦过程中不易出现大范围的界面剥离。此外因 CrFe 与 Cu 均具有较好的延展性，致使随压力提升，$CrFe/Cu$ 界面沿滑擦方向开始发生变形。界面中由于基体部分较软，导致滑擦界面过程中弹性形变量降低，使得界面处的变形向塑性变形转变。还需要说明的是，由于 CrFe 的晶体结构为体心立方而 Cu 基体的晶体结构为面心立方，其晶体中较少的滑移系、较高的派纳力及 Cr、Fe 相互固溶导致的晶格畸变，易造成剧烈塑性变形过程中位错大量产生与堆积，而形成塑性变形裂纹如图 3-38(c) 所示。

在 HCF 摩擦组元中的共晶相与 Cu 基体形成扩散-机械结合混合界面，界面强度位于扩散结合界面及机械结合界面之间。由于混合结合界面具有一定的界面强度，较低的滑擦压力（0.4 N）难以造成共晶相与 Cu 基体结合界面的破坏。故此条件下的界面在经过滑擦后仍具有一定的恢复变形能力（发生的变形为弹塑性变形）。而提升滑擦压力至 0.5 N，当压头划过界面时，压入深度开始迅速提高，此过程中 CrFe 相与 Cu 基体发生了弹塑性及塑性变形，但由于 $(Cr,Fe)_{23}C_6$ 相硬度较高而形变较小，易导致压下压力在其相颗粒表面快速集中而超过其临界破碎应力，造成 $(Cr,Fe)_{23}C_6$ 相的破碎。随 $(Cr,Fe)_{23}C_6$ 相的破碎，$(Cr,Fe)_{23}C_6$ 与基体形成的机械结合界面受到破坏，界面处发生不可逆变形。随压力的进一步提升（0.6 N），除 $(Cr,Fe)_{23}C_6$ 相破碎外，界面处的 CrFe 相中也开始出现少量的裂纹，此现象主要由高压应力作用下 CrFe 相中存在的 σ-CrFe 相破碎而引起裂纹扩展造成。此外在 0.6 N 的滑擦压力作用下，$(Cr,Fe)_{23}C_6/Cu$ 界面处的孔隙缺陷易在滑擦过程中发生相互扩展与连接，导致局部区域界面剥离现象的产生。

HCF 中的硬质 $(Cr,Fe)_7C_3$ 相与基体形成机械结合界面，其界面结合强度较低，导致较低压力下即发生界面剥离现象。而随压力的提升，界面剥离程度加剧，此条件下由于界面剥离导致压头滑擦界面过程中界面对压头的支撑力大幅下降，压力易在 $(Cr,Fe)_7C_3$ 边缘形成应力集中而超过其压溃强度引起硬质相的破碎，最终形成如图 3-39(e)(f)所示的界面破坏。

总体而言，从合金 CrFe 相到(Cr,Fe)$_{23}$C$_6$/CrFe 共晶相，再到(Cr,Fe)$_7$C$_3$ 硬质相，随界面结合类型由扩散结合界面向混合界面(扩散-机械结合界面)转变，再由混合结合界面向机械结合界面转变，加之摩擦组元中受滑擦的相由较软的弹塑性固体向较硬的脆性固体变化，导致界面破坏的形式见图 3-41，由界面变形而产生的局部剥离向界面处硬质相破碎而导致界面失效破坏转变。

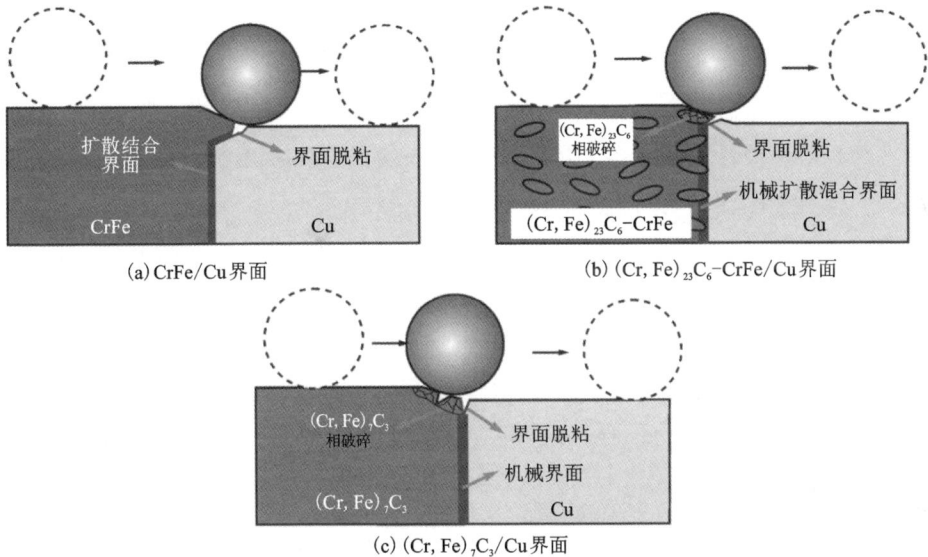

(a) CrFe/Cu 界面

(b) (Cr,Fe)$_{23}$C$_6$-CrFe/Cu 界面

(c) (Cr,Fe)$_7$C$_3$/Cu 界面

图 3-41　三种 CrFe-Cu 界面的失效机制图

微滑擦过程中，摩擦因数随滑动距离的变化曲线如图 3-42 所示。不同滑擦区域中，摩擦因数随压力提升而增长。此现象由摩擦因数在各变形条件下均与压入深度 h_{pd} 呈正相关关系引起。当压头划过界面影响分区时(Ⅱ区)，各界面处的摩擦因数虽均整体展现出阶梯状的增长趋势，但不同界面的摩擦因数具有相异的变化趋势。

对于 CrFe/Cu 扩散结合界面而言，各滑擦位置的摩擦因数随压力增长而呈现出逐渐增加的趋势。细致观察界面影响分区的摩擦因数变化，可发现当滑擦压力为 0.4~0.5 N 时，其瞬时摩擦因数在接近 CrFe/Cu 界面前开始发生缓慢的小幅下降。而当滑擦压力达到 0.6 N 时，摩擦因数在界面结合位置形成了明显的"U"形下凹，致使压头划过界面时产生的最低摩擦因数与 0.5 N 滑擦压力条件下产生的最低摩擦因数近乎相同。

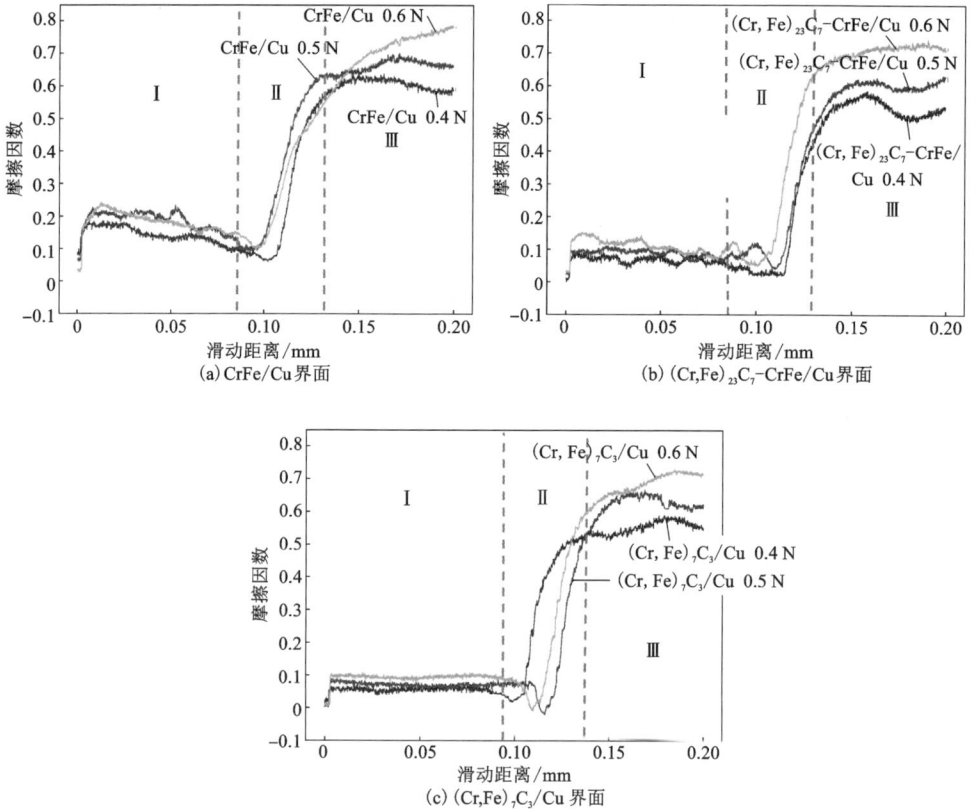

图 3-42 三种压力下 CrFe/Cu 三种界面区的摩擦因数随滑动距离的变化曲线

对于 $(Cr,Fe)_{23}C_6$-CrFe/Cu 界面而言,而当压头划过结合界面到达 Cu 基体时,摩擦因数变化亦展现为阶梯增长后稳定状态。但对比图 3-42(b) 中 0.4 N 及 0.5 N、0.6 N 压力下的摩擦因数曲线可知,当滑擦压力为 0.4 N 时,界面处的摩擦因数随压头横跨界面呈直接上涨趋势,而当滑擦压力为 0.5~0.6 N 时,界面处的摩擦因数先发生快速降低而后迅速增长。$(Cr,Fe)_7C_3$/Cu 界面中摩擦因数的变化趋势虽总体与 $(Cr,Fe)_{23}C_6$-CrFe/Cu 界面类似,但在局部区域仍存在差异。这些差异主要表现在以下两个方面:①当压力为 0.4 N 时界面的摩擦因数在快速提升前就已经开始出现明显的下降;②界面处由摩擦因数先降低后升高而形成的"U"形凹坑深度相对共晶基体界面更高。

界面处的瞬时摩擦因数变化规律与界面类型及界面两侧摩擦组元的性能相关。ELCF 中合金 CrFe 相与 Cu 基体界面中同样形成了较薄的界面扩散层,由于界面层中存在微孔,导致压头滑动至界面扩散层附近时所受到的犁削阻力降低,进而引起瞬时摩擦因数的下降。此外，CrFe/Cu 界面两侧硬度差异较小，且均为延展性较好的弹塑性固体，随压力的提升，CrFe/Cu 界面易沿滑擦方向发生越来越明显的塑性变形，导致界面影响分区中压入深度 h_{pd} 提升速度逐渐降低。因此，瞬时摩擦因数随滑擦距离的增加速度逐渐降低(提升斜率降低)。此外，当压力达到 0.6 N 时，除 CrFe/Cu 界面发生塑性变形外，界面处还出现了局部剥离的现象，导致界面对压头施加的滑擦阻力进一步降低，最终导致 0.6 N 条件下，界面处的摩擦因数呈先降低后升高状态。

HCF 中 $(Cr,Fe)_{23}C_6$ – CrFe 共晶相与 Cu 基体形成混合结合界面，其中 $(Cr,Fe)_{23}C_6$ 与基体形成机械结合界面而 CrFe 与基体形成冶金结合界面。在较低的滑擦压力下(0.4 N)，CrFe 与基体形成的界面及 $(Cr,Fe)_{23}C_6$ 与基体形成的机械界面均未发生明显的界面剥离。因此，在该条件下当压头划过界面时，瞬时摩擦因数表现出直接的快速提升状态。当提升滑擦压力至 0.5~0.6 N 时，界面处 $(Cr,Fe)_{23}C_6$ 相的破碎引起机械界面破坏，导致压头的滑动阻力同样发生大幅度降低，进而引起瞬时摩擦因数先发生快速下降而后又随压入深度 h_{pd} 的提升而梯度上升。尤其当滑擦压力提升至 0.6 N 时，除硬质 $(Cr,Fe)_{23}C_6$ 相破碎外，共晶相与基体界面中存在的界面缺陷随滑擦过程发生扩展并相互连接，导致局部界面剥离加剧，进一步降低了共晶相与基体界面的性能，引起界面处瞬时摩擦因数的突降更加明显。但需要指出的是，由于共晶相硬度较高，抗塑性变形能力相对较强，共晶相与基体之间界面在滑擦过程中塑性变形受抑制，加之高压力下界面愈发严重的局部破碎，导致压头划过界面过程中压入深度 h_{pd} 的增长速度随压力不断提升，引起瞬时摩擦因数的增加速度(斜率)也随压力增大而逐渐提升。

$(Cr,Fe)_7C_3$ 相与 Cu 基体形成的机械结合界面，其强度相对较低，仅在 0.4 N 的滑擦压力下就出现了明显的界面剥离现象。且随压力的提升(0.5~0.6 N)，界面处 $(Cr,Fe)_7C_3$ 相发生剧烈破碎，导致结合界面发生破坏。由于界面剥离及界面破坏的发生，界面处难以提供有效的犁削阻力，造成在界面处的瞬时摩擦因数均发生先降后升现象。此外，当压力超过 0.5 N 后，界面的破坏程度随压力不断增加，致使界面越来越难以为压头提供有效支撑，引起压头在界面处压入深度的增长速度随压力快速提升，使得界面处瞬时摩擦因数的增加速度也随压力不断提升。

总而言之，界面及界面两侧的材料性能是决定界面处瞬时摩擦因数的关键。当滑擦过程中界面发生破坏时(包括剥离、局部破碎等)，界面处的摩擦因数总呈现出先降低后升高趋势，且升高速度随压力及界面破坏程度增加而逐渐增长。当界面结合良好，且界面在滑擦过程中随压头发生塑性变形时，界面处的瞬时摩擦因数增长速度随界面塑性变形程度提升而逐渐降低。具体而言，CrFe/Cu 扩散结合界面强度最高，由于其界面处存在扩散缺陷层且界面在滑擦过程中发生变形，导致摩擦因数呈先降低后缓慢升高状态。$(Cr,Fe)_{23}C_6$-CrFe/Cu 混合结合界面强度适中，此界面在 0.5 N 压力下发生破坏，导致摩擦因数呈现降后快速升高趋势。$(Cr,Fe)_7C_3$/Cu 机械结合界面强度最低，该界面在任一滑擦压力下均发生剥离或破坏，导致摩擦因数在界面处均发生显著下降后高斜率提升。

3.3.3 陶瓷组元与基体界面区的微滑擦性能与失效机制

（1）不同晶型 ZrO_2 与基体界面区的微滑擦性能

两种晶型的 ZrO_2 均与基体形成结合强度最低的机械结合界面，此界面在较低的压力下会发生不可逆破坏，故采用 0.2 N 及 0.3 N 滑擦压力以探索两种晶型 ZrO_2 界面在滑擦过程中的摩擦行为及失效特征。

图 3-43 展示了两种晶型 ZrO_2 与 Cu 基体形成界面区在 0.2~0.3 N 压力下的滑痕形貌。由于摩擦组元与基体之间较大的硬度差异，滑擦过后两种氧化锆表面形成的滑痕深度较浅。放大图中单斜氧化锆（m-ZrO_2）与基体形成的界面在各实验压力下均保持较好的界面结合，说明其与基体形成的机械结合界面强度相对较高；立方氧化锆（c-ZrO_2）与基体形成的机械结合界面虽在 0.2 N 的滑擦力下能保持良好的界面结合，而当滑擦压力提升至 0.3 N 时，结合界面处开始出现明显的剥离现象。

滑擦过程中各区域形变参数 t 的分布数据如图 3-44 所示。

对两种 ZrO_2 而言，其在摩擦组元分区中主要发生弹性变形，而在界面影响分区及基体分区发生的变形主要以不可逆变形为主。其中，在摩擦组元分区中，m-ZrO_2 的形变系数 t 值相对 c-ZrO_2 较低，而在界面影响分区中的结果与前者相反。

两种晶型 ZrO_2 界面处滑痕形貌及变形机制与各相的滑擦行为及界面性能相关。由于 m-ZrO_2 具有粗糙的颗粒表面，与基体形成的机械结合界面强度较高，使其在实验压力下依然能保持良好的界面结合而阻止界面剥离现象产生。此条件下，由于结合界面未发生剧烈破坏，界面仍可恢复一部分变形而导致 m-ZrO_2 在界面影响分区的 t 相比 c-ZrO_2 更低。而 c-ZrO_2 具有低比表面积的光滑表面，不利于与基体的相互啮合，使其与基体形成的机械结合界面强度较低，c-ZrO_2/Cu 界面易发生剥离。由于弱结合界面在 0.3 N 压力下发生破坏，此界面在滑擦过程中难以有效支撑压头，导致界面处压入深度与残余深度峰值产生，且致使不可逆变形加剧而使得 t 值升高。

摩擦因数的大小通常与硬度呈负相关，与形变参数呈正相关。两种 ZrO_2 瞬时摩擦因数总体变化规律与滑擦过程中的硬度变化相关，即在高硬度发生弹性变形的 ZrO_2 上具有低且稳定的摩擦因数，而在低硬度塑性变形为主的 Cu 基体上具有较高的摩擦因数，如图 3-45 所示。在界面处其变化仍略有差异，主要体现在 m-ZrO_2/Cu 界面处的摩擦因数在两种压力下均随滑动距离增加而表现出直接

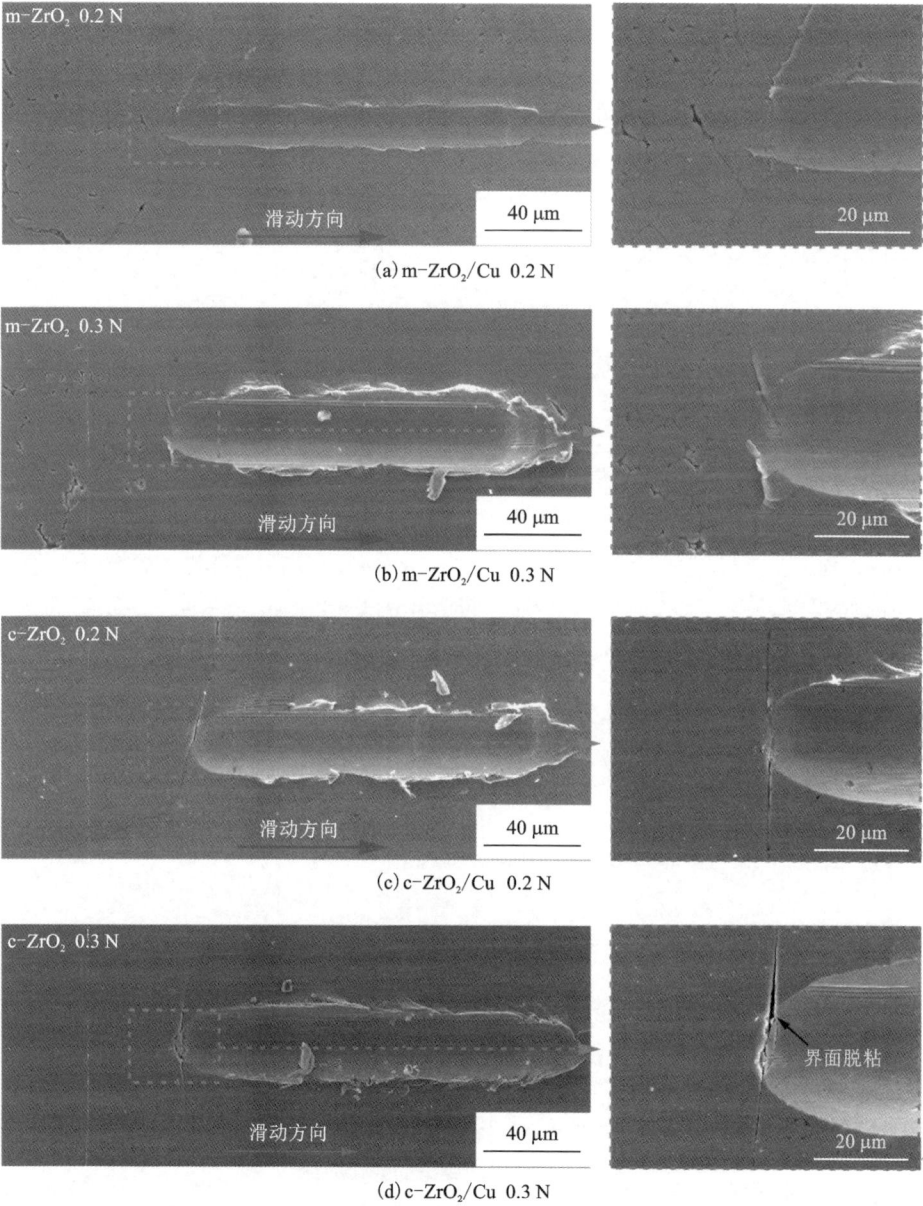

(a) m-ZrO$_2$/Cu　0.2 N

(b) m-ZrO$_2$/Cu　0.3 N

(c) c-ZrO$_2$/Cu　0.2 N

(d) c-ZrO$_2$/Cu　0.3 N

图 3-43　两种晶型 ZrO$_2$ 与 Cu 基体界面区的滑痕形貌

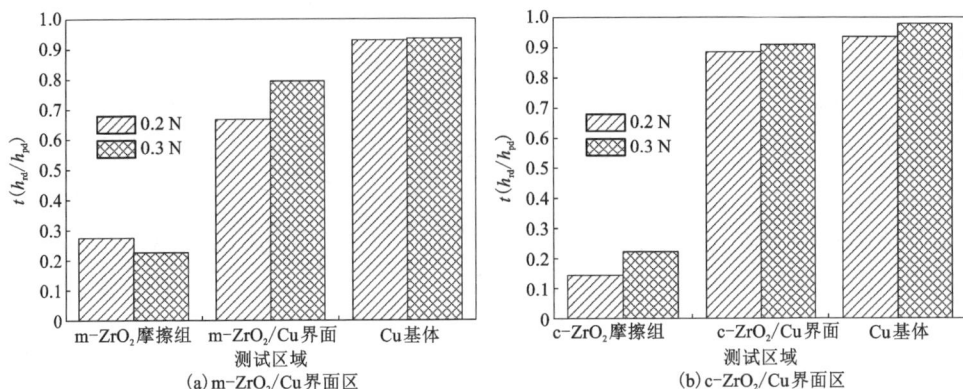

图 3-44 两种压力下 m-ZrO$_2$/Cu 和 c-ZrO$_2$/Cu 界面区中各分区的形变参数

的快速增长，而 c-ZrO$_2$/Cu 界面处的摩擦因数则随滑动距离增加而表现出先降低后快速增加趋势。此现象出现的主要原因与滑擦过程中界面处是否发生破坏相关：c-ZrO$_2$/Cu 界面在 0.2 N 条件下未发生界面剥离现象，因此该条件下界面处的瞬时摩擦因数变化与 m-ZrO$_2$ 相似。而当压力提升至 0.3 N 时，界面剥离破坏瞬间造成压头滑擦阻力下降是造成界面处摩擦因数先降低后升高的主要原因。

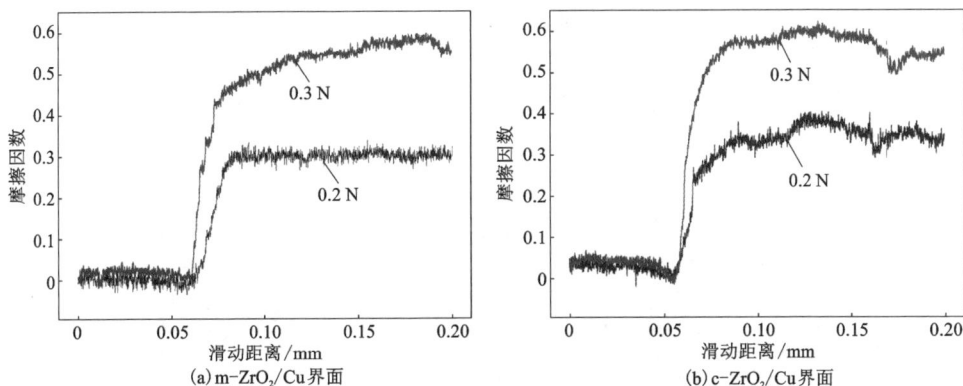

图 3-45 两种压力下两种晶型氧化锆与铜基体界面区
摩擦因数随滑动距离的变化曲线

总之，m-ZrO$_2$/Cu 界面机械结合强度较高，其界面处的摩擦因数呈相对较低斜率直接提升状态，而 c-ZrO$_2$/Cu 界面机械结合强度较低，其界面处的摩擦因数呈先降低后高斜率提升状态。

（2）SiO₂ 与基体界面区的微滑擦性能及失效机制

图 3-46 显示了 Cu/SiO₂ 的界面滑痕形貌及采用球形压头开展滑擦实验过程中滑痕深度和摩擦因数随滑动距离变化曲线（采用压头半径为 50 μm，测试压力为 1 N 和 2 N）。由图 3-46 可知，在不同压力条件下，均可在 Cu 基体表面发现明显的磨痕，但硬的 SiO₂ 摩擦组元表面未见明显磨痕。Cu 基体的磨痕边缘发现材料褶皱和堆积现象。此现象主要由各组元材料的硬度所决定，即当金刚石压头在 SiO₂/Cu 界面区域滑动时，高硬度的 SiO₂ 摩擦组元表面未见明显磨痕，而硬度相对较低的 Cu 基体则发生明显塑性变形，形成磨痕，挤压材料在磨痕的边缘处聚集，最终发生材料褶皱和堆积现象。

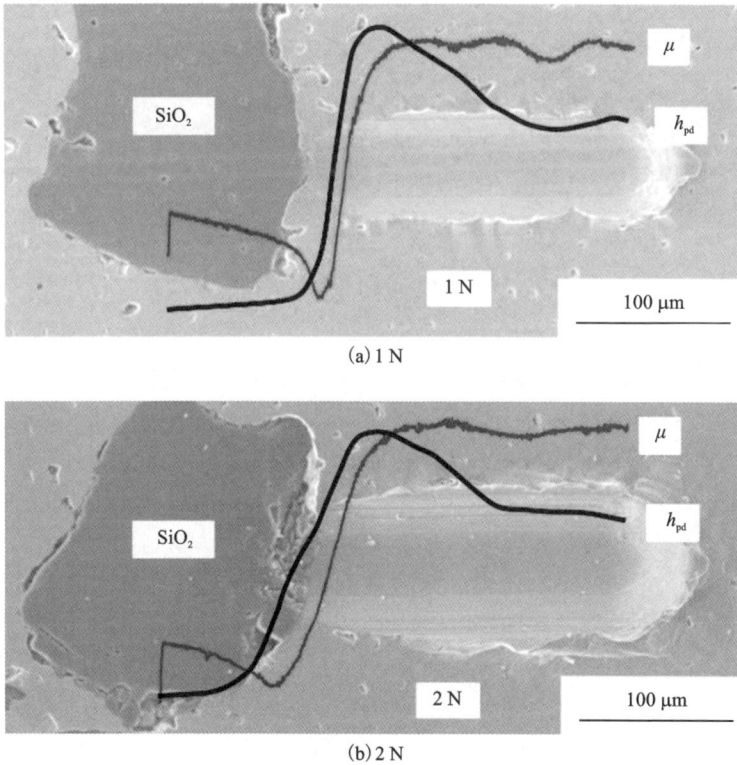

（a）1 N

（b）2 N

图 3-46　不同滑擦压力下 Cu/SiO₂ 界面滑痕形貌及滑痕深度（h_{pd}）
和摩擦因数（μ）随滑动距离变化而变化的曲线

当压头正压力由 1 N 增至 2 N 时，Cu 基体组元滑痕宽度逐渐增大。靠近界面处 Cu 基体磨痕宽度相对较小，这说明界面的存在有效降低了 Cu 基体的塑性变形程度。进一步观察发现，SiO₂/Cu 界面在 1 N 的压力下发生微小破坏，在 2 N 压力下，SiO₂ 颗粒边缘破碎明显，界面破坏剧烈。

图 3-47 为 SiO_2/Cu 界面滑痕形貌高倍放大图。由图可知，在 1 N 压力下 Cu/SiO_2 界面发生明显脱粘，靠近界面的 SiO_2 颗粒边缘出现裂纹；当压力为 2 N 时，界面完全破坏，界面处 SiO_2 颗粒边缘发生剧烈碎裂，出现大量脆性断裂裂纹。对于 SiO_2/Cu 界面，界面破坏行为主要为界面脱粘和 SiO_2 颗粒边缘破碎。

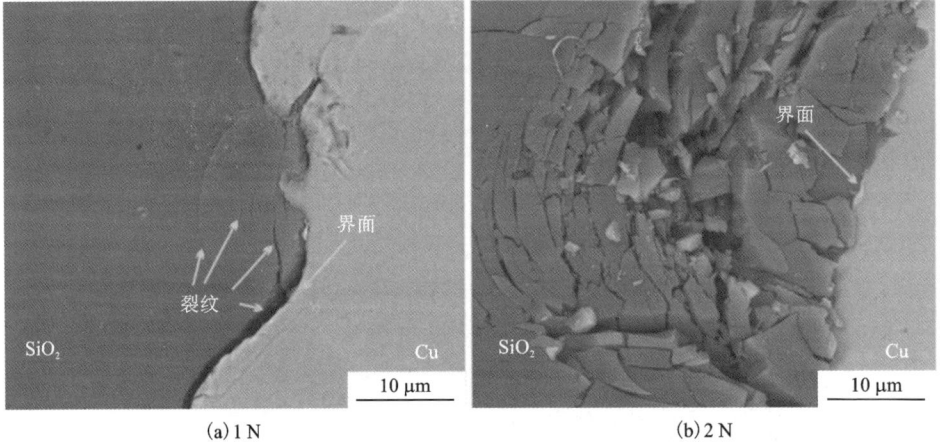

(a) 1 N   (b) 2 N

图 3-47　Cu/SiO_2 界面滑痕形貌高倍放大图

SiO_2/Cu 界面微米滑痕时所发生的界面破坏行为，主要受摩擦组元和 Cu 基体硬度差异及界面特性影响。对于 SiO_2/Cu 界面，首先由于 SiO_2 颗粒硬度（HV 1130）远大于 Cu 基体硬度（HV 87），SiO_2 颗粒抗塑性变形能力强于 Cu 基体，SiO_2 颗粒在摩擦过程中难以发生明显塑性变形，而 Cu 基体则可发生较大程度的塑性变形，两者塑性变形差异大；其次，SiO_2/Cu 界面为机械结合界面，该界面类型决定了 SiO_2 颗粒与 Cu 基体界面结合强度较弱，当金刚石压头从硬的 SiO_2 颗粒滑向软的 Cu 基体时，SiO_2/Cu 间弱的界面结合力无法有效承担压头的压力，造成界面在 1 N 和 2 N 压力下的摩擦过程中发生脱粘和破坏。此外，在硬的 SiO_2 颗粒边缘处，金刚石压头作用于此处的压强很大，弱的 SiO_2/Cu 界面已不能承担压头压力，造成 SiO_2 边缘发生碎裂，且随着压头压力的增大而加重，此外，SiO_2 碎裂也会加剧 SiO_2/Cu 界面脱粘等界面破坏行为。

当金刚石压头滑过 SiO_2/Cu 界面时，界面摩擦因数随滑动距离变化曲线见图 3-48。由图 3-48 可知，摩擦因数随滑动距离增加，整体呈先稳定，随后增加，当增加到一定程度时，最终保持稳定波动变化趋势。其中，当金刚石压头滑过界面时，摩擦因数均呈先降低后增加的趋势（见图 3-48 中的虚线方框），且在较高压力下，摩擦因数变化速率较低。另外，当压力为 1 N 时，SiO_2/Cu 界面摩擦因数降低明显，压力为 2 N 时，SiO_2/Cu 界面摩擦因数降低趋势减弱。

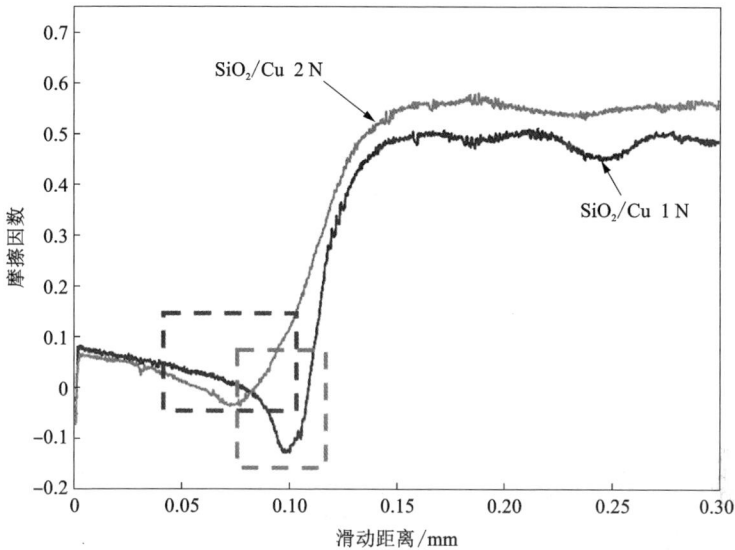

图 3-48　不同滑擦内容下 Cu/SiO$_2$ 界面摩擦因数随滑动距离变化而变化的曲线

　　SiO$_2$ 硬度较高且在滑擦过程中发生的变形较少(弹性变形),导致压头在 SiO$_2$ 上的摩擦因数相对较低。而 Cu 基体上较低的硬度与较高的塑性变形程度导致压头在 Cu 基体上的摩擦因数相对较高。压头向界面处滑动摩擦因数均呈先降低后增加趋势,且在较高压力下,该变化速率较低。这主要是因为压头滑过界面时,界面发生一定程度的脱粘和破坏,破坏的界面难以提供稳定有效的摩擦力。另外,界面处压头所施加的正压力于硬质 SiO$_2$ 颗粒边缘产生一个分力,受该分力反向作用,硬质颗粒将对压头产生一个与其滑动方向相同的作用力,导致界面摩擦力降低。当压头逐渐滑到 Cu 基体时,接触部分开始受 Cu 基体的粘着摩擦力和犁削摩擦力综合作用,其所受摩擦力增大,摩擦因数又开始增大,因而,材料界面摩擦因数先降低后增加,甚至造成部分最低摩擦因数降低为负值。另外,较高压力下,界面脱粘和破坏程度增加,界面破坏尺度增大,并沿着压头的滑动方向扩展,有效抑制压头压入深度的增加速度,减缓了压头在界面过渡的突变过程,延缓了摩擦力的变化速率,降低了界面摩擦因数的变化速率。

3.3.4　改性润滑组元 MoS$_2$ 与基体界面区的微滑擦性能与失效机制

　　不同压力条件下 MoS$_2$@Cu/Cu 界面的滑痕形貌如图 3-49 所示。黑色相为 MoS$_2$@Cu 颗粒,浅色相为 Cu 基体,由于 MoS$_2$@Cu 质软,硬度较低,且在 SEM 中具有深色背底,致使在 MoS$_2$@Cu 颗粒内部难以观察到明显的滑擦痕轮廓。但从界面处 Cu 颗粒的滑擦痕形貌来看,随着压力的提高,界面处 Cu 基体的

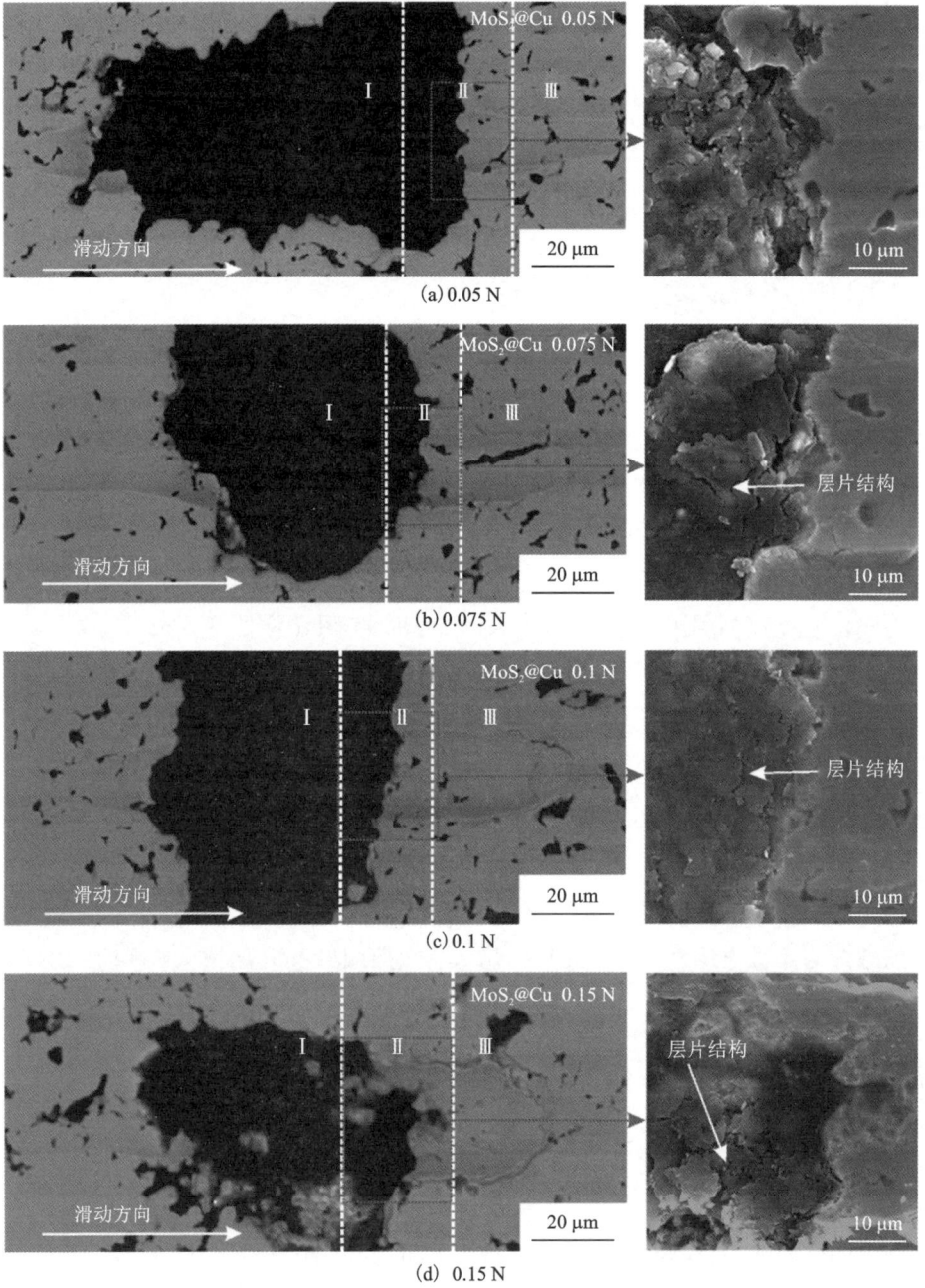

图 3-49　不同压力下 Cu-MoS₂@Cu 界面区滑擦痕的 SEM 形貌

变形程度逐渐增大，当压力提高至 0.15 N 时，Cu 滑擦痕两侧及尾部的材料堆积最为严重。从各个压力下界面处滑擦痕的放大图来看，当压力为 0.05 N 时，界面结合较好，靠近界面的 MoS_2@Cu 颗粒开始发生分层。当压力提高到 0.075 N 时，界面已发生明显的剥离，且界面附近的 MoS_2@Cu 颗粒分离加剧。当压力增至 0.15 N 时，界面破坏最为严重，且部分 MoS_2@Cu 在 Cu 基体中的滑痕内形成了局部的表面润滑膜。

在 MoS_2@Cu/Cu 材料中，MoS_2 表面镀 Cu 可以提高 MoS_2 与 Cu 基体的结合强度。此外，MoS_2 颗粒本征强度低，在滑擦过程中易被破坏，甚至有可能在界面破坏之前就已经失效，因此，在滑擦过程中，MoS_2 组元的失效与界面的失效可能同时发生。由于 MoS_2 为层片状结构，在受力条件下层片状 MoS_2 倾向于垂直压力方向铺展，以实现最佳的承重和润滑功能。当多取向的 MoS_2 受压转动到同一方向时，层与层之间的弱连接强度易导致 MoS_2 产生分层破坏。界面的破坏则主要归因于反应层中裂纹扩展导致的脱粘。

图 3-50 示出了不同压力条件下 MoS_2@Ni/Cu 界面区的滑擦痕形貌。由图可知，MoS_2@Ni/Cu 和 MoS_2@Cu/Cu 具有相似的界面形貌，但 MoS_2@Ni/Cu 的界面强度更高。仅在压力为 0.15 N 时，MoS_2@Ni/Cu 界面才产生明显的脱粘。

MoS_2@Ni/Cu 形成强界面结合的原因主要包括两点：首先，在 980 ℃烧结温度下，Ni 不与 MoS_2 发生反应，延缓了 MoS_2 与 Cu 基体的反应速度，降低了界面产物的形成数量；其次，Ni 与 Cu 之间的相互扩散速度比 Cu 与 Cu 快，有利于镀 Ni 层与 Cu 基体形成高强度的扩散结合界面，因此，MoS_2@Ni/Cu 界面在各个压力下均未发生明显的破坏。

图 3-51 展示了不同压力条件下 MoS_2@Cu/Cu 和 MoS_2@Ni/Cu 界面区的残余深度（h_{rd}）与压入深度（h_{pd}）随滑动距离的变化曲线。由图可知，在滑擦过程中，随着压力逐渐提高，当压头由 MoS_2 颗粒向 Cu 基体滑动时，界面区的 h_{pd} 与 h_{rd} 逐渐降低，且降幅逐步减小，未出现的明显的突变现象，且 MoS_2@Ni 界面处 h_{pd} 和 h_{rd} 的下降比 MoS_2@Cu 更平缓。由于在研究软 MoS_2 组元时使用的压力相对较低，材料变形主要以可逆的弹性变形为主。

图 3-52 为不同压力下 MoS_2@Cu/Cu 和 MoS_2@Ni/Cu 界面区的摩擦因数随滑动距离的变化曲线。由图可知，在两种界面区的摩擦因数均呈先升高后降低的变化趋势，其中 MoS_2@Cu 和 MoS_2@Ni 颗粒均具有相对较低的摩擦因数。MoS_2@Cu/Cu 界面在压力为 0.075 N 和 0.1 N 时具有相近的摩擦因数，略高于 0.05 N 时的摩擦因数；当压力增至 0.15 N 时，界面区域附近及 Cu 颗粒上的摩擦因数显著增大。相比而言，MoS_2@Ni/Cu 在压力低于 0.1 N 时具有相近的摩擦因数；当压力增至 0.15 N 时，摩擦因数显著增大，且波动性小于 MoS_2@Cu。

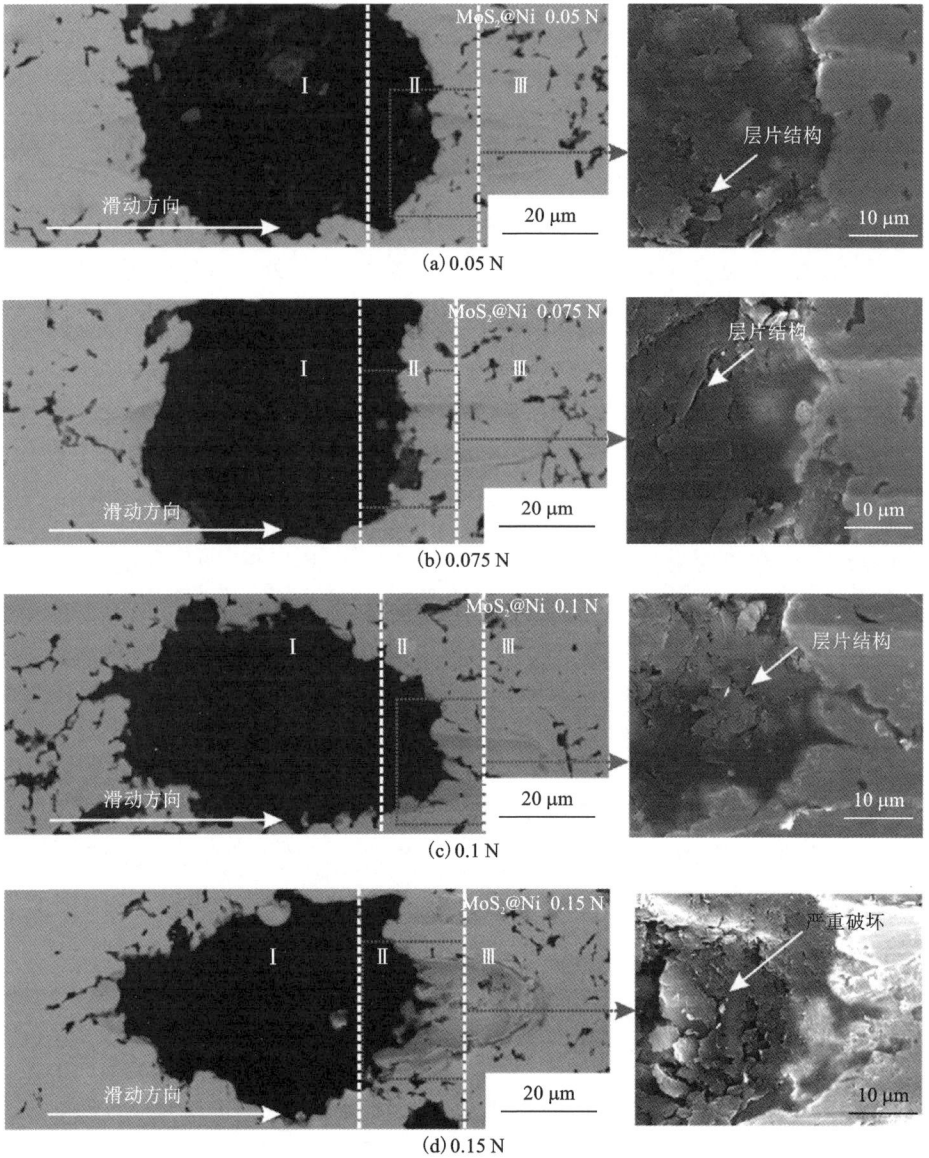

图 3-50 不同压力下 Cu-MoS$_2$@Ni 界面区滑擦痕的 SEM 形貌

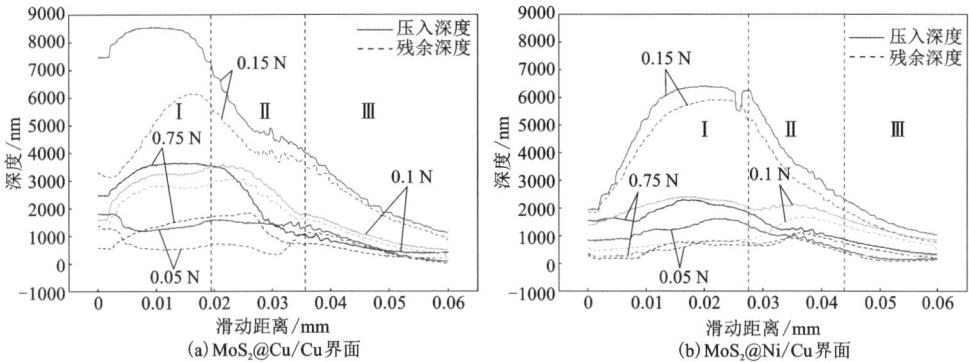

图 3-51　MoS$_2$@Cu/Cu 和 MoS$_2$@Ni/Cu 界面
残余深度与压入深度随滑动距离的变化曲线

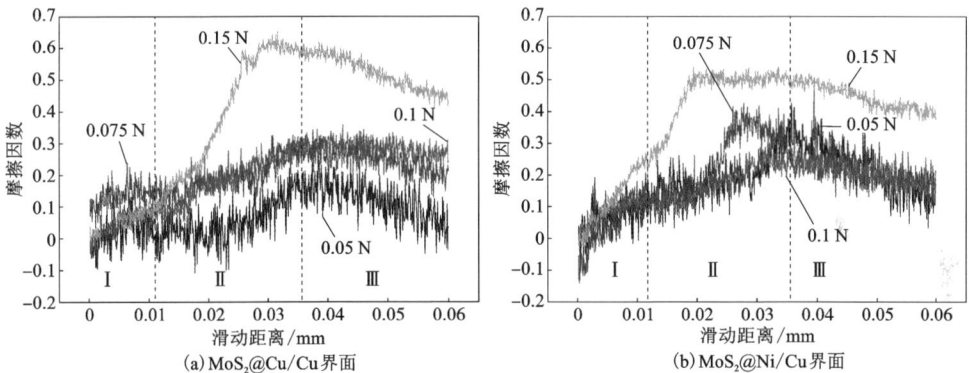

图 3-52　MoS$_2$@Cu/Cu 和 MoS$_2$@Ni/Cu 界面的
摩擦因数随滑动距离的变化曲线

MoS$_2$@Cu/Cu 和 MoS$_2$@Ni/Cu 为各向异性、层片状的润滑组元,因此 3.3.1 节中所述的摩擦因数计算方法不再适用。在滑擦过程中,层片状 MoS$_2$ 倾向于垂直主应力方向分布,导致该组元在水平方向具有极低的屈服强度,引起摩擦因数犁削分量的迅速降低,即使在低硬度的 MoS$_2$ 颗粒内部具有较高的压入深度,压头所受到的摩擦阻力仍较低,产生的摩擦因数也较低。在界面区中,层片状 MoS$_2$ 起润滑作用,有利于压头平稳通过界面,当界面不发生破坏时,压头划过界面时的摩擦因数将均匀变化;当界面发生破坏时,界面无法再提供支持力,导致界面处压头受到阻力的突变,引起摩擦因数的陡然增大。MoS$_2$@Cu/Cu 与 MoS$_2$@Ni/Cu 界面微摩擦学行为的主要差异体现在压头划过界面时的稳定性,MoS$_2$@Ni/Cu 界面强度更高,不同压力下界面测试的数据更趋于一致和稳定,

而 $MoS_2@Cu/Cu$ 在不同压力下形成了完全不同的摩擦因数曲线，说明其界面结合强度相对较低。

3.3.5 不同类型界面的失效机制

通过对金属、合金、陶瓷三类摩擦组元，以及润滑组元与 Cu 基体之间界面的滑擦行为进行分析，可获取各类界面的总体滑擦特征。以 Fe、Cr、ELCF 为代表，塑、韧性佳且硬度相对较低的金属及合金摩擦组元在滑擦过程中往往具有产生变形以塑性变形为主，压入深度高，摩擦因数大等特点。在滑擦过程中，随组元硬度降低，压入深度、形变参数、摩擦因数均呈升高趋势。HCF 合金摩擦组元主要由共晶相（Cr,Fe）$_{23}C_6$-CrFe 及硬质相（Cr,Fe）$_7C_3$ 构成，在滑擦过程中硬质相（Cr,Fe）$_7C_3$ 的滑擦行为与非金属摩擦组元相似，而（Cr,Fe）$_{23}C_6$-CrFe 相则兼具金属组元与非金属组元的滑擦特点，具体体现为 CrFe 相在滑擦过程中发生塑性变形而（Cr,Fe）$_{23}C_6$ 相随压力增加发生弹性变形直至破碎。

以 $MoS_2@Cu$ 与 $MoS_2@Ni$ 为代表的润滑组元因层状结构特点而具有良好的润滑性能，导致滑擦过程中即使具有较高的压入深度仍能保持较低的摩擦因数输出。其摩擦因数的变化规律仍与正压力呈正相关。

以两种晶型氧化锆及二氧化硅为代表的陶瓷摩擦组元，其硬度高脆性大的特定导致此类组元在滑擦过程中则往往具有压入深度浅，摩擦因数低，产生的变形以弹性变形为主等特点。在滑擦过程中，随此类组元硬度提升，压入深度、形变参数、摩擦因数呈下降趋势，且与金属摩擦组元显著不同的是，高滑擦压力下非金属摩擦组元会发生局部破碎现象。

对于界面，如图 3-53 所示，随摩擦组元由金属组元向非金属组元转变，以及形成界面强度的不断降低，经历滑擦过程后的界面状态逐渐由 Fe/Cu 扩散结合界面的界面沿滑擦方向变形向 CrFe/Cu 扩散结合界面及 Cr/Cu 扩散结合界面的界面少量变形与局部界面剥离转变，再向（Cr,Fe）$_{23}C_6$-CrFe/Cu 混合结合界面的局部剥离且（Cr,Fe）$_{23}C_6$ 硬质相破碎转变，接着向 $MoS_2@Cu/Cu$ 与 $MoS_2@Ni/Cu$ 的镀层界面剥离转变，最终转化为（Cr,Fe）$_7C_3$/Cu 机械结合界面、c-ZrO_2/Cu 机械结合界面的大面积界面剥离，甚至向 SiO_2/Cu 机械结合界面的大面积剥离加硬质相破碎转变。

在扩散结合界面中，由于界面强度较高且不易完全破坏可起到支撑压头过渡作用，因此有助于延缓压入深度及摩擦因数的快速提升，且低压力滑擦后界面仍可发生部分弹性恢复，导致形变参数相对较低。镀层结合界面虽弱于扩散结合界面，但镀层界面仍能够起到一定的支撑作用，因此镀层界面处摩擦因数的过渡也相对平滑。而在机械结合界面中，由于界面强度低导致压头在滑过界面过程中引起界面剥离现象，致使界面处形成极高的压入深度及摩擦因数增长，且由于界面

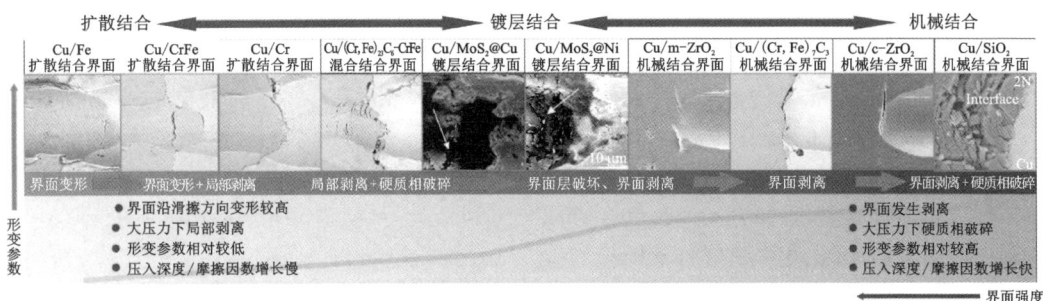

图 3-53　各类型界面的滑擦行为与失效机制对比

破坏引起了较高形变参数的产生。在较高的滑擦压力下，界面中脆性硬质相部分还极有可能发生破碎现象，如 $(Cr,Fe)_{23}C_6/Cu$ 界面在 0.5 N 及 0.6 N 压力下均发生了明显的破碎；$(Cr,Fe)_{23}C_6-CrFe/Cu$ 混合结合界面的各项性能处于扩散结合界面及机械结合界面之间，

彩图3-53

在高滑擦压力下既可观察到 CrFe 相的塑性变形，又可观察到 $(Cr,Fe)_{23}C_6$ 与 Cu 基体的剥离与破碎；SiO_2 在高滑擦压力作用下甚至发生剧烈破碎。

　　综合来看，组元与基体的界面性能是影响组元本征摩擦学特性输出的重要指标。合适的增强组元不但需要具有与基体良好的界面性能，还需具有良好的本征摩擦学特性。综合考虑界面性能与增强组元本征特性基础之上，结合高速列车制动摩擦材料标准中的元素控制要求，上述提到增强组元在高速列车摩擦材料设计中使用更频繁的主要有 Fe、ZrO_2、HCF 等。

参考文献

[1] 叶恒强. 材料界面结构与特性[M]. 北京：科学出版社，1999.

[2] MOUSTAFA S F, EL-BADRY S A, SANAD A M, et al. Friction and wear of copper-graphite composites made with Cu-coated and uncoated graphite powders[J]. Wear, 2002, 253(7)：699-710.

[3] 赵士阳，张国赏，魏世忠，等. 化学镀 Ni 对 Al_2O_3 颗粒增强复合材料制备及耐磨性能的影响[J]. 矿山机械，2008，36(20)：25-28.

[4] 王德宝，吴玉程，王文芳，等. SiC 颗粒表面修饰对铜基复合材料性能的影响[J]. 中国有色金属学报，2007(11)：1814-1820.

[5] 吴树森，严有为. 材料成型界面工程[M]. 北京：化学工业出版社，2006.

[6] GONG T, YAO P, XIONG X, et al. Microstructure and tribological behavior of interfaces in Cu-SiO$_2$ and Cu-Cr metal matrix composites[J]. Journal of Alloys and Compounds, 2019, 786: 975-985.

[7] FENG J, SONG K, LIANG S, et al. Electrical wear of TiB$_2$ particle-reinforced Cu and Cu-Cr composites prepared by vacuum arc melting[J]. Vacuum, 2020, 175: 109295.

[8] GUO Y, ZHANG Z, ZHANG Q, et al. Tribological characteristics of W$_2$C reinforced Mn copper-nickel alloy matrix composite coating for rig disc brake[J]. Surface Topography Metrology and Properties, 2019, 7(4): 45024.

[9] ZHAN Y, ZHANG G. The effect of interfacial modifying on the mechanical and wear properties of SiCp/Cu composites[J]. Materials Letters, 2003, 57(29): 4583-4591.

[10] KENNEDY F E, BALBAHADUR A C, LASHMORE D S. The friction and wear of Cu-based silicon carbide particulate metal matrix composites for brake applications[J]. Wear, 1997, 203-204: 715-721.

[11] 赵翔, 郝俊杰, 于潇, 等. Al$_2$O$_3$颗粒镀铜对铜基粉末冶金摩擦材料 Al$_2$O$_3$-Fe-Sn-C/Cu 摩擦磨损性能的影响[J]. 复合材料学报, 2015, 32(2): 451-457.

[12] ZHANG L, FU K, ZHANG P, et al. Improved braking performance of Cu-based brake pads by utilizing Cu-coated SiO$_2$ powder[J]. Tribology Transactions, 2020, 63(5): 829-840.

[13] 国秀花, 宋克兴, 梁淑华, 等. 制备工艺对 Al$_2$O$_3$/Cu 复合材料载流摩擦磨损性能的影响[J]. 材料热处理学报, 2014, 35(3): 1-7.

[14] SONG K. Effect of reinforced particle on electrical/tribological performance of copper composites[R]. Wuhan: The 7th China-UK Tribology Symposium, 2015.

[15] 陈百明. 提高铜基摩擦材料抗磨损性能的研究[D]. 兰州: 中国科学院兰州化学物理研究所, 2008.

[16] CHEN B, BI Q, YANG J, et al. Tribological properties of Cu-based composites and in situ synthesis of TiN/TiB$_2$[J]. Materials Science & Engineering A, 2008, 491(1-2): 315-320.

[17] 于潇, 郭志猛, 杨剑, 等. Fe 含量及摩擦组元对铜基粉末冶金摩擦材料性能的影响[J]. 粉末冶金技术, 2014, 32(1): 43-47.

[18] 王德宝, 吴玉程. 高性能耐磨铜基复合材料的制备与性能研究[M]. 合肥: 合肥工业大学出版社, 2012.

[19] REN F, ZHU W, CHU K, et al. Tribological and corrosion behaviors of bulk Cu W nanocomposites fabricated by mechanical alloying and warm pressing[J]. Journal of Alloys and Compounds, 2016, 676: 164-172.

[20] WU W, HOU C, CAO L, et al. High hardness and wear resistance of W-Cu composites achieved by elemental dissolution and interpenetrating nanostructure[J]. Nanotechnology, 2020, 31(13): 135704.

[21] CHUANG Y, SCHMID R, CHANG Y A. Thermodynamic analysis of the iron-copper system I: The stable and metastable phase equilibria[J]. Metallurgical Transactions A, 1984, 15(10): 1921-1930.

[22] PENG T, YAN Q, LI G, et al. The braking behaviors of Cu-based metallic brake pad for high-speed train under different initial braking speed[J]. Tribology Letters, 2017, 65(4): 1-13.

[23] PENG T, YAN Q, LI G, et al. The infuence of Cu/Fe ratio on the tribological behavior of brake friction materials[J]. Tribology Letters, 2018, 66(1): 18.

[24] ZHANG P, ZHANG L, FU K, et al. Effects of different forms of Fe powder additives on the simulated braking performance of Cu-based friction materials for high-speed railway trains [J]. Wear, 2018, 414-415: 317-326.

[25] 符蓉, 房顺利, 高飞, 等. 铬对铜基粉末冶金材料摩擦磨损性能的影响[J]. 润滑与密封, 2013(10): 15-20.

[26] 袁国州, 彭剑昕, 姚萍屏. 硼铁含量和粒度对铁铜基摩擦材料性能的影响[J]. 矿冶工程, 2001, 21(4): 89-91.

[27] 袁振军, 贺甜甜, 杜三明, 等. 硼铁含量对铜基粉末冶金制动材料性能的影响[J]. 材料导报, 2018, 32(18): 3223-3229.

[28] FAN J, ZHANG C, WU S, et al. Effect of Cr-Fe on friction and wear properties of Cu-based friction material[J]. Materials Science and Technology, 2018, 34(7): 869-875.

[29] ZHANG P, ZHANG L, WEI D, et al. The synergistic effect of Cr and CrFe particles on the braking behavior of Cu-based powder metallurgy brake pads[J]. Tribology Transactions, 2019, 62(6): 1072-1085.

[30] 赵翔, 郝俊杰, 彭坤, 等. Cr-Fe 为摩擦组元的铜基粉末冶金摩擦材料的摩擦磨损性能 [J]. 粉末冶金材料科学与工程, 2014, 19(6): 935-939.

[31] FAN J, ZHANG C, WU S, et al. Effect of Cr-Fe on friction and wear properties of Cu-based friction material[J]. Materials Science and Technology, 2018, 34(7): 869-875.

[32] 姚萍屏, 樊坤阳, 孟康龙, 等. 不同晶型 SiCp 对铜基粉末冶金摩擦材料摩擦磨损性能的影响[J]. 润滑与密封, 2011, 36(7): 2-4.

[33] 张洁, 许晓静, 陈康敏, 等. SiCp 尺寸对 SiCp/Cu 基复合材料抗磨性能的影响[J]. 摩擦学学报, 2003(4): 301-305.

[34] 汤文明, 郑治祥, 丁厚福, 等. SiC/Fe 界面固相反应模型[J]. 无机材料学报, 2003(4): 885-891.

[35] 汤文明, 郑治祥, 丁厚福, 等. Fe/SiC 界面反应机理及界面优化工艺研究的进展[J]. 兵器材料科学与工程, 1999(4): 3-5.

[36] 袁国洲, 姚萍屏. SiO$_2$ 和 B$_4$C 组合对铁铜基摩擦材料性能的影响[J]. 非金属矿, 1999, 22(4): 47-49.

[37] 符蓉, 高飞, 宋宝韫, 等. SiO$_2$ 对铜基摩擦材料摩擦磨损性能的影响[J]. 材料科学与工艺, 2008, 16(6): 790-793.

[38] 卢宏, 张婧琳, 刘联军, 等. SiO$_2$ 粒度对铜基粉末冶金摩擦材料性能影响[J]. 粉末冶金技术, 2014, 32(3): 195-199.

[39] 吴忠亮, 韩晓明, 符蓉, 等. SiO$_2$ 粒度对铜基摩擦材料摩擦性能的影响[J]. 热加工工艺, 2010, 39(22): 81-83.

［40］KESAVAN S, SHAO X. Friction Material. U. S. Patent Application 15/257, 224［P］. 2017－03－23.

［41］MITSUO K. Friction Material. U. S. Patent Application 15/257, 224［P］. 2018－03－08.

［42］LV M, WANG Q, WANG T, et al. Effects of atomic oxygen exposure on the tribo-logical performance of ZrO_2-reinforced polyimide nanocomposites for low earth orbit space applications ［J］. Composites Part B: Engineering, 2015, 77: 215－222.

［43］FIELD J S, SWAIN M V. A simple predictive model for spherical indentation［J］. Journal of Materials Research, 1993, 8(2): 297－306.

［44］FUTAMI T, OHIRA M, MUTO H, et al. Contact/scratch-induced surface deformation and damage of copper-graphite particulate composites［J］. Carbon, 2009, 47(11): 2742－2751.

［45］JOHNSON K. Contact Mechanics［M］. UK: Cambridge University Press, 1987.

［46］OLIVER W C, PHARR G M. An improved technique for determining hardness and elastic modulus using load and displacement sensing indentation experiments ［J］. Journal of Materials Research, 1992, 7(6): 1564－1583.

［47］XIAO J, ZHANG L, ZHOU K, et al. Microscratch behavior of copper-graphite composites［J］. Tribology International, 2013, 57: 38－45.

［48］GEIKE T, POPOV V L. Reduction of three-dimensional contact problems to one-dimensional ones［J］. Tribology International, 2007, 40(6): 924－929.

［49］POPOV V L, HEB M. Method of Dimensionality Reduction in Contact Mechanics and Friction ［M］. Beijin: Tsinghua University Press, 2016.

第4章 高速列车制动粉末 冶金摩擦材料设计

高速列车制动闸片材料工作于高速重载环境之下，其苛刻的制动环境要求铜基摩擦材料具有较高含量的摩擦与润滑组元，以此保障此类材料在工作时能够提供有效的摩擦性能输出。随高速列车运行速度的不断提升，铜基摩擦材料开始出现制动能力不足、制动失稳、高温热衰退等严重影响服役性能问题，因此突破苛刻服役条件下的高性能摩擦材料设计成为目前的研发重点。目前，面对高速列车苛刻工况存在的耐高温、耐磨损、稳摩擦、抗热衰退需求，高性能铜基摩擦材料具有显著的"陶瓷化"设计倾向，摩擦组元与润滑组元的体积分数甚至超过50%，如图4-1所示。

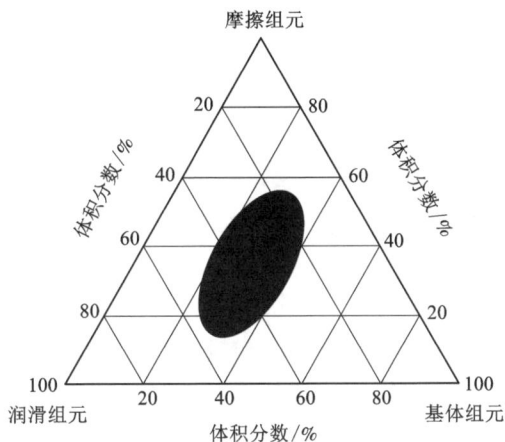

图4-1 高速列车用粉末冶金摩擦材料的配方设计范围

陶瓷化设计的基础为明晰各功能组元对摩擦学性能的贡献及其之间的协同作用。因此，针对各组元在越来越苛刻制动工况下的性能表现，以及不同组元之间的相互作用研究开始变得越来越重要。为实现多组元的良好协同复合增效，把握摩擦材料陶瓷化协同设计，形成兼具摩擦学性能好、抗损伤失效强、服役稳定性佳的高性能摩擦材料设计方法，还需在特征组元对宏观摩擦学性能影响，以及多种组元之间的协同作用机制方面开展研究。以往在高速列车粉末冶金摩擦材料的设计中，往往采用试错或抓中药式的半经验设计方法，这些设计方法具有周期长、成本高、效率低、形成经验泛用性差等特点，因此必须对铜基摩擦材料的成分设计方法开展新的探索。本章主要阐述了新型高速列车制动粉末冶金摩擦材料开发过程中对数种特征组元性能的探索(基于对特征组元本征及界面性能的研究基础)，以及发展的几种摩擦材料特征组元含量设计方法与思路。

4.1 单组元含量对铜基摩擦材料摩擦学性能影响

调控组元组分测试铜基粉末冶金摩擦材料基础摩擦磨损性能是初步检测组元含量对材料摩擦学性能影响的重要方式。通过固定制动条件下关键组元不同组分含量样品的性能检测，可以初步判断测试组元对材料摩擦学性能的影响机制，以及其对材料摩擦磨损性能，甚至磨损失效机制的影响。在开展面向实际苛刻工况的铜基粉末冶金摩擦材料之前，系统分析组元对材料的摩擦学性能影响极为必要。因此，针对前述特征组元中性能优异的金属摩擦组元和陶瓷摩擦组元，开展了特征摩擦组元单组元含量对摩擦材料摩擦学性能影响的分析研究。

4.1.1 Fe组元对闸片材料摩擦学性能的影响

Fe来源广泛，常作为关键组元添入铜基体，一方面起强化作用，同时又可调节摩擦因数及摩擦稳定性。为研究Fe含量对铜基摩擦材料性能的影响，优化材料中Fe的配比以符合《动车组闸暂行技术条件》(TJ/CL 307—2019)中的有关要求，是研制更高性能铜基摩擦材料需要开展的重要工作之一。为排除其他同类型组元干扰，可采用仅添加基体组元、Fe摩擦组元、石墨润滑组元的简单材料体系用于评估Fe组元性能(表4-1)。

表4-1　不同Fe体积分数的摩擦材料组成　　　　　　　　单位：%

样品编号	电解Cu粉	石墨粉	还原Fe粉
	<74 μm	150~600 μm	<74 μm
1#	83	17	0
2#	78	17	5
3#	73	17	10
4#	68	17	15
5#	63	17	20

不含Fe、体积分数10%Fe和20%Fe组元的摩擦材料组织如图4-2所示，其

中灰色大颗粒相为石墨,灰白的小颗粒状相为 Fe,石墨与 Fe 较均匀分布于铜基体。根据第 3 章界面分析的结果,Fe 和 Cu 在烧结过程中发生了相互扩散,导致扩散结合界面的有效形成。如图 4-2(c)中 A 区域,Fe 与铜基体间形成了有效的界面连接。

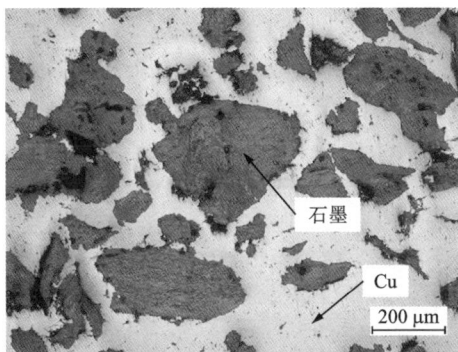

(a) 不含 Fe

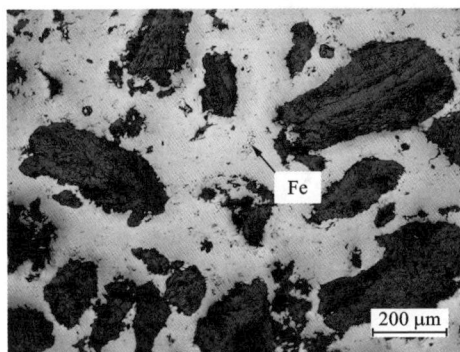

(b) 10% Fe

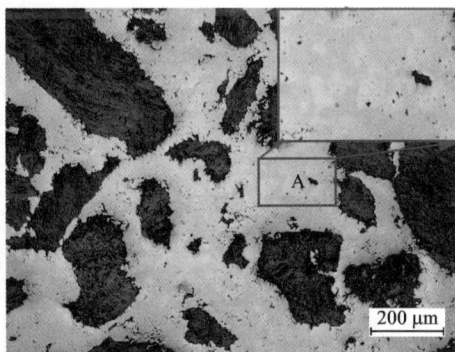

(c) 20% Fe

图 4-2　不同 Fe 体积分数的摩擦材料显微结构

Fe 含量对 Cu 基摩擦材料表观硬度的影响见图 4-3 所示,与不含 Fe 的摩擦材料相比,加入 Fe 后摩擦材料的表观硬度显著增加,且随着 Fe 含量的增加,摩擦材料的表观硬度呈增加趋势。此现象产生原因:一方面,Fe 的硬度大于铜基体的硬度,起着颗粒强化作用,提高了材料的抵抗变形能力;另一方面,Fe 对铜基体起着固溶强化作用,两者间形成了扩散结合界面,亦有利于提高材料的强度和表观硬度。

在惯量为 0.35 kg/m²,制动初速度为 22 m/s,制动压力为 0.6 MPa 的条件下,不同 Fe 组元含量摩擦材料的摩擦因数与磨损率关系曲线图如图 4-4 所示。随着 Fe 含量的增加,摩擦材料的摩擦因数先增加后降低,磨损率先降低后增加,Fe 体积分数为 10%时,摩擦材料的摩擦因数最高而磨损率最小。

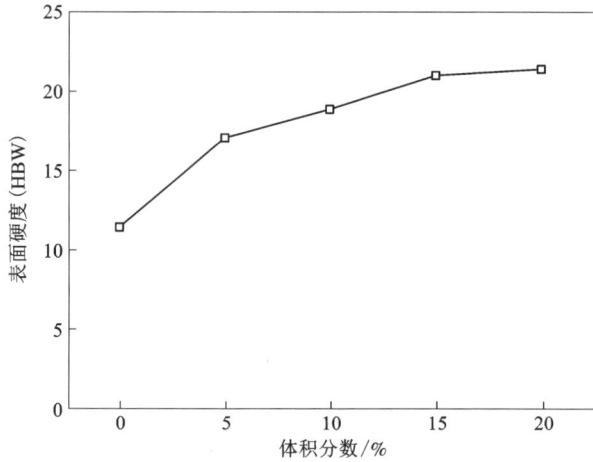

图 4-3　摩擦材料的表观硬度与 Fe 体积分数含量的关系图

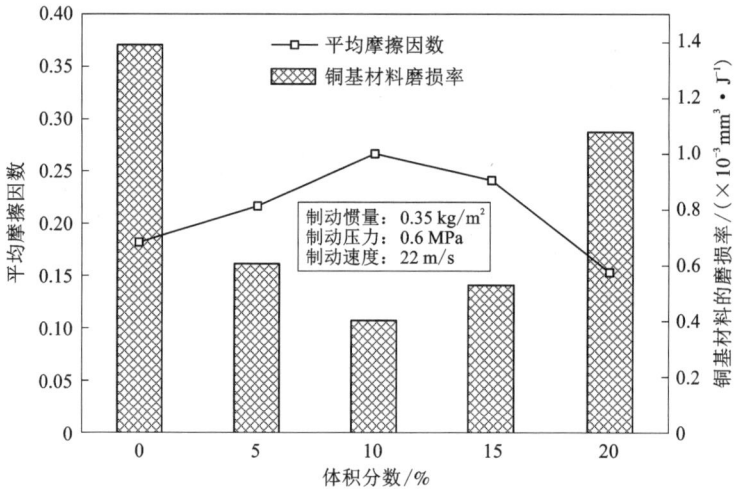

图 4-4　闸片材料的摩擦因数与磨损率和体积分数的关系曲线

　　因 Fe 的强度和硬度均高于铜基体，在摩擦过程中较软的铜基体产生磨损后摩擦材料的 Fe 颗粒凸出摩擦表面，表面微凸体数量增加，提高了摩擦的运动阻力，导致摩擦因数增加。此外，Fe 含量的增加有利于表面高强度摩擦膜的形成，提高摩擦因数并降低磨损量。然而，当 Fe 的体积分数超过 10% 时，因 Fe 的导热系数远小于 Cu，Fe 含量的增加降低了闸片材料的导热系数，摩擦热在摩擦表面聚集，表面温度升高，致使摩擦表面 Fe 的微凸体和铜基体产生软化，降低了摩擦因数。此外，Fe/Cu 界面处存在缺陷，较高的 Fe 含量导致材料中界面缺陷数量提高，导致摩擦材料的磨损机制转换，不利于表面摩擦膜的形成，导致摩擦材料的磨损率的提高。

4.1.2　立方 ZrO_2 组元对摩擦材料摩擦学性能的影响

立方 ZrO_2 具有硬度适中、熔点高、化学性质稳定、耐磨性好等优点，可作为一种理想的摩擦组元加入粉末冶金摩擦材料。以 Fe 组元最佳含量为基础，进一步开展 ZrO_2 组分含量对摩擦材料摩擦学性能的影响研究。不同 ZrO_2 体积分数的摩擦材料试验设计配方见表 4-2。

表 4-2　含不同 ZrO_2 体积分数的摩擦材料组成　　　　　　　　单位：%

样品编号	电解 Cu 粉	石墨粉	还原 Fe 粉	氧化锆
	<74 μm	150~600 μm	<74 μm	100~250 μm
1#	73	17	10	0
2#	71	17	10	2
3#	69	17	10	4
4#	67	17	10	6
5#	65	17	10	8

图 4-5 展示了不含 ZrO_2、体积分数为 4% ZrO_2 和 8% ZrO_2 时摩擦材料的微观结构，其中黑色大颗粒相均为石墨，深灰白的小颗粒状相为 Fe，石墨与 Fe 较均匀分布于浅灰色的铜基体。由图 4-5(b) 可知，图中 ZrO_2 颗粒的颜色接近于铜基体，为分辨出材料中 ZrO_2 的分布，对图中 A 区域进行能谱分析，结果见图 4-5(c) 可以确认该不规则多边形相为 ZrO_2。由于立方氧化锆与基体形成弱的机械结合界面，两者之间的结合主要依靠组元间表面粗糙形态相互嵌入的机械啮合和铜基体的收缩应力包裹 ZrO_2 时产生的摩擦结合来实现。

图 4-6 展示了 ZrO_2 含量对摩擦材料表观硬度的影响。与不含 ZrO_2 的摩擦材料相比，加入 ZrO_2 后摩擦材料的表观硬度显著降低，且随着 ZrO_2 含量的增加，摩擦材料的表观硬度呈降低趋势。此现象产生原因为 ZrO_2 与铜基体的润湿性较差，两者间界面处为简单的机械结合而存在较多孔隙，降低了材料的抗塑性变形能力，且随着 ZrO_2 含量增加，摩擦材料的孔隙率增加，从而降低了摩擦材料的强度与硬度。ZrO_2 对铜基体有一定的颗粒强化作用，而两者界面结合差导致抗塑性变形能力下降程度高于 ZrO_2 对基体的颗粒强化。

(a) 不含 ZrO_2

彩图4-5

(b) 4% ZrO_2

(c) A区域EDS分析

(d) 20% Fe

(e) B区域放大图

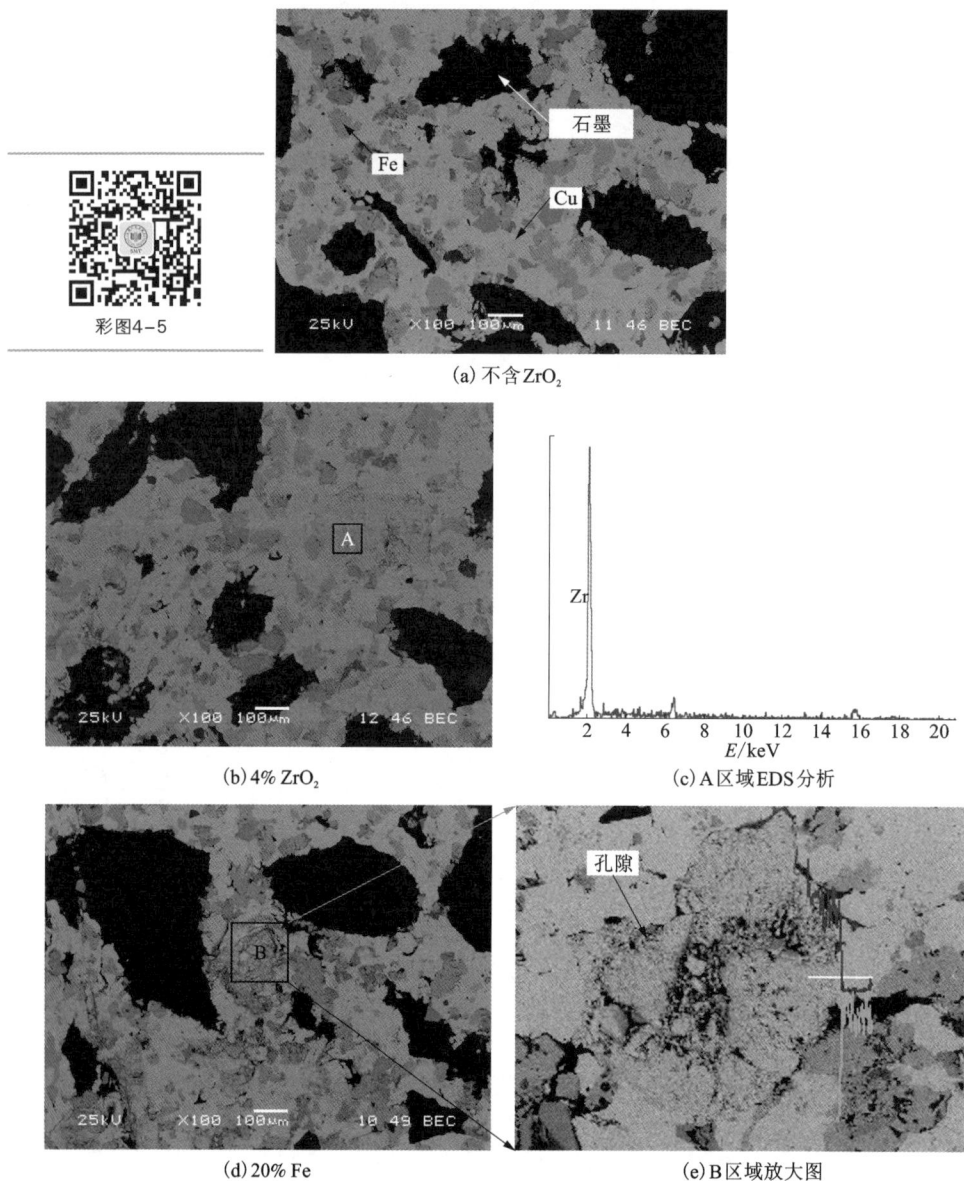

图 4-5　不同 ZrO_2 质量分数的摩擦材料显微结构

图 4-7 展示了惯量为 0.35 kg/m^2，制动初速度为 22 m/s，制动压力为 0.6 MPa 条件下，摩擦材料的摩擦因数与磨损率和 ZrO_2 含量的关系。随着 ZrO_2 体积分数的增加，摩擦材料的摩擦因数缓慢增加，磨损率先降低后略有增加。ZrO_2 体积分数为 6% 时，摩擦材料的磨损率最小。

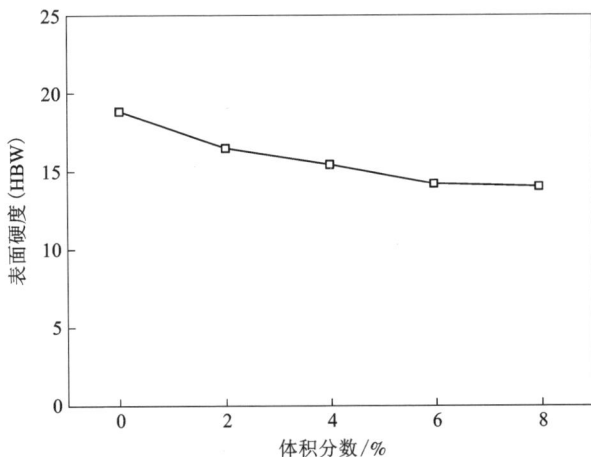

图 4-6　摩擦材料的表观硬度与 ZrO$_2$ 体积分数的关系图

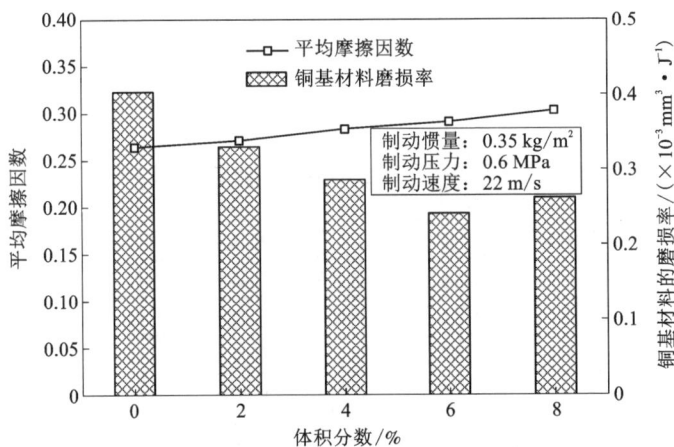

图 4-7　材料的摩擦因数与磨损率和 ZrO$_2$ 体积分数的关系曲线

ZrO$_2$ 的化学性能稳定,不与铜基体产生化学反应,在摩擦过程中铜基体产生磨损后,摩擦材料中耐磨性好的 ZrO$_2$ 颗粒凸出于摩擦表面,表面微凸体数量增加,提高了摩擦材料的摩擦因数。由于 ZrO$_2$ 的强度和硬度高,制动过程中支撑一定的载荷,避免一部分摩擦表面直接接触,降低了摩擦材料的磨损,ZrO$_2$ 还起着减轻或消除摩擦材料向铸钢材料表面的转移,降低粘着磨损趋势,提高了摩擦材料的耐磨性。然而,当 ZrO$_2$ 体积分数超过 6%时,破坏了铜基体的连续性,且 ZrO$_2$ 与铜基体润湿性差,两者结合力较弱,摩擦材料的力学性能降低,ZrO$_2$ 颗粒容易破碎、脱落,增加了摩擦材料的磨损率。

4.1.3　高碳铬铁组元对摩擦材料摩擦学性能的影响

高碳铬铁具有金属和陶瓷的双重特性，其硬度高、导热性强、耐磨、耐热性佳，且具有良好性价比，是一种潜在的高性能摩擦组元。因此，对含高碳铬铁铜基摩擦材料性能影响的研究具有必要性。表4-3为含高碳铬铁摩擦材料试验设计的配方。

表4-3　不同高碳铬铁体积分数摩擦材料组成　　　　　　　　　单位：%

样品编号	电解 Cu 粉	石墨粉	高碳铬铁
	<74 μm	150~600 μm	<74 μm
1#	83	17	0
2#	78	17	5
3#	73	17	10
4#	68	17	15
5#	63	17	20

图4-8展示了含5%、10%和20%（体积分数）高碳铬铁时摩擦材料的微观结

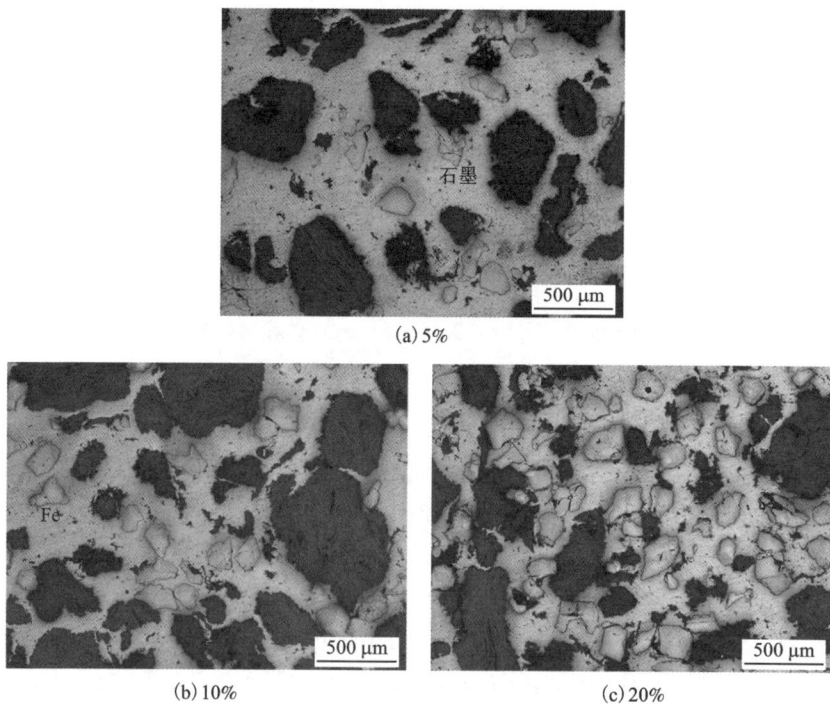

(a) 5%

(b) 10%　　　　　　　　　　(c) 20%

图4-8　不同体积分数高碳铬铁摩擦材料显微结构

构。图中浅色不规则块状相为高碳铬铁,其分布密度随着高碳铬铁含量增加而快速增加。由于高碳铬铁与基体形成的界面为扩散-机械混合结合界面,因此高碳铬铁与基体的结合较为紧密。

图 4-9 为高碳铬铁体积分数对摩擦材料表观硬度的影响。随着高碳铬铁含量的增加,摩擦材料的表观硬度呈增加趋势。此现象出现的原因与高碳铬铁较高的组元硬度,及其能够与基体形成具有一定强度的界面结合所致。在含高碳铬铁的摩擦材料中,高碳铬铁起到明显的颗粒强化作用,使硬度随含量增加呈升高趋势。

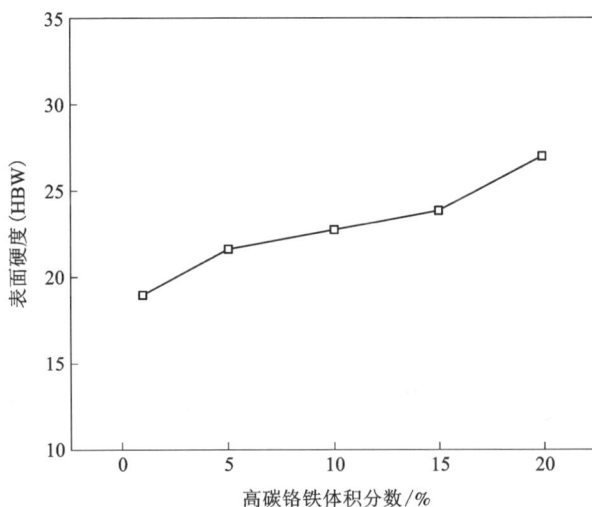

图 4-9　摩擦材料表观硬度与高碳铬铁体积分数关系图

图 4-10 为惯量为 0.35 kg/m²,制动压力为 0.6 MPa,制动速度为 22 m/s 条件下,摩擦材料的平均摩擦因数与磨损率随高碳铬铁含量变化的规律。随着高碳铬铁含量的增加,摩擦材料的摩擦因数呈先增后降趋势。摩擦材料的磨损率随着高碳铬铁含量的增加而降低。

高碳铬铁的适量增加提高了摩擦材料的平均摩擦因数,这是由于高碳铬铁较高的硬度有利于摩擦材料和对偶材料相互啮合所致。但进一步增加高碳铬铁含量对摩擦材料的摩擦因数影响不显著,这是因为摩擦材料表面过高的高碳铬铁体积分布不利于摩擦界面真实接触面积的增加,限制了摩擦因数的进一步提高。对于磨损率而言,高碳铬铁摩擦组元具有高硬度、耐高温等特性,其在表面分布面积的增加除引起对偶磨损加剧外,能够有效抑制摩擦材料自身的磨损。

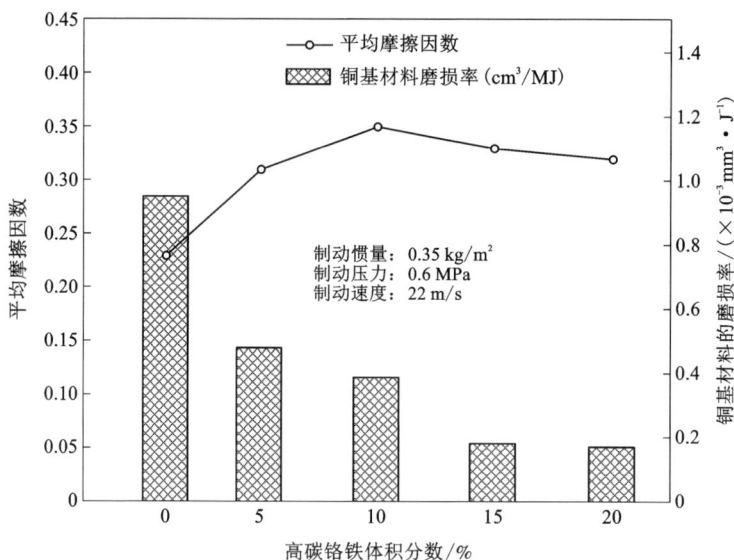

图 4-10　材料摩擦因数与磨损率和高碳铬铁体积分数关系图

4.2　摩擦磨损图在高速列车制动摩擦材料设计中的应用

高速列车在运行过程中的正常制动方式为先采用再生制动、非粘着制动等一种或两种制动手段将列车的运行速度降低到较低水平，再采用盘型制动系统使列车最终停止。这说明高速列车在正常工作状态下粉末冶金闸片材料主要经历中低制动能量工况。但考虑列车故障造成的再生制动、非粘着制动等制动方式失效风险，粉末冶金闸片还需具备紧急工况下的优异高能制动性能。可以认为高速列车粉末冶金闸片材料的应用工况横跨低、中、高能量工况，所研制的铜基摩擦材料必须在广域工况中满足高速列车的苛刻制动要求。因此，在考量添加组元对铜基粉末冶金制动材料影响时，还需考虑不同的制动工况影响。在这种需求下，构建典型组元含量-性能磨损图(摩擦磨损图)对指导摩擦材料设计具有重要意义。

4.2.1　摩擦磨损图的构建方法

摩擦材料在大范围工况变化条件的下摩擦因数、磨损率及磨损机制存在较大差异。研究小变化工况区间下的摩擦学性能及磨损机制往往局限性较强，难以全面系统地反映摩擦材料的整体摩擦学性能，更不用说摩擦磨损机制之间的联系及转变关系。因此，为框架性的整体研究材料在广域工况下的摩擦学性能及磨损机制，学者们开始采用摩擦磨损图以解决上述问题。摩擦磨损图的设想最早于 1981 年 Tabor 在国际摩擦学术会议上提出，目的是增加摩擦磨损数据的通用性，并融合面向数值的摩擦磨损性能研究与面向现象的摩擦磨损机理研究，使之成为整体系统，以直观地表征不同摩擦工况下材料的摩擦磨损数据与摩擦磨损机制，进一步揭示摩擦磨损机制之间的转化关系。借助摩擦磨损图，可有效拓展实验获取摩擦磨损数据的应用范围，有助于材料的选择与设计，还可揭示不同制动状态下材料的摩擦机理与磨损机制，辅助普适性磨损失效预测模型的构建。因此，采用以成分设计为关键参数的磨损图分析，以获得全面的组元摩擦学性能影响规律。

摩擦磨损图是以图形形式反映摩擦学性能，可有效且直观反映多个参数对摩擦材料摩擦学性能及摩擦磨损机制的影响规律，用于预测和评估相异条件下材料的摩擦学性能、给定条件下的磨损机理及磨损机制随条件变化的趋势等。现有摩擦磨损图大都面向于应用，即以研究某种或某一类固定材料在几种关键影响工况下的性能或磨损机制差异为主，而面向材料设计，以组分及制动能量密度为关键变量的摩擦磨损图研究相对较少。下文通过以特征摩擦组元作为研究对象，构建以摩擦组元体积分数、制动能量密度为自变量，摩擦因数、磨损率及磨损机制为因变量的摩擦磨损图及磨损机制图，并根据相关结果为高速列车制动粉末冶金摩擦材料的设计提供摩擦组元种类及其含量的选取理论指导与验证，进一步丰富高性能摩擦材料摩擦组元选材及设计实践和理论基础。

（1）关键影响变量的选择

由于特征组元的含量影响主要体现在铜基粉末冶金制动材料摩擦表面特征组元的分布面积上。因此计算组元含量时采用与表面分布息息相关的体积分数占比相比于质量分数更具有意义。由于开展 1∶1 台架实验价格昂贵且影响因素众多，使用缩比实验检测铜基粉末冶金摩擦材料的性能更具有可行性。缩比实验完全再现高速列车极端高能制动环境非常困难，采用等能量密度的归一化方法研究制动性能更具有现实意义。

制动能量密度可通过制动实验机记录的实验数据推算。由于制动过程中存在风阻，且风阻的大小随制动初速度、制动时间增加而快速提升，导致在高制动初速度下制动时必须考虑到风阻对动能的消耗。当考虑到风阻的影响时，摩擦材料在制动过程中实际的制动能量可由下式计算：

$$Q_A = \int_0^t \mu_s F_N \omega_s \frac{(r_n + r_w)}{2} dt \tag{4-1}$$

式中：F_N 为制动过程中施加在摩擦试样上的正压力；Q_A 为实际制动能量；t 为制动时间；μ_s 瞬时摩擦因数；ω_s 为制动过程中瞬时的角速度；r_n 与 r_w 为缩比实验试环的内外径。

制动过程中的制动能量密度（BED）则可由下式表示。

$$e_A = \frac{Q_A}{S_n} \tag{4-2}$$

式中：e_A 为实际的制动能量密度；S_n 为名义接触面积。

（2）材料设计磨损图构建的数据拟合方法

在构建磨损图中，虽含各类型摩擦组元材料在不同制动初速度下具有相同的理论制动能量密度，但由于实际实验过程中存在风阻，加之摩擦材料间存在的性能差异，导致各类摩擦材料即使在相同的制动初速度下仍具有相异的制动能量密度，通过实验获取的摩擦因数及磨损率数据沿制动能量密度所在轴呈离散分布，构建磨损图就必须采用散乱数据拟合的方法。不同区域的摩擦因数、磨损率变化规律具有差异，主要摩擦磨损机制也各不相同，因此选取具有局部逼近特征的散乱数据拟合方法能有效提高摩擦磨损图的精度。

构建三维摩擦及磨损图采用了 Franke 和 Nielson 修正的 Shepard 方法拟合数据。该方法本质上是一种基于距离加权的拟合方法，插值函数主要由下式定义：

$$F(x, y) = \sum_{i=1}^{n} f_i W_i(x, y) \tag{4-3}$$

式中：f_i 为各原始数据点的值，而 $W_i(x, y)$ 则为各引入数据点所占权重的函数。表达式如下式所示：

$$W_i(x, y) = \frac{w_i(x, y)}{\sum_{k=1}^{n} w_k(x, y)} \tag{4-4}$$

式中：w_i 为相对权函数。对于给定半径 R_w（用于拟合数据所处范围的半径），其可表示为

$$w_i(x, y) = \left[\frac{(R_w - d_i)_+}{R_w d_i} \right]^2 \tag{4-5}$$

式中：d_i 为需拟合点 (x, y) 与数据点 (x_i, y_i) 之间的距离，$(R_w - d_i)_+ = \max(0, R_w - d_i)$。

由权函数可知，当原始数据点在以 R_w 为半径、以 (x, y) 为中心的圆内时，原始数据点参与拟合。而当原始数据点与需拟合点距离大于 R_w 时，原始数据点对拟合的影响不考虑。

对于插值点 (x_k, y_k)，采用节点函数 Q_i 代替 f_i，其中节点函数为二次拟合函数，其表达式为

$$Q_i(x, y) = a_i(x - x_i)^2 + b_i(x - x_i)(y - y_i) + c_i(y - y_i)^2 + d_i(x - x_i) + e_i(y - y_i) + f_i \tag{4-6}$$

式中：a_i、b_i、c_i、d_i、e_i 由 R_q 范围内数据（求解最小二乘法所用数据的分布半径范围）通过加权最小二乘法计算获得。即 a_i、b_i、c_i、d_i、e_i 满足：

$$\min_{a_i, b_i, \cdots, d_i} \sum_{\substack{k=1 \\ k \neq i}}^{n} w_k(x_k, y_k)\left[Q_k - f_k\right] \tag{4-7}$$

最后的曲面方程可表示为

$$F(x, y) = \sum_{i=1}^{n} Q_i W_i(x, y) \tag{4-8}$$

由上述公式可知，在 MQS 方法中，影响插值的主要变量为数据选取范围的 R_w 与 R_q，可采用以下公式：

$$N_w = \left(\frac{2R_w}{D}\right)^2 n, \quad N_q = \left(\frac{2R_q}{D}\right)^2 n \tag{4-9}$$

式中：n 为数据点的总数量；D 为数据点之间的最大距离；N_w 与 N_q 分别为权重函数局部因子与二次插值局部因子，其值大小代表 R_w 与 R_q 中数据点的平均数量。一般而言，$N_q \approx 2N_w$ 插值具有较高的精度，考虑到设计散点数据量相对较少，可将所有实验点都纳入考虑范围，因此取 N_q 为 25～28，N_w 为 12～14。

4.2.2　铁含量—制动工况磨损图

图 4-11（a）为各种 Fe 含量摩擦材料在多种制动能量密度下的磨损率变化曲线。由图可知，Fe 含量明显影响了铜基摩擦材料磨损率随制动能量密度变化的趋势。当摩擦材料中的 Fe 的体积分数在低于 10% 时，随制动能量密度的增加磨损率呈先降低后升高的趋势。而当 Fe 的体积分数升高至 15%～20% 时，磨损率随制动能量密度的增加整体呈上升趋势。Fe 的体积分数为 10%～15% 的摩擦材料，其磨损率在高制动能量密度下随制动能量密度的增加而缓慢增长。而对于 Fe 的体积分数为 0 及 20% 的摩擦材料而言，其磨损率在高制动能量密度下随制动能量密度的增加而增长较快。

含 Fe 摩擦材料的磨损性能变化与其在各条件下的磨损机制相关。对于 Fe 的体积分数为 0～10% 的摩擦材料而言，其在较低制动能量密度下（8～15 J/mm²）发生了粘着磨损。在此条件下，虽总体积磨损量相对较低，但考虑到同样较低的制动能量密度，导致磨损率相对较高。在该 Fe 的体积分数条件下，随制动能量密度的提升，粘着磨损逐渐减弱导致磨损率开始下降。此后，随粘着磨损向犁削磨损转变，且犁削磨损随制动能量密度的加剧，磨损率又开始升高。进一步提升制动能量密度（>25 J/mm²），对于 Fe 的体积分数为 0～5% 的摩擦材料而言，其磨损表面发生剧烈的塑性变形而导致塑性变形层剥层破坏，引起磨损率的快速升高。而对于 Fe 的体积分数为 10%～15% 的摩擦材料而言，由于其表面形成了具有保护效果的机械混合层，大幅度减缓了磨损率的升高趋势。对于 Fe 的体积分数为 15%～20% 的摩擦材料而言，其磨损表面的大量剥层脱落导致磨损率快速提高。

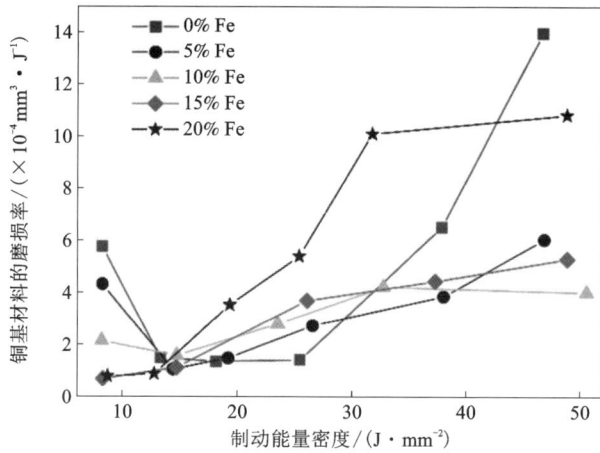

(a) 体积磨损率

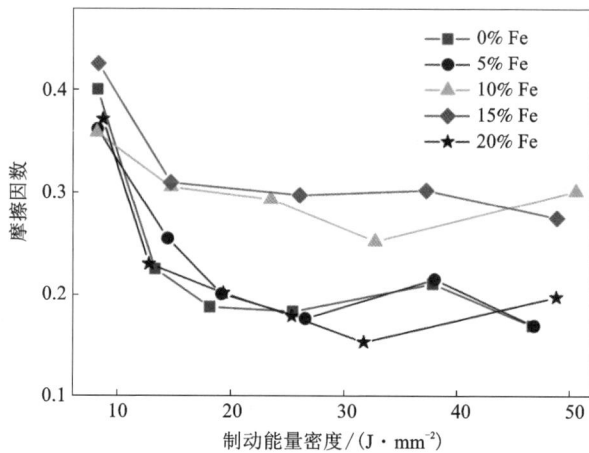

(b) 摩擦因数

图 4-11 制动能量密度及 Fe 体积分数对铜基粉末冶金闸片材料摩擦磨损性能的影响

图 4-11(b) 为各 Fe 含量摩擦材料在多种制动能量密度下的摩擦因数变化曲线。由图 4-11(b) 可知，当制动能量密度在 $8\sim20$ J/mm^2 时，摩擦材料的摩擦因数总体均随制动能量密度的提升而呈下降趋势，随制动能量密度的进一步提升，各摩擦材料的摩擦因数开始保持相对稳定。对于 Fe 的体积分数为 $10\%\sim15\%$ 的摩擦材料而言，其摩擦因数降低较缓，因此该摩擦材料在中高制动能量密度下具有相对较高的摩擦因数。而对于 Fe 的体积分数为 $0\sim5\%$ 及 20% 的摩擦材料而言，其摩擦因数下降较快，该摩擦材料在中高制动能量密度下具有相对较低的摩擦因数。

摩擦材料摩擦性能的变化主要与制动工况及摩擦材料的亚表面结构相关。摩擦因数总体随制动能量密度增加而下降与摩擦材料基体软化及制动能量部分向冲击能量转变有关。在高制动能量密度下，如图 4-12 所示，Fe 的体积分数逐渐增加将导致摩擦材料亚表面的最外层依次形成塑性变形层（对应 Fe 的体积分数为 0~5%）、机械混合层（对应 Fe 的体积分数为 10%~15%）及 Fe 的体积分数较高的基体层（对应 Fe 的体积分数为 20%）。其中，机械混合层发生部分氧化，具有最高的强度，而发生加工硬化的塑性变形层及裸露基体层则强度较低。因此根据修正磨损理论，随制动能量密度提升，形成机械混合层的摩擦材料具有相对较高的摩擦因数，而形成塑性变形层及裸露基体层的摩擦材料具有相对较低的摩擦因数。

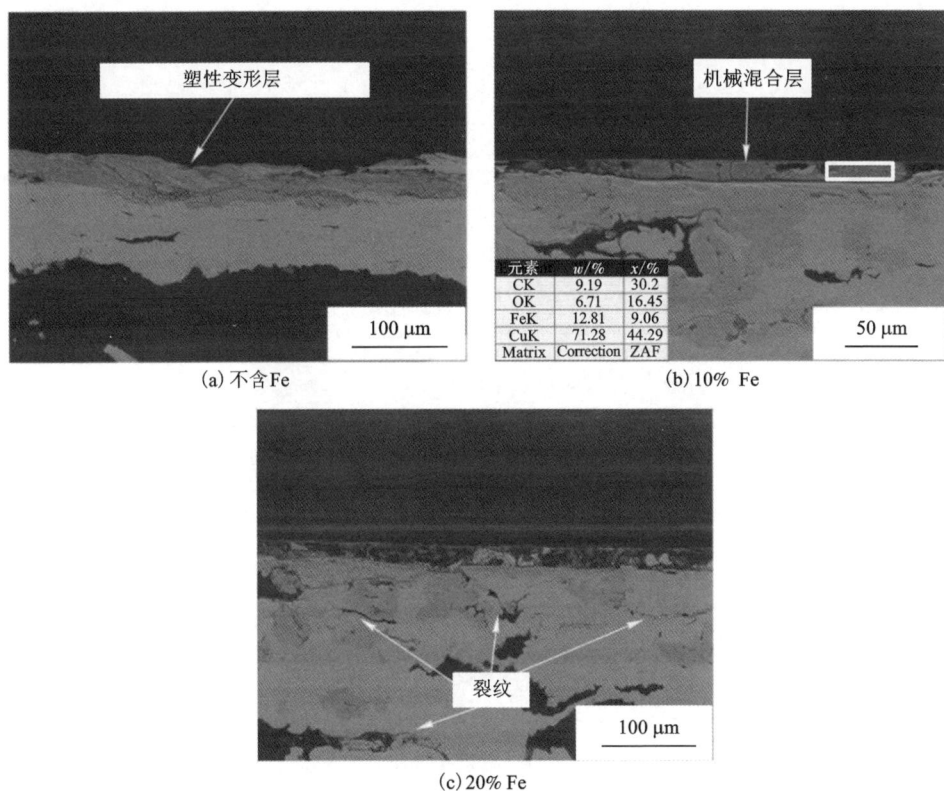

元素	w/%	x/%
CK	9.19	30.2
OK	6.71	16.45
FeK	12.81	9.06
CuK	71.28	44.29
Matrix	Correction	ZAF

(a) 不含 Fe　(b) 10% Fe　(c) 20% Fe

图 4-12　高制动能量密度下不同 Fe 体积分数对铜基粉末冶金摩擦材料亚表面结构的影响

根据不同体积分数 Fe 的铜基粉末冶金摩擦材料摩擦学数据，可最终构建以组元体积分数为 x 轴，制动能量密度为 y 轴，磨损率或摩擦因数为 z 轴的三维摩擦及磨损图。通过三维摩擦磨损图，可清晰解读摩擦材料在各区域中摩擦因数及磨损率的变化趋势，有助于预判摩擦材料的摩擦磨损性能。

图 4-13(a)展示了含 Fe 摩擦材料的三维磨损图。由图可知，各个区域具有完全不同的磨损率变化规律。对于制动能量密度在 8~15 J/mm^2，Fe 的体积分数低于 10% 的区域中，摩擦材料的磨损率随制动能量密度及 Fe 的体积分数升高而呈快速降低趋势。而在同制动能量密度范围，Fe 的体积分数高于 10% 的区域，以及制动能量密度在 15~26 J/mm^2 的区域中，摩擦材料的磨损率虽对 Fe 的体积分数变化不敏感，但却随制动能量密度提升而缓慢升高。在高制动能量密度区域（>30 J/mm^2），较低或较高的 Fe 的体积分数均导致摩擦材料的磨损率迅速提升，而 Fe 的体积分数为 10%~15% 的摩擦材料具有相对较低的磨损率。图 4-13(b)显示了含 Fe 摩擦材料的三维摩擦因数图。在此图中，摩擦因数总体随制动能量密度提升而呈下降趋势，但可以发现当 Fe 的体积分数在 10%~15% 时，摩擦因数随制动能量密度提升降低更缓慢，最终导致三维摩擦因数图呈不对称的马鞍状。

图 4-14(a)为含 Fe 摩擦材料的磨损率等高线图。含 Fe 摩擦材料分别在图示①~⑤区域中具有相同或相似的等高线变化规律，说明在含 Fe 摩擦材料的磨损率等高线图中存在五种相异的主导磨损机制。通过收集各条件下的磨损率及磨损机制数据，可构建带标记的磨损率数据分布图，图中不同标记分别代表在该条件下发生的主要磨损机制，如图 4-14(b)所示。结合磨损率等高线图及带标记的磨损率数据图，最终可构建含 Fe 摩擦材料的磨损机制图。各磨损机制的存在区域主要由磨损率等高线图的变化趋势及制动后观察到的摩擦磨损表面形貌、亚表面结构、磨屑特征综合划分，如图 4-14(c)所示。

在含 Fe 摩擦材料的磨损图中，粘着磨损主要产生于左下角区域。这主要是由此区域中较低的摩擦材料抗塑性变形能力及较低的相对滑动速度，导致摩擦材料表面与对偶直接接触而形成粘着现象而造成。

犁削磨损主要产生于除发生粘着磨损区域外的低中区域中。在此区域中，随制动能量密度及 Fe 含量提升，摩擦材料与对偶之间相对滑动速度提升及摩擦材料硬度、抗塑性变形能力增强导致的粘着现象消失，此时摩擦材料的磨损主要来源于对偶表面微凸体及硬质第三体对摩擦材料的犁削作用。

塑性变形磨损则主要产生于磨损率数据图的左上区域。在此区域中，由于低 Fe 含量的摩擦材料在高制动能量密度下发生制动时，其磨损表面易产生严重的塑性变形，并形成较厚的塑性变形层。在随后的制动过程中随塑性变形层的加工硬化破坏，摩擦材料产生大量磨损。

氧化剥层磨损为中高区域的主要磨损机制。在此区域中，适当的 Fe 含量既能保证摩擦材料具有一定的抗塑性变形能力而不会在高制动能量密度下发生严重的塑性变形，又能控制界面缺陷数量以至于摩擦材料表面不发生剥层磨损。此条件下，磨屑易在富 Fe 的塑性变形层上积累、啮合并二次烧结，形成机械混合层。此时机械混合层的形成与破坏为摩擦材料的主要磨损机制。机械混合层的形成可

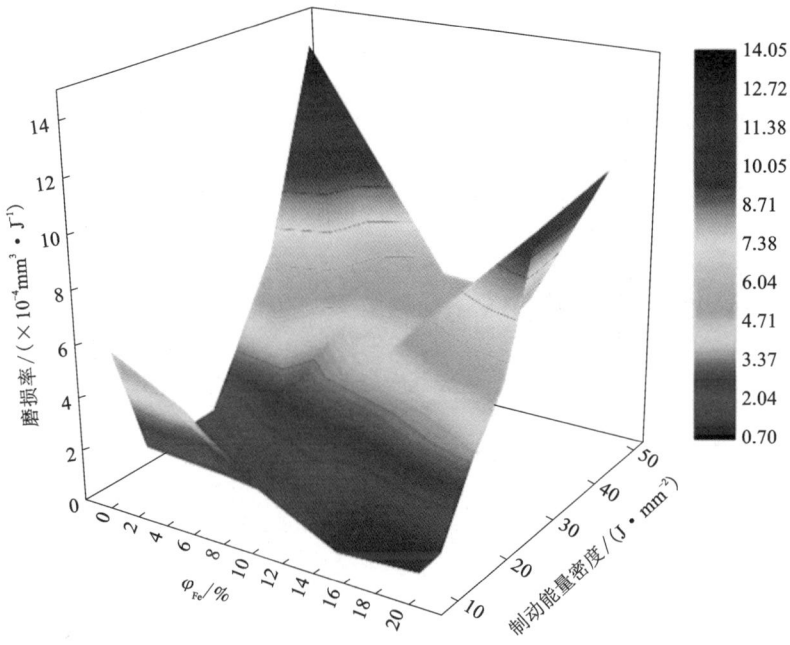

(a) 磨损图

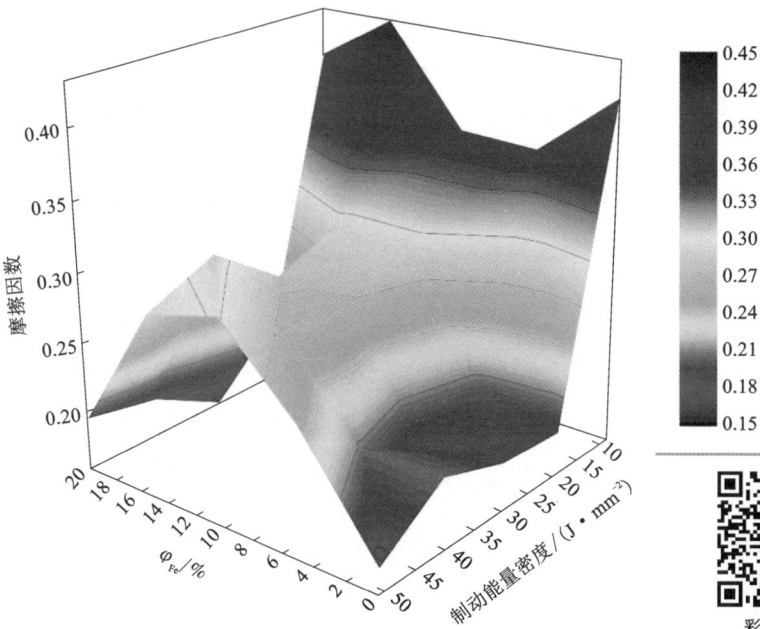

彩图4-13

(b) 摩擦因数图

图 4-13　含 Fe 摩擦材料在变化制动能量密度下的三维摩擦磨损图

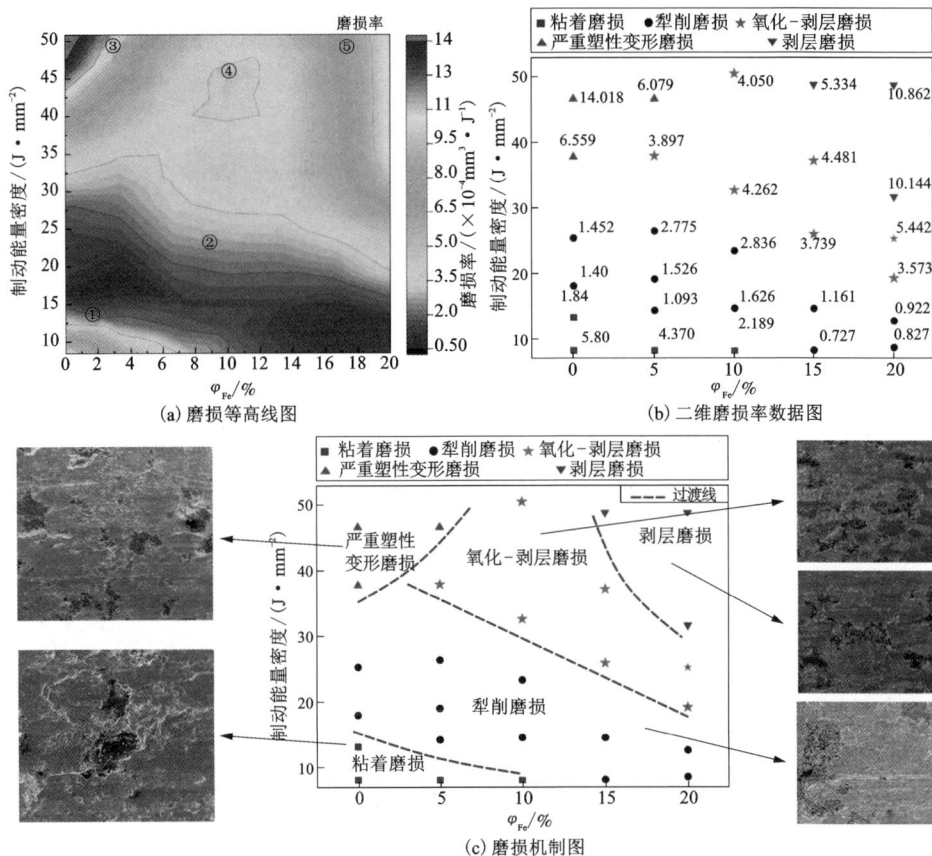

(a) 磨损等高线图

(b) 二维磨损率数据图

(c) 磨损机制图

图 4-14　含 Fe 摩擦材料的磨损等高线图、二维磨损数据图及磨损机制图

彩图4-14

有效保护摩擦材料基体，起到降低磨损率增加速率的效果。值得一提的是，犁削磨损向氧化剥层磨损转变所需的制动能量密度随 Fe 含量的增加而逐渐降低。此现象主要与 Fe 相对较低的热扩散系数有关。随 Fe 含量提升，摩擦界面积累的摩擦热难以通过热传导散发，为机械混合层的形成提供了有利条件。

剥层磨损主要形成于磨损图的右上区域。由于 Fe 与基体形成强度高却具有少量缺陷的扩散结合界面，其界面缺陷等效于已存在的裂纹。摩擦材料中较高的 Fe 含量大幅度降低了摩擦材料中裂纹形核与扩展的难度。因此，在高制动能量密度下，随 Fe 含量的增加，摩擦材料基体开始发生剥落，导致机械混合层难以在磨损表面堆积形成。故在该条件下剥层磨损取代氧化剥层磨损成为主要的磨损机制。

4.2.3　高碳铬铁含量—制动工况磨损图

图 4-15（a）为含不同高碳铬铁（HCF）体积分数摩擦材料在多种制动能量密度下的磨损率变化曲线。由图所示，除 HCF 体积分数在 0~5%摩擦材料的磨损率随制动能量密度提升而呈先降低后升高的趋势外，摩擦材料的磨损率总体随制动能量密度提升而呈上升趋势。摩擦组元含量对磨损率的影响则体现为随摩擦组元含量增加摩擦材料的磨损率呈下降趋势。当制动能量密度大于 25 J/mm² 时，不含摩擦组元材料的磨损率随制动能量密度的增加提升得较快，HCF 的体积分数为 5%及 15%的摩擦材料，其磨损率随制动能量密度的增加增长得相对较慢，而 HCF 的体积分数为 15%及 20%的摩擦材料，其磨损率随制动能量密度的增加几乎不发生增长。

含 HCF 摩擦材料的磨损性能同样与其磨损机制相关。当摩擦材料中 HCF 体积分数较低时（0~5%），摩擦材料在较低的制动能量密度下易发生粘着磨损，导致摩擦材料出现相对较高的磨损率。随制动能量密度提升，该含量材料的磨损机制先由粘着磨损向犁削磨损转变，后再由犁削磨损向严重塑性变形导致的剥层磨损转变。此过程中，磨损率先因粘着磨损消失而降低，随后又随犁削磨损加剧而缓慢升高，最后随剧烈塑性变形导致的剥层磨损加剧而快速提高。对于 HCF 体积分数在 10%~20%的摩擦材料而言，其在低中制动能量密度下均发生犁削磨损，因此其磨损率均随制动能量密度提升而缓慢升高。而当制动能量密度提高至 30 J/mm² 时，HCF 的体积分数为 10%的摩擦材料发生基体的大面积剥落，导致磨损率随制动能量密度提高而快速上升。此现象的形成和 HCF 与 Cu 基体形成的界面特性相关。由于 HCF 的体积分数仍不高，表面分布的硬质 HCF 很难形成大量的摩擦接触凸台，导致磨屑难以有效积累而形成摩擦膜。在此条件下，HCF/Cu 扩散-机械混合结合界面上存在的界面缺陷易成为裂纹的萌生与扩展源，大量裂纹随制动扩展最终导致表面的大面积剥落。而对于含 15%~20% HCF 的摩擦材料而言，表面较高的硬质相分布面积有利于其磨损表面富 Fe 的机械混合层形成，对基体具有保护作用，阻碍了磨损率随制动能量密度上升而增加的趋势。

图 4-15（b）为各 HCF 含量摩擦材料在多种制动能量密度下的摩擦因数变化曲线。由图可知，各 HCF 含量的摩擦材料的摩擦因数均随制动能量密度提升而呈降低趋势。摩擦组元含量对摩擦因数的影响则体现为随 HCF 含量增加，摩擦因数随制动能量密度提升而降低的速度逐渐减缓。由于各材料在低制动能量密度下的摩擦因数相近，因此随制动能量提升，各制动能量密度下摩擦材料的摩擦因数总体随 HCF 含量增加而呈逐渐提升趋势。

含 HCF 摩擦材料的摩擦性能既与制动工况有关，又与其本身性能相关。含 HCF 摩擦材料的摩擦因数随制动能量密度提升而下降的原因与含 Fe 摩擦材料相似，其主要由摩擦材料在高摩擦热下的基体软化及制动能量向冲击能量转换引

(a) 磨损率

(b) 摩擦因数

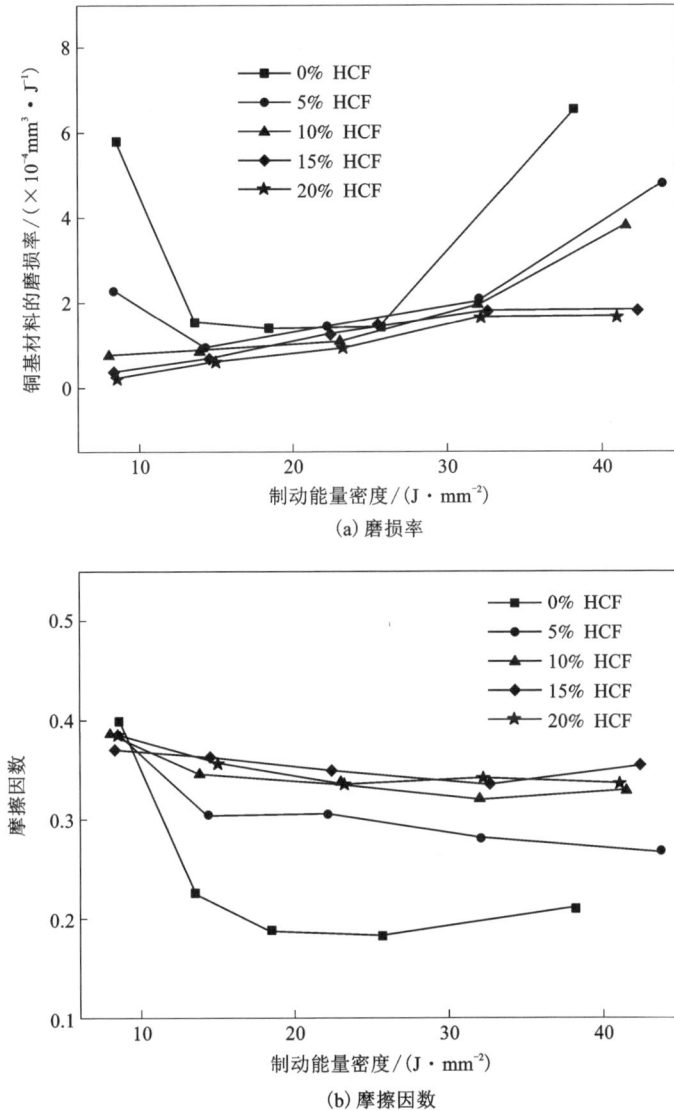

图 4-15 制动能量密度及 HCF 体积分数对含 HCF 铜基粉末
冶金闸片材料摩擦磨损性能的影响

起。对于 HCF 体积分数较低(≤5%)的摩擦材料而言,其在低制动能量密度下的高摩擦因数主要源于粘着现象形成。而后,随制动能量密度提升,粘着磨损向犁削磨损转变,摩擦材料的摩擦因数因粘着现象减弱及自身较低的抗塑性变形能力影响而发生大幅度下降。对于中等 HCF 含量的摩擦材料而言,随制动能量密度提升,HCF 摩擦组元破碎程度加剧,且摩擦界面中的第三体硬质磨屑数量增加,部分弥补了摩擦材料中因基体软化及震动加剧造成的摩擦因数损失，故中等含量HCF的摩擦材料的摩擦因数随制动能量密度提升而降低缓慢。对于HCF含量较高的摩擦材料而言（≥15%），由于该摩擦材料在制动过程中形成富Fe的机械混合层，如图4-16(c)所示，根据修正粘着理论其摩擦膜可有效保持摩擦因数，保证了高含量HCF摩擦材料在各制动能量密度下均具有较高的摩擦因数。

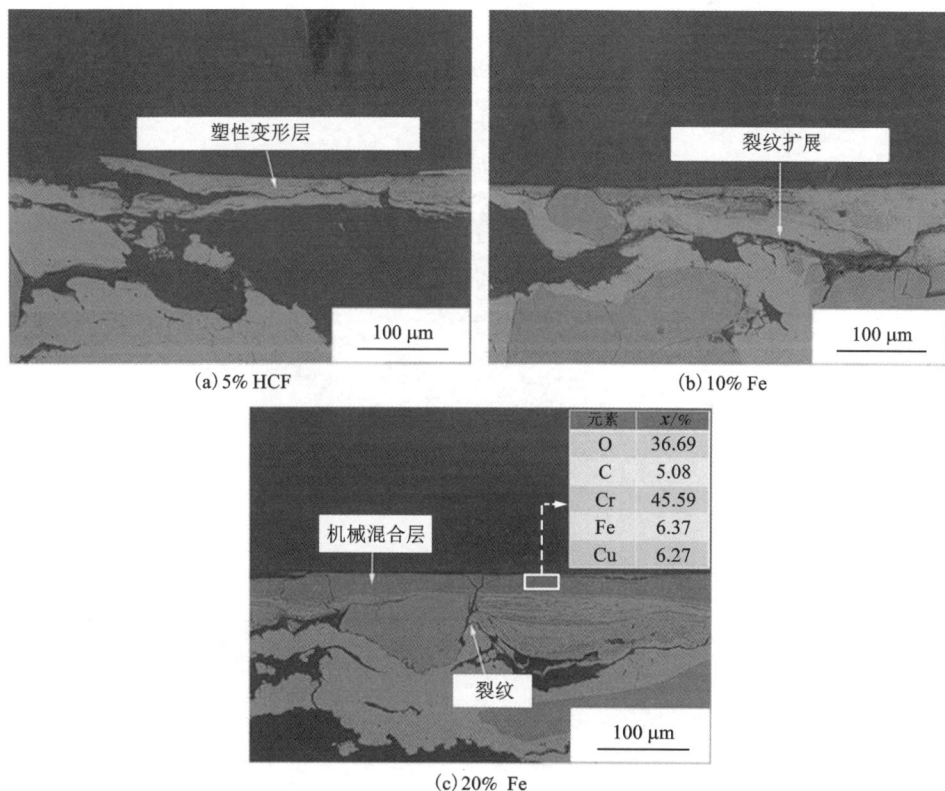

(a) 5% HCF

(b) 10% Fe

元素	x/%
O	36.69
C	5.08
Cr	45.59
Fe	6.37
Cu	6.27

(c) 20% Fe

图4-16　高制动能量密度下不同HCF体积分数对铜基粉末冶金摩擦材料亚表面结构的影响

图4-17(a)为含HCF摩擦材料在变化制动能量密度下的磨损图。在低中制动能量密度条件下，含HCF摩擦材料具有与含Fe摩擦材料相似的磨损率变化规律。而在制动能量密度高于30 J/mm²的区域中，含HCF摩擦材料开始展现出与含Fe摩擦材料相异的磨损率变化规律。在此区域中，磨损率随HCF含量提升而呈减少趋势，且磨损率的降低速率也随HCF含量提升而逐渐降低，当HCF含量提升至15%~20%时，磨损率随HCF含量增加而保持几乎不变。图4-17(b)为含HCF摩擦材料在变化制动能量密度下的三维摩擦因数图。从图4-17(b)中可以看出，摩擦因数随制动能量密度变化呈总体减小趋势，且随HCF含量增加，摩擦

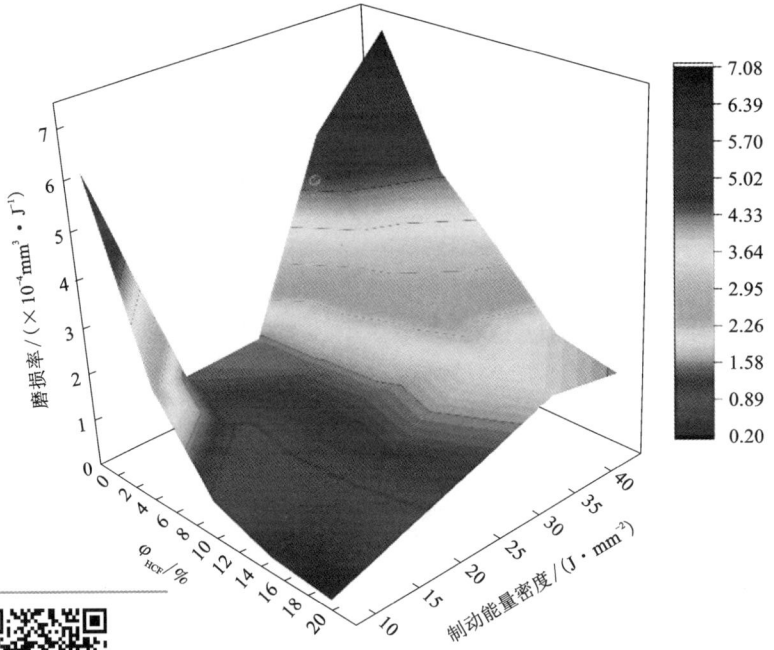

(a) 磨损图

彩图4-17

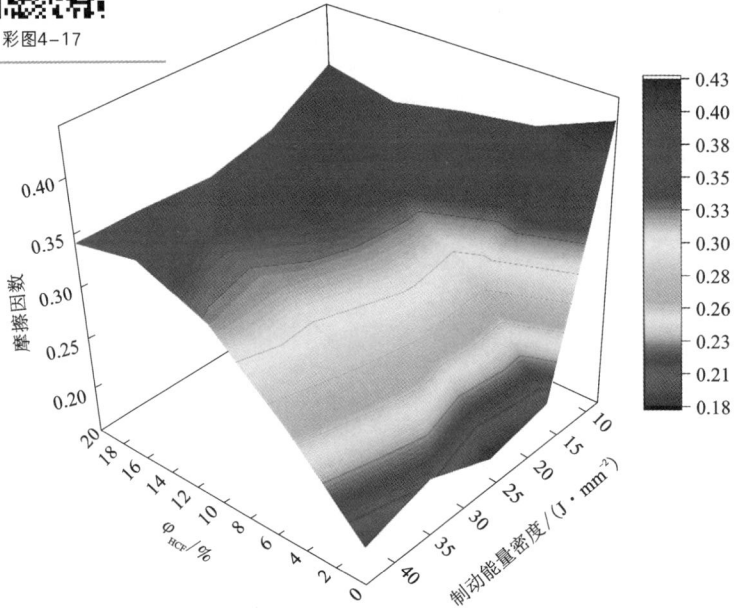

(b) 摩擦因数图

图 4-17　含 HCF 摩擦材料在变化制动能量密度下的三维摩擦磨损图

因数的降低速度下降，因此最终形成斜坡型三维摩擦因数图。

图 4-18(a)为含 HCF 摩擦材料的磨损率等高线图。由图可知，含 HCF 摩擦材料同样在图示 5 个区间中具有相同或相似的等高线变化规律，说明在含 HCF 的磨损率等高线图中也可能存在五种相异的主导磨损机制。通过收集各条件下的磨损率数据及主导磨损机制数据，同样可构建含 HCF 摩擦材料的磨损率数据及磨损机制的分布图，如图 4-18(b)所示。同样结合磨损率等高线图及带标记的磨损率数据图，可绘制含 HCF 摩擦材料的磨损机制图，如图 4-18(c)所示。

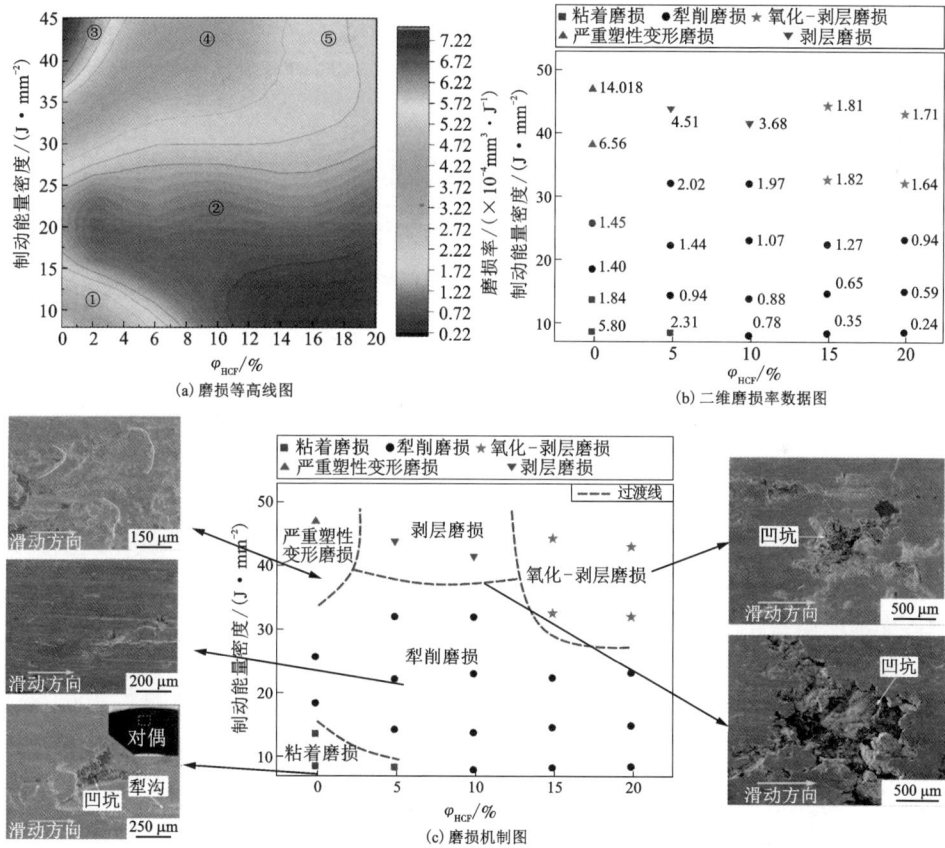

(a) 磨损等高线图

(b) 二维磨损率数据图

(c) 磨损机制图

图 4-18　含 HCF 摩擦材料的磨损等高线图、二维磨损数据图及磨损机制图

在含 HCF 的磨损机制图中，粘着磨损、犁削磨损及塑性变形磨损所存在的区域与含 Fe 摩擦材料磨损图相似，其形成原因与含 Fe 摩擦材料相似，因此不再赘述。但值得指出的是，含 HCF 摩擦材料磨损图中粘

彩图 4-18

着磨损及塑性变形磨损所占区域相比含 Fe 摩擦材料更窄，这主要是由 HCF 硬度较高，所起颗粒强化效果更显著所导致。

在此磨损图中，剥层磨损主要发生在磨损图的中上区域。在此区域，摩擦材料表面及近表面分布的 HCF 易在冲击载荷作用下发生破碎，导致裂纹易在破碎区域及界面缺陷处形核并扩展而引起摩擦材料的剥层破坏。随 HCF 含量增加，摩擦材料摩擦表面上单位面积承载的摩擦组元数量升高，降低了 HCF 摩擦组元受冲击应力破碎的概率。在此情况下，剥层磨损受到抑制，而大量第三体磨屑在表面堆积促进了机械混合层的形成。此时，机械混合层的形成与破坏为造成磨损的主要原因。因此，随 HCF 含量提升，摩擦材料的主要磨损机制由剥层磨损向氧化剥层磨损转变，且当发生氧化磨损时，摩擦材料的磨损率随制动能量变化呈稳定状态。由此可知，氧化剥层磨损主要产生于磨损图的右上区域。

4.2.4 立方氧化锆含量—制动工况磨损图

图 4-19(a)为不同立方氧化锆（$c\text{-}ZrO_2$）含量在多种制动能量密度下摩擦材料的磨损率变化曲线。由图 4-19(a)可知，除 $c\text{-}ZrO_2$ 体积分数为 0 的摩擦材料外，摩擦材料的磨损率均随制动能量密度提升而呈先上升后平稳趋势。摩擦组元含量对磨损率的影响则体现为随 $c\text{-}ZrO_2$ 含量增加摩擦材料的磨损率呈明显降低趋势。

不同条件下摩擦材料的磨损机制差异为导致摩擦材料磨损率变化的主要原因。对于含 $c\text{-}ZrO_2$ 体积分数（≤5%）较少的摩擦材料而言，其在较低的制动能量密度下仍产生了少量粘着，导致此条件下磨损率相对较高。此后，随制动能量密度提升，犁削磨损取代粘着磨损成为主要磨损机制，导致磨损率呈小幅度下降后又随犁削磨损的增强而逐渐提升。随制动能量密度的进一步提升，摩擦材料表面形成具有保护效果的机械混合层，大幅度降低了磨损率随制动能量密度上升而快速增加的趋势。其他 $c\text{-}ZrO_2$ 含量的摩擦材料除在低制动能量密度下不产生粘着磨损外，与低 $c\text{-}ZrO_2$ 含量摩擦材料具有几乎相同的磨损率变化规律。但值得指出的是，随 $c\text{-}ZrO_2$ 含量提高，摩擦材料表面硬质相数量上升，可有效破坏对偶表面的凸起并形成耐磨的接触平台有利于降低摩擦材料的磨损率。因此，随 $c\text{-}ZrO_2$ 含量提升，摩擦材料的磨损率呈下降趋势。

图 4-19(b)为不同 $c\text{-}ZrO_2$ 含量摩擦材料在多种制动能量密度下的摩擦因数变化曲线。与含 Fe 及含 HCF 摩擦材料相比，虽摩擦材料的摩擦因数同样随制动能量密度提升而呈整体降低趋势，但与前两种材料相比，$c\text{-}ZrO_2$ 含量变化造成的摩擦因数差异较小。对比分析各种 $c\text{-}ZrO_2$ 含量摩擦材料的摩擦因数曲线，可发现摩擦因数总体随 $c\text{-}ZrO_2$ 含量增加呈先降低后升高趋势。

（a）磨损率

（b）摩擦因数

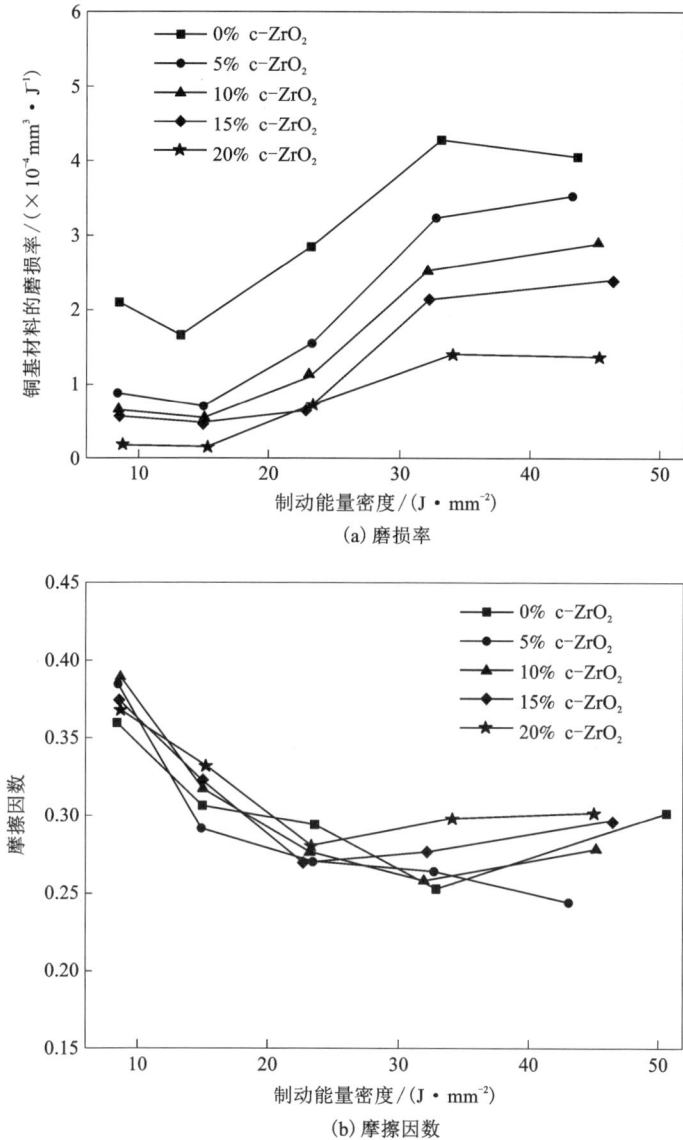

图 4-19　制动能量密度及 c-ZrO$_2$ 体积分数对含 c-ZrO$_2$ 摩擦材料摩擦磨损性能的影响

制动工况、摩擦材料的表面形貌及亚表面结构差异为不同 c-ZrO$_2$ 体积分数摩擦材料摩擦性能产生区别的主要原因。对于 c-ZrO$_2$ 含量较低的材料而言，其强度较高，抗塑性变形能力较强，因此在低中能量下的制动中此类材料可通过基体的塑性变形吸收大量制动能量而产生相对较高的摩擦因数。而在较高的制动能量密度下，由于摩擦材料表面形成富 Cu 的机械混合层，保证了此条件下摩擦材料仍具有较高的摩擦因数，如图 4-20 所示。由于 c-ZrO$_2$ 与基体形成弱机械结合界面，随 c-ZrO$_2$ 体积分数提升(5%~10%)，摩擦材料的硬度开始逐渐降低，抗塑性变形能力也随之减弱，导致摩擦材料在低中制动能量密度下的摩擦因数降低。而在高制动能量密度下，虽摩擦材料表面也形成了机械混合层，但由于 c-ZrO$_2$ 加入引起摩擦材料发生少量剥层磨损，减少了摩擦过程中摩擦材料与对偶的接触面积，导致该摩擦材料在高制动能量密度下摩擦因数也发生下降。而随 c-ZrO$_2$ 体积分数的进一步提升(15%~20%)，在低中制动能量密度下，摩擦材料磨损表面存在的大量硬质 c-ZrO$_2$ 对对偶起到反向犁削作用，弥补了因摩擦材料抗塑性变形能力降低而造成的摩擦因数损失，故此含量下的摩擦材料的摩擦因数又重新开始提高。而在高制动能量密度下，随 c-ZrO$_2$ 体积分数进一步提升(15%~20%)，摩擦材料的摩擦因数也同样重新开始提升。此现象同样可由修正粘着摩擦理论解释，在高制动能量密度下由于高 c-ZrO$_2$ 含量摩擦材料磨损表面形成了富 Fe 且强度较高的氧化机械混合层(釉质层)，加之其具有较低的基体强度，导致该材料在制动过程中产生了较高的摩擦因数。

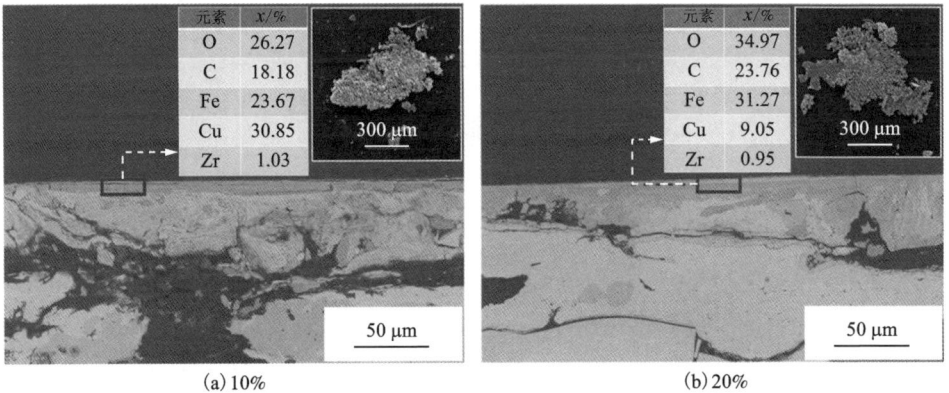

图 4-20　高制动能量密度下不同 c-ZrO$_2$ 体积分数对铜基粉末冶金摩擦材料亚表面结构的影响

　　图 4-21(a) 为含 c-ZrO$_2$ 摩擦材料在变化制动能量密度下的磨损图。由于含 c-ZrO$_2$ 摩擦材料中添加了用于强化基体的 Fe 摩擦组元，因此其三维磨损图与上述两种磨损图具有完全不同的变化规律。除在 c-ZrO$_2$ 含量低于5%制动能量密度低于 15 J/mm^2 的区域外，在制动能量密度为 8~35 J/mm^2 的范围中，摩擦材料的磨损率与制动能量密度呈正相关关系，与 c-ZrO$_2$ 含量呈负相关关系，因此在此区域中，磨损率变化呈斜坡状。而当制动能量密度高于 35 J/mm^2 时，磨损率随制动能量密度增加保持稳定，但其随 c-ZrO$_2$ 含量增加而呈下降趋势。图 4-21

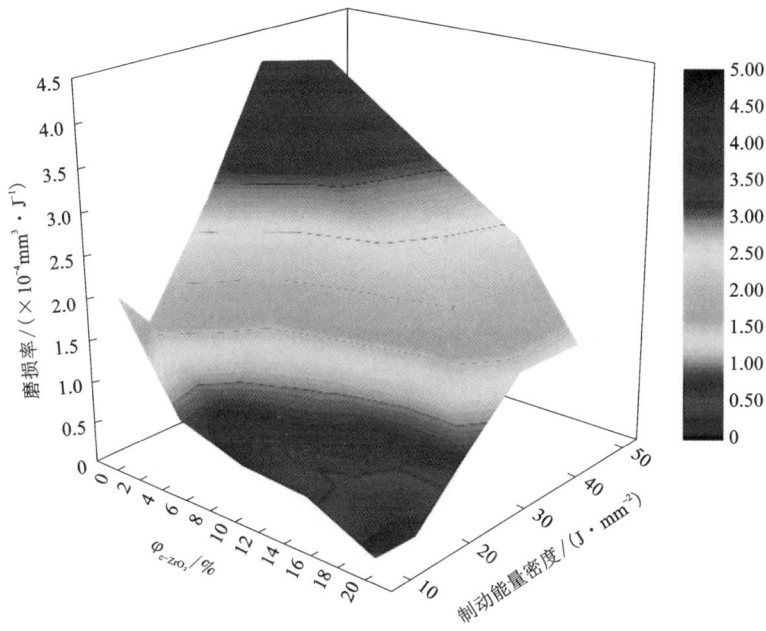

（a）磨损图

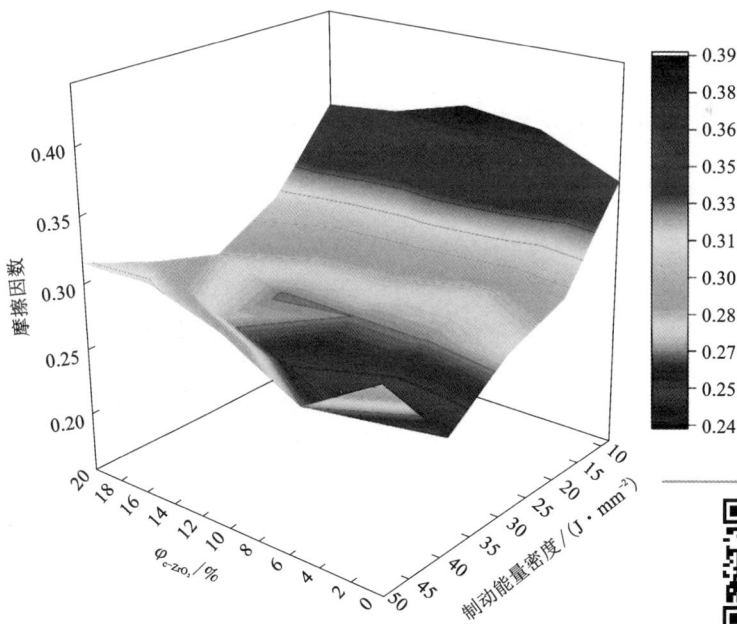

（b）摩擦因数图

彩图4-21

图 4-21　含 c-ZrO$_2$ 摩擦材料在变化制动能量密度下的三维摩擦磨损图

（b）则展示了含 c-ZrO$_2$ 摩擦材料的三维摩擦因数图。由图 4-21（b）可知，在低制动能量密度下（<30 J/mm^2），c-ZrO$_2$ 含量对摩擦因数的影响较小，而在高制动能量密度下（>30 J/mm^2），摩擦因数随 c-ZrO$_2$ 含量提升呈先降后升趋势。

图 4-22（a）为含 c-ZrO$_2$ 摩擦材料的磨损率等高线图。由图 4-22（a）可知，含 c-ZrO$_2$ 摩擦材料在图示三个区间中具有相似的等高线变化规律，因此 c-ZrO$_2$ 摩擦材料在此实验条件下具有三种主要的磨损机制。通过分析可发现 c-ZrO$_2$ 摩擦材料在不同工况下发生三种相异的主导磨损机制，分别为粘着磨损、犁削磨损及氧化剥层磨损。图 4-22（b）为带标记的磨损率数据图，其展示了各个实验点发生的主导磨损机制及磨损率大小。结合磨损率等高线图及带标记的磨损率数据图，可绘制含 c-ZrO$_2$ 摩擦材料的磨损机制图，如图 4-22（c）所示。在磨损机制图中，各主导磨损机制的大致边界线主要由磨损率等高线图的变化趋势及制动后所收集的各实验点主导磨损机制分布综合划分而得。

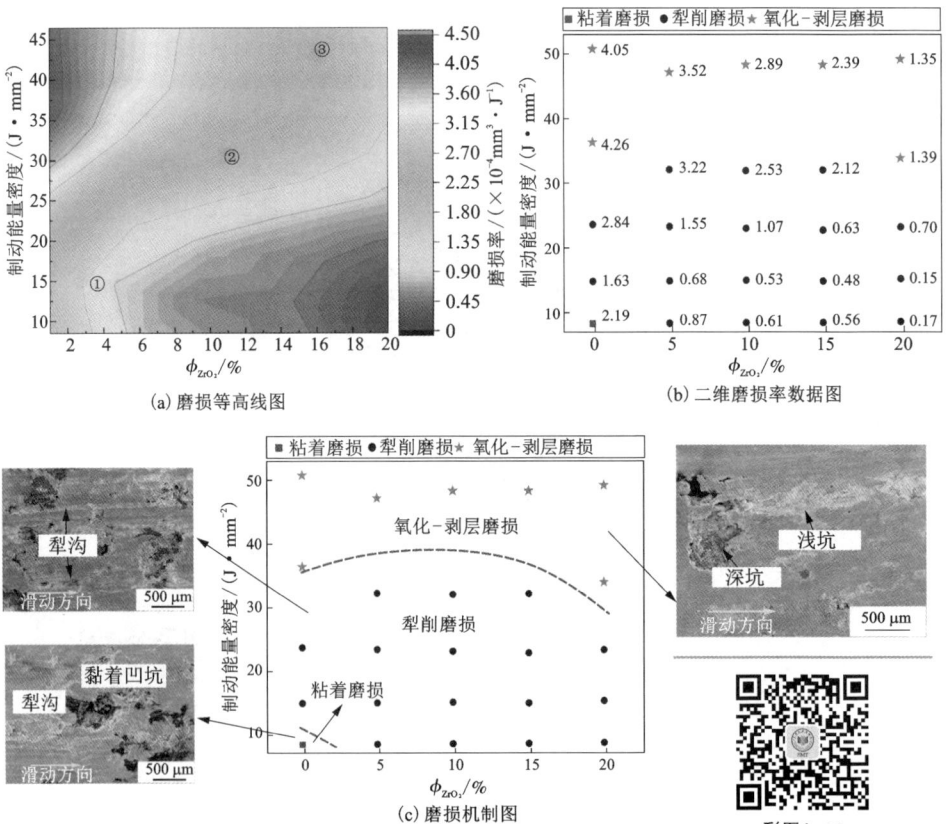

（a）磨损等高线图

（b）二维磨损率数据图

（c）磨损机制图

彩图4-22

图 4-22　含 c-ZrO$_2$ 摩擦材料的磨损等高线图、二维磨损数据图及磨损机制图

在含 c-ZrO_2 的磨损图中，粘着磨损与犁削磨损分布区域同样与上述两种材料相似。但由于含 c-ZrO_2 摩擦材料中添加了一定含量的 Fe，导致粘着磨损区域的迅速缩小。随制动能量提升，无论摩擦材料含多少 c-ZrO_2，摩擦材料的主要磨损机制均由犁削磨损向氧化剥层磨损转变。产生此现象的原因主要与摩擦材料中添加的少量 Fe 及 c-ZrO_2 摩擦组元的性能相关。适量 Fe 可提高摩擦材料基体强度，保证摩擦材料磨损表面在高制动能量密度下不发生剧烈的塑性流动，而大颗粒不易破碎的 c-ZrO_2 颗粒易在摩擦界面中形成接触平台而促进表面第三体磨屑的堆积、啮合与二次烧结，为机械混合层的形成提供了保障。值得指出的是，犁削磨损与氧化剥层磨损的分界点随 c-ZrO_2 含量提升呈先上升后降低趋势。

此现象主要与 c-ZrO_2 体积分数对摩擦材料机械及物理性能影响相关。当在摩擦材料中添加体积分数 5% 的 c-ZrO_2 时，摩擦材料的硬度降低，且在高制动能量密度下开始发生少量剥层磨损。此时，摩擦材料磨损表面的不稳定不利于机械混合层的形成，导致发生氧化剥层磨损所需的制动能量密度提升。而随 c-ZrO_2 含量的进一步增加，摩擦材料的导热性能降低，导致摩擦界面产生的摩擦热不易散发，有利于堆积磨屑中金属组分之间的二次烧结，促进了机械混合层的形成。因此，摩擦材料发生氧化剥层磨损的制动能量密度又开始降低。

4.3　多组元协同设计对摩擦学性能影响的研究方法

由于铜基粉末冶金闸片材料常由多种组元构成，即使获知了单种特征组元含量对闸片材料的影响机制，但仍难以系统衡量多种组元之间相互作用导致的铜基闸片材料摩擦学性能变化。因此还需采用特殊的方法系统地评估多种组元对闸片材料摩擦学性能的影响，本节主要介绍了两种组元匹配及三种组元匹配条件下的铜基粉末冶金闸片材料摩擦学性能的研究方法。

4.3.1　双组元协同对摩擦磨损性能的影响

两种组元之间的匹配特性可以采用控制变量法进行研究。探讨铜基粉末冶金摩擦材料中 Fe、Cr 体积分数处于 0~15%，制动能量密度从 8.5 J/mm^2（3000 r/min）到 46 J/mm^2（7000 r/min）制动工况下的摩擦学性能变化规律。

图 4-23 为不同 Fe 含量下，Cr 含量变化对不同制动能量密度下摩擦材料摩擦因数的影响。由图可知，不含 Fe 时，随 Cr 含量的加入，摩擦材料的摩擦因数显著提高。当加入的 Fe 体积分数分别为 5%、10% 及 15% 时，随 Cr 含量的加入，摩擦材料的摩擦因数随制动能量密度的提高呈先降低（<23.5 J/mm^2）后逐渐稳定（≥23.5 J/mm^2）的趋势。这是因为在较低的制动能量密度下，摩擦组元 Cr 和 Fe 的加入，增加了摩擦材料的表面强度，因此摩擦材料的摩擦因数在低制动能量密

度下保持在较高值;随着制动能量密度的提高,摩擦材料在制动时,摩擦热在摩擦表面不断累积,造成摩擦表面温度不断上升,而 Fe 的导热能力比 Cu 弱,又会增加摩擦热在表面的累积程度,因此,表面材料在制动过程中发生软化和变形,从而使摩擦因数逐渐降低;当制动能量密度进一步提高时,摩擦表面在摩擦热的作用下发生氧化,形成氧化膜,由于氧化膜的硬度较高,同时阻碍了基体与对偶的直接接触,故摩擦因数逐渐稳定。

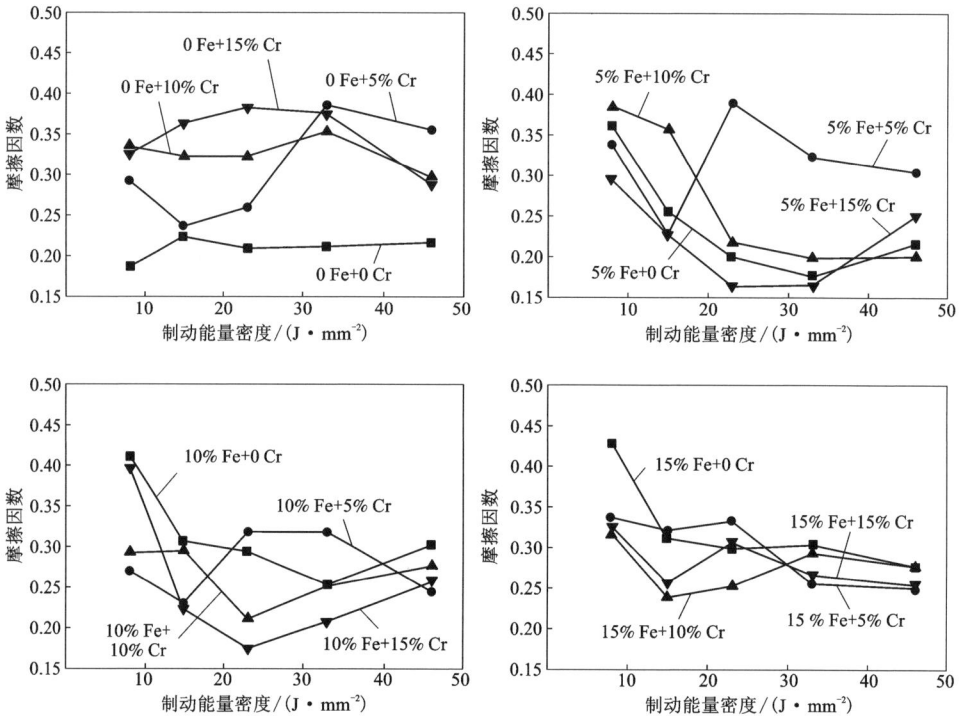

图 4-23 不同 Fe 体积分数下 Cr 体积分数变化对摩擦因数的影响

当 Fe 含量一定时,添加不同 Cr 含量后,摩擦材料线磨损率随制动能量密度的变化曲线见图 4-24。由图可见,不含 Fe 时,当制动能量密度小于 33.8 J/mm² 时,摩擦材料的线磨损率缓慢增加,当制动速度大于 33.8 J/mm² 时,对于添加较低 Cr 体积分数(≤5%)的摩擦材料,其线磨损率突然增加,而添加较高 Cr 含量(≥10%)的摩擦材料,其线磨损率对于高制动能量密度仍不敏感,保持在较低值。

当 Fe 体积分数为 5% 时,对于添加不同 Cr 含量的摩擦材料,其线磨损率随着制动能量密度的升高总体呈波动性上升,但在较高的制动能量密度下(>33.8 J/mm²),

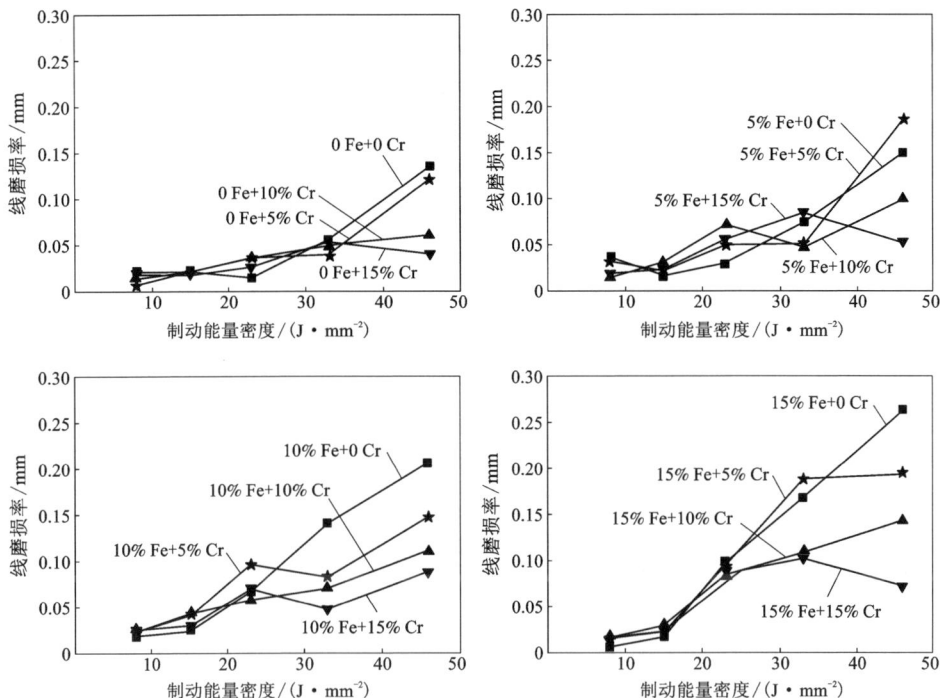

图 4-24　Fe 体积分数一定时, Cr 体积分数变化对摩擦材料线磨损量的影响

对于添加少量 Cr(≤5%)的摩擦材料, 其线磨损率仍突然上升, 而添加较高 Cr(≥10%)的摩擦材料, 其线磨损率仍相对降低。

当 Fe 体积分数为 10%时, 对于添加不同 Cr 含量的摩擦材料, 其线磨损率随着制动能量密度的升高总体呈上升趋势。

当 Fe 体积分数为 15%时, 对于添加不同 Cr 含量的摩擦材料, 其线磨损率随制动能量密度的升高呈先缓慢增加后快速上升的趋势。

综上所述, 随着制动能量密度的提高, 当添加的 Fe 含量一定时, 摩擦材料中添加的 Cr 含量(体积分数>10%)越多, 其在较高制动能量密度(>33.8 J/mm²)下的线磨率越小。而从添加的 Cr 含量来看时, 摩擦材料中添加的 Fe 含量(体积分数>10%)越多, 其在较高制动能量密度(>15 J/mm²)下的线磨损率越大。这些现象是在高制动能量密度下摩擦材料的磨损机理差异所致。

在较低的制动能量密度下, 摩擦副两表面相互接触时, 因为摩擦材料基体与对偶之间的硬度差异及脱落在摩擦副间的硬质第三体颗粒作用, 致使摩擦材料在后续的摩擦制动过程中, 摩擦表面产生犁沟, 此时的磨损机制以犁削磨损为主, 如图 4-25(a)所示。

(a) 犁削磨损

元素	w/%	x/%
CK	07.15	25.59
OK	04.20	11.29
CrK	10.34	08.55
FeK	17.39	13.38
CuK	60.92	41.20

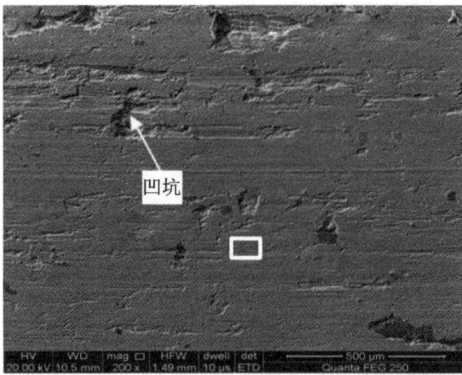

(b) 轻微氧化磨损

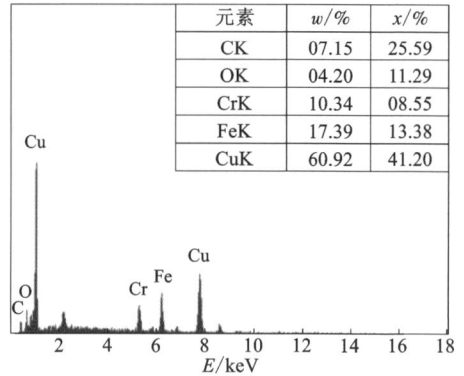

元素	w/%	x/%
CK	03.63	11.44
OK	14.41	34.13
CrK	11.32	08.25
FeK	49.11	33.33
CuK	21.54	12.85

(c) 严重氧化磨损

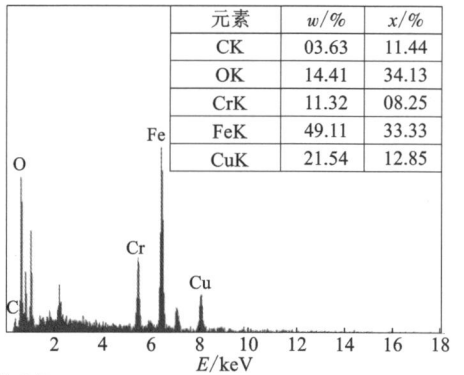

图 4-25　不同磨损机制下的摩擦材料表面磨损特征

　　干摩擦条件下，当制动能量密度逐渐增加时，摩擦热不断累积造成摩擦表面的温度上升，发生氧化，形成氧化膜，而制动过程中，在摩擦力和摩擦热的反复作用下，氧化膜不断生成与破坏，即发生氧化磨损。根据氧化磨损发生的程度，主要分为轻微氧化磨损和严重氧化磨损，如图 4-25(b)(c)所示。

摩擦材料磨损表面、亚表面及磨屑的 SEM 及 EDS 能谱分析检测结果表明，摩擦材料中的磨损机理主要有以下几种：①表面磨损较轻，仅出现犁沟，亚表面未形成连续的机械层，磨屑以条状为主，其磨损机理为犁削；②磨损表面出现轻微的材料剥落，亚表面虽形成较为连续的氧化层，但不致密，磨屑以小尺寸片状为主，其磨损机理为轻微氧化磨损；③磨损表面出现较大尺寸的材料剥落，亚表面中形成连续的氧化膜，磨屑以大尺寸片状为主，其磨损机理为严重氧化磨损；④磨损表面出现尺寸较大且较深的材料剥落，亚表面虽形成较为连续的氧化层，但在亚表面深处有明显的裂纹，磨屑以大尺寸块状为主，其磨损机理为剥层磨损。根据磨损机制的分布区域，以 Fe 含量和 Cr 含量为坐标，构建了摩擦材料在不同制动能量密度下的磨损机理图，图中选取磨损机理发生转变的摩擦试样的中间位置，绘制出磨损机理的转变线。

制动能量密度为 8.5 J/mm^2 下不同 Fe、Cr 含量摩擦材料的磨损机理图见图 4-26(a)，由图可知，在该制动能量密度下，摩擦材料的磨损机理均为犁削磨损。该条件下由于制动能量密度较低，摩擦副材料在制动过程中，摩擦热不易在摩擦副材料间累积，摩擦材料表面不易发生氧化，形成连续的氧化层，同时，相比对偶材料，摩擦材料中的 Cu 基体较软，在制动过程中，脱落的第三体磨屑易对摩擦表面产生犁削作用，以致磨损表面出现犁沟。制动试验后形成的长条状磨屑也证明了梨削磨损的存在。可以认为，摩擦材料在 8.5 J/mm^2 的制动能量密度下，磨损机理主要为犁削磨损。

增加制动能量密度到 15 J/mm^2 时，不同 Fe、Cr 含量摩擦材料的磨损机理如图 4-26(b)所示。在此条件下，摩擦材料主要呈现两种磨损机理：犁削磨损和轻微氧化磨损，其中，犁削磨损区所占面积有所减小。这是因为在 15 J/mm^2 的制动能量密度下，制动能量密度虽有所提高，但摩擦副材料在制动过程中，摩擦热仍较易通过空气扩散掉，累积在摩擦材料上的热量较少，摩擦表面氧化程度较轻，仍以犁削磨损为主。而在 Fe 体积分数较高的区域(>10%)，摩擦材料开始发生轻微氧化磨损，此现象与摩擦组元 Fe 的氧化激活能比 Cr 低相关，在制动过程中，Fe 优先氧化，但所形成的氧化膜的膨胀系数与基体差异较大，在反复的摩擦应力下易与基体分离，造成氧化磨损。总体而言，摩擦材料在 15 J/mm^2 的制动能量密度下，磨损机理为犁削磨损和轻微氧化磨损。其中 Fe 含量较高(体积分数 >5%)的情况下主要发生轻微的氧化磨损。

进一步提高制动的能量密度，不同 Fe、Cr 含量摩擦材料的磨损机理图如图 4-26(c)所示。当制动能量密度达到 23.5 J/mm^2 时，犁削磨损区所占面积进一步减小，轻微氧化磨损区所占面积逐渐扩大。此外，从图中还可以看出，犁削磨损区向只添加 Cr 组元的方向缩小，结合 Cr 的特性可知，Cr 的硬度较高，且抗氧化能力强，因此在该制动速度下，摩擦材料仍体现出一定的抗氧化性，磨损机理仍为犁削磨损。摩擦材料在 23.5 J/mm² 的制动速度下，磨损机理为犁削磨损和轻微氧化磨损，且轻微氧化磨损区所占比例增大。

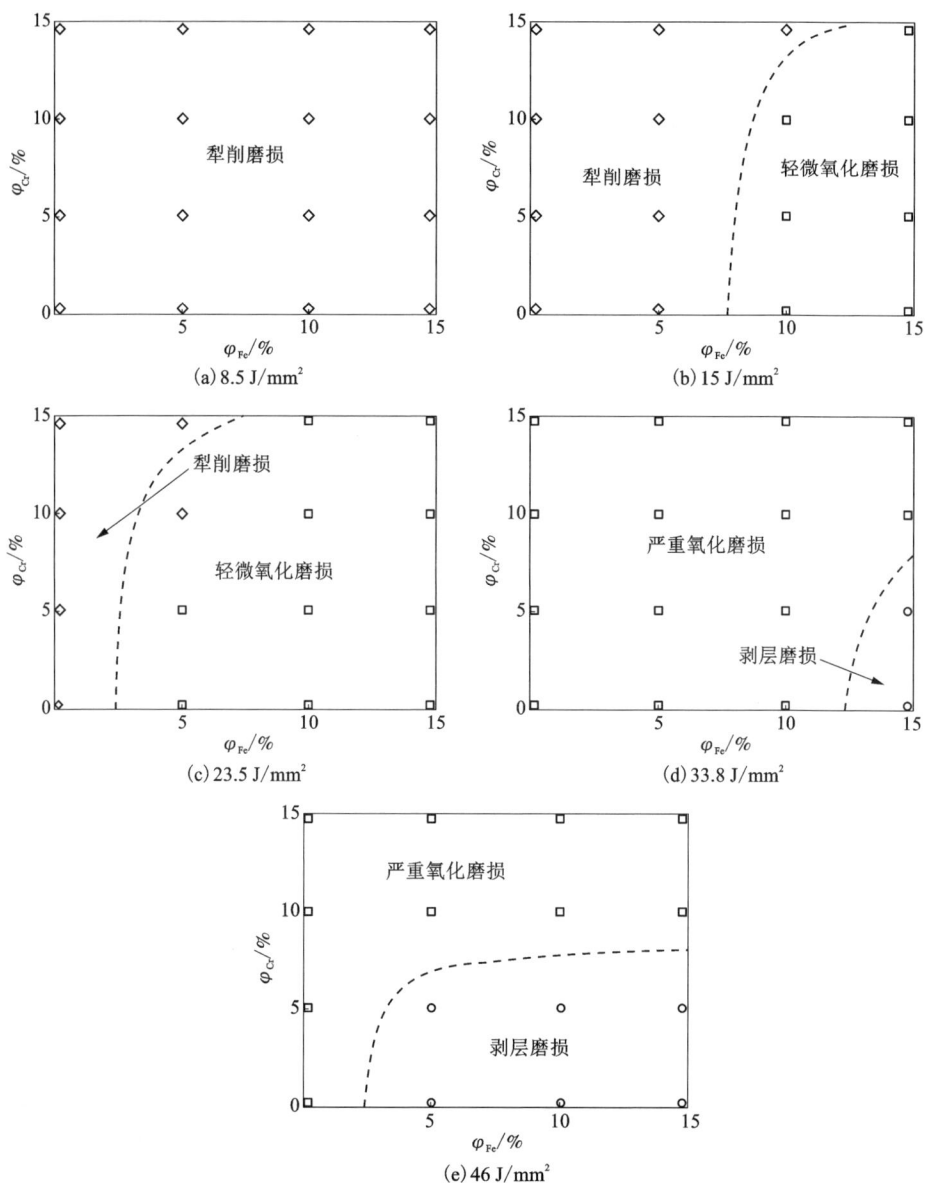

图 4-26 不同工况下摩擦材料的磨损机理图

图 4-26(d)为提高制动能量密度到 33.8 J/mm² 时，不同 Fe、Cr 含量摩擦材料的磨损机理图。此条件下的摩擦磨损机制为严重氧化磨损和剥层磨损。随制动能量密度的继续上升，摩擦副材料在制动过程中，摩擦热在摩擦材料表面大量累积，使其由轻微氧化转变为严重氧化，且严重氧化磨损区进一步扩大，形成的氧化层由于硬度较高，阻碍基体与对偶材料的直接接触，致使犁削消失。而在 Fe 体积分数较高(>10%)和 Cr 体积分数较低(<5%左右)的区域，摩擦材料在制动过程中，主要发生剥层磨损，这是由于烧结后摩擦材料表面 Fe 发生严重的氧化，形成大体积膨胀的氧化物，这些氧化物导致摩擦材料表面内应力增大，表层与基体的连接区域大量裂纹形核扩展导致剥层磨损的发生。随着 Fe 含量的增加，氧化与内应力加剧，摩擦材料在制动过程中，剥层磨损愈加严重。

图 4-26(e)为摩擦材料在 46 J/mm² 的制动能量密度下，不同 Fe、Cr 含量摩擦材料的磨损机理图。随着制动能量密度的增加，严重氧化磨损区所占面积有所减小，而剥层磨损区所占面积逐渐扩大。此现象产生与 Fe 摩擦组元的氧化加剧相关。但在 Cr 体积分数高于 5%，Fe 体积分数相对较低的摩擦材料中，Cr 具有优秀的抗氧化性能与高温稳定性，导致即使在较高的制动能量密度下，摩擦材料仍具有良好的高温性能。此条件下摩擦材料表面形成了较为致密的氧化膜，且氧化膜不易受热力作用影响而发生破坏，导致高 Cr 含量的摩擦材料在较高的制动能量密度下磨损机制不发生明显改变。

总体而言，在 8.5 J/mm² 的制动能量密度下，摩擦材料在制动过程中的磨损机理主要为犁削磨损。随制动能量密度的提高，达到 15 J/mm² 时，摩擦材料的磨损机理主要为犁削和轻微氧化磨损。随制动能量密度的继续增加，达到 23.5 J/mm² 时，由于制动能量密度的进一步增加，摩擦热在摩擦表面不断累积，存在于摩擦表面的 Fe 更易发生氧化，此时 Fe 的氧化作用进一步增强，因此，轻微氧化磨损区所占面积逐渐增大。随制动能量密度的进一步提高到 33.8 J/mm² 时，摩擦表面氧化加剧并开始发生剥层磨损，存在的磨损机制主要为严重氧化磨损和剥层磨损。当制动能量密度继续提高到 46 J/mm² 时，主要的磨损机制不变，但剥层磨损出现的区域面积增加。

4.3.2　三组元匹配特性对摩擦磨损性能的影响

相比于两种组元匹配性的研究方法，三组元匹配性的研究采用自由度限制的方法。具体而言，在研究多组元匹配特性之前，可以先对最佳的组元添加范围进行设计，通过组元总添加含量限制，在总含量不变但配比变化情况下研究多组元对摩擦学性能的影响。本节研究了摩擦组元总含量不变条件下，高碳铬铁、SiO₂ 及 SiC 对高速列车制动铜基粉末冶金摩擦材料的影响。

摩擦材料主要由 Cu、Sn(体积分数 3.5%)、Fe(体积分数 8%)、石墨(体积分数 22.8%），以及 SiC、高碳铬铁、SiO_2 三种摩擦组元（共计体积分数 16%）组成。图 4-27 为添加混合摩擦组元材料的显微组织照片，图中灰色背底为 Cu-Sn 合金，大颗粒深灰色相为高碳铬铁颗粒，小颗粒深色相则为加入基体中的铁，黑色相为 SiO_2 与 SiC。

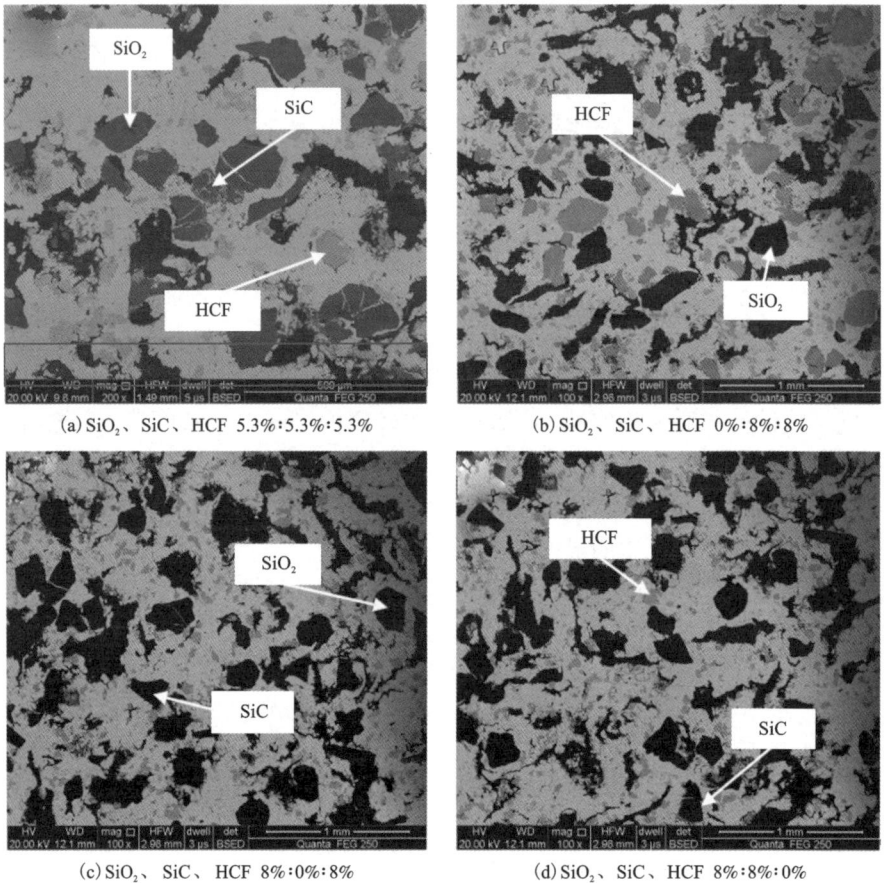

(a) SiO_2、SiC、HCF 5.3%:5.3%:5.3%

(b) SiO_2、SiC、HCF 0%:8%:8%

(c) SiO_2、SiC、HCF 8%:0%:8%

(d) SiO_2、SiC、HCF 8%:8%:0%

图 4-27 混合组元材料的显微组织照片

在这些摩擦组元中，SiC 颗粒易与 Fe 反应形成 Fe_3Si：

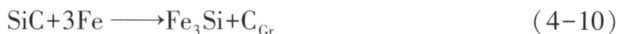

$$SiC+3Fe \longrightarrow Fe_3Si+C_{Gr} \tag{4-10}$$

产生反应结合界面如图 4-28 所示。当摩擦材料中的 SiC 与 Fe 颗粒接触时，两相之间发生扩散并相互反应生成 Fe_3Si 与石墨，形成弱反应结合界面。反应过后，SiC 颗粒面积急剧减小，取而代之的是由 Fe_3Si 与石墨形成具有明暗相交替结构的层状区域，一般称此区域为调整碳沉积区域。高碳铬铁与 Cu 基体形成的界面如第 3 章所示，为扩散-机械结合界面，而 SiO_2 与基体形成简单的机械结合界面。

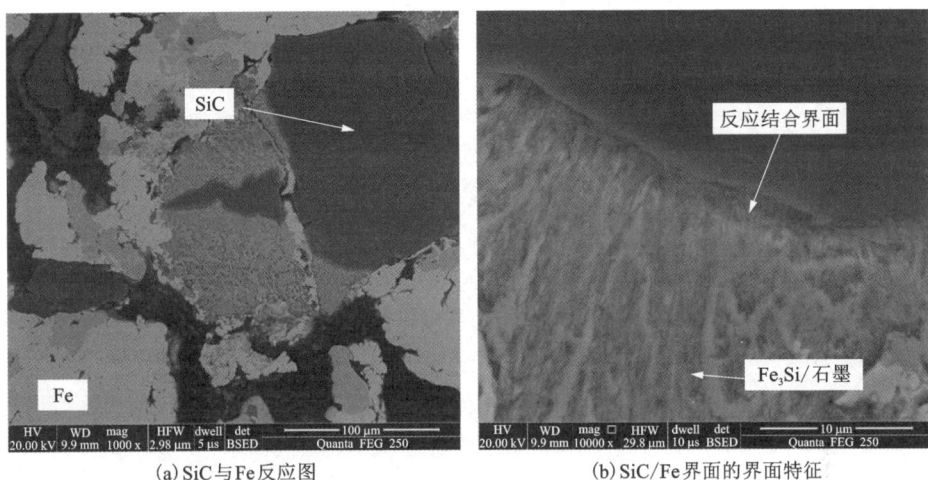

(a) SiC 与 Fe 反应图　　　　　　　(b) SiC/Fe 界面的界面特征

图 4-28　SiC/Fe 界面

图 4-29 为制动能量密度 24.20 J/mm^2，制动初速度为 20 m/s 制动实验后不同含量配比材料的表面剥落面积百分比图。当材料中摩擦组元成分沿 SiO_2-SiC 及 SiO_2-高碳铬铁边线移动时，材料性能大体遵循复合材料混合比定律，即当材料中促进剥层磨损的摩擦组元含量越多，存在缺陷的界面密度越大，材料剥层越严重。因此当形成弱反应结合界面的 SiC 组元含量越高，材料的表面剥落现象越

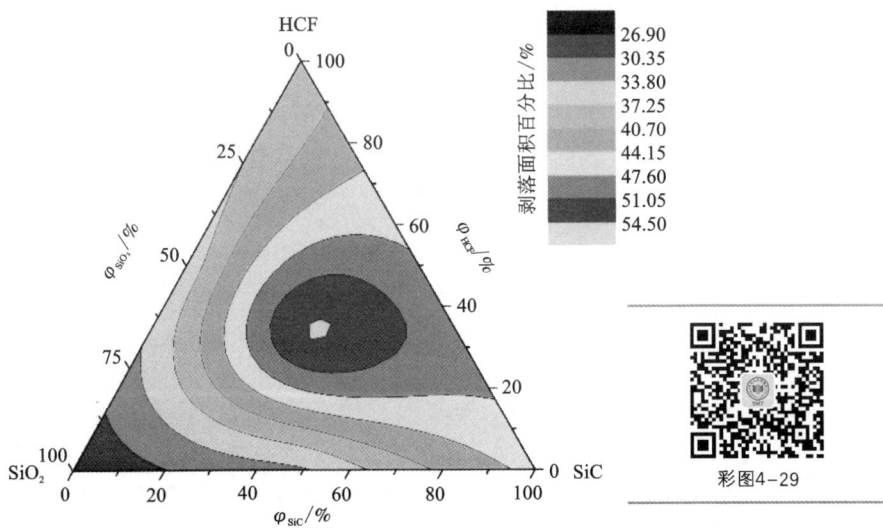

图 4-29　混合摩擦组元材料的剥落面积分布图

严重。在 SiC-高碳铬铁边线上，混合摩擦组元条件下材料的剥层磨损量有时甚至高于单一 SiC 摩擦组元条件下的剥层磨损量。这是因为材料中加入的高碳铬铁虽能够提高材料抗塑性变形能力，降低磨合期摩擦材料的磨损量，但其导致材料亚表面中机械混合层厚度与塑性变形层厚度降低；引起机械混合层与塑性变形层吸收及分散摩擦冲击能力与保护材料基体能力下降。因此在添加高碳铬铁与 SiC 的材料基体中的某些存在缺陷区域，受摩擦循环切应力与压应力影响，缺陷中形核的裂纹快速扩张，导致大量剥层凹坑形成。SiO_2 与基体形成机械结合界面，此界面虽强度弱于扩散结合界面，但由于 SiO_2 颗粒和基体之间的良好机械啮合作用，高 SiO_2 含量摩擦材料具有相对较好的机械力学性能，在适当的制动能量密度下不发生明显的表面剥层脱落，故犁削磨损成为材料的主要磨损机制。

总体而言，当 SiC 与高碳铬铁含量较高时，材料中扩散-机械结合界面与化学反应-机械结合界面(SiC 与基体形成的界面是机械结合界面)数量较多，材料发生剥层磨损，提高摩擦材料表面剥落面积，而 SiO_2 含量较高时，大量紧密机械结合界面促使材料发生犁削磨损，降低材料表面的剥落面积。

图 4-30(a)为材料摩擦因数随摩擦组元成分变化图，与图 4-29 对应，出现脱落面积较大的材料普遍摩擦因数较低，剥落面积较小的材料，摩擦因数较高。这是由于具备严重剥层磨损的材料大多形成了完整的机械混合层，机械混合层的存在将摩擦材料与对偶之间的摩擦转换为摩擦材料与机械混合层之间的摩擦，而机械混合层包含大量石墨，且强度较低，能够有效吸收摩擦震动平稳摩擦过程，降低材料的摩擦因数，因此摩擦副之间形成机械混合层的材料摩擦因数较低。而脱落面积较小的摩擦材料在摩擦过程中受到硬质第三体颗粒的强烈犁削作用，破坏材料表面机械混合层，导致摩擦材料受到对偶剧烈犁削，且在某些区域发生剥层磨损，导致摩擦因数快速上升。

材料的摩擦稳定系数则主要取决于材料中紧密机械结合界面的数量(SiO_2 体积分数)。当紧密机械结合界面数量高时，材料发生粘着磨损与犁削磨损，补偿了因制动热累积导致的材料软化而引起的摩擦因数下滑，提高摩擦稳定性，如图 4-30(b)所示。

如图 4-31(a)所示材料的磨损率则主要取决于材料的亚表面中机械混合层的状态。添加 SiC 与高碳铬铁的材料形成了稳定存在的机械混合层，其存在能够有效减少摩擦界面中第三体颗粒与对偶微凸体对摩擦材料基体的直接犁削。而添加 SiO_2 的材料中机械混合层受到破坏，导致第三体、对偶微凸体直接犁削材料表面，造成极大磨损。对偶材料的磨损量则取决于摩擦材料亚表面中机械混合层的组成及对偶与摩擦材料的粘着倾向。如图 4-31(b)所示，含高碳铬铁的材料促使贫硬质颗粒机械混合层形成，在制动过程中，存在的机械混合层能够有效保护摩擦材料及对偶。而高 SiC 含量的材料中，由于材料表面形成了富硬质颗粒的机械

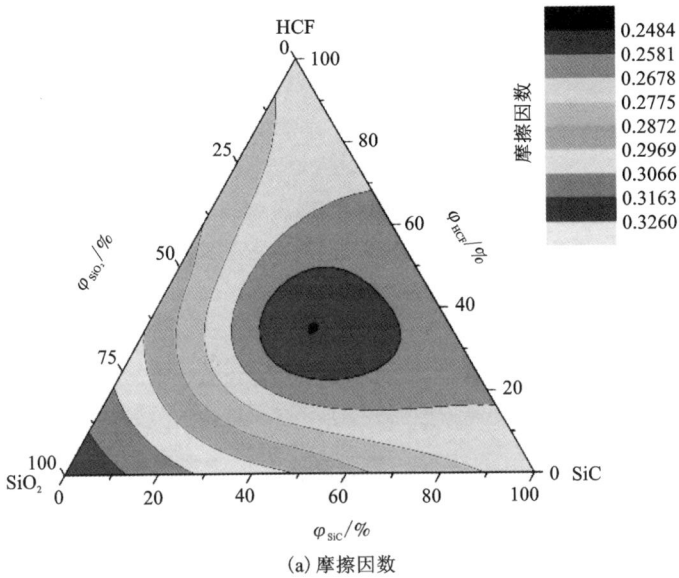

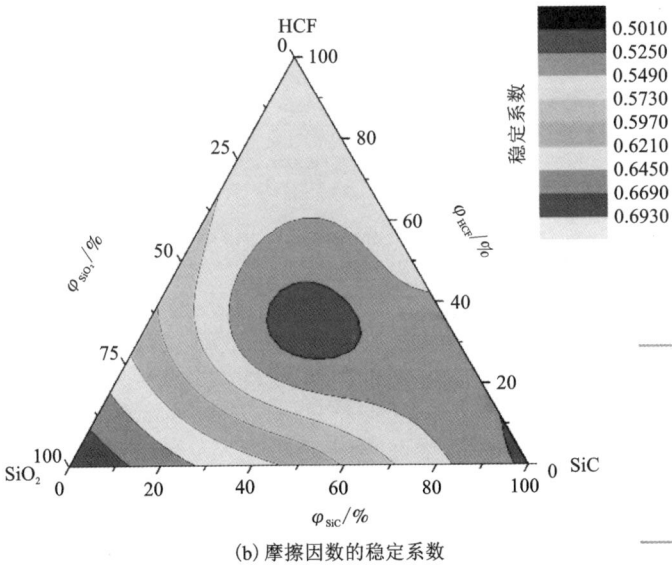

(a) 摩擦因数

(b) 摩擦因数的稳定系数

彩图4-30

图4-30　含混合摩擦组元材料的摩擦因数及摩擦稳定性分布图

混合层，导致材料对偶受到严重犁削，产生剧烈磨损。高 SiO$_2$ 体积分数摩擦材料中，基体向对偶发生粘着转移，同样降低了对偶磨损。而在低 SiC 含量，富 SiO$_2$ 与富高碳铬铁含量区域，由于高碳铬铁增强了摩擦材料的导热性能，降低了基体与对偶间的粘着趋势，导致该区域对偶磨损量增高。

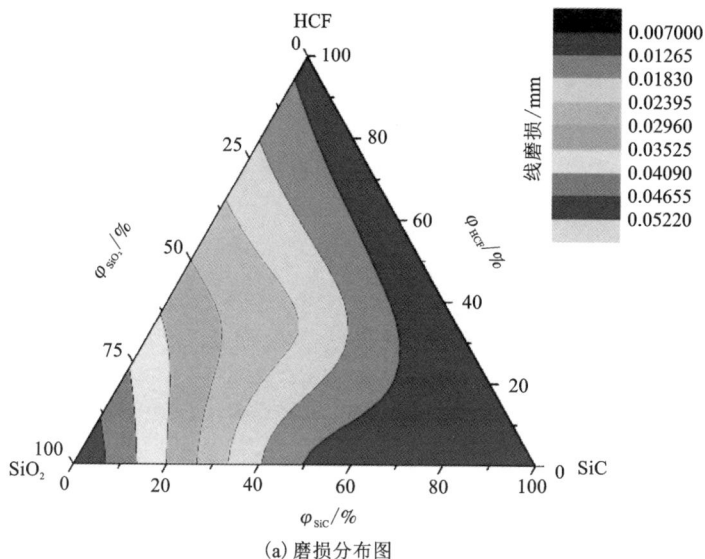

(a) 磨损分布图

彩图4-31

(b) 对偶材料磨损分布图

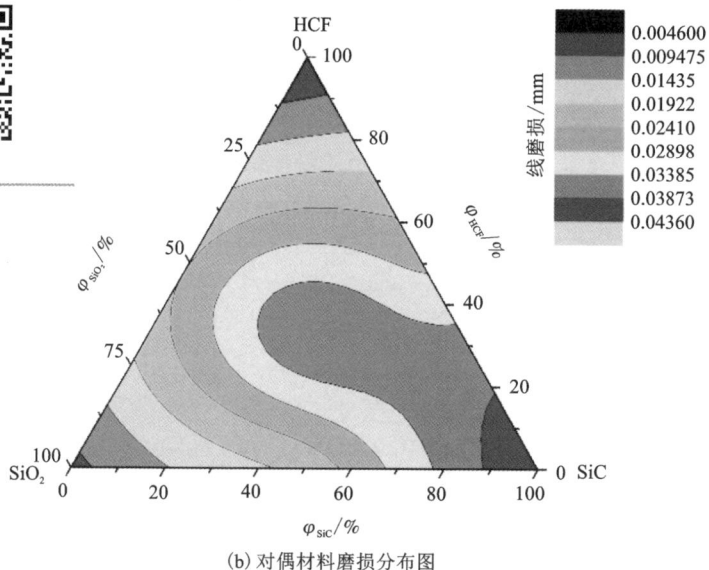

图 4-31　混合摩擦组元材料的磨损量分布图

　　根据材料表面剥层面积、摩擦因数分布图给出的数据，可以构建材料磨损机制随摩擦组元成分配比变化图。如图 4-32 所示，根据摩擦磨损机制的区别可以将三角坐标图分为三个区域。当 SiC、高碳铬铁含量较高、而总 SiO_2 体积分数不超过 40% 时，材料表面产生大量剥层，其磨损机理以剥层磨损为主。当 SiO_2 体积分数超过 70% 时，材料表面产生大量犁削凹坑，这时材料的摩擦磨损机理以犁削磨损为主。在剩余的区域中,材料主要摩擦磨损机理为犁削磨损与剥层磨损。

综上所述,提高 SiC 和 HCF 含量有效降低材料的摩擦因数,增大 SiO₂ 含量将提高材料的摩擦因数。对于稳定系数而言,规律正好相反。对于磨损量而言,提高 HCF 和 SiC 含量有助于降低材料磨损,但过于提高 SiC 会造成对偶异常磨损。

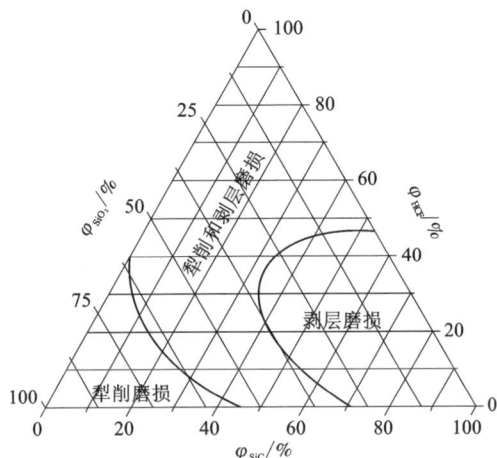

图 4-32 不同摩擦组元成分配比条件下的材料摩擦磨损机理

4.4 高速列车制动粉末冶金摩擦材料设计

4.4.1 高速列车制动粉末冶金摩擦材料设计思路

随高速列车运行速度的不断提升,铜基摩擦材料开始出现制动能力不足、制动失稳、高温热衰退等严重影响服役性能问题,因此突破苛刻服役条件下的高性能摩擦材料设计成广泛的关注重点。面对不断增强的苛刻制动环境,摩擦表面高体积分数的摩擦、润滑功能调控组元是保障摩擦材料优异制动性能的基础。此外,愈加提高的界面制动温度,也要求摩擦材料中耐热、抗能、耐冲击、稳摩擦、抗热衰退等功能组元体积的提高,导致高性能铜基摩擦材料具有显著的"陶瓷化"设计倾向。但值得指出的是,陶瓷化设计一方面虽然提高了摩擦材料极端高能工况下的摩擦学性能,但另一方面却引起摩擦材料内部缺陷的大幅度增加,以及整体强度、硬度、韧性等基础物理性能的迅速劣化,易导致摩擦材料极端高能制动工况下的异常失效。因此,开展铜基摩擦材料"陶瓷化"设计的同时必须兼顾材料整体的"强韧化"需求(图 4-33)。可以认为,高性能铜基摩擦材料设计是陶瓷化与强韧化设计协调匹配并相互妥协的结果。

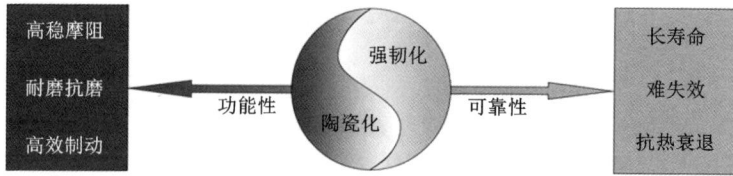

图 4-33 "陶瓷化"与"强韧化"协同设计方法

需要注意的是，高速列车粉末冶金摩擦材料中添加的组元数量也不宜于过多，过多的组元数量会造成摩擦材料内部缺陷的增多，以及影响材料性能因素的增加。这种情况下，高速列车的摩擦材料性能将难以调控。因此，在铜基粉末冶金摩擦材料设计倾向中，除保障闸片材料的强韧化与陶瓷化同时，还需尽可能保证铜基粉末冶金摩擦材料的组分简化设计。

为实现多组元良好协同复合增效，把握摩擦材料陶瓷化与强韧化协同设计，形成兼具摩擦学性能好、抗损伤失效强、服役稳定性佳的高性能摩擦材料设计方法，发展有效的摩擦材料应用可靠性设计准则已成为高速列车制动粉末冶金摩擦材料的主要研发方向之一。

4.4.2 超简组元高性能高速列车制动摩擦材料设计

根据 Fe、高碳铬铁、立方氧化锆含量对摩擦材料摩擦因数与磨损率的研究成果，可以确定不同类型摩擦组元的最佳含量，如图 4-34 所示。对于高性能制动摩擦材料，不但要求设计的制动摩擦材料在高制动能量密度下具有高且稳定的摩擦因数，还需要设计材料具有良好的抗磨耐磨性能。因此在组元最佳含量的选取中，需要同时考虑摩擦因数和磨损率两个重要因数。基于前述磨损图，当把高能制动下的磨损机制控制在氧化剥层磨损时，设计摩擦材料具有良好的抗磨耐磨性能，因此通过磨损图中高能制动条件下磨损机制分布区域的确定，可确定耐磨性较好的区域为 Fe 体积分数 8%~15%、高碳铬铁体积分数 10%~20%、c-ZrO$_2$ 体积分数 5%~20%（不发生粘着磨损）。结合摩擦因数的等高线分布图，考虑到在不同制动条件下均能形成较高的摩擦因数，把不同摩擦组元的含量分布确定在 Fe 体积分数 8%~12%、高碳铬铁体积分数 10%~17%、c-ZrO$_2$ 体积分数 8%~15%。考虑到多种摩擦组元混合使用，在材料设计过程中选取各组元最佳含量下限较为适宜。最终，除通过材料设计考虑外，结合工艺可控、保证产品性能稳定、降低生产工艺复杂性及成本，通过大量的组元筛选、组元成分及含量的优化，研制了组元较简单的新型高速列车制动粉末冶金摩擦材料。其中，采用体积分数 8%~10%的 Fe 金属摩擦组元有助于同时提高摩擦材料的摩擦因数与耐磨性，且在高

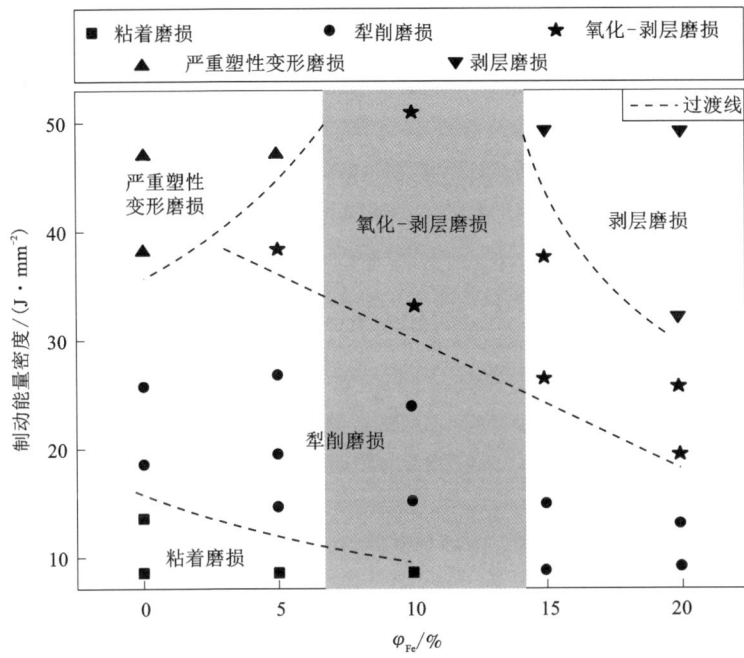

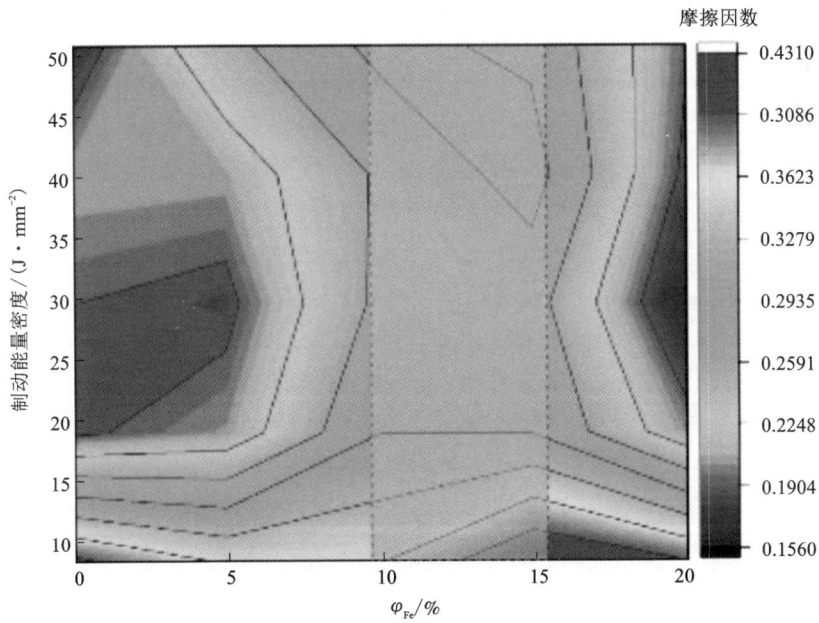

(a) 铁

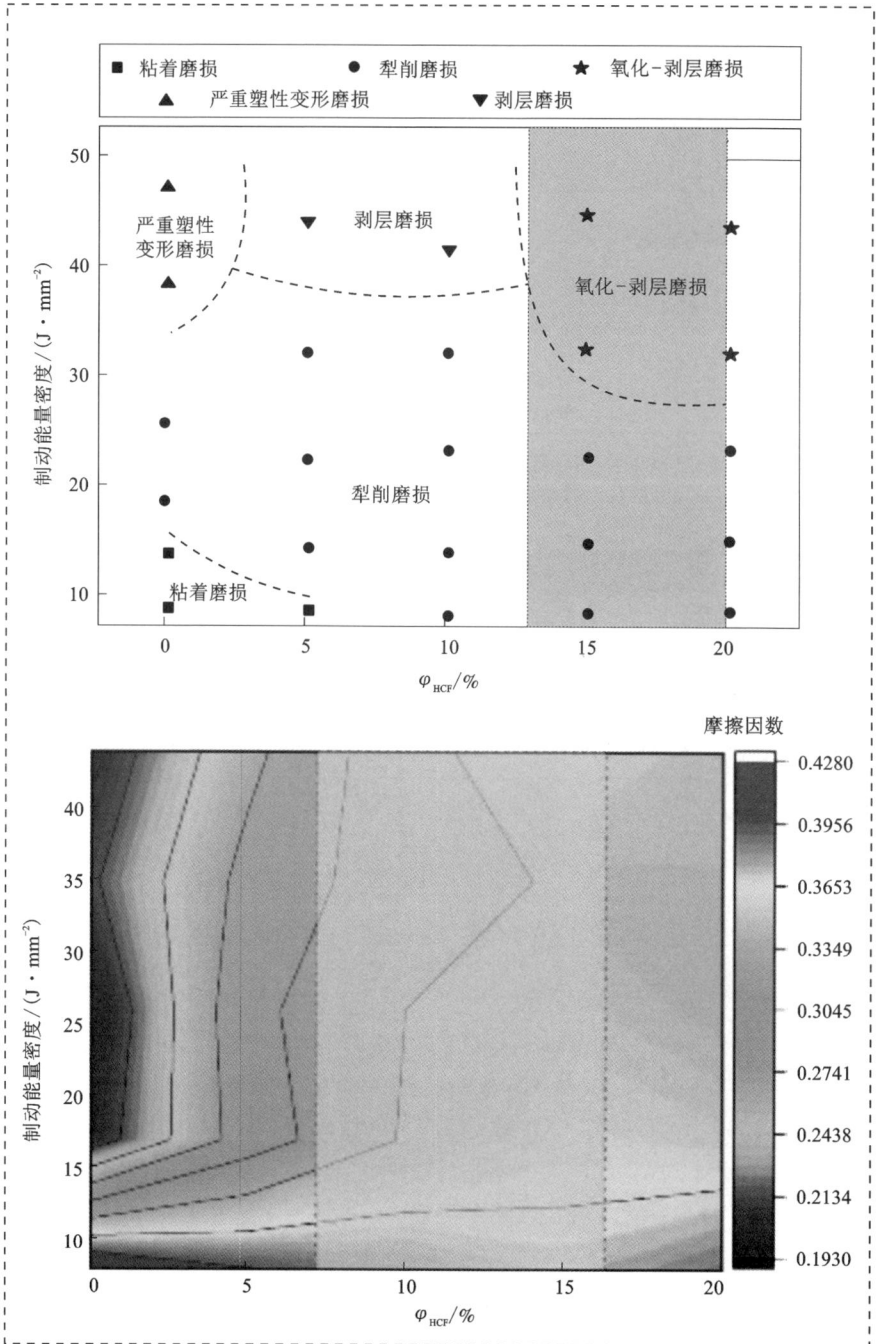

(b) 高碳铬铁

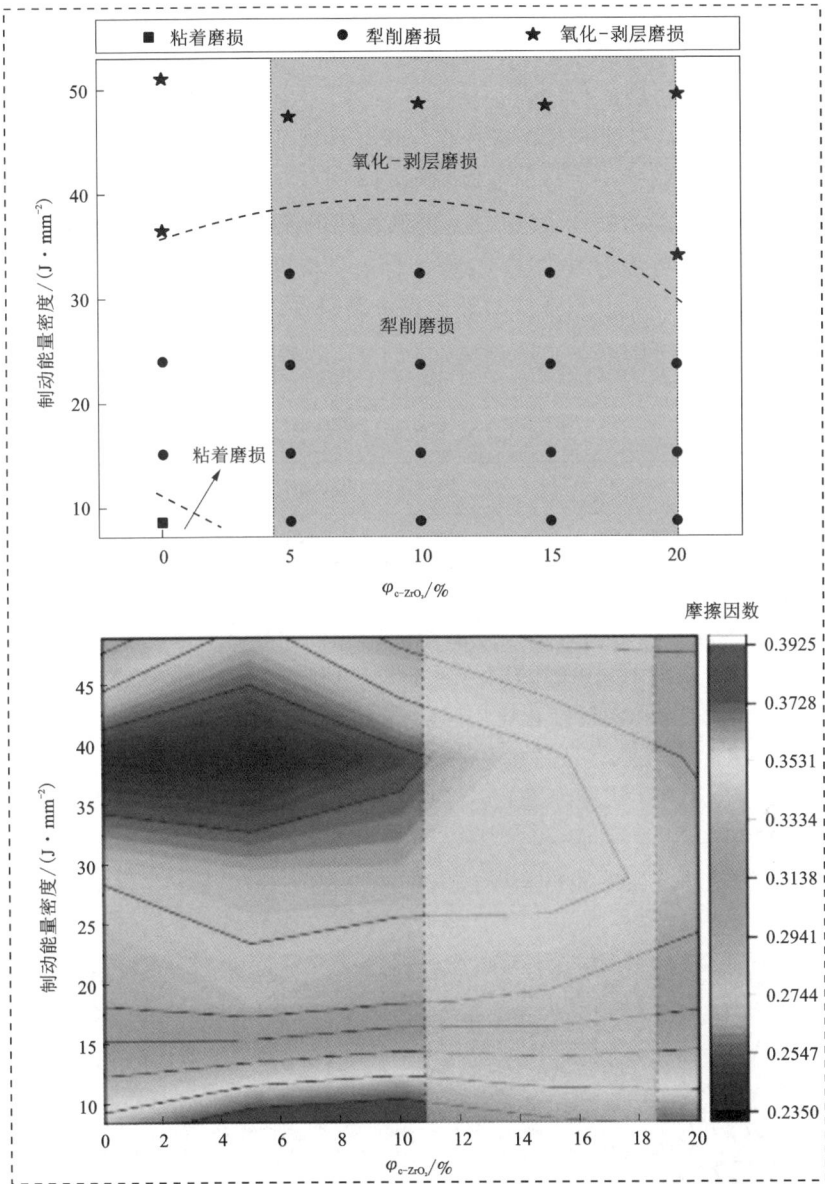

(c) c-ZrO$_2$

彩图4-34

图4-34　三种摩擦组元磨损机制图及最佳体积分数区间

制动能量工况下还能够促进摩擦材料表面机械混合层的形成。立方氧化锆的含量不宜过高，因为过高的 $c-ZrO_2$ 将导致摩擦材料中缺陷数量提升，影响摩擦材料高能工况下的可靠性，故应控制在最佳含量下限，选用体积分数范围为 8%~12%。对于高碳铬铁，虽研究表明其含量越高，摩擦材料的摩擦磨损性能越强，但考虑到过高含量的高碳铬铁会造成对偶磨损加剧，因此其含量也应该适当限制。根据单一组元含量和高碳铬铁含量-制动工况磨损图的研究结果，在摩擦材料设计中，选取高碳铬铁体积分数为 10%~15%较为合适。根据上述研究结果，获得的材料成分如表 4-4 所示。其材料成分与性能完全满足铁路标准《动车组闸片暂行技术条件》(TJ/CL 307—2019)。

表 4-4　新型摩擦材料的成分

元素	Cu	Fe	石墨	$MoS_2@Ni$	ZrO_2	FeCr	其他
体积分数/%	40~55	8~15	17~19	2~3	8~12	10~15	4~10

图 4-35 展示了摩擦材料表面的金相显微结构。从宏观角度可以观察到各组元各物相均匀地分布于淡黄色的铜基体中。灰白色的 Fe 在铜基体中有一定的固溶度，起着固溶强化和颗粒强化作用，有利于提高材料的强度。黑色的 ZrO_2 粗颗粒和白色的 HCF 细颗粒具有足够高的强度和硬度，对配对材料的擦伤及损伤小，高温下化学性质稳定，被用作摩擦调节剂，一方面弥补润滑组元降低摩擦因数的影响，使材料表现出合适而稳定的摩擦因数，另一方面减轻或消除闸片材料向配对材料表面的转移。在摩擦材料中还添加了石墨与 $MoS_2@Ni$，以提高材料的耐

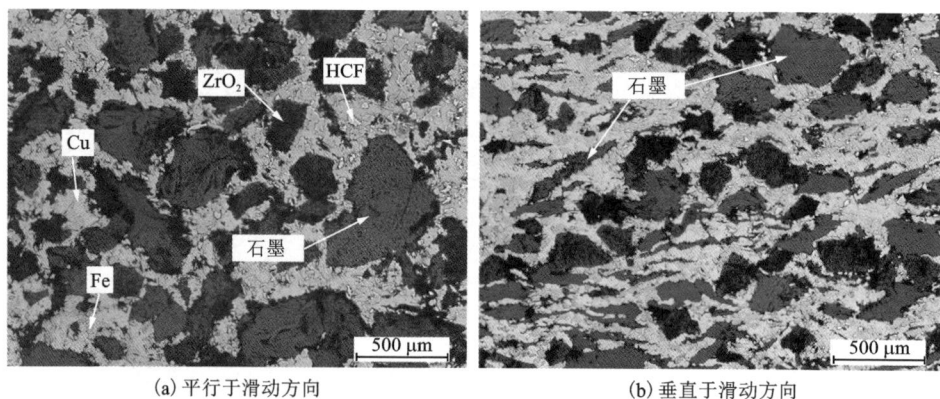

(a) 平行于滑动方向　　　　　　　　(b) 垂直于滑动方向

图 4-35　新型闸片材料的显微结构

磨性及制动平稳性，改善材料的抗咬合性和抗黏结性，减轻制动过程中的振动，减少对制动盘的擦伤。采用包覆 MoS_2 的原因主要是 MoS_2@Ni 能够抑制 MoS_2 在烧结过程中的分解，实现 MoS_2 在铜基材料中的有效保留，进一步提高制动过程的稳定性。

表 4-5 为粉末冶金摩擦材料的密度、表观硬度、抗压强度、剪切强度及其与钢背板间结合面的结合强度。如表 4-5 所示，摩擦材料的密度略大于纯铜密度之半（铜密度：8.96 g/cm³），此缘于铜基体中添加了用于摩擦改性的高含量石墨、ZrO_2 等非金属组元，这些组元的密度远小于铜的密度，同时组元间的机械界面存在一定的孔隙。粉末冶金摩擦材料的表观硬度显著低于烧结纯铜的硬度（51 HB），这是由于材料中石墨所占体积比较高所致。摩擦材料完全满足《动车组闸片暂行技术条件》（TJ/CL 307—2019）中表观硬度 10~30 HBW 的标准要求。在梯度升温和分阶段加压烧结过程，Fe 在铜基体中形成一定的固溶体，强化摩擦材料，粉末冶金摩擦材料的抗压强度达到 105 MPa，剪切强度为 16 MPa，为《动车组闸片暂行技术条件》（TJ/CL 307—2019）规定的剪切强度最低限值 6 MPa 的 2 倍有余，可显著降低制动过程中闸片材料崩边、掉角、掉渣等的发生率。

表 4-5　设计闸片材料的物理力学性能

性能	技术要求	指标
密度/（g·cm⁻³）	—	4.8
表观硬度（HBW）	10~30	15
抗压强度/MPa	≥60	105
剪切强度/MPa	≥6	16
摩擦材料和刚背板间结合面的结合强度/MPa	≥7	37

图 4-36 为 1∶1 台架实验条件下，干湿环境中设计闸片材料在不同制动速度和压力下的平均摩擦因数，其中制动压力为 12 kN、23 kN 及 18/23 kN 时的制动为常用制动，而制动压力为 31.5 kN、24/31.5 kN 时为紧急制动。根据 300~350 km/h 及以上高速列车粉末冶金摩擦材料干燥条件下平均摩擦因数的公差要求，粉末冶金闸片材料在干燥条件下的平均摩擦因数均处于所规定的公差范围，满足技术要求。在其他条件一致时，摩擦材料的平均摩擦因数受制动压力变化的影响较小，随着制动压力的增加，平均摩擦因数小幅下降。此缘于制动压力的增加将加速材料表面微凸体变形及磨削，增大材料基体的变形，以及制动过程产生的磨屑等被逐渐压实于材料表面，提高了实际接触面积，降低了摩擦因数。当制

动速度小于 220 km/h 时,摩擦材料的平均摩擦因数几乎不受制动速度变化的影响,而当制动速度超过 250 km/h,随着制动速度的提高,摩擦材料的平均摩擦因数呈现逐渐降低的趋势。制动速度的升高,制动能量迅速增加,摩擦材料表面产生大量的摩擦热,表面温度升高,铜基体软化,表面微凸体遭到破坏,形成稳定而平整的摩擦膜,摩擦因数降低。

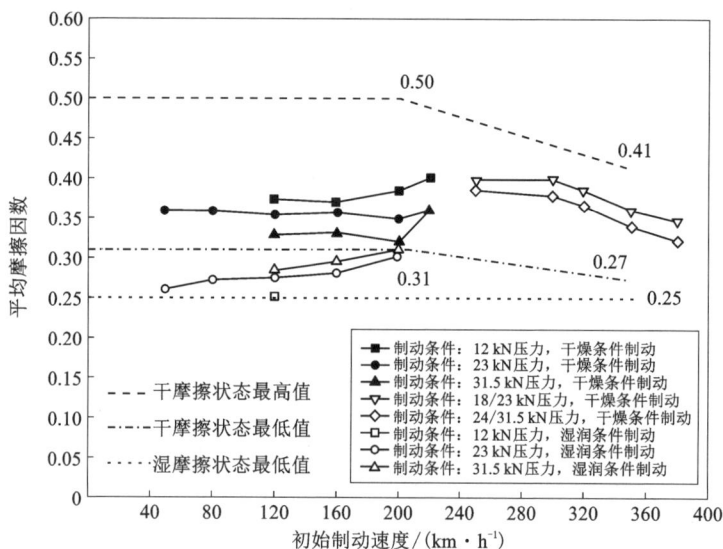

图 4-36 摩擦材料的平均摩擦因数

表 4-6 显示了干燥条件下,粉末冶金摩擦材料在 300~380 km/h 制动速度区间下的紧急制动性能,与之相应的制动能量高达 19.79~31.75 MJ,制动过程中制动功率均超过 250 kW。粉末冶金摩擦材料通过摩擦作用将制动过程中大部分动能转换成热能,摩擦材料与制动盘的接触表面产生大量的摩擦热,随着制动速度的提升,制动能量不断增加,制动盘表面温度不断升高,但其表面的最高温度仅为 566 ℃。随着制动速度由 300 km/h 提升至 380 km/h,摩擦材料的平均摩擦因数逐渐降低。铁路标准《铁路技术管理规程》明确规定:高速列车制动速度为 300 km/h、350 km/h 及 380 km/h 时,其紧急制动距离最高限值分别为 3800 m、6500 m 及 8500 m。由表 4-6 可知,粉末冶金摩擦材料在 300 km/h、350 km/h 及 380 km/h 下的紧急制动距离均小于标准规范数值,完全符合相关技术要求,可保证高速列车在规定的距离内停车,确保运行安全。

表 4-6　紧急制动条件下摩擦材料的摩擦学性能

初始制动速度 /(km·h⁻¹)	制动距离 /m	制动时间 /s	平均摩擦因数	最高表面温度 /℃
300	3464	79.5	0.378	472
320	4127	88.2	0.364	505
350	5475	105.6	0.339	543
380	6946	123.1	0.321	566

图 4-37 给出了干燥条件下，粉末冶金摩擦材料在 300～380 km/h 制动速度区间的紧急制动曲线，即瞬时摩擦因数的变化趋势，制动速度沿着制动曲线从右侧向左侧降至零。粉末冶金摩擦材料的制动曲线相对平稳，且均处于国内铁路标准《动车组闸片暂行技术条件》(TJ/CL 307—2019) 所规定的公差范围。同时，可以看出制动曲线在制动初期均存在一定的波动，但随着制动的进行，制动曲线逐渐趋于平稳，此缘于制动过程存在着制动压力由低压力 (24 kN) 转变为大压力 (31.5 kN)，低压力下摩擦曲线的波动性大于其大压力下的波动性，且 Kasem 等研究表明，在高能制动条件下，制动初期摩擦副产生了热弹性不稳定性现象，制动盘表面形成局部高温区，诱发制动盘表面形变，造成制动过程不平稳，之后，制动盘表面温度随着制动的进行不断趋于均衡，制动亦趋于平稳。

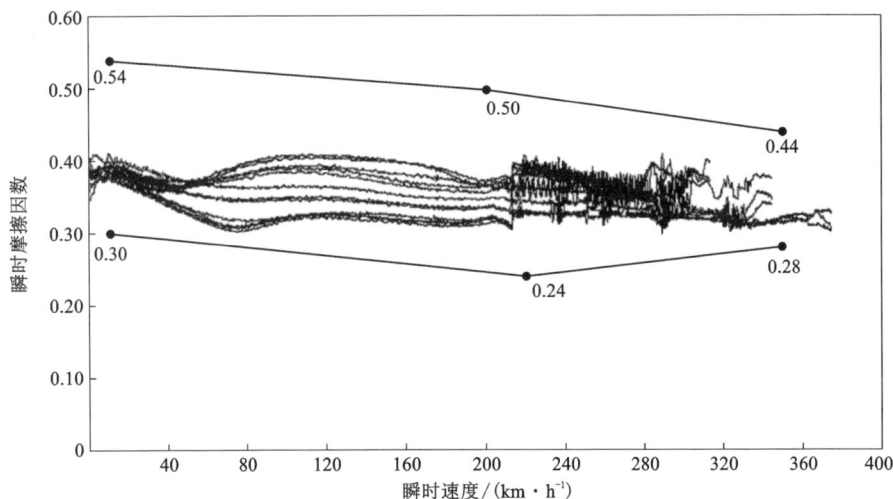

图 4-37　紧急制动条件下摩擦材料的制动曲线

国内铁路标准《动车组闸片暂行技术条件》(TJ/CL 307—2019) 及国际铁路标准 UIC CODE 541-3 均规定高速列车粉末冶金摩擦材料的磨损率不应超过

$0.35\ cm^3/MJ$。经过一系列的制动试验后，所测粉末冶金摩擦材料的平均磨损率仅为 $0.06\ cm^3/MJ$，在 $300\sim380\ km/h$ 高速高能制动条件下的最大磨损率也仅为 $0.20\ cm^3/MJ$，摩擦材料表现出优良的耐磨性。

总体而言，依据各特征组元对摩擦学性能的影响规律，综合考虑合金化、陶瓷化以及简化组元设计要求，构建的超简组元高性能高速列车摩擦材料表现出优秀的摩擦学性能，在 1:1 制动动力试验中各项性能表现优异，摩擦材料无掉块、崩边及掉角等问题，完全满足铁路技术标准，说明上述设计思路具有可行性与有效性。

参考文献

[1] ISHIMOTO F. Sintered friction material for high-speed rail. European Patent EP12762964.0 [P]. 2019.

[2] 曲选辉, 章林, 吴佩芳, 等. 现代轨道交通刹车材料的发展与应用[J]. 材料科学与工艺, 2017, 25(2): 1-9.

[3] 燕青芝, 彭韬, 张肖璐. 一种粉末冶金摩擦材料及摩擦块的制备方法: CN201811357250.5 [P]. 2019.

[4] 吴佩芳, 曹静武. 一种具有高摩擦系数的制动闸片及其制备方法: CN201610632723.2 [P]. 2016.

[5] 姚萍屏. 一种高速列车闸片用超简组元粉末冶金摩擦材料: CN201610962043.7[P]. 2017.

[6] ZHANG P, ZHANG L, REN S, et al. Effect of matrix alloying of Fe on friction and wear properties of Cu-based brake pad materials[J]. Tribology Transactions, 2019, 62(4): 701-711.

[7] 姚冠新, 牛华伟. 镍对铜基粉末冶金摩擦材料摩擦磨损性能的影响[J]. 热加工工艺, 2016, 45(8): 121-124.

[8] 覃群, 王天国, 华建杰. 钛含量对铜基粉末冶金摩擦材料摩擦磨损性能的影响[J]. 粉末冶金工业, 2017, 27(2): 42-46.

[9] 王天国, 覃群, 梁启超. 稀土 La 含量对铜基粉末冶金摩擦材料摩擦磨损性能的影响 [J]. 润滑与密封, 2016, 41(4): 49-52.

[10] 黄友谦. 曲线曲面的数值表示和逼近[M]. 上海: 上海科学技术出版社, 1984.

[11] 安琪. 几种离散数据网格化方法的对比分析[J]. 内蒙古科技与经济, 2001(1): 87-89.

[12] 杜世逊. Surfer 网格化方法的选取及其在区域自动气象站数据服务中的应用[J]. 电脑编程技巧与维护, 2011(20): 99-100.

[13] FRANKE R. Scattered data interpolation: Tests of some method [J]. Mathematics of Computation, 1982, 38(157): 181-200.

[14] FRANKE R, NIELSON G. Smooth interpolation of large sets of scattered data[J]. International Journal for Numerical Methods in Engineering, 1980, 15(11): 1691-1704.

[15] H CHEN, ALPAS A T. Sliding wear map for the magnesium alloy Mg-9Al-0.9Zn(AZ91) [J]. Wear, 2000, 246(1): 106-116.

[16] SELVAN S A, RAMANATHAN S. Dry sliding wear behavior of hot extruded ZE41A magnesium alloy[J]. Materials Science and Engineering A, 2010, 527(7-8): 1815-1820.

[17] HSU S M, SHEN M C, RUFF A W. Wear prediction for metals[J]. Tribology International, 1997, 30(5): 377-383.

[18] GESMUNDO F, NIU Y, OQUAB D, et al. The air oxidation of two-phase Fe-Cu alloys at 600-800 ℃[J]. Oxidation of Metals, 1998, 49(1): 115-146.

[19] LIM S C, ASHBY M F. Overview No. 55 wear-mechanism maps[J]. Acta Metallurgica, 1987, 35(1): 1-24.

[20] RAO R N, DAS S, MONDAL D P, et al. Dry sliding wear maps for AA7010 (Al-Zn-Mg-Cu) aluminium matrix composite[J]. Tribology International, 2013, 60: 77-82.

[21] LÓPEZ A J, RODRIGO P, TORRES B, et al. Dry sliding wear behaviour of ZE41A magnesium alloy[J]. Wear, 2011, 271(11-12): 2836-2844.

[22] 马文林, 吕晋军. 干摩擦条件下铜-石墨复合材料与 ZQAl9-4 铝青铜的磨损图研究[J]. 摩擦学学报, 2008(5): 389-393.

[23] SHIBATA K, YAMAGUCHI T, HOKKIRIGAWA K. Tribological behavior of RH ceramics made from rice husk sliding against stainless steel, alumina, silicon carbide, and silicon nitride[J]. Tribology International, 2014, 73: 187-194.

[24] LIM S C. Recent developments in wear-mechanism maps[J]. Tribology International, 1998, 31(1): 87-97.

[25] BRISCOE B J, SINHA S K. Scratch resistance and localised damage characteristics of polymer surfaces-A review[J]. Materialwissenschaft and Werkstofftechnik, 2003, 34(10-11): 989-1002.

[26] RÍO T G, RICO A, GARRIDO M A, et al. Temperature and velocity transitions in dry sliding wear of Al-Li/SiC composites[J]. Wear, 2010, 268(5): 700-707.

[27] INMAN I A, ROSE S R, DATTA P K. Development of a simple temperature versus sliding speed wear map for the sliding wear behaviour of dissimilar metallic interfaces[J]. Wear, 2006, 260(9-10): 919-932.

[28] TALTAVULL C, RODRIGO P, TORRES B, et al. Dry sliding wear behavior of AM50B magnesium alloy[J]. Materials and Design, 2014, 56(4): 549-556.

[29] DHOKEY N B, PARETKAR R K. Study of wear mechanisms in copper-based SiCp(20% by volume) reinforced composite[J]. Wear, 2008, 265(1): 117-133.

[30] HOKKIRIGAWA K. Wear mode map of ceramics[J]. Wear, 1991, 151(2): 219-228.

[31] GONG T, YAO P, XIAO Y, et al. Wear map for a copper-based friction clutch material under oil lubrication[J]. Wear, 2015, 328-329: 270-276.

[32] RIAHI A R, ALPAS A T. Wear map for grey cast iron[J]. Wear, 2003, 255(1): 401-409.

[33] TALTAVULL C, TORRES B, LÓPEZ A J, et al. Dry sliding wear behavior of AM60B magnesium alloy[J]. Wear, 2013, 301(1-2): 615-625.

[34] 费多尔钦科. 现代摩擦材料[M]. 北京: 冶金工业出版社, 1983.

[35] Kowalski M, Spencer P J. Thermodynamie reevaluation of the Cu-Zn system[J]. Journal of Phase Equilibria, 1993, 14(4): 432-438.

[36] 李世鹏. 铜基粉末冶金摩擦材料基体及其摩擦磨损性能研究[D]. 中南大学, 2004.

[37] Murray J L. The aluminium-copper system[J]. International Metals Reviews, 1985, 30(1): 211-234.

[38] 田荣璋, 王祝堂. 铜合金及其加工手册[M]. 长沙: 中南大学出版社, 2002.

[39] Kowalski M, Spencer P J. Thermodynamie reevaluation of the Cu-Zn system[J]. Journal of Phase Equilibria, 1993, 14(4): 432-438.

[40] Mey S. Thermodynamic re-evaluation of the Cu-Ni system[J]. Calphad, 1992, 16(3): 255-260.

[41] 许成法, 戴国文, 韩建国, 等. Ni/B-SiC对干式铜基粉末冶金摩擦材料性能的影响研究[J]. 粉末冶金工业, 2016, 26(2): 1-7.

[42] Wardzinski B, Buttery M, Roberts E. The potential of Indium as a soft metal lubricant replacement for lead[C]. 15th European Space Mechanisms and Tribology Symposium, 2013.

[43] Roberts E W. Survey of possible replacements for lead lubrication[R]. ESTL Report, 2008.

[44] Clauss, Francis J. Solid Lubricants and Self-Lubricating Solids[M]. New York: Academic Press, 1972.

[45] Dellacorte C. The effect of counterface on the tribological performance of a high temperature solid lubricant composite from 25 to 650℃[J]. Surface and Coatings Techmology, 1996, 86-87: 486-492.

[46] 何安莉, 陶春虎, 郭效东, 等. 含钢电刷材料自润滑耐磨机理的研究[J]. 航空材料学报, 1989(3): 1-8.

[47] Savage R H. Graphite lubrication[J]. Journal of Applied Physics, 1948, 19(1): 1-10.

[48] Lim S C, Ashby M F. Overview No. 55 wear-mechanism maps[J]. Acta Metallurgica, 1987, 35(1): 1-24.

[49] Rao R N, Das S, Mondal D P, et al. Dry sliding wear maps for AA7010 (Al-Zn-Mg-Cu) aluminium matrix composite[J]. Tribology International, 2013, 60: 77-82.

[50] López A J, Rodrigo P, Torres B, et al. Dry sliding wear behaviour of ZE41A magnesium alloy [J]. Wear, 2011, 271(11-12): 2836-2844.

[51] 马文林, 吕晋军. 干摩擦条件下铜-石墨复合材料与ZQAl9-4铝青铜的磨损图研究[J]. 摩擦学学报, 2008(5): 389-393.

[52] Shibata K, Yamaguchi T, Hokkirigawa K. Tribological behavior of RH ceramics made from rice husk sliding against stainless steel, alumina, silicon carbide, and silicon nitride[J]. Tribology International, 2014, 73: 187-194.

[53] Lim S C. Recent developments in wear-mechanism maps[J]. Tribology International, 1998, 31(1): 87-97.

[54] Briscoe B J, Sinha S K. Scratch resistance and localised damage characteristics of polymer surfaces-A review[J]. Materialwissenschaft und Werkstofftechnik, 2003, 34(10-11): 989-1002.

[55] Río T G, Rico A, Garrido M A, et al. Temperature and velocity transitions in dry sliding wear of Al-Li/SiC composites[J]. Wear, 2010, 268(5): 700-707.

第 5 章　高速列车制动粉末冶金闸片的生产与检验

高速铁路在国民经济、人民生活、国家安全等方面发挥着至关重要的作用，中国高速铁路技术已进入世界领先行列。

没有制动就没有高速，基础制动系统是高速列车安全保障和应急的关键系统，国际铁路联盟 UIC 规定：在其他制动方式失效情况下，基础制动必须保证高速列车能在规定的距离内停车，以确保高速列车运行的安全。基础制动系统由粉末冶金闸片、制动盘、制动夹钳以及控制系统构成，依靠摩擦消耗高速列车的动能，从而达到制动目的。粉末冶金闸片是基础制动系统中的关键核心部件，是高速列车安全运行的基础保障，直接关系着列车的运营安全，不同速度级的高速列车基础制动系统设计有不同的夹钳结构(如图 5-1 所示)，因此，需要根据夹钳的接口尺寸及装配要求来设计粉末冶金闸片结构。

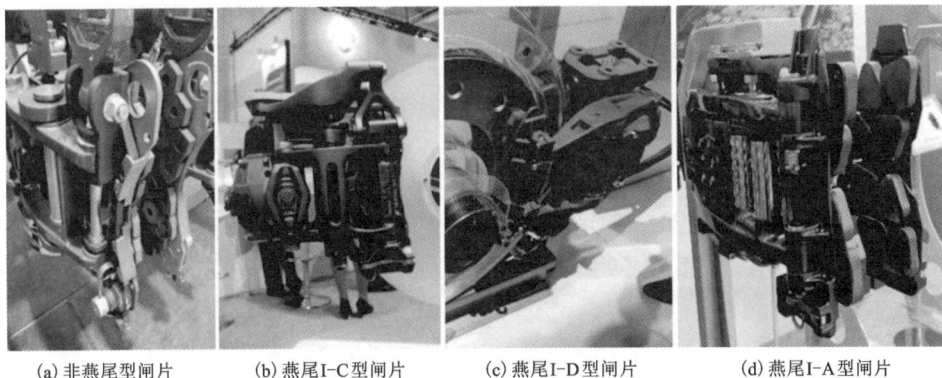

(a) 非燕尾型闸片　　(b) 燕尾I-C型闸片　　(c) 燕尾I-D型闸片　　(d) 燕尾I-A型闸片

图 5-1　制动夹钳结构图

不同速度级高速列车粉末冶金闸片必须满足不同的摩擦磨损性能和力学性能要求，需要针对性设计粉末冶金闸片摩擦材料、结构件及装配。因此，对于粉末冶金闸片制造而言，需要制定相应生产工艺流程、检验规程，明确闸片零部件的技术规范，从原材料到装配等各个工序进行控制和检验，以确保粉末冶金闸片的各项性能满足服役要求。

5.1 粉末冶金闸片结构与组成

5.1.1 粉末冶金闸片结构

中国现有高速列车的运营速度涵盖 200～350 km/h，主要车型有 CRH1、CRH2、CRH3、CRH5、CRH380、CR300 和 CR400 等，闸片接口类型主要包括：燕尾型(燕尾Ⅰ-A 型、燕尾Ⅰ-B 型、燕尾Ⅰ-C 型、燕尾Ⅰ-D 型、燕尾Ⅱ型)和非燕尾型。《动车组闸片暂行技术条件》(TJ/CL 307—2019)规定了不同类型动车组闸片的接口尺寸、建议最大轮廓要求及尺寸及公差要求(如表 5-1 所示)，粉末冶金闸片的整体结构需要按照此要求进行针对性设计，以满足闸片与制动夹钳的装配要求。

燕尾型闸片的钢背与燕尾连接宜采用一体铸造结构，因与制动夹钳装配部分形如燕子尾部，故称为燕尾型闸片。

燕尾Ⅰ-A 型粉末冶金闸片为左/右对称的分体式结构，燕尾长度 61.5 mm，燕尾角度为 53°，闸片总长度 400 mm，闸片高度 140 mm，闸片厚度名义值为 24～35 mm，适用车型为 CRH5 系列车型，最大优势为耐高寒、抗风沙，适应能力强。

燕尾Ⅰ-B 型粉末冶金闸片为左/右非对称的分体式结构，燕尾长度 61.5 mm，燕尾角度为 53°，闸片总长度 400 mm，闸片高度 140 mm，闸片厚度名义值为 30 mm，适用车型为 CRH2 系列车型及 CRH1 系列部分车型。

燕尾Ⅰ-C 型粉末冶金闸片为左/右对称的分体式结构，燕尾长度 61.5 mm，燕尾角度为 53°，闸片总长度 400 mm，闸片高度 150 mm，闸片厚度名义值为 32 mm，适用车型为 CR300 系列车型和 CR400 系列车型。

燕尾Ⅰ-D 型粉末冶金闸片为左/右对称的分体式结构，燕尾长度 67 mm，燕尾角度为 45°，闸片总长度 395 mm，闸片高度 132 mm，适用车型为 CRH2 系列部分车型。

燕尾Ⅱ型粉末冶金闸片为整体式结构，燕尾长度 67 mm，燕尾角度为 53°，闸片总长度 404 mm，闸片高度 158.5 mm，闸片厚度名义值为 30 mm，适用车型为 CRH2 系列部分车型。

非燕尾型粉末冶金闸片为整体结构，利用大钢背内、外圆弧形卡槽与制动夹钳进行装配，大钢背两端设置两个安装定位孔($\phi40.3\pm0.2$ mm)，通过定位销实现与制动夹钳的紧固。适用车型为 CRH2C 二阶段、CRH3C、CRH380 系列部分车型。

表 5-1　粉末冶金制动闸片接口尺寸及建议最大轮廓要求

粉末冶金制动闸片接口类型	建议最大轮廓尺寸	速度等级	适用车型
燕尾 Ⅰ-A 型		200~250 km/h 速度级	CRH5A、CRH5G、CRH5E 及 CRH5J 等车型
燕尾 Ⅰ-B 型		200~250 km/h 速度级	CRH1A-A、CRH1E 改进型卧铺、CRH2A 统、CRH2E 改、CRH2B 统、CRH2E 纵向卧铺 及 CRH2G 等车型

续表 5-1

粉末冶金制动闸片接口类型	建议最大轮廓尺寸	速度等级	适用车型
燕尾 I-C 型		200~250 km/h 速度级	CR300AF、CR300BF 等车型
燕尾 I-D 型		300~350 km/h 速度级	CR400AF、CR400BF 等车型
		200~250 km/h 速度级	CRH2A 统、CRH2B 统、CRH2E 改、CRH2E 纵向卧铺及 CRH2G 等车型

续表 5-1

粉末冶金制动闸片接口类型	适用车型	速度等级	建议最大轮廓尺寸
燕尾Ⅱ型	CRH2A、CRH2B、CRH2E 等车型	200~250 km/h 速度级	
	CRH2C 一阶段等车型	300~350 km/h 速度级	
非燕尾型	CRH1A/E(动车)、CRH1A-250(动车)、CRH6A 及 CRH6A-A 等车型	200~250 km/h 速度级	
	CRH2C 二阶段、CRH380A(L)、CRH380A(L)、CRH380AM、CRH380AN、CRH380AJ、CRH3C、CRH380B(L)、CRH380CL、CRH380D、CRH380BG、CRH380BJ 及 CRH380BJ-A 等车型	300~350 km/h 速度级	

5.1.2 粉末冶金闸片组成

1)燕尾型粉末冶金闸片组成

燕尾型粉末冶金闸片主要部件包括:摩擦块、垫片、钢背、铆钉等部件(图5-2),其中,钢背与燕尾需采用一体铸造型结构,摩擦块由粉末冶金摩擦体和背板(含止转销)烧结而成,设置止转销是防止闸片在制动过程中摩擦块转动而造成相互碰撞,粉末冶金摩擦体可设计成单孔或多孔结构,通过铆钉将摩擦块、垫片及钢背进行装配,装配后的铆钉不能突出钢背平面,以免影响闸片与夹钳的装配,装配后的闸片可在平面磨床上对摩擦体表面进行磨削,保证每个摩擦块与钢背的距离相同且满足表5-1中名义值 A 的要求。铆接形式的燕尾型闸片的组成如图5-2所示,通过铆钉将摩擦块、垫片及大钢背进行冷碾铆。

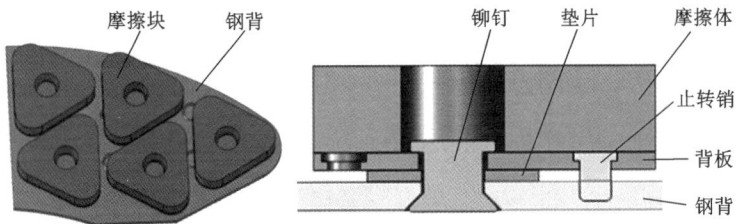

图5-2 铆接燕尾型粉末冶金闸片组成

对于燕尾型粉末冶金闸片而言,钢背和背板的材料、制备工艺及后处理工艺与非燕尾型闸片基本相同,铆钉通常选择45#钢,并采用机加工方式制备。

2)非燕尾型粉末冶金闸片组成

非燕尾型粉末冶金闸片由摩擦块、三角托盘、大钢背及卡簧等部件组成。摩擦块由粉末冶金摩擦体与铆接后的背板和定位销共同烧结而成,粉末冶金摩擦体可设计成椭圆形、五边形、正六边形或圆形,背板底部设计成弧形,与三角托盘三个弧形实现面接触,三角托盘底部中心位置与大钢背也采用弧面接触,利用卡簧将摩擦块、三角托盘和大钢背装配在一起,实现紧配合,使得摩擦块和三角托盘有一定程度的浮动,防止闸片出现偏磨,因此,非燕尾型粉末冶金闸片又称为浮动型粉末冶金闸片。非燕尾型粉末冶金闸片典型组成如图5-3所示。

非燕尾型粉末冶金闸片中背板材料的抗拉强度和屈服强度应高于 GB/T 700—2006 中 Q235A 的要求,并应做防锈处理,通常选择 Q235A、20#钢及45#钢,利用冲压工艺制备,背板由于需要与摩擦体一并进行烧结,通常需先进行镀铜处理,防锈的同时也提高背板与摩擦体的结合强度。三角托盘作为主要受力部件,

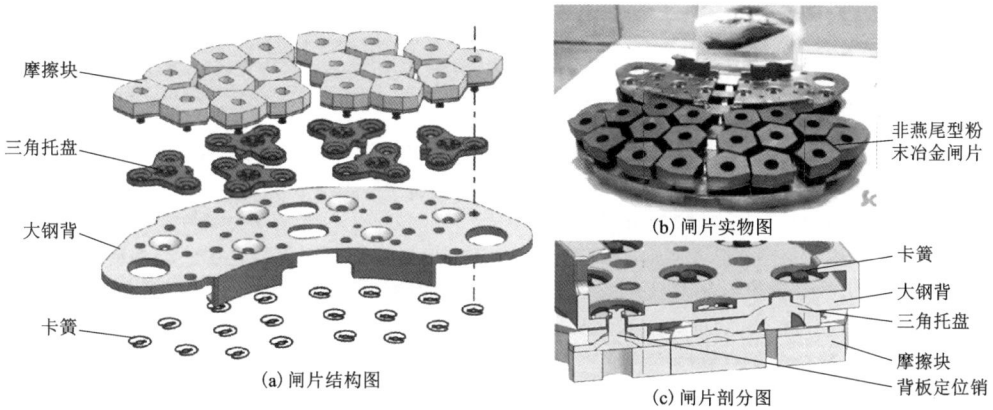

图 5-3　非燕尾型粉末冶金闸片典型组成

通常选择高硬度和耐磨性的低合金 CrMo 钢，采用压铸和机加工的方式制备，为了减小三角托盘、背板、大钢背之间的摩擦，三角托盘除进行表面处理外还需喷涂 MoS_2 自润滑涂层。大钢背通常选用球墨铸铁作为原材料，采用铸造和机械加工工艺制备，大钢背还需采用镀铜、QPQ 或发黑等表面处理工艺以达到防锈的目的。卡簧作为起紧固作用的受力部件，要求具有较高的强度和抗疲劳性能，通常选用沉淀硬化不锈钢或者双相不锈钢的钢丝制备而成，并进行去应力和抛光处理。

3）燕尾型和非燕尾型粉末冶金闸片的优缺点

燕尾型粉末冶金闸片为分体结构（对称或非对称结构），依靠燕尾与制动夹钳进行装配，其结构优缺点见表 5-2。

表 5-2　不同类型闸片优缺点

闸片类型	优点	缺点
燕尾型	1）结构简单，成本低，易推广； 2）闸片与钢背之间存在弹性垫片，可以调整摩擦副之间贴合度； 3）每个摩擦块装配一个垫圈，摩擦块、垫片和钢背的贴合面无高低差；	1）剪切力大，有断裂风险； 2）燕尾角度精确度要求高，检测难度大，结果难以保证； 3）易偏磨，影响制动稳定性，缩短闸片使用寿命；

续表5-2

闸片类型	优点	缺点
非燕尾型	1)整体结构，闸片尺寸一致性有保证； 2)轴向浮动功能保证制动时的最大面积贴合，起到了最佳均衡制动效果； 3)偏磨现象少； 4)采用弹性接触、浮动连接，可降低噪声，起到一定的减震作用； 5)利用球面体调整平面，使得闸片上的各个摩擦块与制动盘的接触面积增大且调整到同一水平面上，减小应力集中和热疲劳，提高制动过程的平稳性； 6)浮动+卡簧结构，便于维护和更换磨耗到限的摩擦块，降低维修成本	1)闸片结构复杂，工艺难度大，制造成本较高； 2)闸片在长时间反复制动过程中，卡簧因反复受到压力作用而松弛，有一定的概率从闸片上脱出，造成粉末冶金摩擦块掉落；

4)应用

燕尾型粉末冶金闸片主要包括：燕尾Ⅰ-A型，燕尾Ⅰ-B型，燕尾Ⅰ-C型，燕尾Ⅰ-D型，燕尾Ⅱ型(见表5-1)。目前，国内新型高速列车粉末冶金闸片多采用弹性浮动结构，如CR300、CR400以及CRH380系列等车型，非燕尾型结构粉末冶金闸片的摩擦块有更大的接触面积，使磨损、振动和噪声得到明显改善，因此本章主要阐述非燕尾型粉末冶金闸片的生产和检验，需要说明的是虽然大部分生产过程可实现自动化，但为了覆盖全工艺流程，本章仍主要采用非自动生产模式来介绍非燕尾型粉末冶金闸片的生产和检验。

5.2　粉末冶金闸片生产与检验

非燕尾型粉末冶金闸片生产前，按需领用合格的粉末原材料、背板、定位销、喷涂自润滑涂层后的三角托盘、卡簧和大钢背。其中，背板和定位销需要利用压铆机进行组装，之后才能与粉末冶金摩擦体一并进行压制和烧结。大钢背需要利用打标机在既定的位置形成可追溯性标识。

闸片生产时，需按照生产工艺规程依次完成配料、混料、压制成型、烧结等工序作业，并最终完成粉末冶金闸片的装配、出厂检验、包装和入库。每道工序需严格进行质量检验，禁止不合格品流入下一道工序。闸片的生产工艺流程如图5-4所示。

粉末原材料　　背板、定位销　　三角托盘　　大钢背　　卡簧

配料、混料　　组装　　喷涂自润滑涂层　　标记

检验　　检验　　检验

压制成型　　烧结

检验

烧结

检验

标记　→　检验　→　闸片装配　→　检验　→　出厂检验

发货　←　入库　←　包装

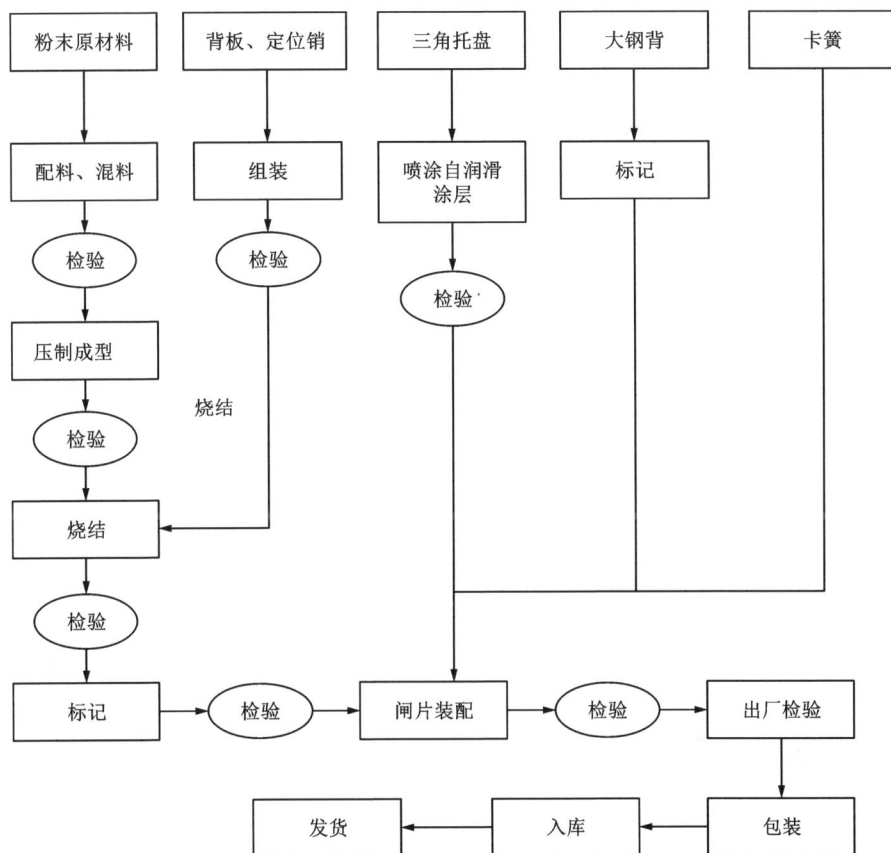

图 5-4　粉末冶金闸片生产工艺流程图

5.2.1　背板和定位销生产与检验

1）原材料检验

背板和定位销制备所需的冷轧钢板及圆钢从市场购买时，供方需提供检测报告及合格证，闸片生产厂家对所采购的每一批次原材料进行检测，检测结果记入原材料检测记录（如表 5-3 所示），各项指标合格后才能用于生产背板和定位销。

典型背板设计的形状如图 5-5 所示。背板厚度为 2~3 mm，选择 Q235A、20# 或 45# 的冷轧钢板，采用冲压工艺制备而成，并应做防锈处理。

表 5-3　原材料检测记录

产品名称		规格型号		检验依据	
供货单位				检验数量	
供货批号		供货数量		检验日期	

检验记录

检测项目	要求	检验记录	检验结果	
产品外观			□合格；□不合格	
尺寸检测			□合格；□不合格	
性能检测			□合格；□不合格	
材料成分			□合格；□不合格	
检验	□合格	检验员/日期	不合格品审批人/日期	
结论	□不合格			
处置	□退货			
	□换货			
意见	□让步接收			

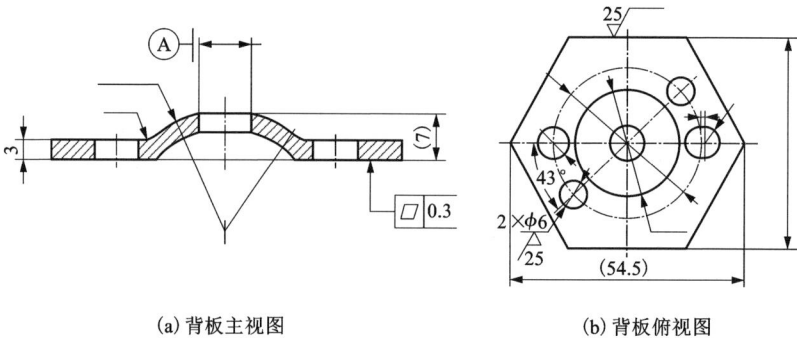

(a) 背板主视图　　　　(b) 背板俯视图

图 5-5　背板形状示意图

背板生产所需的设备主要有剪板机和冲床。生产工艺包括：原材料剪板→冲压加工(落料、冲压成型、冲孔、精冲)→质量检验→表面处理→质量检验→入库。检验工具包括：千分尺 0~25 mm、带表游标卡尺 0~300 mm，精度 0.02 mm、孔径通止规、球弧检具，具体加工及检验要求如表 5-4 所示。

表 5-4　背板生产工艺及质量控制

工序名称	检验项目	质量控制	检验方法	检验数量
原材料剪板	尺寸检验	宽：1500 mm 长：154 mm+2 mm	1）游标卡尺 0~300 mm 2）卷尺 0~5000 mm	1~3 件/批
落料	外观	无缺料、压痕、生锈	目视	连续监视
冲压成型	球弧尺寸检验	SR(16~18)±0.1 mm	球弧检具	2~6 件/时
冲孔	孔径尺寸检验	$R-0.1$ mm	1）带表游标卡尺 0~300 mm； 2）孔径通止规	2~6 件/时
精冲	宽度尺寸检验	$D±0.2$ mm	带表游标卡尺 0~300 mm	2~6 件/时
表面处理（镀铜）	镀层厚度	10~20 μm	膜厚仪	2~4 件/批
	表面缺陷	产品镀层表面色泽均匀，无毛刺，无露底、起层、斑痕、污损等缺陷	目视	2~4 件/批

背板与三角托盘之间需要有一定的间隙，以确保浮动效果和散热，因此，需要对背板的球弧半径进行精确设计，作为冲压成型中最为重要的控制尺寸，球弧半径通常设计为 SR(16~18)±0.1 mm，并控制冲压后背板的平面度，不能出现明显的变形或翘曲，表面处理后背板不能出现露底、氧化、脏污等现象。

3) 定位销的生产与检验

定位销尺寸要求如图 5-6 所示。通常选择 Q235A、20#或 45#圆钢作为原材料，生产工艺如下：原材料检验→下料及检验→数控车加工及检验→表面处理及检验→入库。检验工具包括：外径千分尺 0~25 mm、卷尺 0~5000 mm、带表游标卡尺 0~200 mm，精度 0.02 mm、球弧检具及膜厚仪，所需设备主要包括：数控锯床和数控车床。

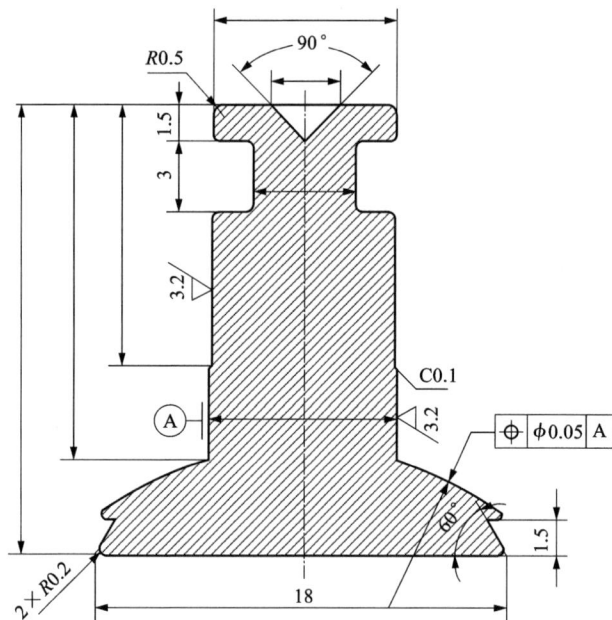

图 5-6 定位销尺寸要求

定位销加工及检验要求如表 5-5 所示。

表 5-5 定位销加工及检验要求

工序名称	检验项目	质量控制	检验方法	检验数量
原材料检验	尺寸、外观	1)ϕ10±0.1 mm×6000 mm； 2)外观无生锈、折弯、缺料等	1)外径千分尺 0～25 mm； 2)卷尺 0～5000 mm 目视	2～6 件/批
	材质	20#或 45#材质	委外检验	1～3 件/批
数控锯床下料	尺寸、外观	1)ϕ10±0.1 mm×长+1 mm； 2)外观无生锈、缺料等	带表游标卡尺 0～200 mm	2～6 件/批
数控车加工	尺寸、外观	1)SR16～SR18+0.1～0.05 mm； 2)ϕ1±0.1 mm； 3)ϕ2±0.05 mm、槽深±0.06 mm； 4)光洁度 3.2； 5)外观无毛刺、无缺料	1)外径千分尺 0～25 mm； 2)带表游标卡尺 0～200 mm； 3)球弧检具； 4)目视	2～6 件/时

续表5-5

工序名称	检验项目	质量控制	检验方法	检验数量
表面处理 （镀铜）	镀层、外观	1）电镀碱铜，镀层厚度 10～20 μm； 2）镀层表面色泽均匀，无毛刺、不露底、起层、斑痕、污损等缺陷	1）膜厚仪； 2）目视	2～4 件/滚筒

4）背板和定位销的组装

背板和定位销组装后才能与粉末料一并进行压制成型，组装所需设备为铆接机。操作人员先领取合格的背板和定位销（记录好批号和数量），铆接前先调整好压力，并将背板凸球面朝下放置在铆接工装内，将定位销轴放入背板中心的圆弧中心孔中，通过压铆机压头将定位销压入背板。

为了严格控制背板和定位销的组装质量，参照 GB/T 2828.1《计数抽样检验程序第 1 部分：按接收质量限（AQL）检索的逐批检验抽样计划》制定检验方法及要求，包括：外观检验（变形、镀层脱落、露底、毛刺、表面处理层氧化等）和尺寸检查（满足图纸的技术要求）。检验量具包括：带表游标卡尺 0～200 mm，精度 0.02 mm、刀口直尺 0～200 mm、孔径通止规、球弧检具、组装件偏心检具。

质检员检验时，按照每 20 个组装件不少于 2 件的比例抽检高度和外观，发现不合格品时需要对同批次中已经组装件以 20% 比例进行抽检，抽检全部合格后恢复到正常抽检比例，否则需要 100% 检验，同时填写检测数据到检验记录表格，如表 5-6 所示：

表 5-6　背板和定位销组装检验记录

工序名称	质量控制	检验方法	检验数量
加工件检验	表面处理层色泽均匀，无毛刺、露底、起层、斑痕、污损等缺陷	目视	2～5 件/批
背板、定位销组装	1）SR(16～18)±0.1 mm； 2）定位销、背板组装无偏心； 3）平面度≤0.2； 4）表面无油污、压伤	1）带表游标卡尺 0～200 mm； 2）刀口直尺 0～200 mm 组装件偏心检具； 3）目视	2～4 件/时
入库	1）产品表面无油污、压伤； 2）包装完好，无破损，干燥、密封； 3）张贴合格证（产品型号、数量、批次、日期）	1）目视； 2）电子秤称重计数	

背板和定位销组装完成后，生产部门需要对组装件进行100%检验。检验项目包括：定位销球弧端平面是否高于背板平面，组装件表面是否有镀层脱落、露底等缺陷，定位销与背板的连接是否牢靠，另外，需要抽样测量组装件总高度，满足图纸要求($H\pm0.15$ mm)，抽检比例为每50件检测数量≥4件，之后操作人员填写背板和定位销的组装记录，内容包括：组装件批号、组装日期、数量等，如表5-7所示。

表5-7　背板和定位销组装记录

组装件批号	背板		定位销		不合格数量	合格数量	操作者	日期
	批号	数量	批号	数量				

5.2.2　大钢背生产与检验

大钢背是粉末冶金闸片的主要受力部件，要求抗拉强度及屈服强度不低于GB/T 700—2006中Q235A的要求，其余机械性能应符合图纸要求或材料标准的规定，并做防锈处理，且大钢背经过试验后，不能影响闸片正常拆装。

大钢背材质以球墨铸铁为主，依据GB/T 1348相关规定，其力学性能：抗拉强度≥400 MPa，屈服强度≥300 MPa，延长率≥7%。大钢背形状如图5-7所示，由图可知，大钢背结构复杂，加工难度较大。结合表5-1可知，大钢背的尺寸及公差要求较高，部分尺寸影响其与夹钳以及三角托盘、摩擦块的装配。影响大钢背与夹钳装配的尺寸主要为：$\phi40.3\pm0.2$ mm、9.3 ± 0.2 mm、19.6 ± 0.2 mm、$R310$ mm、$R188$ mm；影响大钢背与三角托盘和摩擦块装配的尺寸主要包括：$6\times SR25$ mm、$6\times\phi11$ mm、厚度8 ± 0.3 mm。

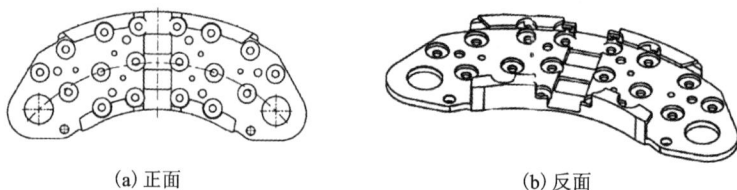

(a) 正面　　　　　　　　　　(b) 反面

图5-7　大钢背形状示意图

大钢背采用铸造以及热处理等工艺生产出合格的铸坯,再进行机械加工(工艺流程见图 5-8)。所需设备包括:熔炼炉、热处理炉、加工中心、车床及喷砂设备,加工合格的大钢背最后需要进行表面处理。

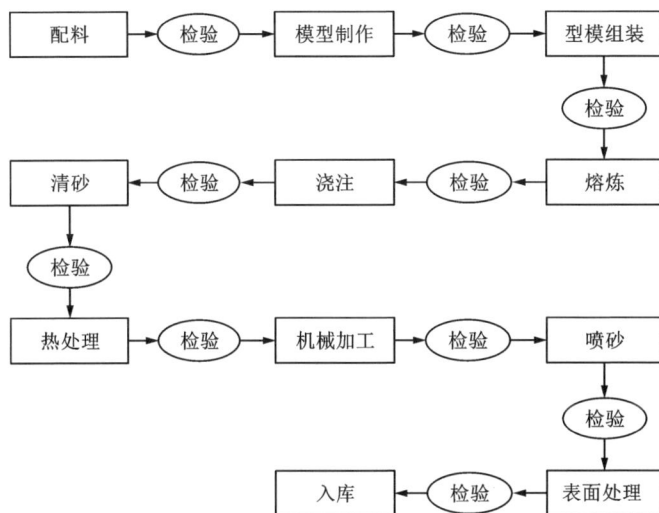

图 5-8 大钢背生产工艺流程图

大钢背作为重要部件,必须严格控制铸件质量,常见的铸造缺陷主要包括:气孔、砂眼、疏松。不同区域的缺陷要求等级由高到低可分为 1 区、2 区和 3 区(如图 5-9 所示),1 区的厚度只有 4 mm,制动过程中,此区域在应力场和温度场的影响下容易产生裂纹而发生断裂,因此要求不得有任何缺陷;2 区(大钢背加工面),以球弧面中心 Φ80 mm 的范围(共 6 个,除 1、3 区)、导向槽内表面等要求每个区的气孔不大于 0.2 mm,不超过 3 个,且球弧面严禁有任何缺陷;其他加工面要求每个区的气孔不大于 0.5 mm,不超过 5 处;3 区(大钢背未加工面)只允许有轻微铸造缺陷,但不能影响外观。

为了防止大钢背在储存和使用过程中发生氧化而降低力学性能,进而缩短闸片的使用寿命,加工后的大钢背需进行表面处理,避免生锈。常用的表面处理工艺包括:电镀、发蓝、发黑、QPQ 及 PIP。

大钢背需按照检验规程进行检验,质量控制点包括:成分、外观、尺寸、缺陷、力学性能、表面处理层等,外观主要通过目测的方式观察大钢背表面是否有气孔、粘砂、夹杂、裂纹,表面处理层是否有露底和脱落等缺陷;利用游标卡尺、螺旋测微器、塞尺及检具等对关键装配尺寸进行测量;内部缺陷需要用探伤仪或磁粉探伤(GB/T 15822.1)进行无损检测,检测部位为整个大钢背表面,要求加工

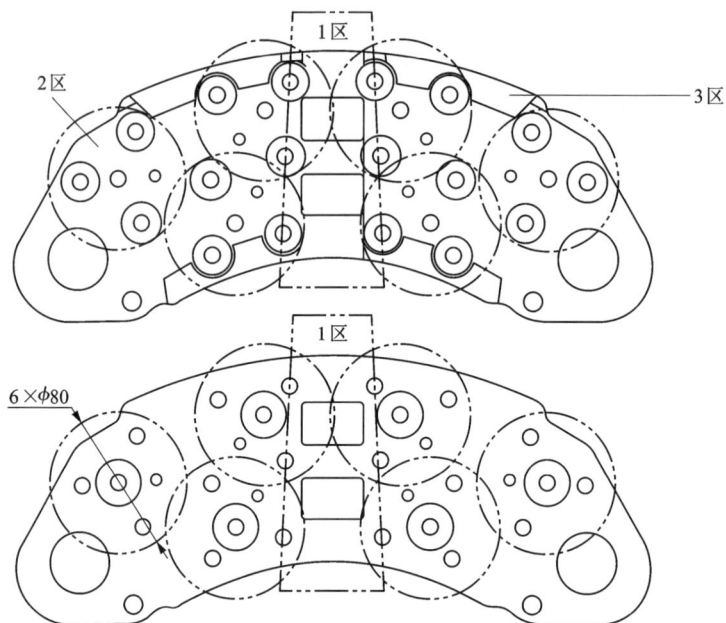

图 5-9　大钢背分区质量要求示意图

面不允许有裂纹、缩孔和疏松等缺陷；力学性能(硬度、抗拉强度和延伸率)需利用硬度计和万能试验机进行检测；表面处理层的厚度是利用测厚仪进行测量。大钢背的质量控制要求和方法如表 5-8 所示。

为了便于可追溯性管理，通常需要对大钢背进行标识管理，标注生产编号、大钢背序列号、熔炼炉号及生产年月等信息(如图 5-10 所示)。

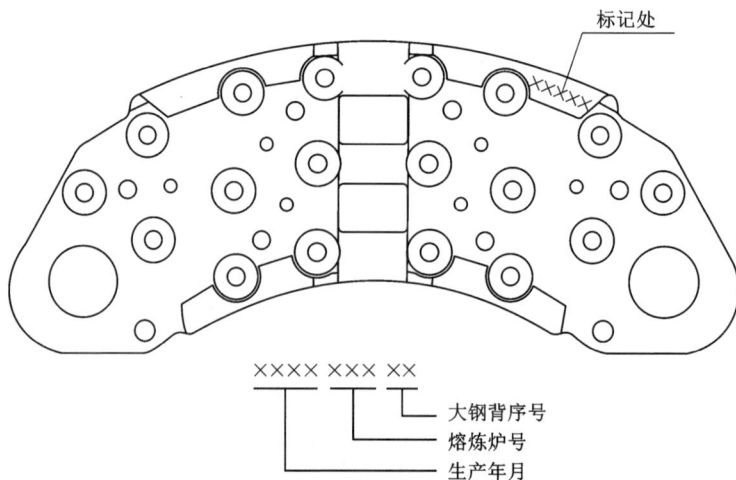

图 5-10　大钢背标识示意图

表 5-8 大钢背检验要求和方法

序号	质量控制	检验方法	抽样方式	备注
1	外观：表面处理层色泽均匀，不允许露底，起层、斑痕、污锈等缺陷；铸件表面不得有裂纹、气孔、粘砂、夹砂、缩孔、冷隔等影响铸件制造质量的缺陷。	目测	按 GB/T 2828.1 中一般检验水平 Ⅱ，AQL=2.5 进行抽样	
2	表面处理层厚度	镀层测厚仪	每件不少于 3 个点	
3	板厚	游标卡尺 0～150 mm	100%	1) 镀前尺寸可根据实际情况进行；2) 镀后尺寸必须严格检验；3) 硬度测试应符合 GB/T 231
4	内圆安装导向槽内镀前镀后高度	专用检具	按 GB/T 2828.1 中一般检验水平 Ⅱ，AQL=2.5 进行抽样	
5	外圆安装导向槽内镀前镀后高度	专用检具		
6	内圆安装导向槽半径、外圆安装导向槽半径	专用检具		
7	定位销孔直径及镀后直径	专用塞规		
8	内圆安装导向槽外及镀后高度；外圆安装导向槽外高度、槽厚度	游标卡尺 0～150 mm		
9	平面度≤0.2	塞规、一级平板、刀口尺		
10	定位销轴孔	专用塞规		
11	三角托盘止转孔	专用塞规		
12	三角托盘定位孔	专用塞规		
13	三角托盘对应销轴孔位置尺寸	专用检具		
14	弹簧卡扣槽深、弹簧卡槽直径	专用检具		
15	球面半径、球心高度（镀后）	专用检具		
16	外形长度	游标卡尺 0～600 mm		
17	硬度 HBW	布氏硬度计	按 GB/T 2828.1 中一般检验水平 Ⅰ，AQL=2.5 进行抽样	

5.2.3 三角托盘生产与检验

1)三角托盘生产及检验

三角托盘作为重要的受力部件,要求具有优良的力学性能。三角托盘材质通常选用合金结构钢,采用锻造工艺将合金棒料加热后多次锻造成型,之后再进行表面处理。三角托盘尺寸要求如图 5-11 所示。

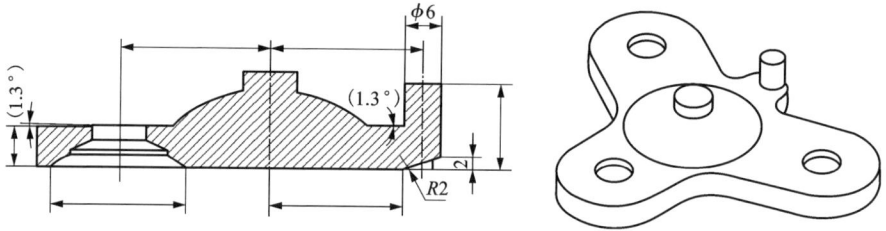

图5-11　三角托盘尺寸要求

三角托盘检验工具主要包括:游标卡尺 0~150 mm、专用塞规、专用检具、洛氏硬度计等。检测内容包括:外观检验、尺寸检验和性能检验(如表5-9 所示)。

表5-9　三角托盘检验要求

产品名称		规格型号	
产品数量		检验记录	
序号	质量控制	检验方法	抽样方式
1	1)外观:表面不得有裂纹、粘砂、气孔、夹砂、缩孔、冷隔等影响质量的缺陷; 2)零件制造标记	目测	按 GB/T 2828.1 中一般检验水平Ⅱ,AQL=2.5 进行抽样
2	宽度、高度、三角托盘定位轴、厚度①、厚度②、止转轴	游标卡尺 0~150 mm	按 GB/T 2828.1 中一般检验水平Ⅰ,AQL=2.5 进行抽样
3	定位销孔	专用塞规	
4	三角托盘对应销轴孔位置	专用塞规	
5	三角托盘球面半径、球心高度、球凹面半径、球心高度	专用检具	
6	HRC29~37	洛氏硬度计	
7	表面处理层厚度 10~20 μm	膜厚仪	10%

2）三角托盘喷涂及检验

在装配前三角托盘表面需喷涂 MoS_2 自润滑涂层以减小摩擦阻力，提高使用寿命。喷涂 MoS_2 前需确保三角托盘表面无油污和锈迹，采用瓶装喷剂或者自行配比自润滑涂料进行喷涂。喷涂工具包括：喷枪（喷嘴直径<1.5 mm）、空压机、除尘设备、防尘口罩、橡胶手套、料盘等。

喷涂前检查并确认相关工具可正常使用，先将待喷涂的三角托盘平放在料盘中，且不能叠装，同时，做好喷涂操作人员的防护工作，将压缩空气气管与喷枪相连，压力调整至 0.2~1.0 MPa，除尘设备风量调至中高档。喷涂时保持喷嘴与三角托盘表面距离为 10~15 cm，喷嘴匀速移动，可反复多次喷涂，喷涂结束后将三角托盘静置 30 min 以上，确保自润滑涂层表面干燥后，将三角托盘翻边后再进行喷涂。喷涂结束后，关闭空压机和除尘设备的电源，用酒精清洗喷枪料斗及喷嘴中残留的 MoS_2 涂料。填写生产记录，内容包括：三角托盘批号、合格品数量、喷涂件批号及日期等，如表 5-10 所示。

表 5-10　三角托盘喷涂 MoS_2 自润滑涂层生产记录

喷涂件批号	三角托盘		MoS_2涂料用量	合格品数	操作者	日期
	批号	数量				

喷涂后的三角托盘需要进行检验，检验要求如下：目测检验三角托盘表面 MoS_2 自润滑涂层是否均匀，是否出现露底；利用设备检测 MoS_2 涂层与三角托盘的结合力，抽检比例为 10%，如发现 1 片不合格，操作人员应逐片进行检验并挑出不合格品，再抽样检验 20%，直至全部合格，同时，将检测数据记入表 5-11。

表 5-11　三角托盘喷涂 MoS_2 自润滑涂层检验记录

序号	外观检验	涂层结合力	是否合格

5.2.4　卡簧生产与检验

卡簧作为一种紧固件起固定摩擦块、三角托盘、大钢背的作用，并阻止定位销沿着轴向运动，卡簧需扣合到定位销底部的卡槽内才能起到紧固效果，从而避免因卡簧紧固失效而造成摩擦块在制动过程中脱落。卡簧生产设备主要有卡簧成型机、抛光机及热处理设备。卡簧材质通常选用综合性能优良的不锈钢，制造工艺主要包括：卷绕、成型、热处理和后处理。卡簧经过卡簧成型机成型后需要经过热处理以消除内应力，控制变形量，提升卡簧的力学性能。

卡簧的检验内容主要为成分、外观和性能，其中，成分可采信原材料供应商提供的检验报告与合格证；外观检验通过目测来观察表面是否光滑，是否有裂纹、毛刺及划伤等缺陷；尺寸检验利用游标卡尺及检具来测量高度及外形尺寸。检验结果填写到卡簧检验记录表，如表5-12所示。

表 5-12　卡簧检验记录表

产品名称		检验日期		检验类型	□自检 □采信供方					
供方文件		□原材料成分分析报告；力学性能报告；零件出厂检验记录 □产品合格证；无损检测报告								
编号	外观	宽度	厚度	高度	定位轴	止转轴	硬度	定位销轴孔	孔位置	球面尺寸
检验员			备注：							
说　明										

5.2.5　摩擦块生产与检验

摩擦块采用粉末冶金工艺生产，工序包括：配料、混料、压型、烧结和后处理。

1) 粉末料制备与检验

粉末料制备分为配料和混料两个步骤，所需设备包括：电子计重秤(0.02~30 kg，分度值0.001 kg)、电子台秤(1~150 kg，分度值0.05 kg)、混料机(50~

100 kg)、混料盆、搅拌勺、量筒、料筒等。

（1）配料

配料前需先开启除尘设备，佩戴防尘口罩和手套。根据材料配方称量石墨以外的全部粉末料并手动拌匀；根据材料配方称量石墨粉末，加入配料总重 1.0%～2% 的黏结剂到已称量的石墨粉末中，手工搅拌使石墨粉末润湿；将以上粉末料合批后，手动拌匀进行复称，粉末料重量应与配料总重量（含黏结剂）基本一致，误差不大于配料总量的 ±0.5%。

根据材料设计的工艺要求，为了提高摩擦体粉末料与背板的结合强度，可能需要另外制备过渡层粉末料，首先根据材料配方称取全部粉末并手工拌匀再进行复称，粉末料重量应与配料总重量基本一致，误差不大于配料总量的 ±0.5%。摩擦体粉末料和过渡层粉末料的配料全程由工艺监督员监督，并在粉末料配料记录表中签字，相关数据记入粉末料配料记录表（如表 5-13 所示）。

表 5-13　粉末料配料记录表

产品名称		规格	料批重量	配料批数	起止批号	混料机	配料员		监秤员		工艺监督
配料质量各组分（粉末）	组分										其他
	质量/kg										
	批号										
	组分				配料总质量						
	质量/kg										
	批号										
配料检查情况					粉末料分析结果					备注	
出料复秤质量			检验员		析结果：						
混料时间		小时	操作人员		分析结论：						
分装批数		批	检查日期	月日	检验员：　　　检验日期：						

（2）混料

粉末料通常采用混料机进行混合，常用的混料机可分为 V 型混料机、双锥混料机、双螺旋锥形混料机、三维混料机和自动混料系统。其中，V 型混料机是通用的粉末、颗粒状物料混料机，具有结构简单、操作方便、易维护清洗、混合效果好等优点，广泛应用于粉末冶金、制药、食品、电子、陶瓷等行业。双锥混料机具有劳动强度低、操作方便等优势，用于各种粉末状、粒状物料的混合，具有较高的混合度。双螺旋锥形混料机具有装机功率低，对混合物料适应性广、不破坏粉末料外形等优点，对粉末颗粒不会压馈和磨碎，对密度悬殊和粒度差异较大的物料混合不会产生分层离析。三维混料机具有效率高，混合时间短，剪切力小，可保持粉末颗粒的完整性，对料筒的磨损小，操作封闭，清洁无尘等优点，是目前使用较好的设备之一，但通常单机装载量建议不超过 50 kg。自动混料系统可按照材料配方对各种粉末单独称量，粉末料自动流转到指定的混料设备进行混合，配料和混料过程均为自动控制，可节约人工成本，降低劳动强度，提高工作效率。

本节以三维混料机为例介绍粉末料的混合。

首先调整三维混料机的频率至设定值，将已手工拌匀的粉末料装入三维混料机，混合 2~8 h，过渡层粉末料混合 2~4 h。

混合后的粉末料需放置在相对密封的储料装备内以防止受潮，同时将生产日期和批次号记入粉末料混合料记录表（如表 5-14 所示）。检验员应在粉末料的不同位置取样进行成分分析，通常检测 Cu 和 C 含量，只有粉末料均匀性满足技术指标要求时，才能流转到下一道工序。一般而言，在干燥条件下，非密封粉末料可以保存 5~7 天，密封粉末料可以保存 12~15 天。

表 5-14　粉末料混合料记录表

日期	粉末料种类	批次	粉末料总质量/kg	混合机编号	操作人

2）压制成型与检验

压制成型是粉末冶金摩擦体制备的关键工序之一，其工作原理是将一定量的粉末料装填至模腔内，通过模冲缓慢施加压力，使粉末在受压过程中发生位移和变形，颗粒间的空隙被填充，随着压力的增大，粉末间的接触面积增大，机械啮合作用增强，最终将粉末料密实成预定尺寸和形状的压坯。

（1）压制成型方式

常用的压制成型方式包括：单向压制、双向压制和浮动压制。其中，单向压制具有模具简单，操作方便，生产效率高等优点，但存在压坯密度分布不均匀现象，适用于压制高径比 $H/D{\leqslant}1$ 的产品；双向压制的压坯致密极差要小于单向压制，压坯密度分布呈现出上部和下部大，中间小的特点；浮动压制的压坯密度分布与双向压制相同，若芯杆不动，则压坯中部的密度最低，适用于 $H/D{\geqslant}2$ 的产品，粉末冶金压制方式如图 5-12 所示。

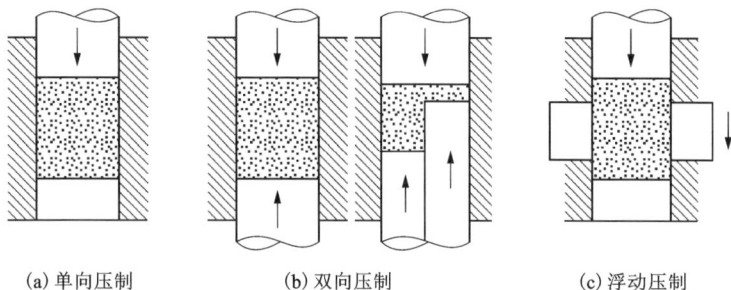

(a) 单向压制　　　　　(b) 双向压制　　　　　(c) 浮动压制

图 5-12　粉末冶金压制方式

（2）压制成型设备

压坯生产使用较多的是四柱式油压机，按照自动化程度可分为手动压机、半自动压机和自动压机三类，其中，手动压机可在 PLC 程序中手动设置和调整压力值，采用简易的模具，人工完成粉末料的称量和填料，利用操作按钮或脚踏板执行压制和脱模等动作，生产效率不高，一般用于材料研发和小批量试制阶段；半自动压机和自动压机均可实现自动压型（压制和脱模），区别在于半自动压机需要手动装料、刮平，自动压机可自动完成装料、刮平、压制和脱模等一系列动作（如图 5-13 所示），具有噪声

底料料斗
上模冲
背板装夹装置
粉末料料管
刮料装置

图 5-13　自动压机结构示意图

小、定位精准、偏差小或无偏析、尺寸一致性好、自动化程度高、生产效率高等一系列优点，因此，在粉末冶金闸片生产中应用较为广泛。

（3）压制成型工艺

压制成型工艺必备的设备和检验工具包括：压机、电子天平（分度值 0.01 g）、游标卡尺（量程 0~150 mm，精度 0.02 mm）等。

压制成型前需领取合格的粉末料、过渡层料以及组装后的背板和定位销。粉末料可采用容积法或重量法进行称量，不同形状和尺寸的压坯需要相应的模具和压制成型工艺参数（如表 5-15 所示）。本节以容积法介绍压制成型工艺，按照工艺参数调整压制压力、压机限位高度、模腔深度和粉末料与过渡层料的重量。

表 5-15　压制成型工艺参数表

名称	背板和定位销质量/g	压坯质量/g	压坯厚度/mm	压坯密度/(g·cm^{-3})
压坯 A				
压坯 B				

备注：压坯 A 和压坯 B 分别代表不同形状和尺寸的压坯

试压时先检查压机是否可正常工作，模具安装是否合格，成型工艺参数是否正确。试压完成后，检查压坯密度、尺寸及重量是否在工艺要求范围内，合格后方可进行压型。压制成型正式启动时，操作人员需将组装后的背板和定位销装入上模冲，粉末料和过渡层料会先后自动装填至模腔内，启动按钮后压机自动进行压制，压制完成后，操作人员将生产日期、生产批号、压制数量记入压制成型记录表（如表 5-16 所示）。

表 5-16　压制成型记录表

日期	批号	压坯种类	过渡层料		压机号	压坯质量/g	压坯高度/mm	合格/片	废品/片	合计/片	操作人
			批号	单重/g							

压坯在干燥环境中存放期一般为 5 天；在干燥器或真空箱中存放期为 10 天。

（4）质量控制

压型过程中，质检员按照检验规程，对压坯的外观、尺寸及质量等进行检测，合格后方可进行批量压制，目视检测压坯的外观，允许有轻微毛刺，但不得有纵向裂纹、开裂或严重损伤，必要时，可采用显微镜或放大镜进行观测；采用游标卡尺（量程 0~150 mm，精度 0.02 mm）测量一个压坯 3~4 个不同位置的厚度，取平均值，尺寸允许极差不大于 0.25 mm；利用天平（分度值 0.01 g）测量压坯质量，单个压坯质量允许极差不超过±2 g。

每压制 50 片压坯，操作人员需使用游标卡尺和天平抽样检测 4 片压坯的尺寸、厚度和质量，如果发现尺寸和质量超差，应及时将压坯放入料盘中，并放置在不合格品区域，同时对已压制完的压坯进行逐片检测，通知质检员进行复检，并对后续连续压制的 20 片进行检查，如连续出现 2 片超差件，操作人员应立即停止生产，通知相关部门分析和查找原因，问题解决后才能继续生产。

3）烧结

（1）烧结设备

粉末冶金摩擦块生产常用的烧结炉包括：地坑式烧结炉、井式烧结炉、钟罩式加压烧结炉和连续式烧结炉。目前钟罩式加压烧结炉是高速列车粉末冶金摩擦块的主要烧结设备之一。

钟罩式加压烧结炉具有加压方便，生产效率高等优点，应用较为广泛，通过升温、加压、保温、冷却等工艺步骤完成粉末冶金摩擦块的烧结，钟罩式加压烧结炉主要由炉体、发热体、液压站、冷却罩、不锈钢内罩、温控系统等组成，其中，炉体为圆形，由钢板、型钢焊接而成；炉衬由异型高铝耐火砖、硅酸铝纤维保温材料组成；发热电阻丝放置在异型高铝耐火搁丝砖上；温控系统采用热电偶、数显式智能 PID 调节器、可控硅等形成闭环控制系统，可实现自动精确控温。

（2）烧结过程控制

按照《轨道交通行业质量管理体系要求》（ISO/TS 22163：2017）要求，高速列车粉末冶金闸片在生产过程中需要明确关键工序、特殊工序，并在过程控制中进行实际运用，且需要在工作流程图中体现，确保过程控制达到预期效果，以保证生产出质量稳定的产品。

关键工序是指对产品质量和安全性有直接重大影响的工序（过程），包括：直接影响最终产品的性能、可靠性的工序（过程）；产品质量特性的形成工序（过程）；工序难度大、质量易波动、问题发生多的工序（过程）。

特殊工序指产品质量不能通过后续的监视或测量加以验证的过程；产品质量进行破坏性试验或采取复杂、昂贵的方法才能测量或只能进行间接监视的过程；不合格的质量特性要在产品使用后才能暴露的过程。

考虑到烧结工序的重要性和复杂性，对粉末冶金摩擦块质量起着至关重要的作用，因此烧结工序通常被定义为关键工序和特殊工序，需要制定标准、编制生产操作规程、检验规程、设备维护保养规程、风险评估及控制措施、落实人员能力和资格等。为了有效控制烧结过程，通常把烧结温度、烧结压力、保温时间设定为烧结过程控制的关键项点。

（3）烧结工艺

①烧结前准备工作

烧结前应进行常规检查：电源输出运行、仪表等是否正常；循环水系统和保护气系统工作是否正常；烧结内罩是否漏气；加压系统是否正常；烧结用隔离墩和烧结垫板等是否有破损。

②装炉阶段

在工作台上，将压坯的背板弧面和定位轴放置在烧结垫板孔内，烧结垫板相应位置处摆放限位块（如图 5-14 所示），然后将烧结垫板放在隔离墩上，层与层之间的压坯相应叠放并上下层对齐，叠装完成后在最上端放置专用烧结垫板，最后测量装炉料的高度，以保障在加压烧结过程中压坯始终处在恒温区内并有足够的压下量。压坯摆放层数视生产需求在 1~10 层之间（如图 5-15 所示）。

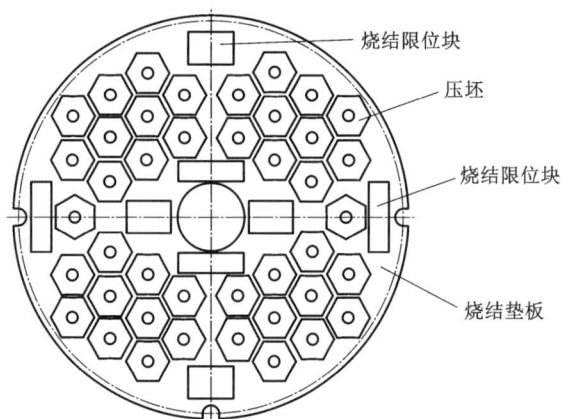

图 5-14　正六边形摩擦块摆放示意图

压坯装炉后，用行车或吊装设备吊装不锈钢内罩和发热体，吊装过程需缓慢、平稳、轻放，避免碰撞和偏斜而导致压坯错位。接通水封槽的水管并充水，保证内罩最底端低于水封面 15 mm 左右，打开发热体顶部活塞的冷却水开关，打开保护气阀门，采用氢气作为保护气时 10~30 min 后使用试管在烧结炉保护气管出口位置收集一定量的氢气进行爆鸣试验，合格后方可点燃排气口的气体，才能通电。

③烧结阶段

将烧结工艺参数输入烧结程序程控仪，包括：烧结温度、烧结压力和保温时

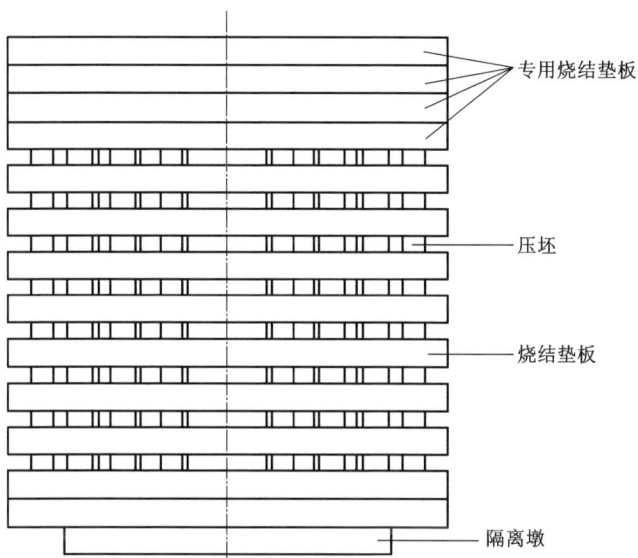

图 5-15　摩擦块装炉示意图

间等。烧结时，在烧结记录本上记录烧结工艺参数，定时通过仪表监控炉内各区域的温度、压力，使其满足工艺规程要求。操作员分阶段每隔 10~30 min 记录一次温度、压力和时间的变化情况，其中，温度包括上组、中组、下组热电偶对应的温度(如表 5-17 所示)，同时，对烧结炉进行炉况跟踪，对加热能力、炉温均匀性以及液压站工作状态进行监督、检查。

表 5-17　烧结记录表

产品型号：	产品种类：			产品批号：			炉号：
工艺参数	升温时间/min	升温压力/MPa	保温时间/min	保温温度/℃	保温压力/MPa	冷却压力/MPa	炉况控制人
装炉人	片/层	层数	总片数	出炉人	正品数	试验片	废品数
工艺控制记录				执行具体工艺参数			

续表 5-17

时间	温度/℃			压力 /MPa	
	上	中	下		升温时间： 保温时间： 升温压力： 保温压力： 保温温度： 冷却压力：
					本班记事

④冷却阶段

保温过程结束后关闭烧结炉电源，卸除加压横梁施加到摩擦块的压力，并移开加压横梁，吊开发热体，缓慢平稳吊装冷却罩，重新调整加压装置，按相应的工艺参数施加压力并迅速通水冷却，同时记录好加压时间、温度和冷却压力，将保护气体流量调整至既定数值，此时烧结进入冷却阶段。此过程建议两个操作人员共同完成。

⑤出炉阶段

通过烧结程序程控仪观察温度已降到设定温度以下时，记录好出炉时间和温度，依次关闭烧结炉的保护气开关阀和冷却水阀门，卸除施加在冷却罩上的压力，移开加压横梁，吊开冷却罩和不锈钢内罩，继续将摩擦块进行空冷，待降温至适宜温度，将摩擦块搬下隔离墩并装入料盒，烧结垫板和限位块等放入指定的料盒并放置在既定的位置，及时清除烧结炉底座、水槽及烧结炉周围的灰尘。

水、电、气的供应是保证烧结工序顺利完成的前提条件，通常在建设生产线时需要建设好循环水系统，备用足量的保护气。当烧结过程中出现停电、停水和停气等异常情况时，应及时进行处理，例如当停电时，烧结操作人员应及时联系相关部门，了解停电的原因以及供电恢复的时间；当停水时，应及时启动循环系统供水，保证循环水的持续供应；当停气时，应及时启用备用保护气，保证烧结炉供气正常。

（4）质量检验

烧结后摩擦块的质量检验包括：外观、尺寸、硬度、剪切强度、密度、抗压强度和摩擦磨损性能，所需检测设备及工具包括：游标卡尺（量程 0～150 mm，精度 0.02 mm）、螺旋测微器（精度 0.01 mm）、布氏硬度计、万能试验机、摩擦磨损试验机和分析天平等。

质检员需要按照既定的抽样比例对摩擦块的外观进行检验，不允许有起泡、分层、裂纹、翘曲、欠烧、过烧和鼓边严重等缺陷，摩擦体与背板结合紧密且无裂纹，摩擦体不能出现掉边等缺陷。

摩擦块的高度及宽度需利用游标卡尺和通止规进行抽样测量。

对于外观和尺寸均合格的摩擦块，质检员按照抽检比例抽检一定数量的摩擦块，单个摩擦块测量 3～4 个位置的硬度值，硬度控制在标准值范围内，个别点硬度值超出标准时需更换位置再进行测量，若硬度值在标准内，判为合格，反之则判为不合格。

抽取一定数量的外观、尺寸、硬度均合格的摩擦块进行密度检测，通常参照国家标准进行，密度应该控制在设定值范围内。

抽取一定数量的外观、尺寸、硬度和密度均合格的摩擦块进行剪切强度和抗压强度检测，通常利用万能试验机进行测量，粘接面剪切强度和摩擦体剪切强度不应小于要求的最低标准值，若出现不合格项，则需要另外取样进行检测，若仍不合格，则判定整批摩擦块不合格。

选取上述合格的摩擦块制成试验件，利用闸片生产厂家既有的摩擦磨损试验设备进行摩擦磨损性能试验。以 MM-3000 型摩擦磨损试验机为例，设置试验参数，包括：制动压力、转速、惯量，试验 20～30 次。当摩擦因数和磨损量不满足技术标准要求时，需加倍抽样检验，若实验结果仍不满足技术标准时，则该批摩擦块判定为不合格。

5）打标

根据《动车组闸片暂行技术条件》（TJ/CL 307—2019）要求，粉末冶金摩擦块应标识出车型、配料编号、制造日期和批号，因此，烧结后的摩擦块需要进行打标。通常用打标机在摩擦块背板上既定位置标记生产批号，格式：车型-配料编号-生产日期，例如：CRH380A-001-23 表示 2023 年第 1 批生产的 CRH380A 粉末冶金摩擦块。打标完成后，操作人员需将相关数据记入摩擦块标记记录表（如表 5-18 所示）。

表 5-18　摩擦块标记记录表

日期	批号	合格品数	操作员

5.2.6 闸片装配与检验

（1）闸片标识处理

《动车组闸片暂行技术条件》（TJ/CL 307—2019）规定：每片闸片上应有永久性标志，包括闸片型号、制造商代号、制造日期及批号，闸片标志字体应清晰，标识具有可追溯性，因此，需要利用打标机在大钢背的适当位置进行标识处理。

（2）闸片装配

闸片装配前先领取合格的摩擦块、三角托盘、大钢背和卡簧等部件，非燕尾型闸片通常包括一种或者两种形状的摩擦块，闸片的零部件组成如表5-19所示。

表 5-19　闸片零部件组成

序号	零部件名称	零件示意图	数量/个
1	摩擦片 A	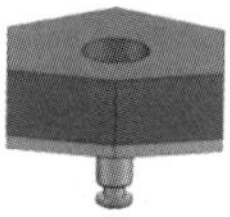	12
2	摩擦片 B		6
3	卡簧		6
4	三角托盘		18
5	大钢背	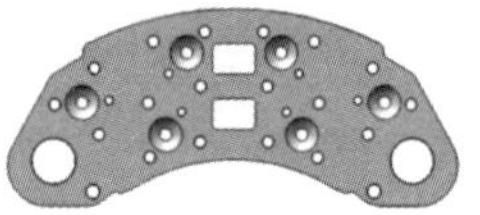	1

注：压坯 A 和压坯 B 分别代表不同形状和尺寸

粉末冶金闸片装配分为手动装配和自动装配。

手动装配时，首先将大钢背平放在装配工作台上，大钢背平面部分朝上［如图5-16（a）所示］，之后将三角托盘依次放在大钢背的6个球弧面内［如图5-16（b）所示］，再将摩擦块底部的定位销依次放入每个三角托盘的定位孔内［如图5-16（c）所示］，利用装配工装将上述已排布好的闸片翻转，使定位销底端朝上，利用卡簧装配工装将卡簧压入定位销卡槽内［如图5-16（d）所示］，即完成粉末冶金闸片的装配。

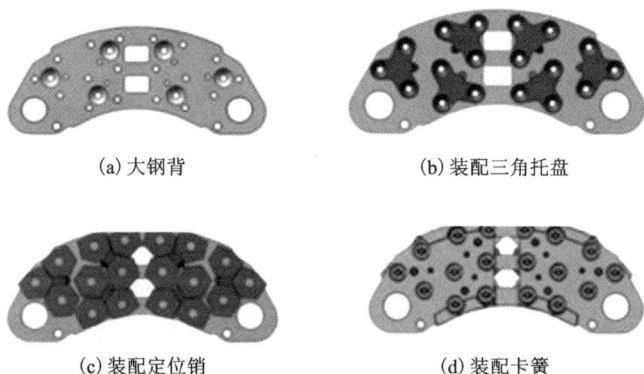

(a) 大钢背　　　　　　　　　　(b) 装配三角托盘

(c) 装配定位销　　　　　　　　(d) 装配卡簧

图 5-16　粉末冶金闸片装配

　　粉末冶金闸片装配完成后,装配人员需要对闸片的装配质量进行自检,同时,质检人员也对闸片进行检验。所需的检测工具包括:圆弧专用检具、电子秤、塞尺等。检测时,首先以目测方式检查外观是否完好、摩擦块 A 和摩擦块 B 是否装错方向、卡簧装配方向是否装反;利用圆弧检测工装检验是否因为定位销突出于大钢背平面而无法顺畅通过圆弧槽检测工装,如出现此情况,需更换卡簧或者更换摩擦块重新装配,直至圆弧检测工装顺畅通过大钢背的圆弧槽,另外,还需对闸片质量、闸片平面度进行检测,最后将相关数据记入粉末冶金闸片装配检验记录表(如表 5-20 所示),检验合格的闸片办理入库手续,闸片应存储在通风干燥、温湿度满足一定条件的环境内,防止日晒和雨淋,不同类型的粉末冶金闸片切忌混乱存放。

表 5-20　粉末冶金闸片装配检验记录表

批号	外观	圆弧槽检验	摩擦面平面度	总质量	是否合格

　　除了手动装配方式以外,还可以采用定制化的自动化设备进行装配,包括自动排布摩擦块、三角托盘、大钢背及卡簧的部件,并进行自动装配和检验。

5.3 粉末冶金闸片出厂检验与包装运输

5.3.1 粉末冶金闸片出厂检验

粉末冶金闸片出厂时需要进行最后的质量检验。检验内容如下：目测检查闸片摩擦块是否出现起泡、氧化、裂纹和碰伤，检查大钢背表面是否有氧化和脏污，对于检验合格的粉末冶金闸片，在大钢背指定的位置贴上 CRCC 认证标识（如图 5-17 所示）。

需要补充说明的是：为了满足中铁检验认证中心（简称 CRCC）产品认证的质量保证能力和相关法律、法规要求，对于通过 CRCC 产品认证的企业，当闸片装配和检验完成后，需要粘贴 CRCC 认证标志，并记录认证标志的使用情况，当证书有效期期满后，未经复评换证的粉末冶金闸片不得继续使用 CRCC 认证标志。非认证工厂生产的粉末冶金闸片不得使用该标志。

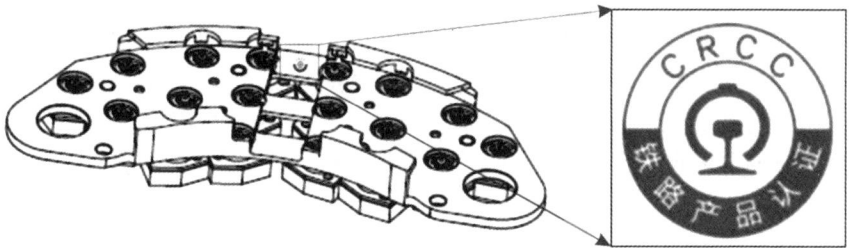

图 5-17 认证标志及粘贴位置示意图

5.3.2 粉末冶金闸片包装与运输

1）闸片的包装

根据《动车组闸片暂行技术条件》（TJ/CL 307—2019）要求：闸片应包装，包装箱上应有闸片名称、型号、供应商名称、适用速度级标识等标志。包装箱内应有检验合格证，检验合格证应至少包含以下内容：供应商名称或代号；产品名称及型号、出厂编号、检验员印章（如图 5-18 所示），同时也对运输和储存提出了要求。

粉末冶金闸片包装前，需先检查包装箱、防潮袋、隔板等是否发生破损，如若破损，需要及时更换；检查包装箱上闸片名称、型号、供应商名称及适用速度级等标识是否清晰，同时，检查防雨标识、小心轻放标识、向上标识及防晒标识等是否清晰。

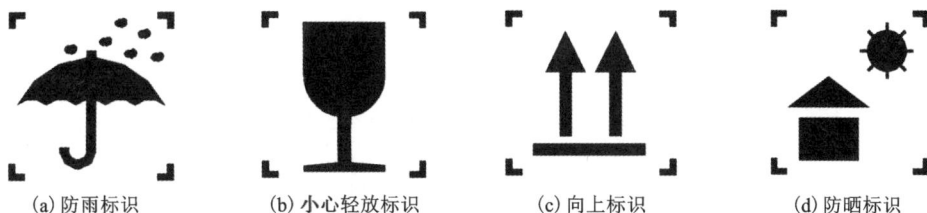

| (a) 防雨标识 | (b) 小心轻放标识 | (c) 向上标识 | (d) 防晒标识 |

图 5-18　粉末冶金闸片包装标识

粉末冶金闸片包装时应避免闸片间直接接触，以免损伤摩擦块，若单个包装箱内存放多层闸片，层间应使用膜板隔开，为避免闸片在运输过程中淋湿或者接触腐蚀性液体，需在包装箱内放置防潮袋，将闸片放置在防潮袋内，同时，在包装箱内放置合格证、使用说明书，最后完成包装箱的装订，同时，将装箱的闸片数量、外观、性能等的检测结果记入粉末冶金闸片出厂检验记录表 5-21 中。

表 5-21　粉末冶金闸片出厂检验记录表

包装号		箱数		闸片总数	
序号	检验项目	检验结果			
1	外观质量及尺寸	□合格　□不合格			
2	物理力学性能	□合格　□不合格			
3	制动摩擦磨耗性能	□合格　□不合格			
4	化学成分	□合格　□不合格			
5	包装质量	□合格　□不合格			
6	包装箱	□合格　□不合格			
7	包装箱内放置资料	□合格　□不合格			
检验结果：　□合格　□不合格		□合格　□不合格		□合格　□不合格	
检验员/日期：		审核/日期：		审核/日期：	

粉末冶金闸片在运输过程中应防止剧烈震动、挤压、雨雪淋和化学物品的侵蚀，不能出现摩擦、磕碰、划伤等现象。粉末冶金闸片装卸时，应轻拿轻放，禁止扔、抛、摔、踢或将体积较大且较重的物品叠放在闸片包装箱上，以免损伤闸片。

粉末冶金闸片在储存时，应在通风、干燥、无腐蚀性气体的库房内，允许在不低于-40℃的环境下存放。

参考文献

[1] 吴元科. 高速列车闸片摩擦块结构及排布对制动摩擦学行为的影响 [D]. 成都：西南交通大学，2021.

[2] 项载毓，范志勇，刘启昂，吴元科，莫继良，周仲荣. 高速列车制动闸片摩擦块形状对制动界面摩擦学行为的影响[J]. 摩擦学学报，2021，41(1)：95-104.

[3] 盛洪超，姚萍屏，熊翔. 烧结温度对铜基粉末冶金航空刹车材料摩擦磨损行为的影响[J]. 非金属矿，2006，29(1)：52-55.

[4] 于小彬. 高速列车制动闸片散热有限元分析[J]. 铁道车辆，2020，58(5)：6-95.

[5] 动车组闸片暂行技术条件 TJ/CL 307[S]. 北京：中国铁道出版社，2019.

[6] 刘建秀，郝源丰，樊江磊，潘胜利. 混料时间对含石墨的铜基摩擦材料性能的影响[J]. 粉末冶金工业，2020，30(4)：37-41.

[7] 姚萍屏，汪琳，熊翔等. 粉末冶金航空刹车副温度场的研究[J]. 粉末冶金材料科学与工程，2005，10(4)：241-246.

[8] 韩刚. 粉末冶金生产过程自动化实现与展望[J]. 中国金属通报，2018(5)：95，97.

[9] 袁国洲，汪琳，谢剑峰，等. 混料时间对航空刹车摩擦材料性能的影响[J]. 粉末冶金技术，2004，22(1)：26-28.

[10] 姚萍屏，盛洪超，熊翔，黄伯云. 压制压力对铜基粉末冶金刹车材料组织和性能的影响[J]. 粉末冶金材料科学与工程，2006(4)：239-243.

[11] 姚萍屏，邓军旺，熊翔，等. MoS_2 在空间对接摩擦材料烧结过程中的行为变化[J]. 中国有色金属学报，2007，17(4)：612-616.

[12] 王培，陈跃，张永振. 压制压力对铜基粉末冶金闸片材料的摩擦特性的影响[J]. 润滑与密封，2013，38(4)：23-26.

[13] 张光胜，牛顿，冯思庆. 压制次数对铜基粉末冶金摩擦材料物理性能的影响[J]. 机械工程师，2010，1：109-111.

[14] 宋朝阳. 全自动粉末压机电控系统的研究与开发[D]. 重庆：重庆大学，2012.

[15] 刘福娥. 200T 全自动粉末冶金压机的研制[D]. 重庆：重庆大学，2011.

[16] AXEN N, HUTCHINGS I M, JACOBSON S. A modle for the friction of multiple phase materials in abrasion[J]. Tribology International, 1996, 29(6)：467-475.

第 6 章　高速列车制动粉末冶金闸片的检测与应用

6.1　粉末冶金闸片的性能检测和质量控制

粉末冶金闸片是决定高速列车行驶速度、紧急制动能力，确保列车运行安全的关键部件之一。《动车组闸片暂时技术条件》(TJ/CL 307) 等铁路标准要求粉末冶金闸片应具有合适而稳定的摩擦因数、优良的耐磨性、高的耐热性与抗热疲劳性、足够的机械强度、与制动盘匹配良好、良好的环境适应性及环境友好性等性能。为验证粉末冶金闸片性能的符合性和一致性，在其生产、产品认证、产品使用和企业变更等过程中涉及一系列的性能检测和产品质量控制。

表 6-1　高速列车粉末冶金闸片的检测项目

序号	检测项目	例行试验	型式试验
1	外观	√	√
2	尺寸	√	√
3	密度	√	√
4	硬度	√	√
5	摩擦体剪切强度	√	√
6	摩擦体与钢背板粘接面的剪切强度	√	√
7	摩擦体抗压强度	√	√
8	摩擦体中限制元素的含量	—	√
9	冲击和振动试验	—	√
10	摩擦磨损试验	—	√
11	盐雾试验	—	√

注："√"表示检验项；"—"表示不检验项；序号 11 仅针对非燕尾型闸片

6.1.1 粉末冶金闸片的检测规则

在粉末冶金闸片的设计、生产、认证、应用等阶段，根据其功能的重要性和可操作性，并考虑经济性和生产稳定性，粉末冶金闸片的检测包括例行试验和型式试验(见表6-1)。

(1)例行试验(routine test)

例行试验按闸片规范规定的间隔时间(或批次)、试验数量和试验项目进行的考核批生产产品质量可靠性、稳定性的试验。从定义看，例行试验适用于闸片的批生产阶段，是为考核批生产的稳定性，消除偶然因素引起的不合适所进行的试验。

①外观检验：出厂前闸片应逐个进行外观检查。闸片平整度应按批随机抽样检验，同材质、同规格的闸片，每规定片数(常为1000片，夹钳单边为一片)为一生产批，当生产批不足规定片数时，以实际生产批为一批检验。每批随机抽样不少于5片。若有不合格，则应对该批逐片进行检查。

②几何尺寸：检测接口尺寸应逐个检验。其他尺寸应按批随机抽样检验，同材质、同规格的闸片，每规定片数(常为1000片)为一生产批，当生产批不足规定片数时，以实际生产批为一批检验。每批随机抽样不少于5片。若有一片不合格，则应对该批逐片进行检查。

③物理及力学性能检验：物理及力学性能检验以每一加压烧结炉或连续烧结炉生产24 h为检验批。每一检验批应按检验项目制备相同状态试样各3件，试样应取自不同摩擦块。硬度检验每一试样至少测3个点取其平均值。检验结果若有不合格项，允许加倍抽样复验不合格项，复验结果仍不合格时，该检验批不合格。

(2)型式检验(type test)

型式检验为了验证闸片能否满足技术标准的全部要求所进行的试验，是新产品鉴定中必不可少的一个环节。从定义看，型式检验是为验证设计生产的闸片是否满足规定的要求所进行的全部试验。从闸片实现的全寿命周期看，对于新设计生产出的闸片，需要进行功能性等全方位的考核，以确定闸片是否满足技术标准的全部要求。

①在出现以下情况之一时应进行型式试验：新产品定型；生产场地发生变化；当产品性能、结构、生产工艺或材料有重大改变；产品停产2年以上恢复生产，不能证明产品性能、质量一致性的；产品连续生产5年以上，不能证明产品性能、质量；法律法规要求的。

②闸片应从例行试验合格的产品中抽取。进行摩擦磨损试验时，对于燕尾Ⅰ型闸片和非燕尾型闸片，按《动车组闸片暂行技术条件》(TJ/CL 307)中附录C.1至C.7、C.10.1、C.10.2、C.11.1、C.11.2、C.12.2试验的闸片，每个试验

程序随机抽样不少于 1 副；按附录 C.12.1 试验的，随机抽样不少于 3 副。对于燕尾 II 型闸片，按附录 C.8、C.9 每个试验程序随机抽样不少于 6 副。

③粉末冶金闸片进行冲击和振动试验时，随机抽样不少于 1 副。

6.1.2　外观、尺寸、理化性能的检测

粉末冶金闸片的外观、尺寸、理化性能检测内容包括外观、尺寸、密度、硬度、摩擦体剪切强度、摩擦体与背板粘接面的剪切强度、摩擦体抗压强度、摩擦体中限制元素的含量、冲击和振动试验等。

（1）外观检测

采用目视检测粉末冶金闸片的外观，必要时可借用 5 倍放大镜等方法检查（具体检测项点见表 6-2）。以一种现役高速列车粉末冶金闸片为例（见图 6-1），通过目测，可以检测闸片的摩擦面是否光洁平整且有无损伤，是否存在裂纹、压伤等缺陷，摩擦块间隙是否均匀、浮动良好且有无干涉。目测可以检出下列不合格品的摩擦块：摩擦体严重过烧、欠烧；摩擦体对钢背板位移；摩擦体的缺陷（缺损、裂纹、凹陷、分层、疏松、起泡；氧化）；摩擦体鼓边等。

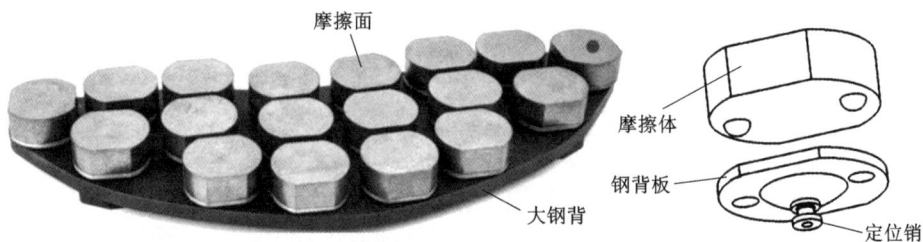

图 6-1　一种现役高速列车粉末冶金闸片及其摩擦块示意图

摩擦体的严重过烧是烧结温度过高和（或）烧结时间过长所造成的，导致摩擦体的最终性能恶化。摩擦体中基体金属和易熔成分均可能出现过烧，而过烧的摩擦块通常难以补救。然而，一些添加于材料的易熔金属（锡、铋等）熔出物多呈细金属珠分布在摩擦体四周即发汗现象，这些金属珠可用机械方法除去，允许摩擦体四周出现少量此类金属珠。摩擦体的欠烧结是烧结温度过低和（或）烧结时间过短致使摩擦体未达到所需性能的烧结，摩擦体未完成烧结而物理力学性能较差，欠烧的摩擦块可以通过复烧来补救。烧结温度和（或）施加烧结压力过高时，摩擦体严重鼓边，致使摩擦体下垂到钢背板的边缘外，此类摩擦块无法进行补救。

表 6-2　粉末冶金闸片的外观检测要求及方法

检测项目	质量标准要求	检测方法要点说明	仪器设备名称及精度要求
摩擦体外观	摩擦体不应有裂纹、气泡、分层、疏松、翘曲等缺陷，闸片摩擦体表面应平整	采用目视检查，必要时可使用 5 倍放大镜等方法检查	目测或 5 倍放大镜
摩擦体与钢背板结合质量	摩擦体与钢背板应紧密结合且无缝隙		
标志	闸片上应有下列永久性标志：(a)闸片型号；(b)制造商代号；(c)制造日期及批号；(d)摩擦块应有制造日期或批号。字体应清晰，标识具有可追溯性		
大钢背外观	大钢背不应存在裂纹和影响组装或使用的碰伤、凹陷等缺陷	采用渗透检测或磁粉检测观察表面是否有裂纹，渗透检测按 GB/T 9443 中 01 级执行，磁粉检测按 GB/T 9444 中 2 级执行；采用目视检查，必要时可使用 5 倍放大镜等方法检查缺陷	TCL-1 磁轭探伤器、目测或 5 倍放大镜

　　摩擦块的氧化通常是违反烧结工艺操作规程所造成的。保护气体干燥不够或保护气体中含有氧，容器不够密封，烧结或冷却时中断了保护气体，冷却时过早停止了保护气体的供给等，都会造成摩擦块的氧化。摩擦表面氧化可以通过随后的磨削加工去除，如果氧化程度超过了允许值(如边缘氧化深度>2.0 mm)，可对摩擦块进行还原，若还原不能修复则报废。

　　由于压坯不合格，或者在压坯的运输、叠装、装炉等过程对压坯造成剧烈冲撞，易导致摩擦体出现缺损、裂纹、凹陷、分层、疏松、起泡等缺陷。烧结结束后对摩擦块进行拆卸叠装时，剧烈冲击和投掷等亦会造成摩擦体的缺损、裂纹和凹陷。这些缺陷是否会造成摩擦块报废，需视技术条件和图纸规定以及随后的磨削加工能否将其排除而定。

　　由于叠装不正确，摩擦块无定位装置或定位装置质量不高或定位装置不准确等原因造成的摩擦体对钢背板的位移。在吊装烧结设备时受到强烈振动亦会引起位移，若两者间的位移超过图纸允许差值则报废。

　　(2)几何尺寸的检测

　　粉末冶金闸片的尺寸应与图纸的设计要求相符，表 6-3 和表 6-4 分别列出了非燕尾型粉末冶金闸片和燕尾通用型粉末冶金闸片的尺寸检测项目及其方法。采用三坐标仪、专用的样板、通止规或最大允许误差不超过 0.02 mm 的量具检测粉末冶金闸片尺寸，专用检具检测装配接口，刀口尺、塞尺和二级平板检测粉末冶金闸片摩擦面的平面度。少数摩擦块需要进行切削加工，一般都要留有 0.3 ~ 0.7 mm 余量，翘曲的摩擦块可以通过无打击矫直或复烧来补救，若这些工序不能矫正，则要报废摩擦块。

表 6-3　非燕尾型粉末冶金闸片的尺寸检测要求及方法

检测项目	质量标准要求（参考值）	检测方法要点说明	仪器设备名称及精度要求
大钢背定位孔直径	(40.3 ± 0.2) mm	用内径千分尺或游标卡尺测量	内径千分尺或游标卡尺/0.02 mm
大钢背内圆安装导向槽高度	(19.6 ± 0.2) mm	用专用样板或专用卡尺测量	专用样板或专用卡尺/0.02 mm
大钢背外圆安装导向槽高度	(9.3 ± 0.2) mm	用专用样板或专用卡尺测量	专用样板或专用卡尺/0.02 mm
大钢背内圆安装导向槽半径	(188 ± 0.5) mm	用三坐标仪进行测量	三坐标仪
大钢背外圆安装导向槽半径	(310 ± 0.5) mm	用三坐标仪进行测量	三坐标仪
大钢背内外圆安装导向槽间距	(122 ± 0.5) mm	以钢背外圆安装导向槽半径与大钢背内圆安装导向槽半径之差作为检测结果	三坐标仪
大钢背厚度	(8 ± 0.3) mm	用游标卡尺测量	游标卡尺/0.02 mm
闸片厚度	(33 ± 0.3) 或 (35 ± 0.3) mm	采用游标卡尺或高度尺测量	游标卡尺或高度尺/0.02 mm
大钢背内圆安装导向槽板高度	30_0^{+2} mm	用游标卡尺测量	游标卡尺/0.02 mm
大钢背外圆安装导向槽板高度	20.8_0^{+2} mm	用游标卡尺测量	游标卡尺/0.02 mm
大钢背内圆弧高	(42 ± 0.5) mm	采用游标卡尺或高度尺测量	游标卡尺或高度尺/0.02 mm
大钢背内圆半径	(183 ± 1) mm	用三坐标仪或半径规测量	三坐标仪或半径规/0.02 mm
大钢背外圆半径	(315 ± 1) mm		

续表6-3

检测项目	质量标准要求（参考值）	检测方法要点说明	仪器设备名称及精度要求
闸片宽度	（174±1）mm	采用游标卡尺或高度尺测量	游标卡尺或高度尺/0.02 mm
闸片长度	（420±2）mm	用游标卡尺测量	游标卡尺/0.02 mm
大钢背定位孔中心间距	（334±0.3）mm	用游标卡尺测量大钢背定位孔间最短距离 L，分别测量两定位孔直径 R_1、R_2，以（$L+R_1/2+R_2/2$）作为检测结果	游标卡尺/0.02 mm
大钢背外圆安装导向槽到定位孔中心距离	（297±1）mm	用游标卡尺测量大钢背外圆安装导向槽到定位孔内侧距离 L，测量定位孔直径 R，以（$L+R/2$）作为检测结果	游标卡尺/0.02 mm
大钢背定位孔中心线到下边缘距离	（40±0.3）mm	用游标卡尺测量大钢背定位孔下边沿到钢背下边缘的距离 L，测量定位孔直径 R，以（$L+R/2$）作为检测结果	游标卡尺/0.02 mm

表6-4 燕尾型粉末冶金闸片的尺寸检测要求及方法

检测项目	质量标准要求（参考值）	检测方法要点说明	仪器设备名称及精度要求
燕尾接口尺寸	通规能顺利通过整个燕尾，止规无法通过燕尾	UIC 541-3 或 TB/T 3541.3 中规定的通止规进行检测	通规、止规
燕尾高度	$7.9^{0}_{-0.3}$ mm	采用深度尺或具备深度测量功能的游标卡尺进行测量	深度尺或游标卡尺/0.02 mm
燕尾长度	（160±0.3）mm	用游标卡尺测量	游标卡尺/0.02 mm
闸片长度	（200±0.5）mm	用游标卡尺测量	游标卡尺/0.02 mm
闸片宽度	（150±0.5）mm	采用游标卡尺或高度尺测量	游标卡尺或高度尺/0.02 mm
大钢背内圆弧高	（15±0.2）mm		
闸片厚度	GB/T 1804-m 级		

续表6-4

检测项目	质量标准要求 （参考值）	检测方法要点说明	仪器设备名称 及精度要求
燕尾中心线到 大钢背下边缘距离	(65 ± 0.3) mm	采用高度尺测量燕尾上沿到闸片下缘的距离 L，采用游标卡尺测量燕尾顶部实际宽度 B，以 $(L-B/2)$ 作为检测结果	游标卡尺、高度尺/0.02 mm

（3）化学成分的检测

铁路标准要求粉末冶金闸片摩擦体不应采用石棉、铅或其化合物及其他可能危害人体健康的材料，或可能在使用中释放有害粉尘、纤维、颗粒或气体的材料制造，限制了铅和镉成分含量，并约束了铝、硅、铬、锆、钨元素的含量。闸片大钢背镀层亦限制了镉和六价铬的成分含量。表 6-5 列出了粉末冶金闸片中需要检测化学成分及其检测标准。

表 6-5　粉末冶金闸片中需检测化学成分及其检测标准

需检测化学成分	检测标准
石棉	《制品中石棉含量测定方法》（GB/T 23263）
铅、镉、六价铬	《汽车禁用物质要求》（GB/T 30512）
铝元素	《铜及铜合金化学分析方法 第 13 部分:铝含量的测定》（GB/T 5121.13）或《铜及铜合金电感耦合等离子原子发射光谱法》（GB/T 5121.27）
硅元素	《铜及铜合金化学分析方法 第 23 部分:硅含量的测定》（GB/T 5121.23）或《铜及铜合金电感耦合等离子原子发射光谱法》（GB/T 5121.27）
铬元素	《铜及铜合金化学分析方法 第 16 部分:铬含量的测定》（GB/T 5121.16）或《铜及铜合金电感耦合等离子原子发射光谱法》（GB/T 5121.27）
锆元素	《铜及铜合金化学分析方法 第 20 部分:锆含量的测定》（GB/T 5121.20）或《铜及铜合金电感耦合等离子原子发射光谱法》（GB/T 5121.27）
钨元素	《钢铁及合金 钨含量的测定 重量法和分光光度法》（GB/T 223.43）

评判标准：摩擦体中铝、硅元素质量百分数总和不应超过 1%，铬、锆、钨元

素质量百分数总和不应超过 10%；摩擦体中铅、镉成分含量和大钢背镀层中镉、六价铬成分含量应符合 GB/T 30512 中禁用物质含量限值的要求。

(4)硬度的检测

当材料成分一定时，材料的孔隙率和材料的烧结状态影响着粉末冶金摩擦材料的硬度。材料孔隙率大，烧结不充分，则硬度较低。孔隙率和材料的烧结状态又影响摩擦材料的物理力学性能和摩擦学性能。因此，对每一给定成分的材料均有较为适合的硬度范围，当材料的硬度位于该范围，材料具有较佳的综合性能。

高速列车粉末冶金闸片多使用铜基粉末冶金摩擦材料，采用布氏硬度计测试闸片的表观硬度，测试过程中选用直径为 10 mm 的硬质合金球，载荷为 250 kg·f[①]，保压时间为 30 s。实验中加荷时作用力的方向应与闸片摩擦面垂直，要平稳均匀地施加实验力，不得有冲击和振动。压痕中心距试样边缘的距离不应小于压痕平均直径的 2.5 倍，相邻两个压痕的中心距不应小于压痕平均直径的 4 倍。

为保证摩擦材料硬度测量值的准确性，还应注意以下几点：布氏硬度计需经计量单位定期鉴定合格，相对误差不得大于±1%；能够均匀平稳地施加负荷，负荷在保持时间内不变；合金球直径的允许偏差不超过 0.01 mm，合金球表面光滑，无任何缺陷；测量试样压痕直径精确度达 0.01 mm；试样的实验表面应制成光滑平面，不应有氧化皮及外来污物，要使压痕边缘足够清晰。

根据布氏硬度计的工作原理（见图 6-2），摩擦材料的布氏硬度由式（6-1）得出：

$$HBW = \frac{2F}{\pi D \times (D - \sqrt{D^2 - d^2})}$$ （6-1）

式中：F 为测试过程施加的载荷，kg·f；D 为硬质合金球的直径，mm；d 为材料表面压痕直径，mm。

评判标准：高速列车粉末冶金摩擦材料的硬度应位于 HBW 10~30。

(5)摩擦体密度的检测

①试样的制取：试样可采用线切割、锯、铣、磨等方法直接从粉末冶金闸片的摩擦体上制取，不允许用剪切或气割等会引起其密度改变的方法；试样的体积应不小于 100 mm³；试样浸没于装有酒精的烧杯中，并将烧杯置于超声波清洗机中清洗 20~30 min；清洗后的试样用滤纸擦拭表面酒精，然后将试样置于（50±10）℃的烘箱中 15~30 min。

②检验步骤：采用感量不低于±0.001 g 的天平称量清洗烘干后的试样，记录数据 m；将试样浸没于装有油（浸渍油为 15 或 32 的机械油）的烧杯中，再将烧杯放入温度为（80±10）℃的恒温水浴锅内浸渍 2 h，然后在室温、常压下将试样置于

① 1 kg·f≈9.8 N。

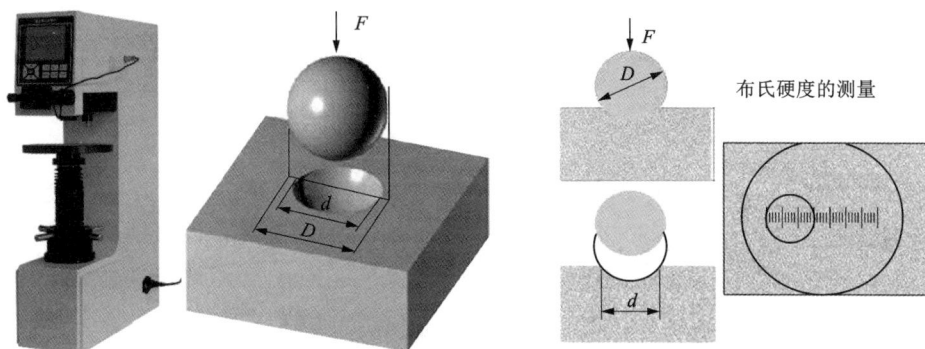

图 6-2　布氏硬度计及布氏硬度值测试原理图

油中浸渍 10~20 min，取出试样抹去附于试样表面的油珠。将浸油的试样，放入电子分析天平的测量台上，测出试样在空气中的质量，记录数据 m_1；将浸油的试样浸没于电子分析天平的水槽中，测出试样在水中的质量，记录数据 m_2。试样和水应处于相同的温度下。通常的试验温度在 18 ~ 22 ℃ 之间，纯水密度采用 0.998 g/cm³。超出这个范围，水的密度 $\rho_{水}$ 依据表 6-6 查出。

表 6-6　不同环境温度下水的密度

温度/℃	密度/(g·cm⁻³)	温度/℃	密度/(g·cm⁻³)	温度/℃	密度/(g·cm⁻³)	温度/℃	密度/(g·cm⁻³)
18	0.9986	21	0.9980	24	0.9973	27	0.9965
19	0.9984	22	0.9978	25	0.9970	28	0.9962
20	0.9982	23	0.9975	26	0.9968	29	0.9959

③闸片摩擦体的密度按式(6-2)计算：

$$\rho_{样} = \frac{m\rho_{水}}{m_1 - m_2} \tag{6-2}$$

式中：$\rho_{样}$ 为闸片摩擦体的密度，g/cm³；m 为干燥试样在空气中的称量，g；m_1 为已浸油试样在空气中的称量，g；m_2 为已浸油试样在水中的称量，g；$\rho_{水}$ 为水的密度，g/cm³；m、m_1 及 m_2 均精确到 0.1%，密度精确到 0.01 g/cm³。

评判标准：摩擦体的密度应为标称值×(1±0.1)。

(6)摩擦体的剪切强度及摩擦体与钢背板的粘结强度检测

从粉末冶金闸片摩擦块取样，加工成剪切面为 15 mm×15 mm 的试样(具体尺寸见表 6-7)，其中试样的剪切面与粉末冶金闸片的摩擦表面平行，即剪切面与正常制动时的受力面平行。采用专用剪切强度试验夹具(见图6-3),在压力试验机或万能试验机上检测摩擦体的剪切强度,以及摩擦体与钢背板粘接面的剪切强度。将试样置于夹具内,并固定好,使剪切方向与试样高度方向垂直,随后启动试验设备,加载时不得有冲击,平均加载速率为(400±50)N/s或(1±0.1)mm/min,加载至摩擦体破裂(摩擦体剪切强度试验)、钢背板与摩擦体脱离(摩擦体与背板粘结面剪切强度试验)为止,记录试验数据,计算试验数值并做好记录,保存试样。剪切强度τ(MPa)由式(6-3)得出:

$$\tau = \frac{P}{b \times c} \tag{6-3}$$

式中:P为测试过程施加的最大载荷,kg·f;b为试样长度,mm;c为试样宽度,mm。

表6-7 摩擦体的剪切强度及摩擦体与钢背板的粘结强度试样

试样名称	长/mm	宽/mm	高/mm
摩擦体剪切强度试样	15±0.1	15±0.1	实际厚度
摩擦体与钢背板粘结面剪切强度试样	15±0.1	15±0.1	实际厚度

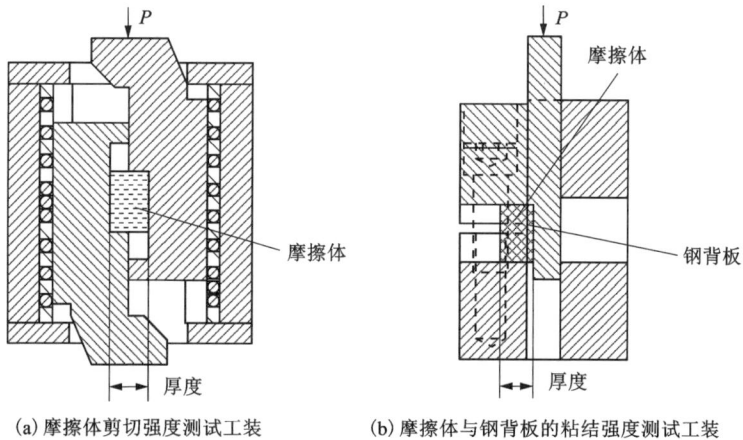

(a) 摩擦体剪切强度测试工装 (b) 摩擦体与钢背板的粘结强度测试工装

图6-3 粉末冶金闸片摩擦体及粘结面剪切强度试验夹具示意图

评判标准:摩擦体剪切强度≥6 MPa,摩擦体与钢背板的粘结强度≥7 MPa。

(7)抗压强度的检测

从粉末冶金闸片的摩擦体上取样,加工成直径为10 mm、高度为10 mm的试样,其中试样的受压面与粉末冶金闸片的摩擦表面平行,在能够满足静态加载条件及示值相对误差为±1%的压力试验机或万能试验机上,检测粉末冶金闸片摩擦体的抗压强度。以圆柱体试样在轴向压缩力作用下直接破坏时所承受的最大负荷，除以原始试样横截面积所得到的应力作为抗压强度。

抗压强度按式(6-4)计算：

$$\sigma_d = \frac{F}{A} \tag{6-4}$$

式中：σ_d 为抗压强度，MPa；F 为试样破坏前所承受的最大负荷，N；A 为原始试样的横截面面积，mm^2。

评判标准：摩擦体抗压强度$\geqslant$60 MPa。

(8)冲击振动测试

闸片应能承受来自夹钳单元吊架吊销上的《铁路应用—机车车辆设备冲击和振动试验》IEC 61373 中 2 类部件的冲击和振动要求(图 6-4)。试验条件：试验温度为 0~25 ℃；试验设备为高速列车用制动夹钳，制动盘可用工装替代，制动闸片。以下以时速 350 km 速度级粉末冶金闸片为例，阐述闸片的冲击振动测试过程。

①功能随机振动试验。

闸片处于缓解状态：闸片与制动

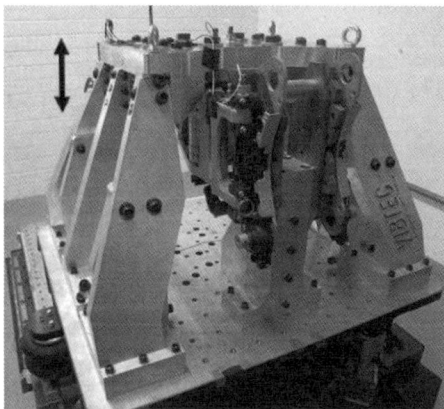

图 6-4　闸片的振动冲击测试设备

盘两侧间隙之和 2.4~5.6 mm，根据 IEC 61373 中 2 类设备要求进行闸片振动试验。

②加大随机振动级下的模拟长寿命试验。试验模式按以下顺序进行：

闸片处于缓解状态：闸片与制动盘两侧间隙之和 2.4~5.6 mm，根据 IEC 61373 中 2 类设备要求进行闸片振动试验，见表 6-8。

闸片处于制动状态：闸片与制动盘夹紧力 20 kN(1±5%)，根据 IEC 61373 中 3 类设备要求进行闸片振动试验，见表 6-9。

表 6-8　时速 350 km 速度级粉末冶金闸片振动试验项点(缓解)

方向	ASD 量级/Hz	加速度/($m \cdot s^{-2}$)	持续时间/h
垂向	6.12	30.6	4
横向	4.62	26.6	4
纵向	1.32	14.2	4

表 6-9　时速 350 km 速度级粉末冶金闸片振动试验项点(制动)

方向	ASD 量级/Hz	加速度/(m·s⁻²)	持续时间/h
垂向	124.9	144	2
横向	100.2	129	2
纵向	25.02	64.3	2

③冲击试验。

根据 IEC 61373 中相关要求进行闸片冲击试验:

闸片处于缓解状态。闸片与制动盘两侧间隙之和 2.4～5.6 mm,根据 IEC 61373 中 2 类设备要求进行闸片振动试验,见表 6-10。

闸片处于制动状态。闸片与制动盘(可用工装替代)夹紧力 20 kN(1±5%),根据 IEC 61373 中 3 类设备要求进行闸片振动试验,见表 6-11。

表 6-10　时速 350 km 速度级粉末冶金闸片冲击试验项点(缓解)

方向	峰值加速度/(m·s⁻²)	持续时间/ms	次数
垂向	300	12	正向和反向各 3 次
横向	300	12	正向和反向各 3 次
纵向	300	12	正向和反向各 3 次

表 6-11　时速 350 km 速度级粉末冶金闸片冲击试验项点(制动)

方向	峰值加速度/(m·s⁻²)	持续时间/ms	次数
垂向	1000	4	正向和反向各 3 次
横向	1000	4	正向和反向各 3 次
纵向	1000	4	正向和反向各 3 次

评判标准:冲击和振动试验后,闸片摩擦体与钢背板不应出现脱落,摩擦块与大钢背连接结构不应出现失效,摩擦体不应出现明显开裂。

(9)显微结构的检测

粉末冶金摩擦材料的性能在很大程度上取决于基体组织的性质、相组成及其他成分的分布。采用显微组织可以判断烧结过程以及摩擦体和钢背板界面扩散过程进行的完全性、材料的均匀性,基体中各结构组成的分布以及孔隙体积、形状和分布等状态。

　　为保证粉末冶金摩擦材料具有优异的力学强度和耐磨性性能，其金属基体应形成连续状骨架，少量添加的合金组分(锡、镍)均匀分布在骨架的晶界上，添加的摩擦组元(如 ZrO_2)应均匀分布于金属基体，石墨和其他固体润滑剂(MoS_2等)的颗粒应符合材料的粒度范围要求。此外，孔隙在基体中也应均匀分布和符合规定要求，孔隙的形状受材料的烧结方法影响：无压烧结，孔隙呈近圆形；加压烧结，孔隙的取向垂直于加压方向(见图 6-5)。摩擦层与钢背板粘结良好；镀铜层厚度符合要求，其厚度要均匀，没有凹陷、杂质和疏松等现象；有过渡层的制品，过渡层应完整，具有一定的厚度，没有杂质和气孔。

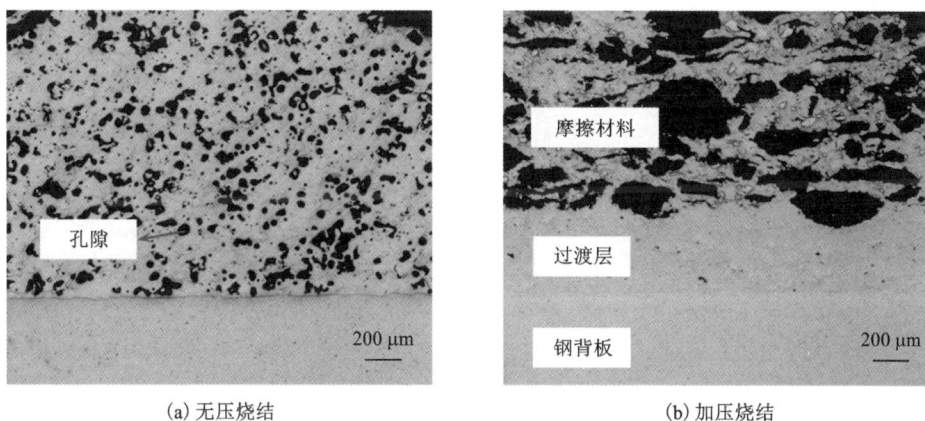

(a) 无压烧结　　　　　　　　　　　(b) 加压烧结

图 6-5　无压烧结与加压烧结条件下粉末冶金摩擦块截面的显微结构

　　高速列车粉末冶金摩擦材料多为铜基材料，用于分析铜基材料显微结构有两种腐蚀剂：第一种，2 g 重铬酸，8 mL 硫酸(1.84 g/cm^3)，4 mL 氯化钠饱和溶液及 100 mL 蒸馏水；第二种，25 g 三氯化铁，25 mL 盐酸(1.19 g/cm^3)及 100 mL 蒸馏水。

　　(10)非燕尾型粉末冶金闸片大钢背的盐雾试验

　　大钢背盐雾试验方法参照《人造气氛腐蚀试验　盐雾试验》(GB/T 10125)执行。试验过程中每 12 h 对大钢背的正面和背面进行一次拍照，拍照时不应将大钢背取出盐雾试验箱；试验 24 h 后将大钢背取出用清水冲洗不少于 2 min，将大钢背表面的水擦拭干净，进行拍照。

　　试验结果评定参照《金属基体上金属和其他无机覆盖层经腐蚀试验后的试样和试件的评级》(GB/T 6461)执行，具体评定标准如下：镀层的剥落、剥离面积不大于 0.1%；镀层的锈蚀面积不大于 50%；吊挂点和标识区域(边缘 5 mm 内)不作评价。

6.1.3 摩擦磨损性能检测

摩擦磨损性能的评价是粉末冶金闸片的材质研究、工艺设计、质量控制、产品认证等过程中的关键工作。目前，评价材料摩擦磨损特性的方法较多，而摩擦磨损性能受制动条件影响，为保证测试结果的可靠性，通常要求测试条件下的摩擦磨损性能检测方法与高速列车实际制动条件具有相似性。一般而言，粉末冶金闸片的开发是一个循序渐进的过程，从材料的基础研究到正式产品的可靠性验证，通常需要经历"小样缩比试验→1∶1制动动力试验台测试即台架试验→装车运用考核"等摩擦磨损性能检测流程。

（1）小样缩比试验

采用台架试验可准确地测试闸片的摩擦磨耗性能，但其投资大、试验费用高、试验周期长，通常用于闸片性能的最终评定及闸片的认证。为解决此问题，在产品的研制阶段，常采用与实际试件具有相似关系的模型代替实际闸片，用模型试验代替原型试验或实物试验。一般情况下，模型往往是按实物原型一定几何比例缩小的，因此模型试验亦称缩比试验。

小样缩比试验是以小尺寸标准试样为试验对象，按小样试验标准规范，在相应的小样试验机上进行的试验。它的试验条件选择范围较宽，影响因素容易控制，在短时间内可以进行较多参数和较多次数的试验，试验数据重复性较好，对比性较强，易于发现其规律性；小样缩比试验的目的在于考察闸片在特定试验条件下的材料特性，其试验模拟条件与闸片工作时的实际工况有一定差距，试验结果不足以全面评价闸片在实际工况下的服役性能。由于缩比试验装置体积小，制备相对容易，装卸方便，因此，较之原型试验，利用模型试验可显著降低研发成本，大幅度减少设备投资与试验费用，加快研发速度，常用于新产品开发前期的配方研究与筛选试验。

①缩比试验原理

小样缩比试验通常是对台架试验和应用条件的模拟，为保证缩比试验结果与台架试验及应用具有可比性，缩比试验与台架试验及应用必须在各个参数上具有可比性或相似性。

在某种意义上，缩比试验是一种近似试验，完全不失真地模拟高速列车闸片原型试验几乎是难以实现的。由于闸片的摩擦过程及机理极其复杂，涉及因素较多。因此，在确定缩比试验参量的种类时，应考虑试验中起主要决定性作用的因素并保证其相似条件，忽略次要的、非决定性的因素，保证缩比试验结果不产生严重的偏差。

摩擦学研究表明，影响摩擦磨损性能的主要因素有摩擦副的材料特性、几何尺寸、制动盘热容量、摩擦线速度、摩擦面接触比压、摩擦面滑摩擦功（率）、摩

擦面温度、摩擦面周围温度等。因此,确定闸片缩比试验模拟准则包括或部分包括以下要求:

(a)摩擦副结构形式与材质的一致性,几何尺寸具有比例关系,即结构等效。

(b)摩擦半径处的线速度、制动减速度相等,即速度等效。

(c)摩擦面上工作比压相等,即比压等效。

(d)摩擦制动盘单位体积承担的热负荷相等。

(e)摩擦材料单位面积承担的摩擦功(率)相等。

(f)摩擦温度升降温方式及温度变化过程相同。

②缩比试验参数换算原理

小样缩比试验采用飞轮方式模拟惯性负载,其试验参数是以台架试验和应用条件的参数为基础,按相似常数进行换算而设置。

(a)制动盘摩擦半径线速度

缩比试验台制动盘摩擦半径处线速度与 1∶1 制动动力试验台制动盘摩擦半径处线速度相等,即

$$v_缩 = v_台 = \frac{rv}{R} \tag{6-5}$$

式中:$v_缩$ 为缩比试验台制动盘摩擦半径处线速度,m/s;$v_台$ 为 1∶1 制动动力试验台制动盘摩擦半径处线速度,m/s;v 为试验车速,m/s;r 为列车制动盘摩擦半径,mm;R 为列车车轮半径,mm。

(b)缩比试验台主轴转速

由式(6-5)可以推出:

$$v_缩 = r_缩\, \omega_缩 = \frac{2\pi n_缩\, r_缩}{60} = \frac{rv}{R} \tag{6-6}$$

则

$$n_缩 = \frac{30rv}{\pi r_缩 R} \tag{6-7}$$

式中:$r_缩$ 为缩比试验台制动盘摩擦半径,mm;$\omega_缩$ 为缩比试验台主轴角转速,rad/s;$n_缩$ 为缩比试验台主轴转速,r/min。

(c)缩比试验台转动惯量

根据摩擦试样单位面积摩擦功相等的原则,可得:

$$E_1 = E_2 \tag{6-8}$$

式中:E_1、E_2 分别为 1∶1 制动动力试验台制动闸片和缩比试验台试样单位面积承担的摩擦功。

其中,1∶1 制动动力试验台制动闸片单位面积承担的摩擦功为

$$E_1 = \frac{\left[\dfrac{I_1(\omega_{10}^2 - \omega_{1t}^2)}{2}\right]}{N_1 S_1} = \frac{\pi^2 I_1(n_{10}^2 - n_{1t}^2)}{1800 N_1 S_1} \tag{6-9}$$

缩比试验台试样单位面积承担的摩擦功为

$$E_2 = \frac{\left[\dfrac{I_2(\omega_{20}^2 - \omega_{2t}^2)}{2}\right]}{N_2 S_2} = \frac{\pi^2 I_2(n_{20}^2 - n_{2t}^2)}{1800 N_2 S_2} \tag{6-10}$$

式中：I_1、I_2 分别为 1:1 制动动力试验台和缩比试验台的转动惯量，kg/m^2；ω_{10}、ω_{1t} 分别为 1:1 制动动力试验台主轴制动起始与终了的角转速，rad/s；N_1、N_2 分别为 1:1 制动动力试验台和缩比试验台的摩擦面数；S_1、S_2 分别为 1:1 制动动力试验台和缩比试验台一个摩擦面摩擦的面积，m^2；n_{10}、n_{1t} 分别为 1:1 制动动力试验台主轴制动起始与终了的转速，r/min；ω_{20}、ω_{2t} 分别为缩比试验台主轴制动起始与终了的角转速，rad/s；n_{20}、n_{2t} 分别为缩比试验台主轴制动起始与终了的转速，r/min。

由式(6-8)~式(6-10)可以得出：

$$\frac{\pi^2 I_1(n_{10}^2 - n_{1t}^2)}{1800 N_1 S_1} = \frac{\pi^2 I_2(n_{20}^2 - n_{2t}^2)}{1800 N_2 S_2} \tag{6-11}$$

$$C_I = \frac{I_2}{I_1} = \frac{(n_{10}^2 - n_{1t}^2) N_2 S_2}{(n_{20}^2 - n_{2t}^2) N_1 S_1} \tag{6-12}$$

式中：C_I 为惯量相似常数。

1:1 制动动力试验台和缩比试验台制动盘摩擦半径处的线速度相等，即

$$v_{20} = v_{10}; \quad v_{2t} = v_{1t} \tag{6-13}$$

式中：v_{10}、v_{1t} 分别为 1:1 制动动力试验台制动盘摩擦半径处起始与终了的线速度，m/s；v_{20}、v_{2t} 分别为缩比试验台制动盘摩擦半径处起始与终了的线转速，m/s。

由式(6-11)~式(6-13)可以得出：

$$C_I = \frac{I_2}{I_1} = \frac{(n_{10}^2 - n_{1t}^2) N_2 S_2}{(n_{20}^2 - n_{2t}^2) N_1 S_1} = \frac{(v_{10}^2 - v_{1t}^2) r_缩^2 N_2 S_2}{(v_{20}^2 - v_{2t}^2) r_台^2 N_1 S_1} = \frac{r_缩^2}{r_台^2} \frac{N_2 S_2}{N_1 S_1} = C_r^2 C_N C_S \tag{6-14}$$

式中：$r_台$ 为 1:1 制动动力试验台制动盘摩擦半径，mm。

$$C_r = r_缩 / r_台 \tag{6-15}$$

$$C_N = N_2 / N_1 \tag{6-16}$$

$$C_S = S_2 / S_1 \tag{6-17}$$

式中：C_r 为摩擦半径缩比系数；C_N 为摩擦面个数缩比系数；C_S 为摩擦面积缩比系数。

由式(6-14)~式(6-17)可以得出缩比试验台转动惯量工：

$$I_2 = C_r^2 C_N C_S I_1 \tag{6-18}$$

（d）缩比试验台制动盘尺寸

闸片的制动过程实质是将动能转化为热能。制动摩擦功几乎转化为摩擦热，并被制动副吸收。

则1∶1制动动力试验台制动盘单位体积承担的热负荷：

$$W_1 = \frac{\left[\dfrac{I_1(\omega_{10}^2 - \omega_{1t}^2)}{2}\right]}{V_1} = \frac{\pi^2 I_1(n_{10}^2 - n_{1t}^2)}{1800 V_1} \tag{6-19}$$

同理，缩比试验台制动盘单位体积承担的热负荷：

$$W_2 = \frac{\left[\dfrac{I_2(\omega_{20}^2 - \omega_{2t}^2)}{2}\right]}{V_2} = \frac{\pi^2 I_2(n_{20}^2 - n_{2t}^2)}{1800 V_2} \tag{6-20}$$

式中：W_1、W_2 分别为1∶1制动动力试验台和缩比试验台制动盘单位体积承担的摩擦功；V_1，V_2 分别为1∶1制动动力试验台和缩比试验台制动盘有效热部分体积。

根据制动盘单位体积承担的摩擦功相等的试验模拟准则，$C_W = W_2 / W_1 = 1$。

由式（6-19）~式（6-20）可以得出：

$$\frac{\pi^2 I_1(n_{10}^2 - n_{1t}^2)}{1800 V_1} = \frac{\pi^2 I_2(n_{20}^2 - n_{2t}^2)}{1800 V_2} \tag{6-21}$$

制动盘受热体积相似常数：

$$C_V = \frac{V_2}{V_1} = \frac{I_2(n_{20}^2 - n_{2t}^2)}{I_1(n_{10}^2 - n_{1t}^2)} = C_1 C_n^2 \tag{6-22}$$

式中：C_V 为制动盘有效受热部分体积相似常数；C_n 为1∶1制动动力试验台和缩比试验台主轴转数之比。

根据式（6-22），可以得到

$$V_2 = C_V V_1 = C_r^2 C_N C_S C_n^2 V_1 \tag{6-23}$$

制动盘受热体积大小也反映了制动盘吸收热量的能力，因此，制动盘有效受热部分体积相似常数也称为制动盘热容量相似常数，这为制动盘的模型设计提供了设计依据。

（e）缩比试验台制动压力

根据工作比压相等的试验模拟准则来确定缩比试验加载系统输出的制动力大小。

1∶1制动动力试验台制动闸片摩擦面比压：

$$p_1 = \frac{F_1}{S_1} \tag{6-24}$$

缩比试验台制动闸片摩擦面比压：

$$p_2 = \frac{F_2}{S_2} \qquad (6-25)$$

式中：p_1、p_2 分别为 1：1 制动动力试验台制动闸片和缩比试验台试样摩擦面比压；F_1、F_2 分别为 1：1 制动动力试验台制动闸片和缩比试验台试样摩擦面法向压力。

根据工作比压相等的试验模拟准则：

$$\frac{F_1}{S_1} = \frac{F_2}{S_2} \qquad (6-26)$$

摩擦面所受法向制动力的相似常数：

$$C_F = \frac{F_2}{F_1} = \frac{S_2}{S_1} \qquad (6-27)$$

$$F_2 = C_F F_1 \qquad (6-28)$$

式中：C_F 为 1：1 制动动力试验台制动闸片摩擦面和缩比试验台试样摩擦面法向制动力相似常数。

（f）重叠系数

制动闸片的摩擦面积与制动盘上被闸片扫过的圆环面积之比为重叠常数，缩比试验台的重叠系数应与 1：1 制动动力试验台的重叠系数接近。

重叠系数计算如下：

$$S_H = \pi(R_{外}^2 - R_{内}^2) \qquad (6-29)$$

$$\lambda = \frac{S}{S_H} \qquad (6-30)$$

式中：S_H 为试样在摩擦过程中扫过制动盘的面积，m^2；$R_{外}$ 为试样扫过的圆环外环半径，m；$R_{内}$ 为试样扫过的圆环内环半径，m；λ 为重叠系数；S 为试样面积，m^2。

根据重叠系数可确定制动盘摩擦半径和试样摩擦半径确定是否合理。

③缩比试验参数确定

按制动功率大小分类，缩比试验台分为 1：10 制动动力试验台、1：5 制动动力试验台、1：3 制动动力试验台及特别定制的缩比试验台。图 6-6 为常用的 1：10 制动动力试验台，采用双侧加载的形式进行制动试验（见图 6-6 缩比试样），表 6-12 列出 1：10 缩比试验台的主要设备参数。根据不同车型所用闸片的技术要求、《动车组闸片暂行技术条件》（TJ/CL 307）等技术标准及以上换算原理，可以确定缩比试验参数，如制动压力、试验速度、能量密度、最大功率密度、能量负荷等，进而测试试样的平均动摩擦因数、最大动摩擦因数、静摩擦因数、磨损率、制动距离、制动时间、摩擦温度等性能。

(a)1:10制动试验台

(b)缩比样与缩比工装

图 6-6　1:10 制动动力试验台及其缩比样

表 6-12　1:10 制动动力试验台的设备参数

设备参数	压力/kN	扭矩/(kN·m)	转速/(r·min⁻¹)	时速/(km·h⁻¹)	测温/℃	水淋/(L·min⁻¹)	惯量/(kg·m²)	系统功率/kW
测量范围	0~5	0~1	0~4500	0~450	室温~1000	0~25	100	75

以 CRH380 型高速列车用非燕尾粉末冶金闸片为例，以其轴装制动盘为基础，具体参数见《动车组闸片暂行技术条件》(TJ/CL 307)，描述主要试验参数的缩比过程。

(a)1:1 制动动力试验台的主要试验参数

单个轴装制动盘重(m)为 $5.7×10^3$ kg，车轮半径(R)为 460 mm，车速(v)为 350 km/h，单片闸片面积为 292 cm²，摩擦半径(r)为 251 mm。

制动盘转动惯量：$I_1 = \dfrac{mR^2}{N} = \dfrac{5.7×10^3×0.460^2}{1} = 1206.12$ kg/m²。

制动盘转速：$n_{台} = \dfrac{30v}{\pi R} = \dfrac{30×350×10^3}{\pi×0.460×3600} ≈ 2018$ r/min。

(b)缩比试验台试验参数的计算

单个摩擦块面积取 17 cm²(见图 6-6)，共 6 块摩擦块，缩比试样的总摩擦面积：$17×6=102\ cm^2$，缩比试验台制动盘摩擦半径（$r_缩$）为 150 mm。

从而，摩擦半径缩比系数 $C_r=150/251≈0.598$，摩擦面积缩比系数 $C_S=102/584≈0.175$，摩擦面个数缩比系数 $C_N=1$。

则缩比试验台的转动惯量：$I_2=C_r^2C_NC_SI_1=0.598^2×1×0.175×1206.12=75.48\ kg·m^2$。

缩比试验台的转速：$n_缩=\dfrac{n_台\ r}{r_缩}=\dfrac{2018×0.251}{0.150}≈3377\ r/min$。

缩比试验台试样摩擦面法向压力 $F_2=0.175×F_1$（1∶1 制动动力试验台制动闸片摩擦面法向压力）。

（2）台架试验

台架试验是在 1∶1 制动动力试验台上，选择与实际结构尺寸相同的闸片和制动盘，并模拟实际使用条件进行试验，其目的在于选择闸片的合理结构、校验试验数据、考察闸片在模拟实际工况下的可靠性。相对于小样缩比试验来说，台架试验项目和内容较多，虽然试验过程复杂、周期长，设备投资与试验费用高，但其工况模拟范围较广，模拟程度更接近于实际服役条件，对闸片性能的描述更全面，其试验数据可靠性强，容易被行业接受，台架试验更多地用于闸片性能的实验室最终评定、验收及认证。

台架试验以实物为试验对象，以能量相等为原则，即实物试验对象在 1∶1 制动动力试验台（见图 6-7）上承受的制动能量与其在实车上承受的制动能量相等，1∶1 制动动力试验台一个制动单元的制动能量与高速列车一个制动单元的制动能量相等。因此，台架试验结果能够真实、准确地反映闸片的实际性能。

(a) 1∶1 制动动力试验台　　　　　　(b) 制动系统

图 6-7　1∶1 制动动力试验台及其制动系统

台架试验的目的在于实现测试出与列车实际制动工况完全一致的摩擦磨损性

能，因此，设计依据为列车车轮与制动盘的角速度相等，高速列车制动盘的线速度与 1∶1 制动动力试验台的线速度相等原则。

①1∶1 制动动力试验台制动盘摩擦半径线速度

1∶1 制动动力试验台的制动盘直径与高速列车制动盘的直径相同，则其摩擦半径处线速度相等，并根据列车车轮轴上角速度相等原则：

由式

$$v = R\omega \tag{6-31}$$

得到

$$\frac{v}{R} = \frac{v_台}{r_台} \tag{6-32}$$

也即

$$v_台 = \frac{r_台 \, v}{R} \tag{6-33}$$

②1∶1 制动动力试验台主轴转速

根据高速列车车轮轴上转速相等原则：

由

$$v = r\omega = \frac{2\pi n r}{60} = \frac{\pi n r}{30} = \frac{rv}{R} \tag{6-34}$$

得到

$$n_台 = \frac{30V}{\pi R} \tag{6-35}$$

式中：$n_台$ 为 1∶1 制动动力试验台主轴转速。

③1∶1 制动动力试验台惯量

高速列车制动盘转动惯量：

$$I = \frac{mR^2}{N} \tag{6-36}$$

式中：I 为高速列车制动盘转动惯量，kg/m^2；m 为轴重，kg；N 为每轴制动盘个数。

由于 1∶1 制动动力试验台的转动惯量与列车制动盘转动惯量相等，所以

$$I_1 = I = \frac{mR^2}{N} \tag{6-37}$$

④1∶1 制动动力试验台制动力矩

试验台制动力矩是摩擦过程中产生的摩擦力与摩擦半径乘积：

$$M = \frac{F_制 \, R}{N} \tag{6-38}$$

式中：M 为 $1:1$ 制动动力试验台制动力矩，$N \cdot m$；$F_{制}$ 为列车每轴制动力；N 为每轴制动盘个数。

车轮制动减速度为

$$a = \frac{v_t^2 - v_0^2}{2l} \tag{6-39}$$

制动力为

$$F_{制} = ma \tag{6-40}$$

由式（6-39）~式（6-40）可得

$$M = \frac{F_{制} R}{N} = \frac{mR(v_t^2 - v_0^2)}{2lN} \tag{6-41}$$

式中：a 为列车制动减速度，m/s^2；v_t、v_0 为 $1:1$ 制动动力试验台初始和终了速度，m/s；l 为制动距离，m。

⑤试验台最大制动时间

$$t_{max} = \frac{v_t - v_0}{a} \tag{6-42}$$

台架试验以实际制动盘与闸片为试验对象，按照《动车组暂行技术条件》（TJ/CL 307），可进行磨合试验、停车制动试验、持续制动试验、潮湿停车制动试验、静摩擦试验等。

磨合试验：试验中将闸片在运转的制动盘上进行磨合，直至接触面达到指定的要求（贴合面积超过85%）。试验过程为主电机达到预设的速度，稳速后，主电机断电，同时通过气缸或液压站对闸片施加给定压力实现制动，直到转动停止后，泄压使闸片与制动盘脱开，完成一次制动。当制动盘温度降到设定值之后，主电机再次自动启动，过程同上，直到完成预设的制动次数，磨合试验结束。

停车制动试验：停车制动是列车运行中常用的制动方式，就是指使运动的列车减速至停止而实施的制动动作。按照制动力大小可分为常用制动和紧急制动两种。试验台能按照不同速度、不同制动力和不同制动模式进行多次循环试验。测试系统记录试验数据，并得出制动距离、平均摩擦因数、瞬时摩擦因数曲线、制动盘表面温度变化曲线等指标。停车试验过程与磨合试验过程完全相同。

持续制动试验：又称坡道试验，是模拟列车在下坡时实施的制动过程，要求在整个过程中速度保持不变。试验台能按不同速度和不同制动模式进行试验。测试系统记录试验数据，并得出瞬时制动力、瞬时减速力、瞬时摩擦因数曲线、制动盘表面温度变化曲线等指标。试验过程为主电机开机并达到预设速度，稳速后，加压制动，同时主电机继续工作，保持车轮按预设的速度匀速运行，达到预设的制动时间后，主电机停车工作，泄压，完成一次试验。

潮湿停车制动试验：在停车试验的基础上，向制动盘洒水，以模拟列车在雨天中的运行状态,洒水量可按要求进行调节。

静摩擦试验:又称停放制动,目的是检测摩擦副的最大静摩擦因数。为防止静止状态下的高速列车发生溜逸,需通过基础制动对其施加停放制动。具体试验过程为主轴与静摩擦装置连接固定,闸片加压后,通过静摩擦装置推动主轴转动(转动量极小),记录下此过程中最大的扭矩,从而计算出闸片的最大静摩擦因数。

台架试验主要测试闸片的摩擦因数、磨损量、制动温度等性能,试验过程按以下要求执行:

(a)闸片摩擦磨损性能试验应在 1:1 制动动力试验台上进行。

(b)试验程序及方法按照《动车组闸片暂行技术条件》(TJ/CL 307)中附录 C 的规定进行。

(c)用于试验的闸片应是实物,不允许使用缩小比例的试样进行试验。

(d)试验应选用符合《动车组制动盘暂行技术条件》(TJ/CL 310)的制动盘。

(e)闸片潮湿状态摩擦磨损试验应采用喷水装置进行,喷水装置可参照《动车组闸片暂行技术条件》(TJ/CL 307)中附录 E。

(f)闸片的磨损量用称重法确定,称量器具的最大允许误差不超过±0.2 g。

⑥CRH380 型高速列车用非燕尾粉末冶金闸片的台架试验

以 CRH380 型高速列车用非燕尾粉末冶金闸片为例,依据《动车组闸片暂行技术条件》(TJ/CL 307),描述其配对轴装制动盘的台架试验过程。图 6-8 为 CRH380 型高速列车用非燕尾粉末冶金闸片配对轴装制动盘的制动试验流程,其中涉及闸片的磨合试验、停车制动试验、潮湿停车制动试验、静摩擦试验、持续制动试验等。

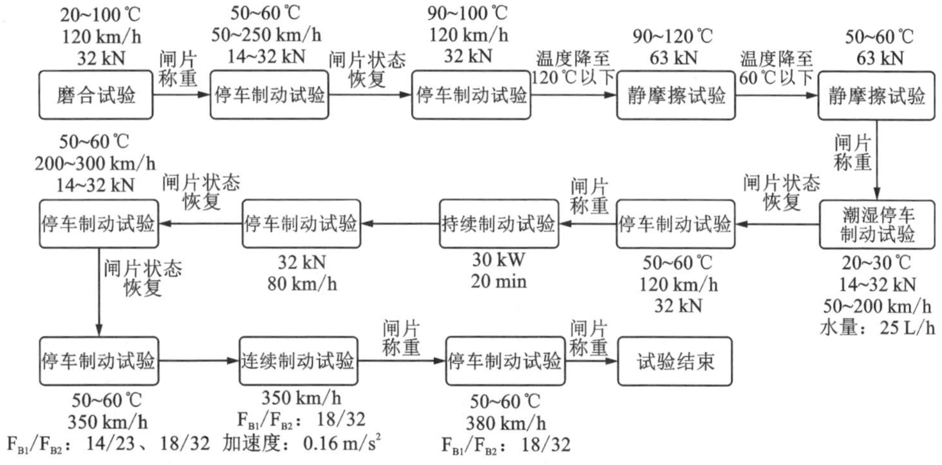

图 6-8　CRH380 型高速列车用非燕尾粉末冶金闸片配对轴装制动盘的制动试验流程

　　台架试验的摩擦磨损性能评判标准主要有以下：

　　干燥工况闸片停车制动(不含恢复制动)平均摩擦因数超出图6-9所示要求的次数应不超过3次。进行制动初速度350 km/h、300 km/h、250 km/h、200 km/h制动试验(不含持续制动后的单次停车制动)，还应满足：

　　(a)干燥工况、最大闸片压力(32 kN)下(紧急制动条件)平均摩擦因数(μ_{m-max})应满足表6-13要求，每个速度点的μ_{m-max}允许有一次超出表6-13要求，但应落在图6-9的上限、下限范围内。

　　(b)干燥工况、最大闸片压力(32 kN)下(紧急制动条件)平均摩擦因数(μ_{m-max})测试结果的算术平均值($\mu_{m-max-A}$)还应满足表6-13要求，且各速度μ_{m-max}与$\mu_{m-max-A}$相比，波动不超过±10%。

　　(c)最大闸片压力(32 kN)下(紧急制动条件)连续两次停车制动试验，第二次测得的平均摩擦因数与第一次相比，波动不应超过±5%。

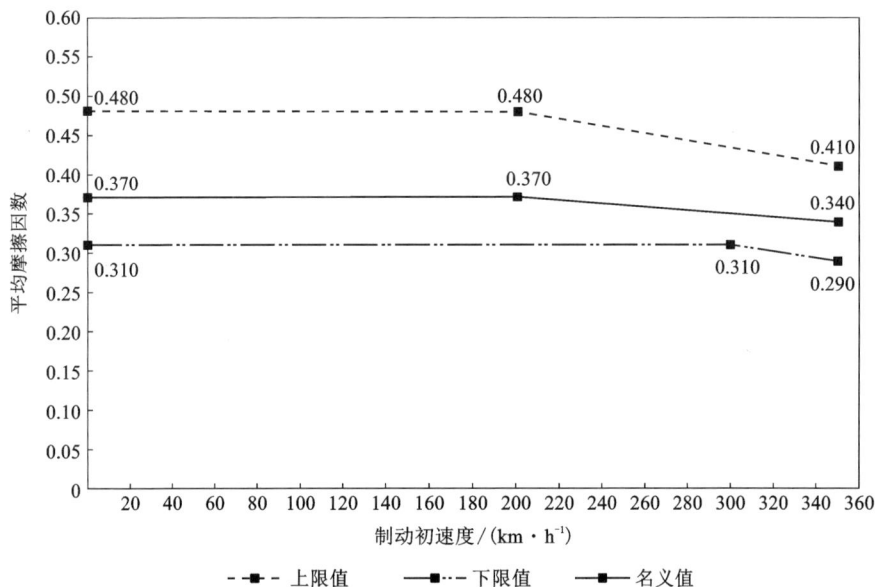

图6-9　干燥条件下CRH380型高速列车用非燕尾粉末冶金闸片平均摩擦因数公差要求

表6-13　干燥工况、不同制动初速度下μ_{m-max}和$\mu_{m-max-A}$要求

350 km/h		300 km/h		250 km/h		200 km/h	
下限	上限	下限	上限	下限	上限	下限	上限
0.320	0.380	0.330	0.400	0.330	0.410	0.330	0.420

在潮湿工况下，最大闸片压力时闸片平均摩擦因数宜不低于 0.250；干燥工况下闸片的瞬时摩擦因数宜满足图 6-10 瞬时摩擦因数上、下限要求；闸片状态恢复试验中，每次制动的平均摩擦因数测试结果与干燥工况下 120 km/h 最大闸片压力下平均摩擦因数的算术平均值相比，不应低于该值的 80%；静摩擦因数不应低于 0.350；持续制动试验两分钟后直至试验结束，闸片瞬时摩擦因数最小值宜不小于 0.250，最大值宜不大于 0.500，且瞬时摩擦因数每分钟的波动宜不超过 0.050；闸片磨损量不应超过 0.35 cm³/MJ；在试验期间闸片不应出现烧痕、隆起、变形、摩擦材料熔化、金属镶嵌、掉块、持续啸叫及其他缺陷，制动盘摩擦面不应出现非正常磨损。试验期间及结束后，闸片不应因变形而影响正常拆装。

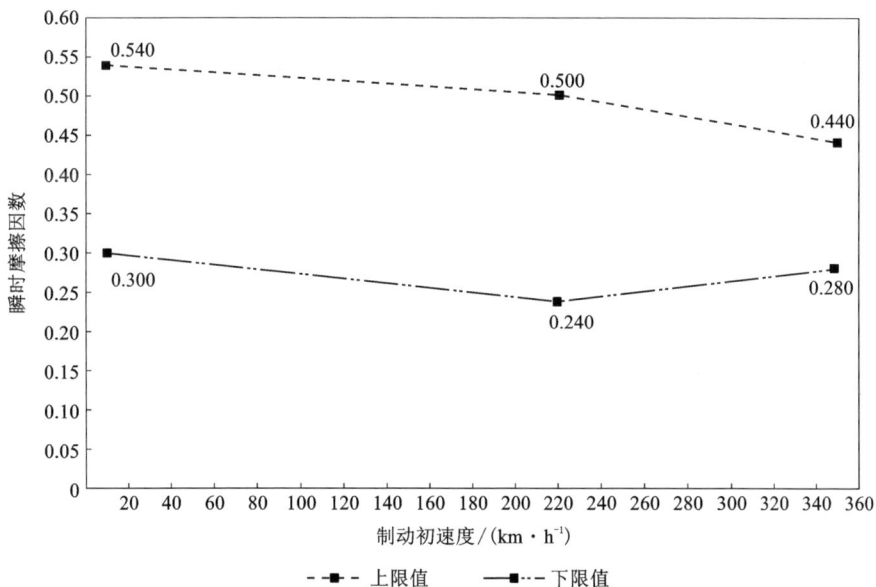

图 6-10 干燥条件下 CRH380 型高速列车用非燕尾粉末冶金闸片瞬时摩擦因数公差要求

（3）装车运用考核

装车运用评价是将实际使用的闸片安装于高速列车，在实际工况下测试闸片的服役性能，可直接体现闸片运用的适应性、稳定性、可靠性，是鉴定闸片使用性能的最直接方法，可全面反映闸片使用过程所存在的问题，考察闸片长期可靠性及与制动盘的匹配性。表 6-14 为高速列车粉末冶金闸片运用考核车型覆盖划分表，可以根据闸片所属类型选择相应类型的高速列车进行装车运用考核，运用考核的主要流程如下：

①与铁路运输企业如铁路局或主机厂等单位协商确定闸片的运用考核相关事宜后，向中铁检验认证中心有限公司（CRCC）提交需试用闸片的运用考核大纲草

案及确认文件。

②CRCC 会同铁路运输企业或主机厂及闸片生产企业等单位共同确认该闸片运用考核大纲，必要时组织专家评审。

③闸片生产企业（或会同主机厂、系统集成商、铁路运输企业等）向运用考核组织单位提出运用考核申请，并提交闸片试用证书复印件、产品运用考核大纲及专家评审意见（必要时）等相关材料。

④运用考核组织单位安排运用考核工作后，闸片生产企业在闸片运用开始前7 个工作日内，将材料向 CRCC 报备。

⑤运用考核期间，闸片生产企业每季度应将经铁路运输企业专业部门或主机厂确认后的产品运用考核情况反馈给 CRCC；若出现产品质量问题，相关单位按规定做出相应处理的同时，闸片生产企业将有关情况抄报 CRCC。

⑥运用考核结束后，闸片生产企业向 CRCC 提交由运用单位出具的产品运用情况说明或考核报告，报告的内容、格式、时间和批准应符合考核大纲要求。必要时 CRCC 对产品运用考核情况组织专家评审，形成产品运用考核评价报告。

表 6-14　高速列车粉末冶金闸片运用考核车型覆盖划分表

序号	车型	闸片类型	运用考核车型覆盖原则	速度等级	推荐优先考核车型
1	CRH6F、CRH6F-A	燕尾Ⅰ-B 型粉末冶金	运用考核相互覆盖	时速200 km以下	CRH6F
2	CRH5G	燕尾Ⅰ-A 型粉末冶金	运用考核单独进行。CRH5G 完成运用考核可覆盖 CRH5A/5E/5J		—
3	CRH5A/5E/5J	燕尾Ⅰ-A 型粉末冶金	运用考核相互覆盖		CRH5A
4	CRH1A-A/CRH1E改进型卧铺	燕尾Ⅰ-B 型粉末冶金	运用考核相互覆盖	时速200~250 km	CRH1A-A
5	CRH3A	燕尾Ⅰ-B 型粉末冶金	运用考核单独进行		—
6	CRH2G	燕尾Ⅰ-B 型、燕尾Ⅰ-D 型粉末冶金	运用考核燕尾Ⅰ-B 型、燕尾Ⅰ-D 型须分别单独进行。CRH2G 完成运用考核可覆盖对应闸片类型的 CRH2A 统/CRH2B 统/CRH2E 改/CRH2E 纵向卧铺		—

续表6-14

序号	车型	闸片类型	运用考核车型覆盖原则	速度等级	推荐优先考核车型
7	CRH2A 统/CRH2B 统/CRH2E 改/CRH2E 纵向卧铺	燕尾 I-B 型、燕尾 I-D 型粉末冶金	运用考核燕尾 I-B 型、燕尾 I-D 型须分别单独进行，相同闸片类型的运用考核相互覆盖	时速200～250 km	CRH2A 统
8	CR300AF/CR300BF	燕尾 I-C 型粉末冶金	CR300AF 或 CR300BF 任一车型完成 250 km/h 速度的动态试验及运用考核后，运用考核相互覆盖		CR300BF
9	CRH2A/2B/2E/2J	燕尾 II 型粉末冶金	运用考核相互覆盖		CRH2A
10	CRH1B/1E(动车)、CRH1A-250(动车)	非燕尾粉末冶金闸片	运用考核相互覆盖		CRH1A
11	CRH6A/6A-A	非燕尾粉末冶金闸片	运用考核相互覆盖		CRH6A
12	CR400AF/CR400BF	燕尾 I-C 型粉末冶金	CR400AF/CR400BF 完成 350 km/h 速度的两种车型动态试验后，运用考核相互覆盖。CR400AF 或 CR400BF 任一车型完成 350 km/h、250 km/h 速度的动态试验及运用考核后，均可覆盖 CR300AF、CR300BF	时速300～350 km	CR400BF
13	CRH2C-1	燕尾 II 型粉末冶金	运用考核单独进行		—
14	CRH2C-2、CRH380A(L)/A(L)(统)/AM/AN/AJ	非燕尾粉末冶金闸片	运用考核相互覆盖		CRH380A/A 统
15	CRH380BG/BJ-A	非燕尾粉末冶金闸片	运用考核相互覆盖。CRH380BG/BJ-A 完成运用考核可覆盖 CRH3C、CRH380B/BL/CL/BG/BJ		CRH380BG
16	CRH3C、CRH380B/BL/CL/BG/BJ	非燕尾粉末冶金闸片	运用考核相互覆盖		CRH380B
17	CRH380D	非燕尾粉末冶金闸片	运用考核单独进行		—

以 CRH380B 型高速列车用非燕尾型粉末冶金闸片为例，具体阐述闸片的运用评价过程。

①装车考核方案

（a）运用考核车型概述

图 6-11 为 CRH380B 型高速列车车辆编组示意图，该型高速列车编组形式为 4M+4T，其中 M_C、M 为动车，T_P、T 为拖车；该型高速列车动车全部采用铸钢轮装制动盘，每根车轴配置两套轮盘；拖车全部采用铸钢轴装制动盘，每根车轴配置三套轴盘，制动闸片全部采用粉末冶金闸片。

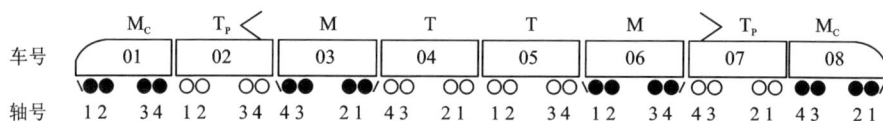

图 6-11 CRH380B 型高速列车车辆编组示意图

（b）考核内容

选取配属铁路运输企业一列状态良好的 CRH380B 型高速列车为运用考核车组，进行粉末冶金闸片的一个全寿命周期和一年的装车运用考核试验。

（c）闸片安装要求

装车运用考核前，将运用考核高速列车全列换装闸片生产企业所生产的粉末冶金闸片（共 160 片闸片）。为了方便现场跟踪记录制动盘及闸片状态，将 CRH380B 型高速列车制动盘及闸片位置按图 6-12 所示方法编号。

按闸片安装位置的要求换装闸片后，确认换装位置制动盘、闸片及夹钳的状态，对有异常（热斑、裂纹）的制动盘进行拍照记录，并填写记录表。

（d）紧急制动试验

在试验前经过适当磨合，确保闸片与制动盘有效接触面积不低于 85%，确认无误后进行 300 km/h 和 350 km/h（具备条件时）紧急制动试验。紧急制动试验合格后进行粉末冶金闸片的全寿命周期和一年的装车运用考核试验。

紧急制动试验需在 7~8 km 平直道进行，道床良好、轨道干燥，如果试验不可能在一段绝对平直的线路上进行，则所选的直线轨道的平均坡度不应超过 ±4 mm/m。测得的制停距离 L 与平直线路或 V_0 值之间的偏差用式（6-43）修正：

$$L_1 = L \times \frac{3.92 \times (1 + R_0) \times V_0^2}{[3.92 \times (1 + R_0) \times V^2] \pm i \times L} \quad (6-43)$$

式中：L_1 为修正后的制停距离，m；L 为实测制停距离，m；V_0 为目标初速度，km/h；V 为实际初速度，km/h；i 为坡度，mm/m；R_0 为回转质量系数，若对 R_0 未作规定，则取 $R_0 = 0.08$。

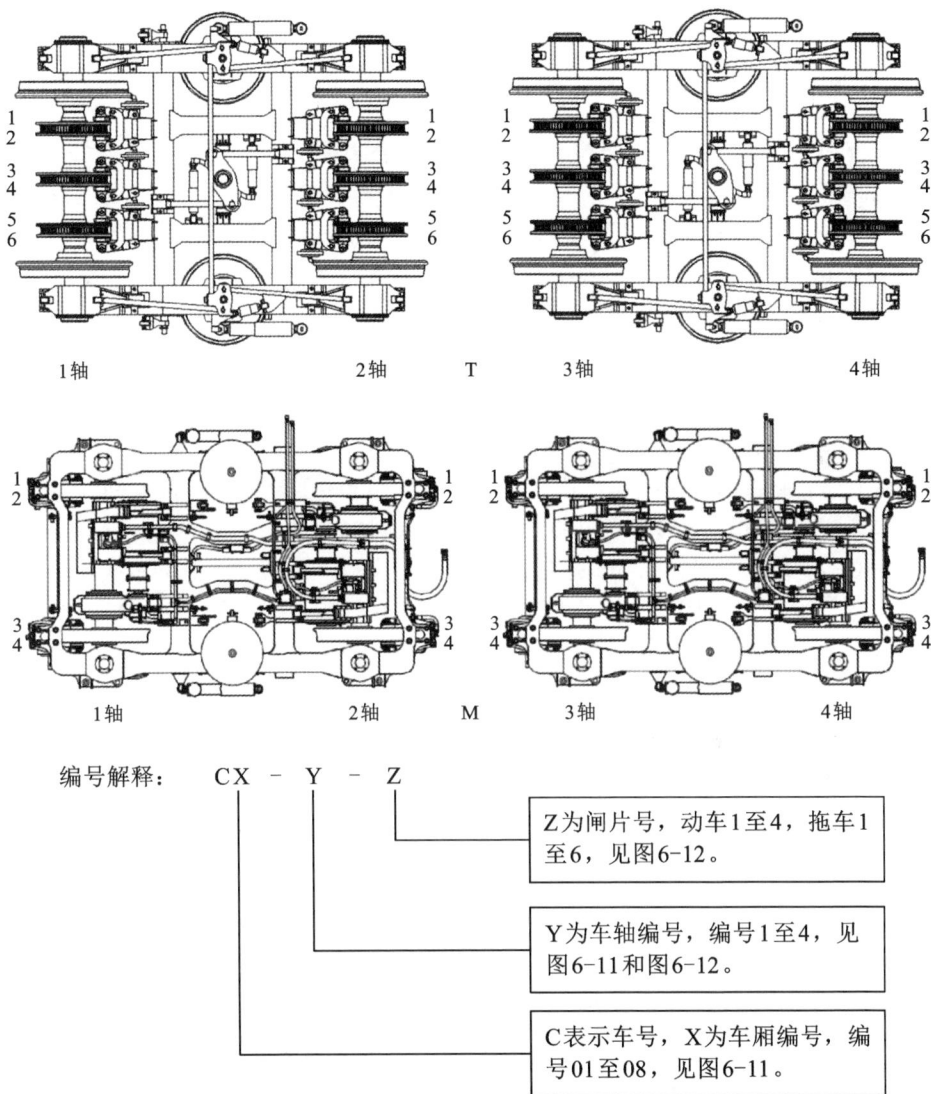

编号解释：　　CX － Y － Z

Z 为闸片号，动车 1 至 4，拖车 1 至 6，见图 6-12。

Y 为车轴编号，编号 1 至 4，见图 6-11 和图 6-12。

C 表示车号，X 为车厢编号，编号 01 至 08，见图 6-11。

图 6-12　CRH380B 型高速列车制动盘及闸片位置编号示意图

②运用考核记录

装车考核期间由闸片生产企业的现场跟踪人员定期参加库检，主要检查制动盘、闸片状况，对制动盘、闸片拍照及跟踪考核车组的 02 车、03 车一位转向架上的闸片磨损情况。铁路运输企业指导闸片生产企业进行闸片的拆卸、恢复安装，最终确认每次检测和恢复安装后闸片的安装状态。考核过程中和考核结束后，对测量数据进行处理、分析和总结,装车考核结果定期上报。

(a)日常考核记录

日常考核记录信息至少包括如下内容:列车编号、位置编号、闸片编号、运行里程、检查日期、闸片表面及制动盘表面状态。

在闸片的一个全寿命周期和一年考核期内,由闸片生产企业安排现场跟踪人员结合运用考核车组每次入库一级检修时对全列闸片(依次循环进行)的运用状态及对应位置制动盘状态进行拍照、记录。在铁路运输企业反馈的每个可检验日对粉末冶金闸片的运用状态及对应位置制动盘状态进行检查拍照、记录、填写记录表。

试验开始的前2个月,由闸片生产企业现场跟踪人员约半个月结合运用考核车组每次入库检修,对02车、03车一位转向架上的闸片(需要拆下)进行检查、检测、测量、状态拍照。

试验开始2个月后至试验结束,由闸片生产企业现场跟踪人员结合运用考核车组M1修,在运用考核车组入库检修时对02车、03车一位转向架上的粉末冶金闸片(需要拆下)进行检查、检测、测量、状态拍照。

考核期间更换闸片后,按照以上顺序执行,同时填写记录表。更换下的闸片由闸片生产企业现场跟踪人员保管,出现试验高速列车更换轮对等情况需同步更换闸片时,由铁路局通知生产企业进行更换并做好相关记录。

闸片生产企业现场跟踪人员对运用考核闸片按照检查项点要求进行检查,如遇车辆检修或不可抗拒因素,则检查时间顺延。

(b)闸片磨损量记录

对运用考核的粉末冶金闸片厚度和重量进行跟踪测量,记录信息至少包括如下内容:车辆编号、闸片编号、位置编号、测量日期、运行里程、闸片规定位置的厚度(具体位置如图 6-13 所示)、平均厚度、闸片表面及制动盘表面状态。

图 6-13 CRH380B 型高速列车粉末冶金闸片厚度测量位置示意图

具体测量方案如下:

闸片生产企业在铁路局相关人员配合指导下完成闸片的拆装工作，并负责测量闸片厚度（具体位置见图6-13）和重量，测量结果填写记录表。

测量周期：试验开始的前2个月约每半个月测量一次，试验开始两个月后至试验结束结合M1修测量一次。

测量范围：安装在运用考核车组02车、03车一位转向架上的粉末冶金闸片。

测量所需设备及仪器：电子秤（两台）、数显卡尺（两把）、照明设备、拆装工具、拍照设备等。

③考核评价标准

装车运用考核结束后，检测制动闸片和制动盘的状态，并填写记录表。闸片在装车运用考核的一个全寿命周期和一年内不应有材料掉块、脱落等机械损伤，不允许出现摩擦材料熔化，异常磨损，也不应对制动盘造成异常损伤。

④运用考核报告

CRCC汇总、分析运用考核各种记录，在闸片生产企业的配合下编制完成运用考核报告。铁路运输企业和主机厂出具运用证明文件（内容原则上包括：产品名称、规格型号、数量、装车的车型和台数、运用时间和公里数、运用情况、运用评价意见等）。

考核报告原则上包含以下内容（其他证据性材料以附件的形式列出）：项目概述、主要技术参数、运用考核文件依据、运用基本情况、运用考核结论。

根据科技成果评价或行政许可项目要求安排在铁路进行运用考核的闸片，CRCC可直接接收该闸片的运用考核结果，必要时可组织专家评审。

6.2　粉末冶金闸片的认证与应用

《铁路产品认证管理办法》规定："国家对铁路产品认证采取强制性产品认证与自愿性产品认证相结合的方式。纳入强制性产品认证管理和列入采信目录的铁路产品，依法取得认证后，方可在铁路领域使用"。粉末冶金闸片是保证高速列车安全的重要部件，与高速列车运行安全息息相关。国家铁路部门已将粉末冶金闸片纳入重要零部件管控，闸片需进行强制性认证（认证过程见图6-14）。

6.2.1　粉末冶金闸片的 CRCC 认证

（1）认证及实施基本要求

闸片认证的基本过程包括：认证委托、初始工厂检查、闸片抽样检验检测；认证结果评价、获证后监督等过程。闸片的生产者/制造商或销售商、进口商（以下统称为认证委托人）均可向CRCC提出申请委托并随附申请文件，其中，销售者及进口商还需提供销售者与生产者/制造商、进口商与生产者/制造商签订的相关合同副本。

申请人提出认证申请书（包括企业调查表）

业务部资料初审、专家评审，组织标准、检验、检查部进行合同评审

检验部确认单元及检验项目 | 标准部跟踪适用标准 | 检查部确认单元及审核人日

业务部发送受理（或不受理）通知书、认证收费通知单、认证合同草稿

申请人正式签订认证合同、缴纳认证费用

综合业务部分别向检查部、检验部下达认证任务

检验机构或审核组抽样生产厂寄送样品

检查部组织审核组，文审，编制审查计划通知受审核方

执行检验

现场审查/核，编制审查报告

检验结果及报告

纠正、验证不合格项

检验部审核检验报告 → 业务部汇总编制评定报告 ← 检查部审核报告及记录

认证评定、主任批准

现场审查、产品检验均合格 / 现场审查或产品检验不合格

颁发CRCC认证证书并公告

发送认证不合格通知书

生产厂签定认证证书和标志协议、加施认证标志

对获证产品及企业实施日常监督、复评

企业重新申请

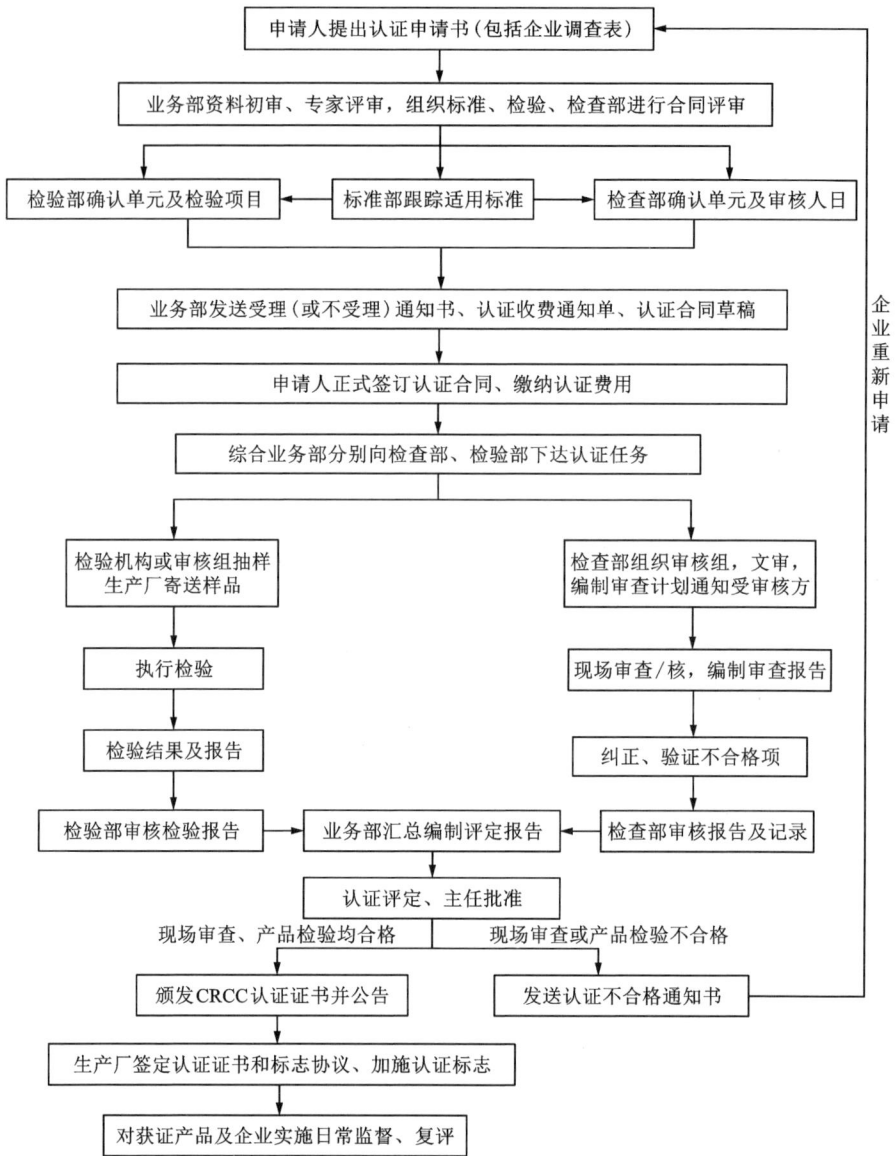

图 6-14　铁路产品的 CRCC 认证流程

注:连续两次认证不合格或撤销认证证书的，自发出认证不合格或撤销认证证书通知之日起，CRCC在 1 年内不再受理该认证申请。

认证委托人对于认证单元划分（表 6-15）、申请条件及申请文件需按照《产品认证实施规则 特定要求——动车组闸片》执行，且当认证委托人不具备《产品认证实施规则 特定要求——动车组闸片》中所要求的运用/试用考核经历时，应申

请办理 CRCC 产品试用证书。CRCC 对认证委托进行处理，并做出受理或不受理决定，告知认证委托人。

表 6-15　高速列车粉末冶金闸片产品认证申请单元的划分

单元	单元名称/规格型号	应提供的参数	标准名称及编号	风险类别	备注
1	200~250 km/h 燕尾 I-A 型粉末冶金闸片(C.3/C.4)	适用车型		2	CRH5A/5G/5E/5J
2	200~250 km/h 燕尾 I-B 型粉末冶金闸片(C.3/C.5)	适用车型		2	CRH1A-A/CRH1E 改进型卧铺、CRH3A、CRH6F
3	200~250 km/h 燕尾 I-B 型粉末冶金闸片(C.11.1/C.11.2)	适用车型		2	CRH2A 统/CRH2B 统/CRH2E 改/CRH2E 纵向卧铺/CRH2G
4	200~250 km/h 燕尾 I-C 型粉末冶金闸片(C.6/C.7)	适用车型		2	CR300AF/CR300BF
5	200~250 km/h 燕尾 I-D 型粉末冶金闸片(C.11.1/C.11.2)	适用车型		2	CRH2A 统/CRH2B 统/CRH2E 改/CRH2E 纵向卧铺/CRH2G
6	200~250 km/h 燕尾 II 型粉末冶金闸片(C.8)	适用车型	《动车组闸片暂行技术条件》TJ/CL 307	2	CRH2A/2B/2E/2J
7	200~250 km/h 非燕尾型粉末冶金闸片(C.3/C.5)	适用车型		2	CRH1B/1E(动车)、CRH1A-250(动车)
8	200~250 km/h 非燕尾型粉末冶金闸片(C.10.1/C.10.2)	适用车型		2	CRH6A/6A-A
9	300~350 km/h 燕尾 I-C 型粉末冶金闸片(C.6/C.7)	适用车型		2	CR400AF/CR400BF
10	300~350 km/h 燕尾 II 型粉末冶金闸片(C.9)	适用车型		2	CRH2C-1
11	300~350 km/h 非燕尾型粉末冶金闸片(C.12.1/C.12.2)	适用车型		2	CRH2C-2、CRH380A(统)/AL(统)/AM/AN/AJ
12	300~350 km/h 非燕尾型粉末冶金闸片(C.6/C.7)	适用车型		2	CRH3C、CRH380B/BL/CL/BG、CRH380D/BJ/BJ-A

（2）认证申请必备的条件

①中华人民共和国境内认证委托人应持有具有法人资格或其他类似资格的

《营业执照》，境外委托人应持有所在国家/地区法律、法规规定的有关管理机构的登记注册证明，经营范围覆盖认证产品。

②管理体系满足 CRCC 产品认证工厂质量保证能力要求。

③生产的闸片符合《动车组闸片暂行技术条件》(TJ/CL 307) 等认证依据标准或技术规范的要求，且关键零部件和材料应受控(见表 6-16)。

表 6-16　粉末冶金闸片关键零部件和材料清单

零部件或材料名称	对应标准名称编号	控制项目	变更时需检测项目
大钢背、燕尾	《动车组闸片暂行技术条件》(TJ/CL 307)	制造商、材料牌号	摩擦磨损性能试验、冲击与振动试验和外观尺寸检查、盐雾试验(仅适用于非燕尾型)
铜粉	—	制造商、规格	型式试验
铁粉、铁合金	—	制造商、规格	型式试验，适用于含铁摩擦体
石墨	—	制造商、规格	型式试验

④必须具备保证产品质量的生产设备、工艺装备、计量器具和检测手段(表 6-17)。

表 6-17　粉末冶金闸片必备生产设备、工艺设备、计量器具和检测手段

序号	工艺类别	设备名称	特殊要求(设备能力或技术参数、数量等)	备注
1	生产	混料机(含自动混料系统)		
		压力机	公称力≥1000 kN	摩擦体成型
		气体保护烧结炉	最高工作温度≥800 ℃	
2	检测	万能材料试验机		
		惯性摩擦磨损性能试验机		
		硬度计		
		分析天平		
		强度试验夹具		剪切强度和粘结强度
		燕尾检查专用检具		适用于燕尾型闸片

⑤专业技术人员不少于 10 人，其中具有大学本科、5 年及以上专业工作经历或工程师专业技术职称的人员不少于 5 人。

⑥申请认证产品应具有合法技术来源。

⑦初次申请认证的产品满足下列条件之一可申请不带有小批量试用标准的认证证书。(a)申请认证的该型号产品或装用该产品的新型整车经铁路行业监督管理部门、国家铁路运输企业(国铁集团)的科技成果鉴定或技术评审。(b)申请认证的该型号产品不属于全新型或重大改进型产品。当委托人及产品不具备上述(a)、(b)要求时，应申请带有小批量试用标注的认证证书。委托人取得试用证书后，可按《CRCC 产品认证实施规则铁路产品认证通用要求》提交闸片的运用考核大纲，并向国家铁路运输企业业务主管部门申请闸片的运用考核。运用考核大纲内容至少应包含考核目的、考核项目及内容、数量、考核组织单位和职责分工、考核跟踪和检查记录要求、符合性评价标准等内容。运用考核合格后，按规定换发正式的铁路产品认证证书。认证委托人提供的运用考核要求：全新型和重大改进型产品运用考核前全列换装进行紧急制动距离试验并符合要求，全列进行运用考核，至少考核一年和一个全寿命周期，且结果满足运用要求。

⑧符合法律法规要求，近三年内无重大质量责任事故(指因产品质量原因造成《铁路交通事故应急救援和调查处理条例》规定的事故)。

(3)申请文件

对同属一个认证规则的申请认证产品应提交产品认证申请书一份，其中："产品类别"——《产品认证实施规则 特定要求——动车组闸片》名称中的产品名称；"产品名称"——委托人标称的产品名称；"型号规格"——按委托人实际产品型号和应提供的参数；"认证适用标准编号及名称"——按表 6-15 中的标准填写，可只写编号；"产品单元"——按表 6-15 的单元填写，可只填写单元编号。

此外，还需附下文件：①同一申请单元内申请的各规格或型号产品之间差异的技术说明；②企业(含事业组织，下同)情况调查表；③《营业执照》(含统一社会信用代码)或登记注册证明文件的复印件；④申请认证的产品与认证依据标准或技术规范的符合性检测报告每单元 1 份(按产品标准规定时限，原则上不超过 5 年)，并按认证依据标准或技术规范条款提供检测报告的符合性清单；⑤质量手册或等效文件(受控文本)及程序文件清单；⑥质量体系认证证书复印件(若已获得)；⑦有关技术资料(认证产品的企业标准、按规定程序批准涉及产品一致性的图纸、产品说明书、必要的工艺路线(流程)图等)；⑧产品合格技术来源声明；⑨申请不带有小批量试用标注的认证证书时：申请认证的该型号产品或装用该产品的新型整车经铁路行业监督管理部门、国家铁路运输企业的科技成果鉴定或技术评审证明；或产品不属于全新或重大改进型的证明材料；⑩认证委托人关于符合相关法律法规及近 3 年内无重大责任事故的声明。申请认证一个申请单元以上的产品是，第②、③、⑤、⑥项文件可只提交 1 份，第①、④、⑦、⑧、⑧、⑩项按产品规格型号或单元各提交 1 份，其中第④、⑨项文件仅初评、扩项时提交。

（4）初始工厂审查

初始工厂检查的内容包括认证委托人申请材料的文件审查和产品生产企业现场的工厂质量保证能力检查。文件审查：CRCC 指派检查员对认证委托人提交的管理体系文件、企业标准、必备的生产设备、工艺装备、计量器具和检测手段、人员情况等材料进行文件审查。必要时，CRCC 可安排初访、预审或开展对安全证据的复核等。质量保证能力检查：CRCC 指派检查组在生产企业现场按照《CRCC产品认证工厂质量保证能力要求》进行工厂质量保证能力检查，检查工作由检查组长负责。检查范围：工厂质量保证能力检查应覆盖申请认证的所有产品和生产制造涉及的所有活动和场所。检查人日数：文件审查和工厂质量保证能力检查的人日数根据所申请认证产品的认证模式、产品复杂程度、认证单元数量、生产规模、生产场所以及产品风险等级等确定。

文件检查结果：检查员在文件审查结束后编写文件审查报告。报告审查结果：文件审查基本符合要求，进行下一步工作；文件审查不符合要求，由认证委托人对不符合项进行补充和完善。工厂质量保证能力检查结果：检查组对工厂质量保证能力检查中确认的不符合项开具不符合报告，在工厂质量保证能力检查结束前向认证委托人通报检查结果。

工厂质量保证能力检查结论为具备或不具备保证能力时，由检查组长负责将相关资料提交 CRCC 进行认证结果评价。工厂质量保证能力检查结论为基本具备保证能力时，认证委托人应在规定时间内对工厂质量保证能力检查中发现的不符合项进行原因分析并采取纠正措施，由检查组长或其指定的检查员对纠正措施的实施效果进行验证后，将相关资料提交 CRCC 进行认证结果评价。

（5）检验依据及抽样方案

检验依据主要包括：产品标准或技术规范和《动车组闸片暂行技术条件》（TJ/CL 307）。抽样工作由 CRCC 或由检测单位派人进行，须至少 2 名抽样人员，抽样方案见《产品认证实施规则 特定要求——动车组闸片》；抽样地点在生产企业成品库或用户处随机抽样；样本应是近期内生产的并经过检测合格、未经使用的产品；样品应由生产企业在规定的时间内寄、送至抽样人员指定的检测地点。样品的包装按要求办理。抽样基数及抽样数量见表 6-18。

表 6-18　高速列车粉末冶金闸片的抽样基数及抽样数量

项　目	类别	抽样基数	抽样数量	备注
200~250 km/h 燕尾 I-A 型粉末冶金闸片(C.3/C.4)	初次和复评检测	≥100 片	8	摩擦磨损试验4片,冲击和振动试验2片,其余项目检测2片
	监督检测	≥100 片	4	冲击和振动试验2片,其余项目检测2片
200~250 km/h 燕尾 I-B 型粉末冶金闸片(C.3/C.5)	初次和复评检测	≥100 片	8	摩擦磨损试验4片,冲击和振动试验2片,其余项目检测2片
	监督检测	≥100 片	4	冲击和振动试验2片,其余项目检测2片
200~250 km/h 燕尾 I-B 型粉末冶金闸片(C.11.1/C.11.2)	初次和复评检测	≥100 片	8	摩擦磨损试验4片,冲击和振动试验2片,其余项目检测2片
	监督检测	≥100 片	4	冲击和振动试验2片,其余项目检测2片
200~250 km/h 燕尾 I-C 型粉末冶金闸片(C.6/C.7)	初次和复评检测	≥100 片	8	摩擦磨损试验4片,冲击和振动试验2片,其余项目检测2片
	监督检测	≥100 片	4	冲击和振动试验2片,其余项目检测2片
200~250 km/h 燕尾 I-D 型粉末冶金闸片(C.11.1/C.11.2)	初次和复评检测	≥100 片	8	摩擦磨损试验4片,冲击和振动试验2片,其余项目检测2片
	监督检测	≥100 片	4	冲击和振动试验2片,其余项目检测2片
200~250 km/h 燕尾 II 型粉末冶金闸片(C.8)	初次和复评检测	≥100 片	20	摩擦磨损试验12片(动、拖各6片),冲击和振动试验4片(动、拖各2片),其余项目检测4片(动、拖各2片)
	监督检测	≥100 片	8	冲击和振动试验4片(动、拖各2片),其余项目检测4片(动、拖各2片)
200~250 km/h 非燕尾型粉末冶金闸片(C.3/C.5)	初次和复评检测	≥100 片	8	摩擦磨损试验8片,冲击和振动试验2片,其余项目检测2片
	监督检测	≥100 片	4	冲击和振动试验2片,其余项目检测2片
200~250 km/h 非燕尾型粉末冶金闸片(C.10.1/C.10.2)	初次和复评检测	≥100 片	8	摩擦磨损试验4片,冲击和振动试验2片,其余项目检测2片
	监督检测	≥100 片	4	冲击和振动试验2片,其余项目检测2片

续表6-18

项　目	类别	抽样基数	抽样数量	备注
300～350 km/h 燕尾 I-C 型粉末冶金闸片(C.6/C.7)	初次和复评检测	≥100 片	8	摩擦磨损试验4片，冲击和振动试验2片，其余项目检测2片
	监督检测	≥100 片	4	冲击和振动试验2片，其余项目检测2片
300～350 km/h 燕尾 II 型粉末冶金闸片(C.9)	初次和复评检测	≥100 片	20	摩擦磨损试验12片(动、拖各6片)，冲击和振动试验4片(动、拖各2片)，其余项目检测4片(动、拖各2片)
	监督检测	≥100 片	8	冲击和振动试验4片(动、拖各2片)，其余项目检测4片(动、拖各2片)
300～350 km/h 非燕尾型粉末冶金闸片(C.12.1/C.12.2)	初次和复评检测	≥100 片	12	摩擦磨损试验8片，冲击和振动试验2片，其余项目检测2片
	监督检测	≥100 片	4	冲击和振动试验2片，其余项目检测2片
300～350 km/h 非燕尾型粉末冶金闸片(C.6/C.7)	初次和复评检测	≥100 片	8	摩擦磨损试验4片，冲击和振动试验2片，其余项目检测2片
	监督检测	≥100 片	4	冲击和振动试验2片，其余项目检测2片

注：夹钳单边为一片。燕尾型闸片可采用分体式或整体式结构，采用分体式结构时左右两半片可为对称结构，也可采用其他形式。

抽样说明：

在抽样过程中填写《抽样样品配置清单》。

初次认证或复评时，应随机抽取具有代表性或广泛应用的规格型号进行认证检测，其他型号可进行差异性检测。

非燕尾型粉末冶金闸片盐雾试验，需另抽取大钢背1片，抽样基数不少于20片。

监督检测时，应至少抽取代表性规格进行检测或与扩项检测结合进行，并比照采用与初次认证时相同的合格水平和接收质量限。

部分项目检测：根据检测需求确定。

当同一规格型号申证产品适用于不同认证单元时，相同要求的检测项目可只进行一次。

可利用1年内铁路行业监督管理部门监督抽查或国家铁路运输企业(国铁集团)产品质量抽查检测结果。

在用户抽样时，不要求抽样基数。

申请产品试用证书的认证检测抽样方案与初次认证相同。

（6）检测项目

高速列车粉末冶金闸片的检测项目及检测类别划分见表 6-19。所抽样品由认证委托人负责按 CRCC 的要求送达，并对样品的完整性和安全性负责。产品检验检测工作由具有认证产品检验检测资格的机构负责。

表 6-19　高速列车粉末冶金闸片的检验项目

序号	检验项目	检测类别	初次和复评检测	监督检测
1	外观	A	√	√
2	尺寸	A	√	√
3	密度	A	√	√
4	硬度	A	√	√
5	摩擦体剪切强度	A	√	√
6	摩擦体与钢背板粘结面的剪切强度	A	√	√
7	摩擦体抗压强度	A	√	√
8	摩擦体中限制元素的含量	A	√	√
9	冲击和振动试验	A	√	√
10	摩擦磨损试验	A	√	—
11	盐雾试验	A	√	—

注："√"表示检验项；"—"表示不检验项；序号 11 仅针对非燕尾型闸片。

（7）现场检查的补充要求

除按《CRCC 产品认证实施规则铁路产品认证通用要求》进行现场检查外，还应对标准和技术规范中无法或不易进行检测的技术条款进行现场检查确认，逐条确认企业提供的证据满足标准和标准性技术文件的要求，闸片大钢背、燕尾材料按《动车组闸片暂行技术条件》(TJ/CL 307)的要求执行。现场检查时，检查员应对被审核方提供的符合性证据进行确认，需提供第三方检测报告，记录并收集支持性证据。

（8）认证结果评价与批准

高速列车粉末冶金闸片检测类别均为 A 类（表 6-19），所检项点均合格则判定为合格；项点有一项不合格则判定为不合格。CRCC 组织人员对初始工厂检查结果、产品抽样检验检测结果进行综合评定。符合发证条件的，向认证委托人颁发铁路产品试用证书；不符合发证条件的，终止认证，向认证委托人发出《铁路产品认证结果通知书》，并说明原因。

认证时限是指自受理认证之日起至颁发认证证书时止认证活动实际发生的工作日，包括正式答复申请时间、安排企业现场检查时间、整改时间、产品抽样检验检测时间、提交工厂质量保证能力报告时间、认证结果评定时间以及证书制作时间。收到申请材料 10 个工作日内，应发出《受理通知书》或《不受理通知书》。需要补充材料时，可发出《申请材料补充通知书》，材料符合要求后 10 个工作日内发出《受理通知书》。认证委托人超过《受理通知书》有效期仍未签订合同的，申请自动失效。整改及验证时间一般从现场检查结束之日起不超过 30 个工作日。初次/复评认证结果评定时间不超过 25 个工作日，扩项/变更认证结果评定时间不超过 15 个工作日，监督认证结果评定时间不超过 10 个工作日。制发认证证书或认证结果通知时间不超过 10 个工作日。

(9)认证后的监督

获得闸片试用证书后提供的产品，除在正常的年度监督中确认试用证书产品的质保能力是否持续符合 CRCC 认证规则要求外，还在运用考核中应受到特别监测，具体方案参照《CRCC 产品认证实施规则铁路产品认证通用要求》并在考核大纲中确定，包括被监测的产品数量、中间和最终检测方案等。

获证后，在证书有效期内每 12 个月至少进行一次监督，若发生以下情况之一可增加监督频次：获证闸片出现严重质量问题或用户提出投诉，经查实为持证单位责任的；CRCC 对获证闸片与认证标准要求的符合性质疑时；持证单位因变更组织机构、生产条件等，可能影响闸片符合性或一致性时。

监督的内容：获证后的监督包括工厂质量保证能力检查、产品抽样检验检测。

工厂质量保证能力监督检查：由 CRCC 指派检查组进行，应覆盖《CRCC 产品认证工厂质量保证能力要求》规定的必备的设备设施、关键原材料和零部件控制、生产过程控制、检验检测、不合格品控制、产品一致性、认证证书/认证标志的使用、上次检查提出的不符合项或产品检验检测的不合格项、顾客投诉、不合格产品的处置结果及认证产品的变更等内容。试用证书的监督应覆盖必备的生产设备、检验检测设备、试用闸片变更及试用情况等内容。

产品抽样检验检测：需要时，对获证产品进行抽样检验检测，抽样按《产品认证实施规则 特定要求——动车组闸片》执行。检验检测依据所规定的项目均可作为抽样检验检测项目。CRCC 可针对产品的不同情况，以及检验检测项目对产品性能的影响程度，进行部分或全部项目的检验检测，也可采信符合要求的其他检验检测结果。

监督结果：监督结果合格的，向持证单位发出《维持铁路产品认证证书通知书》，可以继续保持认证证书并使用认证标志；监督结果不合格的，向持证单位发出《暂停铁路产品认证证书通知书》或《撤销铁路产品认证证书通知书》，说明原因，并对外公告。

6.2.2　闸片的认证证书及认证标志的使用

（1）认证证书

对符合铁路产品认证要求或试用考核要求的，CRCC 向认证委托人颁发闸片的认证证书或试用证书（样例见图 6-15）。之后，若所认证的闸片符合运用考核要求，CRCC 将闸片的试用证书更换为正式的认证证书。

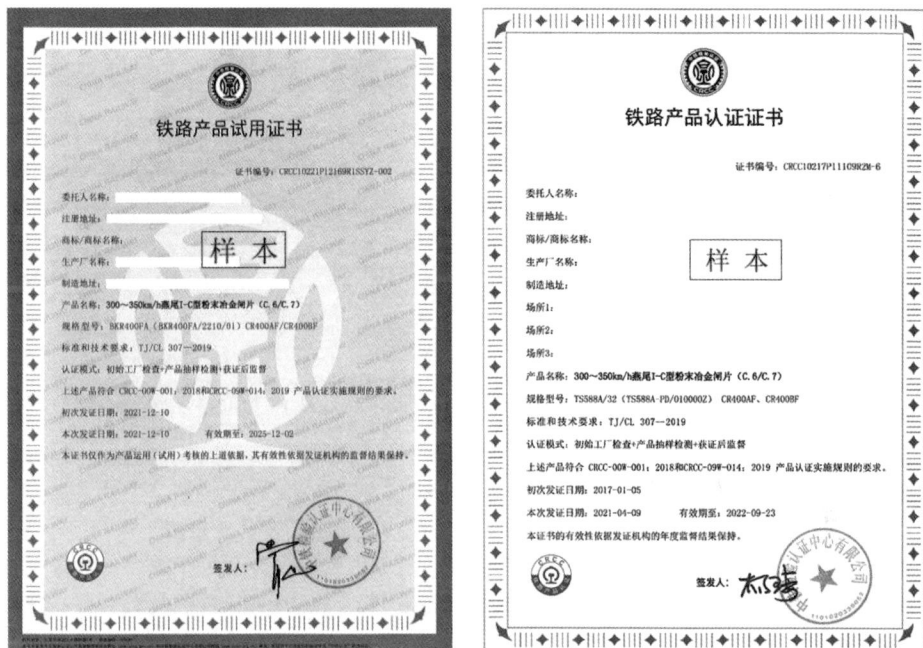

图 6-15　300~350 km/h 燕尾 I -C 型粉末冶金闸片的铁路产品试用证书与认证证书

①闸片试用证书的有效性

试用证书有效期为 5 年，仅作为闸片运用考核的上道依据，不能作为批量生产的符合性证明。其有效性依据 CRCC 监督结果获得保持；取得试用证书后，持证单位可办理闸片的运用考核；运用考核评价合格的闸片，必要时对工厂质量保证能力进行检查，符合要求的换发产品认证证书；试用证书期满后，持证单位未能完成闸片的运用考核需延续试用证书的，可重新提出申请。

②闸片认证证书有效性

闸片认证证书有效期为 5 年，其有效性依据 CRCC 监督结果获得保持。需要延续认证证书有效期的，持证单位应考虑产品检验检测周期，至少在认证证书有效期满前 6 个月提出认证申请。

③认证证书的暂停、注销和撤销

（a）认证证书的暂停

有下列情况之一者，CRCC 将暂停持证单位使用 CRCC 认证证书和认证标志：认证产品适用的认证依据或者认证实施规则换版或变更，持证单位在规定期限内没有按要求履行变更程序，或产品不符合变更要求的；监督结果证明持证单位违反认证实施规则的规定(包括产品抽样检验检测不合格、工厂监督检查不合格、产品通过整改)可以达到认证要求的；由于已认证产品的质量原因，导致铁路交通一般 B 类、C 类事故，或者有关单位、部门或个人反映并经查实，认证的产品存在质量问题，但未造成严重后果不构成撤销条件的；持证单位未按规定使用认证证书和认证标志，视情节需要开展调查的；伪造 CRCC 检验检测报告，不构成撤销条件的；持证单位无正当理由不接受或不能在规定的期限内接受国家有关部门或 CRCC 的监督的；认证证书的信息发生变更或有证据表明生产厂的组织结构、管理体系发生重大变化，持证单位未向认证机构申请变更批准或备案的；逾期未交纳认证费用的；持证单位主动申请暂停的；其他应当暂停的情形。

认证证书暂停的，持证单位应自暂停之日起 6 个月内提出恢复申请、12 个月内完成恢复，符合相关要求的，CRCC 应恢复其认证证书。认证证书暂停期间，持证单位不得使用认证证书，生产的该产品不得使用认证标志，不得就其认证资格做出误导性的声明；属产品质量缺陷被暂停认证证书的，不得将确认的缺陷产品预期交付使用或投入市场，已交付使用的应主动召回，并向现有的和潜在的所有相关采购方告知其认证状态。

（b）认证证书的注销

有下列情况之一者，CRCC 将注销持证单位持有的认证证书：持证单位主动放弃保持认证证书的；获证产品已被国家或相关方明令淘汰或禁止生产的；其他应当注销认证证书的情形。

自认证证书注销之日起，持证单位应停止使用认证证书及认证标志。注销认证证书后不能恢复，如需继续使用认证证书，可重新提出认证申请。如持证单位申请注销正在暂停中的认证证书，CRCC 应评价其是否完成相关不合格产品的处置后，决定是否予以注销。

（c）认证证书的撤销

凡有下列情况之一者，CRCC 将撤销持证单位持有的认证证书，禁止其使用认证标志：暂停使用认证证书后，6 个月内未提出恢复申请或 12 个月内未完成恢复的(因检验检测周期等特殊原因未完成整改验证的，按相关规定处理)；已认证的产品出现重大质量问题，导致发生铁路交通一般 A 类及以上事故，或一年内发生三起及以上铁路交通一般 B 类事故的；拒绝证后监督检查或证后监督抽样检测的；未按规定使用认证证书、认证标志，出租、出借或者转让认证证书、认证标志，情节严重的；弄虚作假，采用欺骗、贿赂等不正当手段获取认证证书的；拒绝缴纳认证费用的；列入严重违法失信名单的；其他应当撤销的情形。

自认证证书撤销之日起，不得使用认证证书和认证标志。被撤销认证证书的，一年内 CRCC 不再受理该认证委托人该产品的认证申请。行政许可项目另有规定的，按相关规定执行。CRCC 将采取适当方式对外公告被暂停、注销、撤销的认证证书。注销和撤销的认证证书应予以收回，无法收回的应予以公布。持证单位应及时向 CRCC 通报由已认证的产品质量问题导致的铁路交通一般 C 类及以上事故。

（d）认证变更

变更的申请：当许可类文件中影响认证有效性的相关信息变更时，持证单位应在变更后立即申报。当获证产品需要变更《产品认证实施规则特定要求——动车组闸片》中列出的关键零部件（或材料）的控制项目、关键生产场所（搬迁、增加新生产场所等）、产品设计时，持证单位应在批量生产前提出认证变更申请并经CRCC 确认。管理体系改变（例如所有权、生产组织机构较大变化等）、组织隶属关系改变时，持证单位应在 20 个工作日内提出认证变更申请并经 CRCC 确认。当持证单位、生产厂、注册地址、生产地址、产品或型号（结构未变）等名称及法定代表人、认证联络工程师、企业联系方式等信息发生变更时，持证单位应在20 个工作日内向 CRCC 提出认证变更申请并备案。其他变更按照《产品认证实施规则特定要求——动车组闸片》规定执行。

变更的评价：CRCC 根据变更的内容和提供的资料对变更进行评价。对需经确认的变更，视情况进行必要的检验检测或补充检查，符合要求后方能确认变更。对需经备案的变更，可直接办理变更备案，需变更认证证书的办理认证证书变更手续，下次监督检查时对变更情况进行核实。

变更的认可：变更确认后，CRCC 向持证单位发出《变更确认结果通知书》，通知变更（确认）结果，需要时换发证书。未提出认证变更申请或认证变更未通过确认的，不得使用认证证书和认证标志；擅自使用的，一经发现，CRCC 将根据相关要求对该产品认证证书做出暂停直至撤销的决定，并责成其停止使用认证标志。

（e）认证扩项或范围缩小

扩项程序：持证单位需要新增认证产品、新增认证单元或扩大已获证产品单元的覆盖范围时，应办理扩项手续。对于新增认证产品，按照初次认证要求进行工厂质量保证能力检查和产品抽样检验检测；对于新增认证单元或扩大已获证产品单元的覆盖范围，根据需要进行工厂质量保证能力检查或产品抽样检验检测。确认合格后，颁发或换发认证证书。

认证范围缩小：持证单位在认证证书有效期内需缩小认证范围时，按照认证变更的要求办理认证证书变更手续。

（2）认证标志的使用及要求

持证单位必须遵守 CRCC《产品认证证书和认证标志使用管理办法》的规定，在获得认证证书的同时与 CRCC 签订认证证书和认证标志使用协议。获得试用证书的产品不得使用铁路产品认证标志。

①准许使用的标志样式：获得铁路产品认证证书的企业，准许使用"CRCC"的认证标志。获证产品应在本体上标注认证标志，因产品特点难以在本体标注，且《产品认证实施规则 特定要求——动车组闸片》已有规定时，可以在产品包装和说明书上标注认证标志。

②认证标志的使用：因产品特点需要使用变形认证标志时应符合《CRCC 认证实施规则特定要求——动车组闸片》的规定，否则不允许施加任何形式的变形认证标志。

③施加方式：可以采用 CRCC 统一印制的标准规格认证标志（标签）、模制式、丝印式或铭牌印刷四种方式中的任何一种。

参考文献

［1］TJ/CL 307 动车组闸片暂行技术条件［S］.北京：中国铁道出版社，2019.

［2］UIC CODE 541‐3, Brakes-disc brakes and their application-General conditions for the certification of brake parts［S］.Paris：International Union of Railways, 2017.

［3］TB/T 3470 动车组用粉末冶金闸片［S］.北京：中国标准出版社，2016.

［4］韩凤麟.粉末冶金手册［M］.北京：冶金工业出版社，2012.

［5］曲在纲，黄月初.粉末冶金摩擦材料［M］.北京：冶金工业出版社，2005.

［6］姚萍屏.高性能粉末冶金制动摩擦材料［M］.长沙：中南大学出版社，2015.

［7］中国铁路总公司.高速动车组技术［M］.北京：中国铁道出版社，2016.

［8］TJ/CL 310 动车组制动盘暂行技术条件［S］.北京：中国铁道出版社，2014.

［9］符蓉，高飞.高速列车制动材料［M］.北京：化学工业出版社，2011.

［10］GB/T 9443 铸钢铸铁件 渗透检测［S］.北京：中国标准出版社，2019.

［11］GB/T 9444 铸钢铸铁件 磁粉检测标准［S］.北京：中国标准出版社，2019.

［12］GB/T 23263 制品中石棉含量测定方法［S］.北京：中国标准出版社，2009.

［13］GB/T 30512 汽车禁用物质要求［S］.北京：中国标准出版社，2014.

［14］GB/T 5121.13 铜及铜合金化学分析方法 第 13 部分：铝含量的测定［S］.北京：中国标准出版社，2008.

［15］GB/T 5121.27 铜及铜合金化学分析方法 第 27 部分：电感耦合等离子体原子发射光谱法定［S］.北京：中国标准出版社，2008.

［16］GB/T 5121.23 铜及铜合金化学分析方法 第 23 部分：硅含量的测定［S］.北京：中国标准出版社，2008.

［17］GB/T 5121.16 铜及铜合金化学分析方法 第 16 部分：铬含量的测定［S］.北京：中国标准

出版社，2008.

[18] GB/T 5121.20 铜及铜合金化学分析方法 第 20 部分：锆含量的测定定[S].北京：中国标准出版社，2008.

[19] GB/T 223.43 钢铁及合金 钨含量的测定 重量法和分光光度法[S].北京：中国标准出版社，2008.

[20] IEC 61373 铁路应用-机车车辆设备冲击和振动试验[S].日内瓦：国际电工技术委员会，2010.

[21] GB/T 10125 人造气氛腐蚀试验 盐雾试验[S].北京：中国标准出版社，2021.

[22] GB/T 6461 金属基体上金属和其他无机覆盖层经腐蚀试验后的试样和试件的评级[S].北京：中国标准出版社，2002.

[23] 国家市场监督管理总局，铁路产品认证管理办法[Z].2023-03-31.

[24] 赵小楼.摩擦材料缩比试验原理及试验方法和测试设备研究[D].长春：吉林大学，2007.

[25] Desplanques Y, Roussette O, Degallaix G, et al. Analysis of tribological behaviour of pad-disc contact in railway braking. Part 1. Laboratory test development, compromises between actual and simulated tribological triplets [J]. Wear, 2007, 262：582-591.

[26] 肖叶龙.高速列车粉末冶金闸片材料的摩擦学行为与机理研究[D].长沙：中南大学，2019.

[27] 中铁检验认证中心有限公司.CRCC 产品认证实施规则 特定要求—动车组闸片：CRCC-09W-014：2019.

[28] 中铁检验认证中心有限公司.CRCC 产品认证实施规则铁路产品认证通用要求：CRCC-00W-001：2018.

[29] 王贤.浅述 CRCC 铁路产品认证[J].铁道机车与动车，2014(1)：19-20, 30.

[30] 中铁检验认证中心有限公司.CRCC 产品认证证书和认证标志使用管理办法：CRCC/GK-06-2019/E1：2019.